Die Umsetzung universeller Menschenrechtsverträge in Deutschland

Augsburger Studien zum internationalen Recht

Herausgegeben von

Volker Behr
ehem. Lehrstuhl für Bürgerliches Recht, Zivilprozessrecht, Ausländisches und Internationales Privatrecht

Luis Greco
Professur für Strafrecht, Strafprozeßrecht und Wirtschaftsstrafrecht

Christoph Vedder
ehem. Lehrstuhl für Öffentliches Recht, Völkerrecht und Europarecht sowie Sportrecht, Jean Monnet-Lehrstuhl für Europäisches Recht

Juristische Fakultät der Universität Augsburg

Band 18

PL ACADEMIC RESEARCH

Désirée Hofmann

Die Umsetzung universeller Menschenrechtsverträge in Deutschland

PL ACADEMIC RESEARCH

Bibliografische Information der Deutschen Nationalbibliothek
Die Deutsche Nationalbibliothek verzeichnet diese Publikation in der Deutschen Nationalbibliografie; detaillierte bibliografische Daten sind im Internet über http://dnb.d-nb.de abrufbar.

Zugl.: Augsburg, Univ., Diss., 2016

Logo auf dem Umschlag:
Abdruck mit freundlicher Genehmigung der
Universität Augsburg

D 384
ISSN 1861-664X
ISBN 978-3-631-72431-6 (Print)
E-ISBN 978-3-631-72460-6 (E-PDF)
E-ISBN 978-3-631-72461-3 (EPUB)
E-ISBN 978-3-631-72462-0 (MOBI)
DOI 10.3726/b11394

PL Academic Research ist ein Imprint der Peter Lang GmbH.

Peter Lang – Frankfurt am Main · Bern · Bruxelles · New York ·
Oxford · Warszawa · Wien

Diese Publikation wurde begutachtet.

www.peterlang.com

Meiner Familie

Vorwort

Die vorliegende Untersuchung wurde im Jahr 2012 begonnen und ist im Sommersemester 2015 von der Juristischen Fakultät der Universität Augsburg unter dem Titel „Die Umsetzung internationaler universeller Menschenrechtspakte in Deutschland – Mit besonderem Augenmerk auf die Umsetzung durch die deutsche Rechtsprechung sowie im Vergleich zu der Umsetzung der Europäischen Menschenrechtskonvention" als Dissertation angenommen worden. Die Disputation fand im Sommersemester 2016 statt. Die Arbeit ist auf dem Stand März 2015 und es wurde die bis zu diesem Zeitpunkt veröffentlichte Rechtsprechung berücksichtigt. Im Rahmen der Drucklegung wurden die vielfältigen Anregungen des Erst- und Zweitgutachters berücksichtigt und eingearbeitet.

Zuvorderst möchte ich meinem Doktorvater Prof. Dr. Christoph Vedder danken, der mir nicht nur die Gelegenheit gab, während der Erstellung der Dissertation an seinem Lehrstuhl zu arbeiten, – eine unvergessliche und wertvolle Erfahrung – sondern auch immer ein offenes Ohr für alle sich stellenden Probleme und Aufgaben hatte. Insbesondere gaben seine Anregungen entscheidende Impulse für die Erstellung der vorliegenden Untersuchung. Er hat mir zudem die Freiheit gelassen, eigene Thesen zu entwickeln, während er gleichzeitig zu wissenschaftlicher Disziplin angehalten hat. Auch möchte ich ihm für die wertvolle konstruktive Kritik in seinem Gutachten danken. Auch dem Zweitkorrektor der Arbeit, Herrn Prof. Dr. Daniel-Erasmus Khan gilt ein besonderer Dank für die zügige Erstellung des Zweitgutachtens und seiner ebenfalls wertvollen Kritik. Für die Aufnahme der Untersuchung in die Reihe „Augsburger Studien zum Internationalen Recht" danke ich ferner den Herausgebern Prof. Dr. Volker Behr, Prof. Dr. Hennig Rosenau und Prof. Dr. Christoph Vedder.

Auch möchte ich meinen Kollegen Dr. Stefan Lorenzmeier, LL.M., Dr. Manuel Indlekofer, LL.M., und Dr. Klaus Schwichtenberg sowie allen studentischen Hilfskräften des Lehrstuhls für die angenehme Arbeitsatmosphäre danken und für die Möglichkeit über die Sorgen und Nöte eines Doktoranden sprechen zu können. Ein ganz besonderer Dank gilt allerdings der „guten Seele" des Lehrstuhls, Frau Carola Sedlmeier, die mir auf menschlicher Ebene bei allen sich am Lehrstuhl stellenden Probleme immer wieder Mut machte und ohne die die Atmosphäre am Lehrstuhl nicht einmal halb so gut gewesen wäre. Zudem möchte ich all meinen Freunden für die wunderbare Unterstützung in allen Lebenslagen danken.

Der größte Dank aber gilt meinem Ehemann, Gerhard Hofmann, der mich immer wieder ermunterte diese Arbeit fertigzustellen und der mich ebenfalls durch die anstrengende Zeit des Referendariats und des zweiten Staatsexamens begleitete. Ich danke ihm besonders für seine Geduld, moralische Unterstützung in allen Lebensbereichen sowie seinem großen Interesse an meiner Arbeit und den daraus resultierenden höchst interessanten Diskussionen und Denkanstößen. Zudem möchte ich mich bei meinen Eltern, Elke Rühle und Jan W. Rühle, bedanken, die mich bei all meinen Vorhaben von ganzen Herzen unterstützt haben. Ein ganz besonderer Dank gilt hierbei meiner Mutter, die immer an meine Fähigkeiten geglaubt hat und mir in allen Lebenslagen Trost, Hoffnung und neuen Mut gespendet hat. Auch möchte ich mich bei meinen Brüdern Jan Rühle und Jörg Rühle für ihren Rückhalt und ihre Unterstützung in allen Lebenslagen bedanken. Auch meiner Tante Margret Knauer gilt ein sehr großer Dank, nicht nur für die großzügige finanzielle Unterstützung der vorliegenden Arbeit, sondern vor allem für ihre Begeisterung für all meine Vorhaben, die mich immer besonders motiviert hat. Als wichtigste Menschen in meinem Leben ist meiner Familie die Arbeit gewidmet.

Untermeitingen, Februar 2017 Désirée Hofmann

Inhaltsverzeichnis

Abkürzungsverzeichnis

a.M.	am Main
ABl.	Amtsblatt der Europäischen Union
Abs.	Absatz
AG	Amtsgericht
AGG	Allgemeines Gleichbehandlungsgesetz
AnwBl.	Anwaltsblatt
AÖR	Archiv des öffentlichen Rechts
APuZ	Aus Politik und Zeitgeschichte
ArbG	Arbeitsgericht
Art.	Artikel
AsylblLG	Asylbewerberleistungsgesetz
AufenthG	Gesetz über den Aufenthalt, die Erwerbstätigkeit und die Integration von Ausländern im Bundesgebiet
Aufl.	Auflage
AVR	Archiv des Völkerrechts
BAG	Bundesarbeitsgericht
BAGE	Entscheidungssammlung des Bundesarbeitsgerichts
BayOblG	Bayerisches Oberstes Landesgericht
BayOblGSt	Entscheidungssammlung des Bayerischen Obersten Landesgerichts in Strafsachen
BayRVR	Bayerischer Rechts- und Verwaltungsreport
BayVerfGH	Bayerischer Verfassungsgerichtshof
BayVerwBl.	Bayerisches Verwaltungsblatt
BayVGH	Bayerischer Verwaltungsgerichtshof
Bd.	Band
BeckRS	Beck-Rechtsprechung
BErzGG	Gesetz zum Erziehungsgeld und zur Elternzeit
BGB	Bürgerliches Gesetzbuch
BGBl.	Bundesgesetzblatt
BGH	Bundesgerichtshof
BGHSt	Entscheidungssammlung des Bundesgerichtshofs in Strafsachen
BGHZ	Entscheidungssammlung des Bundesgerichtshofs in Zivilsachen
BK	Bonner Kommentar

BRAO	Bundesrechtsanwaltsordnung
BRat-Drs.	Bundesrat Drucksache
BSG	Bundessozialgericht
BSGE	Entscheidungssammlung des Bundessozialgerichts
BT-Drs.	Bundestag Drucksache
BVerfG	Bundesverfassungsgericht
BVerfGE	Entscheidungssammlung des Bundesverfassungsgerichts
BVerfGG	Bundesverfassungsgerichtsgesetz
BVerwG	Bundesverwaltungsgericht
BVerwGE	Entscheidungssammlung des Bundesverwaltungsgerichts
bzw.	beziehungsweise
CAT	Convention against Torture and Other Cruel, Inhuman or Degrading Treatment or Punishment (Übereinkommen gegen Folter und andere grausame, unmenschliche oder erniedrigende Behandlung oder Strafe)
CDU	Christlich Demokratische Union Deutschlands
CEDAW	Convention on the Elimination of all Forms of Discrimination against Women (Übereinkommen zur Beseitigung jeder Form der Diskriminierung der Frau)
CERD	Convention on the Elimination of all Forms of Racial Discrimination (Übereinkommen zur Beseitigung jeder Form der Rassendiskriminierung)
CPED	Convention for the Protection of All Persons from Enforced Disappearance (Übereinkommen zum Schutz aller Personen vor dem Verschwindenlassen)
CRC	Convention on the Rights of the Child (Übereinkommen über die Rechte des Kindes)
CRMW	Convention on the Protection of the Rights of All Migrant Workers and Members of their Families (Übereinkommen über die Rechte von Wanderarbeitern und ihren Familienangehörigen)
CRPD	Convention on the Rights of Persons with Disabilities (Übereinkommen über die Rechte von Menschen mit Behinderungen)
DDR	Deutsche Demokratische Republik
ders.	derselbe
DGVN	Deutsche Gesellschaft für Vereinte Nationen
dies.	dieselben

DM	Deutsche Mark
Doc.	Document
DÖV	Die Öffentliche Verwaltung
DtZ	Deutsch-Deutsche Rechtszeitschrift
DVBl.	Deutsches Verwaltungsblatt
e.V.	eingetragener Verein
EGBGB	Einführungsgesetz zum Bürgerlichen Gesetzbuch
EGMR	Europäischer Gerichtshof für Menschenrechte
EGMR-E	Sammlung der Rechtsprechung des Europäischen Gerichtshofs für Menschenrechte
EheG	Ehegesetz
EMRK	Europäische Konvention zum Schutz der Menschenrechte und Grundfreiheiten
EntschRG	Gesetz über Entschädigung für Opfer des Nationalsozialismus im Beitrittsland
EU	Europäische Union
EuGH	Europäischer Gerichtshof
EuGRZ	Europäische Grundrechte-Zeitschrift
EuR	Europarecht
EUV	Vertrag über die Europäische Union
f.	folgender bzw. folgende
ff.	folgende
FGG	Gesetz über die Angelegenheiten der Freiwilligen Gerichtsbarkeit
FuR	Familie und Recht
GA	General Assembly
GBl. DDR	Gesetzblatt der Deutschen Demokratischen Republik
gem.	gemäß
GG	Grundgesetz
GJICL	Georgia Journal of international & Comparative Law
GRCh	Charta der Grundrechte der Europäischen Union
GRUR	Gewerblicher Rechtsschutz und Urheberrecht
GVBl.	Gesetz- und Verordnungsblatt
HessBG	Hessisches Beamtengesetz
HessSchulG	Hessisches Schulgesetz
HessVerf	Hessische Verfassung
HFR	Humboldt Forum Recht
HRLR	Human Rights Law Review

Hrsg.	Herausgeber
HUDOC	Human Rights Documentation
i.d.F.	in der Fassung
i.S.d.	Im Sinne des
i.V.m.	in Verbindung mit
ICCPR	International Covenant on Civil and Political Rights (Internationaler Pakt über bürgerliche und politische Rechte)
ICESCR	International Covenant on Economic, Social and Cultural Rights (Internationaler Pakt über wirtschaftliche, soziale und kulturelle Rechte)
ICJ Rep.	Annual Reports of the International Court of Justice
IGH	Internationaler Gerichtshof
IGH-Statut	Statut des Internationalen Gerichtshofs
ILC	International Law Commission
ILO	International Labour Organisation
InfAuslR	Informationsbrief Ausländerrecht
IpB	Informationen zur politsichen Bildung
IPBPR	Internationaler Pakt über bürgerliche und politische Rechte
JA	Juristische Arbeitsblätter
JuS	Juristische Schulung
JZ	Juristenzeitung
KG	Kammergericht
LAG	Landesarbeitsgericht
lit.	littera
LKV	Landes- und Kommunalverwaltung
LMRR	Lebensmittelrecht Rechtsprechung
LSG	Landessozialgericht
m.W.v.	mit Wirkung vom
Mio.	Millionen
MRK	Europäische Menschenrechtskonvention
NdsVBl.	Niedersächsisches Verwaltungsblatt
NJOZ	Neue Juristische Online Zeitschrift
NJW	Neue Juristische Wochenschrift
NJW-RR	Neue Juristische Wochenschrift Rechtsprechungsreport
No.	Number
Nr.	Nummer
NStZ	Neue Zeitschrift für Strafrecht
NStZ-RR	Neue Zeitschrift für Strafrecht Rechtsprechungsreport

NVwZ	Neue Zeitschrift für Verwaltungsrecht
NVwZ-Beil.	Neue Zeitschrift für Verwaltungsrecht Beilage
NVwZ-RR	Neue Zeitschrift für Verwaltungsrecht Rechtsprechungsreport
NZA-RR	Neue Zeitschrift für Arbeitsrecht Rechtsprechungsreport
NZS	Neue Zeitschrift für Sozialrecht
NZV	Neue Zeitschrift für Verkehrsrecht
OLG	Oberlandesgericht
OP	Optional Protocol (Zusatzprotokoll)
OVG	Oberverwaltungsgericht
PCIJ	Permanent Court of International Justice
RdC	Recueil des Cours
RdJB	Recht der Jugend und des Bildungswesens
Res.	Resolution
RGBl.	Reichsgesetzblatt
Rn.	Randnummer
Rs.	Rechtssache
RuS	Recht und Schaden
RuStAÄndG	Gesetz zur Änderung des Reichs- und Staatsangehörigkeitsgesetzes
S.	Seite bzw. Satz
s.o.	siehe oben
s.u.	siehe unten
SächsVerfGH	Sächsischer Verfassungsgerichtshof
SEV	Sammlung der Europaratsverträge
SG	Sozialgericht
SGB	Sozialgesetzbuch
Slg.	Sammlung
Spec.	Special
StAG	Staatsangehörigkeitsgesetz
StGB	Strafgesetzbuch
StGBl.	Staatsgesetzblatt für die Republik Österreich
StPO	Strafprozessordnung
Supp.	Supplement
SZIER	Schweizerische Zeitschrift für internationales und europäisches Recht
u.	und
u.a.	und andere
UN	United Nations

UNTS	United Nations Treaty Series
UrhG	Gesetz über Urheberrecht und verwandte Schutzrechte
v. Chr.	vor Christus
v.	vom
v.H.	vom Hundert
VerfGH	Verfassungsgerichtshof
VG	Verwaltungsgericht
VGH	Verwaltungsgerichtshof
vgl.	vergleiche
VIZ	Zeitschrift für Vermögens- und Immobilienrecht
VN	Vereinte Nationen
Vol.	Volume
VStGB	Völkerstrafgesetzbuch
VwGO	Verwaltungsgerichtsordnung
WRV	Weimarer Reichsverfassung
WVK	Wiener Übereinkommen über das Recht der Verträge
WVKIO	Wiener Übereinkommen über das Recht der Verträge zwischen Staaten und internationalen Organisationen oder zwischen internationalen Organisationen
z.B.	zum Beispiel
ZaöRV	Zeitschrift für ausländisches öffentliches Recht und Völkerrecht
ZAR	Zeitschrift für Ausländerrecht und Ausländerpolitik
Ziff.	Ziffer
ZIS	Zeitschrift für internationale Strafrechtsdogmatik
ZJS	Zeitschrift für das Juristische Studium
ZP-EMRK	Zusatzprotokoll zur Europäischen Konvention zum Schutz der Menschenrechte und Grundfreiheiten

Einleitung

Liest man Zeitung oder folgt aufmerksam den Medien, hört man immer wieder von Menschenrechtsverletzungen in verschiedenen Staaten der Welt. Man liest von der Unterdrückung und Folter Oppositioneller[1] sowie von der Anprangerung von Menschenrechtsverletzungen durch die Vereinten Nationen[2] oder Amnesty International[3]. In einer westlichen, demokratischen Industrienation, wie Deutschland, fühlt man sich dagegen oftmals vor jeglichen Menschenrechtsverletzungen gefeit und glaubt, dass der Staat das höchstmögliche Schutzniveau für Menschenrechte gewährt. Allerdings erregen immer wieder Menschenrechtsverletzungen in Deutschland Aufmerksamkeit. Besondere Prominenz erlangten in diesem Zusammenhang die von vielen Bundesländern eingeführten Studiengebühren, die von Teilen der Literatur als Einschränkung des Rechts auf Bildung kritisiert wurden, welches auf internationaler Ebene in menschenrechtlichen Vertragswerken gewährt wird.[4] Auch der Sorgerechtsstreit Görgülüs erregte großes Aufsehen in Literatur und Öffentlichkeit, unter anderem aufgrund der Bezüge zur Europäischen Konvention zum Schutz der Menschenrechte und Grundfreiheiten[5]. Diese beiden prominenten Beispiele zeigen, dass selbst in Deutschland nicht alle Menschenrechte in dem höchstmöglichen Umfang beachtet werden. Aufgrund dieser scheinbaren Defizite erscheint die Frage nach dem Stand und der Effektivität der Durchsetzung von Menschenrechten in Deutschland als ein lohnendes Forschungsgebiet.

A. Untersuchungsgegenstand

Menschenrechte sind in Deutschland deutlich in dem Grundrechtskatalog des Grundgesetzes kodifiziert. Diese werden durch regionale und universelle Menschenrechtsinstrumente flankiert. Auf weltweiter Ebene spielen die universellen Menschenrechtsverträge[6] unter der Ägide der Vereinten Nationen eine wichtige

1 Williamson; Zeit-Online (Hrsg.), Maduro unter Folterverdacht.

2 Zeit-Online (Hrsg.), UN prangern Menschenrechtsverstöße in der Ostukraine an.

3 Zeit-Online (Hrsg.), Amnesty prangert Folter durch Polizei und Militär an.

4 Lorenzmeier, NVwZ 2006, S. 759 (759 ff.).

5 v. 04.11.1950, Fassung v. 22.10.2010, BGBl. 2010 II, S. 1198 (EMRK oder Europäische Menschenrechtskonvention).

6 Während der Arbeit werden hierfür verschiedene Synonyme wie Abkommen, Pakt oder Übereinkommen verwendet. Gemeint ist aber immer ein völkerrechtlicher Vertrag

Rolle, während die EMRK für Europa auf regionaler Ebene einen besonderen Stellenwert einnimmt. Während die EMRK oft in den Medien und der Rechtspraxis Beachtung findet, werden die Menschenrechtsverträge der UN wesentlich seltener genannt. Im Zentrum der Arbeit steht die deutsche Rechtsprechung zu den universellen Menschenrechtsverträgen, da die Gerichte das effektivste Organ für die Durchsetzung von Menschenrechten sind.[7] Die vorliegende Arbeit analysiert daher in einer Art Feldforschung die tatsächliche Behandlung der Menschenrechtsverträge der UN durch deutsche Gerichte, um einen Vergleich zu der Behandlung der EMRK zu ziehen und im Anschluss einen möglichen Grund für die unterschiedliche Behandlung zu identifizieren. Hierbei wurde die vollständige Rechtsprechung deutscher Gerichte, soweit sie bis März 2014 veröffentlicht wurde, herangezogen. Die Entscheidungen wurden danach ausgewählt, ob sie in ihrer Begründung Bezug auf einen universellen Menschenrechtsvertrag nehmen.

B. Begriff der universellen Menschenrechtsverträge

Die Menschenrechtsverträge, welche unter der Ägide der Vereinten Nationen geschaffen wurden, werden im Verlauf der Arbeit als universelle Menschenrechtsverträge bezeichnet und die in ihnen verankerten Rechte als universelle Menschenrechte. Die 9 universellen Menschenrechtsverträge unter der Ägide der UN sind das Internationale Übereinkommen zur Beseitigung jeder Form der Rassendiskriminierung[8], der Internationale Pakt über wirtschaftliche, soziale und kulturelle Rechte[9], der Internationale Pakt über bürgerliche und politische Rechte[10], das Internationale Übereinkommen zur Beseitigung jeder Form von Diskriminierung der Frau[11], das Internationale Übereinkommen gegen Folter und

i.S.d. Art. 2 Abs. 1 lit. a Wiener Konvention über das Recht der Verträge v. 23.05.1969, BGBl. 1985 II, S. 926 (WVK oder Wiener Vertragsrechtskonvention).

7 Simma/Khan/Zöckler/Geiger, in: Conforti (Hrsg.), S. 71 (71 f.).

8 International Convention on the Elimination of All Forms of Racial Discrimination v. 07.03.1966, BGBl. 1969 II, S. 2211 (CERD oder Anti-Rassismuskonvention).

9 International Covenant on Economic, Social and Cultural Rights v. 19.12.1966, BGBl. 1973 II, S. 1569 (ICESCR oder Sozialpakt).

10 International Covenant on Civil and Political Rights v. 19.12.1966, BGBl. 1973 II, S. 1533 (ICCPR oder Zivilpakt).

11 International Convention on the Elimination of All Forms of Discrimination against Women v. 18.12.1979, BGBl. 1985 II, S. 648 (CEDAW oder Frauenrechtskonvention).

andere grausame, unmenschliche oder erniedrigende Behandlung oder Strafe[12], das Internationale Übereinkommen über die Rechte des Kindes[13], das Internationale Übereinkommen über die Rechte von Menschen mit Behinderungen[14], das Internationale Übereinkommen zum Schutz aller Personen vor dem Verschwindenlassen[15] und die Internationale Konvention zum Schutz der Rechte aller Wanderarbeitnehmer und ihrer Familienangehörigen[16]. Das Übereinkommen über die Verhütung und Bestrafung des Völkermordes[17] wird im Rahmen dieser Arbeit nicht zu den klassischen Menschenrechtsverträgen gezählt, da dieses Übereinkommen nicht auf den Schutz eines Individuums abzielt, sondern auf den Schutz einer Gruppe bzw. eines Volkes. Die Bezeichnung dieser Menschenrechtsverträge als universelle Menschenrechtsverträge wurde für diese Arbeit gewählt, weil diese Menschenrechtsverträge von allen Staaten der Erde ratifiziert werden können und sich in ihrer Formulierung auf alle Menschen beziehen.[18] Der Begriff „universelle Menschenrechtsverträge“ wird zudem als Abgrenzung zu der nur regional ausgerichteten EMRK verwendet.

C. Gang der Arbeit

Bevor die Durchsetzung der universellen Menschenrechte in der deutschen Rechtsordnung betrachtet wird, wirft die Arbeit in dem ersten Kapitel zunächst einen Blick auf den Begriff der Menschenrechte und ihre historischen Wurzeln, um die Problemstellung in den geschichtlichen und rechtlichen Kontext einzuordnen.

---

12 Convention against Torture and other Cruel, Inhuman or Degrading Treatment or Punishment v. 10.12.1984, BGBl. 1990 II, S. 246 (CAT oder Anti-Folterkonvention).

13 Convention on the Rights of the Child v. 20.11.1989, BGBl. 1992 II, S. 122 (CRC oder Kinderrechtskonvention).

14 Convention on the Rights of Persons with Disabilities v. 13.12.2006, BGBl. 2008 II, S. 1420 (CRPD oder Behindertenrechtskonvention).

15 International Convention for the Protection of All Persons from Enforced Disappearence v. 20.12.2006, BGBl. 2009 II, S. 933 (CPED oder Konvention gegen Verschwindenlassen).

16 International Convention on the Protection of the Rights of All Migrant Workers and Members of their Families v. 18.12.1990, 2220 UNTS 3 (CRMW oder Wanderarbeiterkonvention).

17 Convention on the Prevention and Punishment of the Crime of Genocide v. 09.12.1948, BGBl. 1954 II, S. 729.

18 Tomuschat, S. 69.

In dem zweiten Kapitel wird zunächst auf die Rechtsnatur der universellen Menschenrechtsverträge als völkerrechtliche Verträge und ihre Ratifikation durch Deutschland eingegangen. Da zur innerstaatlichen Rezeption von Menschenrechtsverträgen verschiedene Meinungen vertreten werden, werden diese untersucht und die deutsche Ausgestaltung der innerstaatlichen Rezeption der universellen Menschenrechtsverträge dargelegt.

Der Hauptteil der Arbeit, das dritte Kapitel, illustriert zunächst, warum die Rechtsprechung der deutschen Gerichte für die Durchsetzung der universellen Menschenrechtsverträge in Deutschland besonders wichtig ist und geht dann auf die Schwächen der, in den universellen Menschenrechtsverträgen festgelegten, internationalen Durchsetzungsmechanismen ein. Zur Vorbereitung der Analyse der deutschen Rechtsprechung werden in einem zweiten Schritt kurz die Regelungsbereiche der verschiedenen universellen Menschenrechtsverträge und mögliche Konflikte mit dem deutschen Recht aufgezeigt. Der dritte Teil des dritten Kapitels widmet sich einer ausführlichen und möglichst umfassenden Analyse der Entscheidungen deutscher Gerichte, die sich mit universellen Menschenrechten befassen. Zur Strukturierung der Urteilsauswertung wird diese nach den verschiedenen Aspekten der Behandlung universeller Menschenrechtsverträge gegliedert. An die Urteilsanalyse schließt sich eine Zusammenfassung der Ergebnisse an.

Ein Vergleich der Behandlung der universellen Menschenrechtsverträge zu der Behandlung der EMRK wird im vierten Kapitel der Arbeit gezogen. Hierbei wird zunächst die Vergleichbarkeit der EMRK mit den universellen Menschenrechtsverträgen dargestellt. Daraufhin wird punktuell die höchstrichterliche Rechtsprechung zur EMRK dargestellt und diese mit der Rechtsprechung zu den universellen Menschenrechtsverträgen verglichen. Als Abschluss wird der Unterschied zwischen EMRK und universellen Menschenrechtsverträgen herausgearbeitet.

Es folgt eine Schlussbetrachtung mit einer Zusammenfassung der wichtigsten Ergebnisse und auf der Basis des Vergleichs wird ein Ausblick für mögliche Methoden zur Stärkung der universellen Menschenrechtsverträge gegeben.

Kapitel 1: Begriff und Ursprünge der Menschenrechte

Im Folgenden wird der begriffliche und geschichtliche Kontext der Arbeit in der gebotenen Kürze illustriert. In einem ersten Schritt wird hierbei der Begriff „Menschenrechte“ betrachtet, während in einem zweiten Schritt die Entwicklung der Menschenrechte aufgezeigt wird.

A. Der Begriff „Menschenrechte“

Der Begriff der Menschenrechte ist sehr vielschichtig. Er hat sich historisch entwickelt und war einigen Wandlungen unterworfen. Außerdem werden Menschenrechte begrifflich in verschiedene Dimensionen bzw. Generationen eingeteilt.

I. Bedeutung des Begriffs

Im direkten Sinn des Wortes sind Menschenrechte solche Rechte, die dem Menschen kraft seines Menschseins zustehen und vom Staat lediglich anerkannt werden können.[19] Zur Zeit der Aufklärung wurde für die Bezeichnung von derartigen Individualansprüchen gegenüber dem Staat der Begriff Naturrecht genutzt, da davon ausgegangen wurde, dass die Normen des menschlichen Zusammenlebens durch die Natur des Menschen begründet werden können und müssen.[20] Allerdings haben sich die Menschenrechte seit der Zeit der Aufklärung erheblich gewandelt. Mit den relativ eingeschränkten Naturrechten, die sich vor allem auf Leben, Freiheit und Eigentum bezogen, haben die Menschenrechte immer noch gemeinsam, dass sie individuellen, natürlichen und juristischen Personen zustehen und Ansprüche gegenüber dem Staat gewähren, was sie von bloßen Garantien unterscheidet, welche von den Begünstigten nicht aktiv eingefordert werden können.[21]

Dies gilt insbesondere vor dem Hintergrund, dass Menschenrechte grundsätzlich sowohl in Friedens- als auch in Kriegszeiten gelten und nur unter engen Voraussetzungen im Notstandsfall vorübergehend außer Kraft gesetzt werden

19 Friesenhahn, in: Schlochauer (Hrsg.), S. 503 (504); Haratsch, S. 11; Provost, S. 19.

20 Klee, S. 78.

21 Kälin/Künzli, S. 33.

können.[22] Die Möglichkeit einer Abweichung von den kodifizierten Rechten sieht z.B. Art. 4 Abs. 1 ICCPR nur vor, wenn das Leben der Nation durch einen amtlich verkündeten Notstand bedroht ist. Allerdings kann gem. Art. 4 Abs. 2 ICCPR von bestimmten Rechten, wie z.B. dem Recht auf Leben, nicht abgewichen werden. Diese grundsätzlich immerwährende Geltung der Menschenrechte wird dadurch akzentuiert, dass sie abstrakt und universell anwendbar formuliert sind und nach ihrem Wortlaut außerhalb ihres historischen und textuellen Kontextes stehen.[23] Mit Hilfe dieser Formulierung soll den Rechten eine Geltung verschafft werden, welche unabhängig von sozialen, zeitlichen oder sonstigen Hintergründen ist. Dies verschafft zudem eine gewisse Universalität der Rechte. Zudem werden Menschenrechte nicht nur als universelle, sondern auch als natürliche und gleiche Rechte bezeichnet, die gerade dem Menschsein inhärent sind und für alle Menschen gleich gelten.[24]

Im Unterschied zu den nationalen Verfassungen sind die Menschenrechte in regionalen und universellen Menschenrechtsverträgen verbürgt und können damit im Rahmen des jeweiligen Menschenrechtsinstruments auch überstaatlich eingefordert werden.[25] Gerade diese Verbürgungen der Menschenrechte sorgen für eine Universalität der Menschenrechte.

Darüber hinaus werden Menschenrechte meist als grundlegend und notwendig für die Wahrung der Würde des Menschen und als unabdingbar für die Sicherung der freien Entfaltung der Persönlichkeit erachtet.[26]

Auch wenn dem Begriff nach Menschenrechte unabhängig von sozialen, zeitlichen oder sonstigen Hintergründen gelten und als Grundvoraussetzung für die Würde des Menschen angesehen werden, obliegt es vor allem den Staaten die Menschenrechte zu gewährleisten und effektiv durchzusetzen. Inwieweit Deutschland dieser Verpflichtung nachkommt und den universellen Menschenrechten den gebührenden Status einräumt, wird im dritten Kapitel untersucht.

---

22 Kälin/Künzli, S. 33.

23 Wildenthal, in: Hoffmann (Hrsg.), S. 125.

24 Hunt, S. 20.

25 Kälin/Künzli, S. 33 f.

26 Kälin/Künzli, S. 34; Klee, S. 81.

II. Drei Dimensionen der Menschenrechte

Da Menschenrechte viele Regelungsbereiche umfassen und unterschiedlich historisch gewachsen sind, hat sich in der Völkerrechtswissenschaft eine Einteilung der Menschenrechte in 3 Generationen bzw. Dimensionen[27] eingebürgert.

1. Menschenrechte der ersten Dimension

Zur ersten Dimension zählen die klassisch-liberalen Rechte, die meist bürgerliche und politische Rechte genannt werden. Sie enthalten Verbürgungen zum Schutz des Lebens, der körperlichen Integrität, Verfahrensrechte, die Religions- und Meinungsfreiheit sowie Gewährleistungen zur freien Ausübung politischer Rechte.[28] Diese Rechte haben sich bereits sehr früh entwickelt. Klassischerweise sind sie als negative Abwehrrechte gegen den Staat konzipiert und beinhalten von sich aus nicht unmittelbar einen Leistungsanspruch.[29]

Da es sich bei dieser Dimension der Menschenrechte um klassische Abwehransprüche handelt, erscheint eine Durchsetzung auf nationaler Ebene in Deutschland als einfach umsetzbar, zumal viele Grundrechte ebenfalls als Abwehrrechte ausgestaltet sind. Auf der anderen Seite sind aber bereits durch das Fehlen eines unmittelbaren Leistungsanspruchs Probleme bei der Durchsetzung absehbar, da es insoweit keinen feststehenden Rechtssatz gibt und die Rechte einer weiteren Ausfüllung bedürfen.

2. Menschenrechte der zweiten Dimension

Zur zweiten Dimension der Menschenrechte zählen die sogenannten wirtschaftlichen, sozialen und kulturellen Rechte.[30] Sie haben sich erst später als die Rechte der ersten Dimension entwickelt und enthalten vor allem Regelungen zur Existenzsicherung, Garantien im Arbeitsbereich und zur sozialen Sicherheit sowie das Recht auf Bildung. Sie sind als Teilhaberechte ausgestaltet und in den internationalen Verbürgungen meist nur als Zielsetzungen konzipiert.[31]

Bereits aus der Ausgestaltung der Rechte der zweiten Dimension als Teilhaberechte und als Zielsetzungen lassen sich Hindernisse für eine effektive

---

27 Der Begriff der „Generationen" ist umstritten, da eine Generation normalerweise die vorhergehende ersetzt, die Menschenrechte aber alle gleich gelten. Siehe hierzu: Riedl, EuGRZ 1989, S. 9 (9 ff.).

28 Baehr, S. 6; Kälin/Künzli, S. 34; Schaber, S. 74.

29 Nowak, Einführung, S. 36; Tomuschat, S. 25.

30 Baehr, S. 6; Tomuschat, S. 25.

31 Kälin/Künzli, S. 34; Schaber, S. 75.

Durchsetzung dieser Rechte ablesen. Während die Formulierung als Zielsetzung für die Ableitung eines Rechtssatzes schon zu vage sein mag, so bedürfen Teilhaberechte der Ausformulierung von einklagbaren Leistungsansprüchen, um tatsächlich verwirklicht werden zu können.

3. Menschenrechte der dritten Dimension

Die Menschenrechte der dritten Dimension sind die Solidaritäts- und Gruppenrechte, wie das Recht auf Entwicklung, Frieden und das Recht auf eine saubere und gesunde Umwelt.[32] Hier sind also die Kollektivrechte zusammengefasst, die allerdings erst ansatzweise Eingang in das Völkerrecht gefunden haben.[33] Sie gewinnen erst in den letzten Jahren immer mehr an Bedeutung und sind somit die jüngsten Menschenrechte. Aufgrund der oftmals inhaltlichen Unbestimmtheit handelt es sich bei diesen Menschenrechten meist nur um politische Zielsetzungen und nicht um voll ausgebildete Rechtsnormen.[34]

Diese Vagheit der Menschenrechte der dritten Dimension wirft ebenfalls Schwierigkeiten bei der Durchsetzung auf, da insbesondere Gerichte bei der Entscheidung über einen Rechtsstreit auf möglichst konkrete Rechtsnormen angewiesen sind, um entsprechende Rechtsfolgen ableiten zu können.

III. Eine Definition der Menschenrechte

Diese Kategorien können aber keine Definition dessen geben, was Menschenrechte eigentlich sind. Dies ist insbesondere vor dem Hintergrund zu sehen, dass sich nicht alle Menschenrechte in diese Kategorien einteilen lassen und teilweise von der Wissenschaft auch eine Kategorisierung abgelehnt wird, da viele Rechte voneinander abhängen und sich gegenseitig bedingen.[35] So hat auch die Menschenrechtsweltkonferenz der Vereinten Nationen in Wien 1993 betont, dass alle Menschenrechte universell und unteilbar sind, sich einander bedingen und miteinander zusammenhängen.[36] Des Weiteren sind Menschenrechte in vielfältigen völkerrechtlichen Verträgen kodifiziert, die sich zumeist nur in den Regelungsbereichen oder den geschützten Personengruppen unterscheiden, aber oftmals

---

32 Baehr, S. 6; Gareis, in: Gareis/Geiger (Hrsg.), S. 19 (25).

33 Kälin/Künzli, S. 34 f.; Schaber, S. 75.

34 Haratsch, S. 74.

35 Hobe, S. 406; Nowak, in: Matscher (Hrsg.), S. 387 (388).

36 Wiener Erklärung und Aktionsplan, Weltkonferenz für Menschenrechte v. 12.06.1993, Ziff. 5, in: Deutsche Gesellschaft für die Vereinten Nationen e.V. (DGVN) (Hrsg.), S. 13 (16).

Rechte aller drei Generationen enthalten. Zusammenfassend lässt sich mit Nowak also sagen, dass Menschenrechte die „Summe von bürgerlichen, politischen, wirtschaftlichen, sozialen, kulturellen und kollektiven Rechten, die in internationalen und regionalen Menschenrechtsinstrumenten sowie in den Verfassungen der Staaten festgeschrieben sind"[37], bilden.

Doch vermag auch eine solch umfassende Definition nicht über die Problematik der Durchsetzung der sehr vielschichtigen Menschenrechte hinwegzutäuschen. So hat auch die Menschenrechtsweltkonferenz der Vereinten Nationen in Wien 1993 die Staaten zur Schaffung günstiger Bedingungen aufgerufen, um die volle und wirksame Verwirklichung der Menschenrechte zu gewährleisten,[38] insbesondere durch die Gewährleistung eines wirksamen Rechtsmittelverfahrens.[39] Hierbei wurde auch die besondere Rolle eines unabhängigen Gerichts für die Verwirklichung der Menschenrechte betont.[40]

So umfassend und verbindlich die oben gefundene Definition der Menschenrechte auch klingen mag, kommt es doch entscheidend auf die tatsächliche Durchsetzung der Menschenrechte in einem konkreten Staat an.

B. Ursprünge der Menschenrechte

Die Problematik einer oftmals defizitären Durchsetzung von Menschenrechten durch die Staaten könnte bereits in den historischen Wurzeln der Menschenrechte angelegt sein. Die Entwicklung der Menschenrechte war zunächst eine ideengeschichtliche, die erst wesentlich später zu Kodifikationen geführt hat.[41]

37 Nowak, Einführung, S. 13.

38 Wiener Erklärung und Aktionsplan, Weltkonferenz für Menschenrechte v. 12.06.1993, Ziff. 5, in: Deutsche Gesellschaft für die Vereinten Nationen e.V. (DGVN) (Hrsg.), S. 13 (18).

39 Wiener Erklärung und Aktionsplan, Weltkonferenz für Menschenrechte v. 12.06.1993, Ziff. 5, in: Deutsche Gesellschaft für die Vereinten Nationen e.V. (DGVN) (Hrsg.), S. 13 (22).

40 Wiener Erklärung und Aktionsplan, Weltkonferenz für Menschenrechte v. 12.06.1993, Ziff. 5, in: Deutsche Gesellschaft für die Vereinten Nationen e.V. (DGVN) (Hrsg.), S. 13 (22 f.).

41 Zur ideengeschichtlichen und historischen Entwicklung der Menschenrechte findet sich bei Oestreich, S. 15 ff. ein umfassender Überblick.

I. Ideengeschichtlicher Hintergrund

Zur Frage der Herkunft der Menschenrechte werden verschiedene Ansichten vertreten. Meistens wird auf die Einflüsse der antiken Philosophen sowie auf das Christentum oder das Naturrecht verwiesen.[42]

1. *Antike Philosophie*

In seiner Politeia leitete Aristoteles (384 – 322 v. Chr.) den Staatsaufbau von dem Einzelnen her ab und gab dem Individuum damit eine besondere Bedeutung.[43] Allerdings rechtfertigte er die Sklaverei durch Unterschiede zwischen den Menschen und stellte das Gemeinwohl des Staates über die Individualinteressen.[44] Auf der anderen Seite erkannte er aber schon bestimmte vorstaatliche Rechte an.[45]

Daneben wurde von Vertretern der egalitären Naturrechtslehre die Idee der freien und gleichen Geburt vertreten.[46] So universell dieser Gedanke auch formuliert sein mag, so bezog er sich dennoch nur auf alle volljährigen männlichen Bürger und nicht auf Sklaven oder Frauen, welche nur stark eingeschränkte Rechte hatten.[47]

Diese Ansätze, die in der antiken Philosophie vertreten wurden, zeigen, dass die Idee von Rechten, die einem Menschen Kraft seines Menschseins zustehen, keinesfalls von Anfang an universelle Geltung beanspruchte.

Einen ausdrücklichen Widerspruch hierzu bildete die Stoa (um 300 v. Chr. gegründet), welche von dem Grundgedanken ausging, dass alle Menschen, auch die Sklaven, frei und gleich sind.[48] Allerdings galt nach der Lehre der Stoiker dieser Gleichheitsgedanke nur in der Vernunft, nicht aber im realen Gemeinwesen.[49] Dies zeigt, dass die Stoiker ihren Gleichheitsgedanken noch nicht in die Realität umsetzen konnten, aber dennoch die ursprüngliche Ansicht überwanden, dass von Natur aus Sklaven existieren.[50] Sie postulierten zwar noch

---

42 Schmidt C., S. 23 f.

43 Aristoteles, Politeia I, 1253a1, Übersetzung von Gigon; Herrmann, IpB 2007, S. 6 (7); Hofmann H., JuS 1988, S. 841 (842); Schmidt C., S. 24.

44 Aristoteles, Politeia I, 1253b, Übersetzung von Gigon; Schmidt C., S. 32 Weiß, in: Hasse/Müller/Schneider (Hrsg.), S. 39 (40).

45 Herrmann, IpB 2007, S. 6 (7); Oestreich, S. 15 f.; Schmidt C., S. 24.

46 Oestreich, S. 15; Schmidt C., S. 25.

47 Schmidt C., S. 24; Weiß, in: Hasse/Müller/Schneider (Hrsg.), S. 39 (41).

48 Seneca, S. 96; Haratsch, S. 14; Hofmann H., JuS 1988, S. 841 (842); Schmidt C., S. 25.

49 Oestreich, S. 18; Schmidt C., S. 25; Weiß, in: Hasse/Müller/Schneider (Hrsg.), S. 39 (41).

50 Schmidt C., S. 26.

keine konkreten Menschenrechte, aber mit ihren Lehren und insbesondere dem Gleichheitsgedanken legten sie einen ersten Grundstein für die Entwicklung der Idee der Menschenrechte.[51]

Da aber der Gleichheitsgedanke nach dieser Lehre nur in der Vernunft galt, konnten hier noch keine durchsetzungsfähigen Rechte und keine Durchsetzungsmechanismen hergeleitet werden.

2. *Christentum*

Das Christentum leitete die Freiheit und Gleichheit aller Menschen aus der imago-dei-Lehre ab, also aus der Gottesebenbildlichkeit des Menschen.[52] Allerdings stellt dies nur eine Rezeption, insbesondere durch das Werk Augustinus[53] (354–430 n.Chr.), der Lehren der Stoa dar, welche großen Einfluss auf das im Grundgedanken ähnliche Christentum hatte.[54] Allerdings wurden aus der Lehre des Christentums noch keine tatsächlichen Konsequenzen gezogen, da sie die Freiheit und Gleichheit ausschließlich im sakralen Raum verortete.[55] Freiheit meinte also die Freiheit in und aus dem Glauben und Gleichheit die Gleichheit vor Gott. Allerdings gewann das Christentum großen Einfluss durch die Erlangung des Status als Staatsreligion im römischen Reich und hat so Einfluss auf die Entwicklung der Menschenrechte genommen.[56]

Allerdings wurde auch im Rahmen des Christentums keine Durchsetzung der Freiheit und Gleichheit postuliert, da diese nach der Lehre des Christentums vor allem im Bereich des Glaubens, also aufgrund Gottes Gnaden, gewährt wird.

3. *Naturrecht*

In der Renaissance wurden die Ideen der Antike, insbesondere der Stoa aufgegriffen und weiter entwickelt.[57] Ohne auf die Vielzahl der einzelnen naturrechtlichen Theorien der Renaissance einzugehen, haben die meisten von ihnen gemein, dass sie davon ausgehen, dass die Menschen für ihr Zusammenleben in

51 Hofmann H., JZ 2001, S. 1 (3); Schmidt C., S. 26.
52 Robertson/Merrills, S. 3; Schilling, S. 2; Schmidt C., S. 26; Haratsch, S. 15.
53 Neben vielen anderen Werken Augustinus, siehe: Augustinus, Übersetzung von Thimme, XI 2.
54 Green/Witte, in: Shelton (Hrsg.), S. 9 (21); Kälin/Künzli, S. 22 f.; Oestreich, S.19 f.; Schmidt C., S. 27.
55 Hofmann H., JuS 1988, S. 841 (842, 844); Oestreich, S. 19; Schmidt C., S. 27.
56 von Campenhausen, in: Merten/Papier (Hrsg.), S. 3 (11, 14).
57 Schilling, S. 2; Rezeptionen finden sich vor allem bei Manetti und della Mirandola.

einem Staat einen Gesellschaftsvertrag geschlossen haben, der die Regeln des Zusammenlebens bestimmt. In Bezug auf die Beziehung zwischen Menschen und Staat bzw. Herrscher wird dieser Vertrag auch als Herrschaftsvertrag bezeichnet. Als Basis für einen solchen Vertragsschluss postulieren die verschiedenen Vertragstheorien einen Urzustand, in dem allen Menschen gleiche Rechte zustehen.[58] Dieser Urzustand wird dabei als Zustand der natürlichen Freiheit gesehen, in der die Menschen in Gleichheit leben und nur Gott unterworfen sind, bevor sie sich durch Vertrag zu einem Staat zusammenschließen.[59] Manche Lehren unterscheiden dabei klar zwischen dem Gesellschafts- und dem Herrschaftsvertrag und machen somit deutlich, dass auch der Herrscher eine vertragliche Bindung eingeht, welche auf der anderen Seite den Bürgern subjektive Rechte gewährt.[60]

Die Ableitung der subjektiven Rechte aus einem Herrschaftsvertrag deutet darauf hin, dass die naturrechtlichen Lehren bereits die Möglichkeit einer effektiven Durchsetzung dieser Rechte im Sinn hatte, da ein Vertrag immer beiderseitige Rechte und Pflichten kreiert, die nach dem Grundsatz *pacta sunt servanda* einzuhalten sind.

II. Kodifikationen von Menschenrechten

Aus dem Wunsch die Menschenrechte in einen verbindlichen Rechtskatalog umzugießen, kam es zu der Entwicklung verschiedener Kodifikationen von Menschenrechten, die im Rahmen der ideengeschichtlichen Entwicklung erarbeitet wurden. Bei der Kodifikation von Menschenrechten ist zunächst eine rein innerstaatliche Entwicklung zu beobachten, die später auf die Entwicklung im Völkerrecht übergriff.

1. Innerstaatliche Entwicklungen

Die ersten Menschenrechtskataloge galten rein innerstaatlich für die Bürger des jeweiligen Staates und griffen noch nicht auf das Völkerrecht über.[61] Allerdings fußen die völkerrechtlichen Menschenrechtsverträge auf diesen innerstaatlichen Entwicklungen.

---

58 Oestreich, S. 36 f.; Schmidt C., S. 28.
59 Joseph/Schultz/Castan, Introduction (Rn. 1.05); Schmidt C., S. 28.
60 Herrmann, IpB 2007, S. 6 (8 f.); Schmidt C., S. 28 f.
61 Kolb, in: Fassbender/Peters (Hrsg.), S. 317 (329).

a. Englische Rechts-und Freiheitsverbürgungen

Erste Verbürgungen von Rechten und Freiheiten gegenüber der staatlichen bzw. königlichen Obrigkeit finden sich in der Geschichte Englands.

Die älteste ist wohl die Magna Carta Libertatum[62] von 1215, welche den König verpflichtete alte Rechte der Barone zu respektieren.[63] Des Weiteren sah die Magna Charta Regelungen vor, die einen Missbrauch der Gerichtsbarkeit durch den König verhindern sollten, wie z.B. die Schuldangemessenheit der Strafe und keine Strafe ohne Schuldspruch.[64] Allerdings galten die Rechte aus der Magna Charta nur für spezielle Gruppen von Untertanen und hatten damit noch nicht die Universalität der heutigen Menschenrechte.[65] Die Rechte aus der Magna Charta wurden vom König in der Petition of Rights[66] von 1628 bekräftigt.

Der Habeas Corpus Act[67] von 1679 enthielt mit den Bestimmungen zur Verhinderung von ungerechtfertigter Ingewahrsamnahme bereits universellere Rechte. Die verschiedenen Rechtsverbürgungen wurden um das Petitionsrecht erweitert und 1689 in der Bill of Rights[68] anerkannt und bekräftigt.[69] Die Bill of Rights enthielt aber noch keine Menschenrechte im heutigen Sinne, da einerseits ihr Anwendungsbereich personell recht eingeschränkt war und auf der anderen Seite noch nicht zwischen subjektiven und objektiven Rechten unterschieden wurde.[70] Außerdem bezog sie sich auf die alten Rechte und Freiheiten, welche sich im Laufe der englischen Geschichte entwickelt hatten und erklärte damit gerade nicht die Gleichheit, Universalität oder Natürlichkeit der Rechte.[71] Allerdings ist sie der Beginn der Kodifizierung von individuellen Rechten, auf die sich die Begünstigten gegenüber der Krone bzw. der Staatsgewalt berufen konnten und an die alle Monarchen in ihrem Regierungshandeln gebunden waren.[72]

---

62 v. 19.06.1215, abgedruckt in: Willoweit/Seif, S. 3 ff.
63 Schmidt C., S. 25.
64 Robertson/Merrills, S. 4; Schmidt C., S. 30; Oestreich, S. 25.
65 Robertson/Merrills, S. 4.
66 v. 07.06.1628, abgedruckt in: Willoweit/Seif, S. 40 ff.
67 v. 27.05.1679, abgedruckt in: Willoweit/Seif, S. 215 ff.
68 v. 23.10.1689, abgedruckt in: Willoweit/Seif, S. 235 ff.
69 Oestreich, S. 44; Schmidt C., S. 31.
70 Hofmann H., JuS 1988, S. 841 (845); Schmidt C., S. 31.
71 Hunt, S. 21.
72 Schmidt C., S. 31.

b. *Die amerikanischen Bills of Rights*

Als im Mai 1776 der Kongress der britischen Kolonien in Amerika seine Mitglieder dazu aufrief, sich Verfassungen zu geben, orientierten sie sich an der englischen Bill of Rights, gingen aber inhaltlich und formal über sie hinaus.[73] Die erste dieser neuen Verfassungen mit eigener Menschenrechtserklärung war die Virginia Bill of Rights[74] vom 12.06.1776, welche die Rechte als Grundlage des Staates sah und Vorbild für die nachfolgenden Verfassungen wurde.[75] Die bedeutendste Neuerung im Vergleich zu der englischen Bill of Rights war, dass nicht mehr bestimmte Bürger begünstigt wurden, sondern durch Formulierungen wie „all mankind" und „every individual" die Universalität der Rechte herausgestellt wurde.[76] Zudem enthielten die amerikanischen Bills of Rights nicht nur die bereits bekannten Justizgrundrechte und Parlamentsvorbehalte, sondern auch die Prinzipien der Volkssouveränität und Gewaltenteilung sowie verschiedene Freiheitsrechte und den Gleichheitssatz.[77]

Sieht man von der erst 1865 flächendeckend abgeschafften Sklaverei ab, stellen die amerikanischen Bills of Rights die ersten Menschenrechtskataloge im heutigen Sinne dar.[78] Sie gewähren individuelle, unveräußerliche Rechte für alle Menschen, welche selbst durch den Verfassungsgeber nicht eingeschränkt werden können.[79]

c. *Die französische Déclaration des Droits de l'Homme et du Citoyen*

Die Entwicklung der amerikanischen Bills of Rights stieß in Europa, insbesondere in Frankreich, auf große Resonanz. So wurden im Vorfeld der französischen Revolution immer mehr Stimmen laut, die einen ähnlichen Menschenrechtskatalog forderten.[80] Die Nationalversammlung verkündete vor dem Hintergrund dieser Entwicklung die Déclaration des Droits de l'Homme et du Citoyen[81] am 26.08.1789.

---

73 Schmidt C., S. 32.

74 Der Text der Virginia Bill of Rights ist abrufbar unter: http://www.gunstonhall.org/georgemason/ human_rights/vdr_final.html.

75 Schilling, S. 2 f.; Schmidt C., S. 32; Weiß, in: Hasse/Müller/Schneider (Hrsg.), S. 39 (44).

76 Schmidt C., S. 32.

77 Oestreich, S. 61; Schmidt C., S. 32.

78 Oestreich, S. 61; Schmidt C., S. 32.

79 Schmidt C., S. 32.

80 Schmidt C., S. 33.

81 v. 26.08.1789, abgedruckt in: Willoweit/Seif, S. 250 ff.

Ein bedeutender Unterschied zu den amerikanischen Bills of Rights besteht darin, dass diese in ihrem Unabhängigkeitsstreben die Freiheitsrechte mehr betonen, in Frankreich jedoch der Gleichheitssatz eine stärkere Bedeutung erhielt.[82] Dies lässt sich auf den unterschiedlichen historischen Hintergrund stützen. In Frankreich ging es vor allem darum, den enormen Unterschied zwischen den Ständen aufzuheben, während in Amerika vor allem die Freiheit von der Kolonialmacht Englands und die Souveränität gefestigt werden mussten.[83]

Auch die Déclaration des Droits de l'Homme et du Citoyen schaffte eine Rechtsebene über dem einfachen Gesetzesrecht, welche nur schwer abgeändert werden kann und orientiert sich in formaler Hinsicht an den amerikanischen Bills of Rights.[84] Als erste europäische Verfassung gab sie den entscheidenden Impuls für die Entwicklung weiterer Verfassungen mit Menschenrechtskatalogen in Europa.[85]

d. *Europäische Verfassungen*

Mit der Zeit bildeten sich auch in anderen Staaten Verfassungen mit einem eigenständigen Grundrechtsteil heraus,[86] z.B. 1831 die belgische Verfassung[87] und 1849 die deutsche Reichsverfassung[88]. Allerdings bezogen sich diese Verfassungen oft nur auf die Staatsbürgerschaft und gewährten damit keine universellen Rechte.[89] Zur gleichen Zeit begannen die obersten Gerichte im angelsächsischen Raum und in der Schweiz Lücken durch eine Art rechtsschöpferische Grundrechtspraxis zu überbrücken, allerdings immer von einem rein innerstaatlichen Standpunkt aus.[90]

Dennoch gaben die innerstaatlichen Kodifikationen von Menschenrechten wichtige Impulse für die Bedeutung der Menschenrechte im Rechtssystem der Staaten. Als kodifiziertes Recht konnten sich insbesondere die jeweiligen Staatsbürger auf die Menschenrechte berufen und sie gerichtlich durchsetzen lassen.

---

82 Schmidt C., S. 33; Weiß, in: Hasse/Müller/Schneider (Hrsg.), S. 39 (45); Haratsch, S. 45.
83 Oestreich, S. 68 f.; Schmidt C., S. 33.
84 Schmidt C., S. 33.
85 Oestreich, S. 63; Schmidt C., S. 34.
86 Nowak, Einführung, S. 27.
87 Constitution de la Belgique v. 07.02.1831, abgedruckt in: Willoweit/Seif, S. 509 ff.
88 Verfassung des Deutschen Reichs v. 28.03.1849, abgedruckt in: Willoweit/Seif, S. 562 ff.
89 Hoffmann, in: Hoffmann (Hrsg.), S. 1 (9).
90 Kälin/Künzli, S. 5 f.

2. *Völkerrechtliche Entwicklung*

Die aufgezeigten Entwicklungen spielten sich alle rein auf der innerstaatlichen Ebene ab. Dies sieht man insbesondere daran, dass die alten Menschenrechtserklärungen der einzelnen Staaten mit „alle Menschen" nur die Bürger des Staates meinten und so dem Konzept der Nationalität folgten.[91] Faktisch handelte es sich also um ein Verständnis der Menschenrechte als Staatsbürgerrechte.

Im Gegensatz zu diesen nationalen Entwicklungen spielten Menschenrechte auf internationaler Ebene keine Rolle. Es galt vielmehr das Prinzip der absoluten Souveränität der Staaten und eine Kritik eines Staates an den Menschenrechtsstandards eines anderen Staates wäre eine unzulässige Intervention in die inneren Angelegenheiten, also ein Verstoß gegen das Interventionsverbot, gewesen.[92] Allerdings gewannen die Menschenrechte auch auf internationaler Ebene immer mehr an Bedeutung.

a. *Erste Regelungen*

Eine erste multilaterale Regel, die in den Bereich der Menschenrechte fällt, wurde bereits 1815 mit dem Verbot des Sklavenhandels getroffen.[93] Die weitere Entwicklung in Bezug auf das Sklavereiverbot mündete in der Berliner Kongoakte[94] vom 26.02.1885. Allerdings handelte es sich bei diesen frühen internationalen Regelungen um rein zwischenstaatliche Verpflichtungen, welche noch keine subjektiven Rechte gewährten.[95]

Ein großer Schritt für die Entwicklung der Menschenrechte war der nach Ende des Ersten Weltkrieges am 28.06.1919 unterzeichnete Friedensvertrag von Versailles[96], durch welchen einerseits der Völkerbund und andererseits die Internationale Arbeitsorganisation (ILO) gegründet wurden. Der Friedensvertrag von Versailles enthielt Menschenrechte im Arbeitsbereich, welche allerdings nur als Grundsätze und Richtlinien für die Tätigkeit der ILO dienten.[97]

---

91 Kälin/Künzli, S. 5; Schilling, S. 3.

92 Kälin/Künzli, S. 6; Shaw, S. 196.

93 Art. LXVIII Anhang 15 Erklärung der Mächte über die Abschaffung des Sklavenhandels v. 08.02.1815, abgedruckt in: von Martens, Bd. II, S. 432 ff.; Kälin/Künzli, S. 9; Robertson/Merrills, S. 15; Schilling, S. 3.

94 Abgedruckt in: von Martens, Band X, S. 417 ff.

95 Kälin/Künzli, S. 8; Robertson/Merrills, S. 15.

96 v. 18.06.1919, RGBl. 1919 II, S. 687.

97 Kälin/Künzli, S. 12 f.

b. *Der Völkerbund*

Der neu gegründete Völkerbund hatte noch nicht die Aufgabe den internationalen Menschenrechtsschutz voran zu treiben und so enthielt seine Satzung noch keine Regelung zu den Menschenrechten im Generellen.[98]

Dennoch spielte der Völkerbund eine wichtige Rolle bei der Entwicklung der Menschenrechte. Unter seiner Ägide wurde durch das Mandats- und Minderheitenschutzsystem ein erster Grundstein für den späteren Menschenrechtsschutz unter den Vereinten Nationen gelegt.[99] Das Minderheitenschutzsystem war zwar nicht in den Völkerbund eingegliedert, aber der Völkerbund wurde zum Teil mit der Überwachung der Einhaltung des Minderheitenschutzes betraut.[100] Der Minderheitenschutz wurde zumeist durch verschiedene Staatsverträge[101] als reine Staatenverpflichtungen gewährleistet, aber es bestand schon die Möglichkeit für Individuen Petitionen an den Völkerbund zu richten,[102] was einen ersten Durchsetzungsmechanismus dieser Menschenrechte auf internationaler Ebene darstellte.

Außerdem nahm der Völkerbund 1924 die Erklärung über die Rechte des Kindes[103] an, welche die allererste Menschenrechtserklärung einer intergouvernementalen Organisation darstellt.[104]

c. *Die Vereinten Nationen*

So wegweisend die Entwicklung der Menschenrechte unter dem Völkerbund auch war, erfolgte ein echter Durchbruch der Menschenrechte auf internationaler Ebene erst nach dem Zweiten Weltkrieg als Antwort auf die Gräueltaten des Nationalsozialismus.[105]

---

98 Buergenthal/Shelton/Stewart, S. 8; Kälin/Künzli, S. 8.

99 Nowak, Einführung, S. 32; Shaw, S. 197 f.

100 Kolb, in: Fassbender/Peters (Hrsg.), S. 317 (335); Nowak, Einführung, S. 30; Tomuschat, S. 18 f.

101 Z.B. Art. 63 Staatsvertrag von Saint-Germain-en-Laye v. 10.09.1919, StGBl. Rep. Österreich Nr. 303/1920.

102 Kälin/Künzli, S. 9; Kolb, in: Fassbender/Peters (Hrsg.), S. 317 (335); Tomuschat, S. 20.

103 League of Nations, Geneva Declaration of the Rights of the Child v. 26.09.1924, League of Nations Official Journal 1924, Spec. Supp. No. 23.

104 Van Bueren, S. 6.

105 Schilling, S. 4; Schmahl, AVR 2007, S. 517 (518); Simma, in: Karl (Hrsg.), S. 33 (40); Tomuschat, S. 22.

In der UN-Charter[106] vom 26.06.1945 werden die Menschenrechte mehrfach erwähnt[107]. So postuliert Art. 1 Nr. 3 UN-Charter die „internationale Zusammenarbeit (…) und die Achtung der Menschenrechte und Grundfreiheiten für alle ohne Unterschied der Rasse, des Geschlechts, der Sprache oder der Religion". Eine inhaltliche Ausfüllung des Begriffs Menschenrechte erfolgt in der UN-Charter zwar nicht,[108] aber nichts destotrotz legt sie den rechtlichen und konzeptionellen Grundstein für die Entwicklung der modernen Menschenrechte.[109] Besonders zu bemerken ist, dass fast alle Staaten Mitglied der Vereinten Nationen sind.[110] Durch ihre Mitgliedschaft unterwerfen sie sich dem Regime der UN-Charter und damit auch den in ihr enthaltenen Regelungen über Menschenrechte. Daher kann die UN-Charter als ein Indiz für die Universalität der Menschenrechte gesehen werden und darüber hinaus können Menschenrechtsverletzungen als internationale Angelegenheit verstanden werden,[111] die nicht nur einen einzelnen Staat betrifft, sondern die Staatengemeinschaft. Dies heißt aber nicht, dass jegliche Verletzung von Menschenrechten in einem Staat sofort einen internationalen Handlungsbedarf generiert, sondern vielmehr, dass sich ein Staat bei Menschenrechtsverletzungen nicht darauf berufen kann, dass es sich um eine rein innerstaatliche Angelegenheiten handle.[112] Anders formuliert handelt es sich um eine Beschränkung der Souveränität des Staates zugunsten der Menschenrechte[113]

106 Charter of the United Nations v. 26.06.1945, BGBl. 1973 II, 430.

107 Absatz 2 Präambel, Art. 1 Nr. 3, Art. 55 lit. c, Art. 62 Abs. 2, Art. 68 UN-Charter.

108 Kälin/Künzli, S. 14; Lorenzmeier, S. 186.

109 Buergenthal/Shelton/Stewart, S. 31; Grewe, S. 647.

110 Es gibt derzeit 194 weltweit anerkannte Staaten und 193 Mitglieder der Vereinten Nationen. Nicht Mitglied ist der Vatikanstaat, welcher aber durch den Heiligen Stuhl vertreten wird, der Beobachterstatus bei den Vereinten Nationen hat. Daneben gibt es derzeit 12 umstrittene Territorien, die nur teilweise als Staaten anerkannt sind. Dazu gehört Palästina, welchem in GA Res. 67/19, Status of Palestine, UN Doc. A/67/19 v. 04.12.2012, ein Beobachterstatus eingeräumt wurde. Zu der Problematik Palästina siehe neben der umfassenden Literatur: Nagan/Haddad, GJICL 2012, S. 341.

111 IGH v. 24.05.1980, Case Concerning United States Diplomatic and Consular Staff in Tehran (United States of America/Iran), ICJ Rep. 1980, S. 3 (Rn. 91); Kälin/Künzli, S. 41.

112 Buergenthal/Shelton/Stewart, S. 34; Van Der Vyver, in: Shelton (Hrsg.), S. 379.

113 Klein E., S. 23; Schaber, S. 80 f.

d. *Die Allgemeine Erklärung der Menschenrechte*

Eine Ausfüllung der Menschenrechte, wie sie in der UN-Charter mehrfach erwähnt werden, erfolgte durch die Allgemeine Erklärung der Menschenrechte[114], welche von der Generalversammlung am 10.12.1948 mit 48 Stimmen bei 8 Enthaltungen angenommen wurde. Die allgemeine Erklärung der Menschenrechte ist als Resolution der Generalversammlung nicht verbindlich[115] und bestimmt in ihrer Präambel, dass die Menschenrechte „als das von allen Völkern und Nationen zu erreichende gemeinsame Ideal (…) durch fortschreitende nationale und internationale Maßnahmen" realisiert und gewährleistet werden sollen. In ihren 30 Artikeln enthält sie keine formellen Regelungen und insbesondere keine Überwachungs- und Erzwingungsmaßnahmen um die Gewährleistung der Menschenrechte durchzusetzen. Trotz ihrer Rechtsform als Resolution der Generalversammlung wird sie oftmals als bindend angesehen.[116] Bei der Diskussion, woher diese Bindungswirkung kommt, welche Rechte in welchem Umfang bindend sind und welchen rechtlichen Status die Allgemeine Erklärung der Menschenrechte einnimmt, werden vor allem 3 Meinungen vertreten. Die Allgemeine Erklärung der Menschenrechte wird teilweise als autoritative Interpretation der UN-Charter gesehen, teilweise als Ausdruck Völkergewohnheitsrechts und es wird auch argumentiert, dass sie ein generelles Prinzip des Völkerrechts i.S.d. Art. 38 Abs. 1 lit. c IGH-Statut[117] ist.[118]

Die Allgemeine Erklärung der Menschenrechte enthält 2 Generationen von Menschenrechten, nämlich bürgerliche und politische Rechte auf der einen Seite und wirtschaftliche, soziale und kulturelle Rechte auf der anderen.[119] Die wirtschaftlichen, sozialen und kulturellen Rechte wurden in die Allgemeine Erklärung der Menschenrechte aufgenommen, da die Staaten nach langen Debatten der Ansicht waren, dass diese einen wesentlichen Bestandteil der Menschenrechtsidee ausmachen und die Erklärung ohne sie nicht vollständig wäre.[120]

---

114 GA Res. 217 (III), Universal Declaration of Human Rights, UN Doc. A/217 (III) v. 10.12.1948.

115 Buergenthal/Shelton/Stewart, S. 41 f.; Haratsch, S. 72; Humphrey, in: Ramcharan (Hrsg.), S. 21 (37); Kälin/Künzli, S. 15; Verdross/Simma, S. 822.

116 Buergenthal/Shelton/Stewart, S. 42; Nettesheim, in: Merten/Papier (Hrsg.), S. 191 (204); Schilling, S. 4.

117 Statute of the International Court of Justice v. 26.06.1945, BGBl. 1973 II, S. 505.

118 Buergenthal/Shelton/Stewart, S. 42; Hannum, GJICL 1995/96, S. 287 (319, 330, 350); Humphrey, in: Ramcharan (Hrsg.), S. 21 (33).

119 Buergenthal/Shelton/Stewart, S. 39.

120 Normand/Zaidi, S. 188.

In ihren Artikeln 1 – 20 finden sich liberale Grundrechte, sowie in Art. 21 das allgemeine Wahlrecht als Ausdruck der bürgerlichen und politischen Rechte. In den Artikeln 22 – 28 finden sich soziale Rechte. Die Allgemeine Erklärung der Menschenrechte wird weithin als der allgemein anerkannte Mindeststandard der Menschenrechte angesehen.[121]

e. Die modernen Menschenrechtspakte

Die modernen Menschenrechtspakte, wie man sie heute kennt, entwickelten sich unter der Ägide der Vereinten Nationen. Die Vereinten Nationen haben im Laufe der Zeit verschiedene Menschenrechtspakte zum Schutz von bestimmten Personengruppen oder zum Schutz von bestimmten Rechten erarbeitet.[122] Neben den Konventionen der Vereinten Nationen gibt es noch zahlreiche Konventionen und Empfehlungen, die von der Internationalen Arbeitsorganisation ins Leben gerufen wurden.

Diese universellen Menschenrechtsverträge unter der Ägide der UN werden durch diverse Zusatzprotokolle supplementiert, die insbesondere auch internationale Durchsetzungsmechanismen betreffen.

Insofern lässt sich sagen, dass nach einer langen ideengeschichtlichen Entwicklung die Menschenrechte zunächst auf nationaler Ebene und später auch auf internationaler Ebene immer verbindlicher ausgestaltet wurden und auch entsprechende Durchsetzungsmechanismen geschaffen wurden.

---

121 Alfredsson/Eide, in: Alfredsson/Eide (Hrsg.), S. xxv (xxix f.); Fassbender, S. 1; Hannum, GJICL 1995/96, S. 287 (292); Schilling, S. 4.

122 Zu dem Inhalt der einzelnen Übereinkommen im Detail s.u. Kapitel 3 B.

Kapitel 2: Menschenrechtsverträge im deutschen Recht

Die heute bekannten modernen Menschenrechtsverträge wurden im Rahmen der völkerrechtlichen Entwicklung der Menschenrechte geschlossen und stellen damit eine Festschreibung der Menschenrechte dar. Auf internationaler Ebene sind die Menschenrechtsverträge, welche unter der Ägide der Vereinten Nationen geschlossen wurden, die wichtigste Rechtsquelle für Menschenrechte.[123] Doch gelten die Menschenrechtsverträge jeweils nur für diejenigen Staaten, die sie ratifiziert haben und nur soweit keine Vorbehalte erklärt wurden.[124] Im Folgenden wird untersucht, wann und in welchem Umfang ein Menschenrechtsvertrag für einen Staat Wirkung entfaltet und ein kurzer Überblick über die Menschenrechtsverträge gegeben, welche in Deutschland gelten. Allerdings entfaltet ein Menschenrechtsvertrag zunächst nur Wirkung auf zwischenstaatlicher Ebene, obwohl er Individualrechte gewährt. Es ist also in einem zweiten Schritt zu klären, wie die zwischen den Staaten geschlossenen Menschenrechtsverträge Eingang in die deutsche Rechtsordnung finden.

A. Menschenrechtspakte als völkerrechtliche Verträge

Völkerrechtliche Verträge entstehen wie privatrechtliche Verträge durch zwei oder mehr übereinstimmende Willenserklärungen, die auf den Eintritt einer Rechtsfolge gerichtet sind.[125] Der große Unterschied zwischen völkerrechtlichen Verträgen und privatrechtlichen Verträgen ist, dass ein völkerrechtlicher Vertrag nicht nur ein Rechtsverhältnis zwischen den Vertragsparteien schafft, sondern oftmals auch Recht auf internationaler Ebene setzt.[126] Dies wird besonders deutlich, wenn man Art. 38 Nr. 1 lit. a IGH-Statut betrachtet, nach dem der Internationale Gerichtshof bei seinen Entscheidungen internationale Übereinkünfte anwendet. Völkerrechtliche Verträge können sich auf eine Vielzahl von Sachbereichen beziehen und die unterschiedlichsten Materien regeln, wie Handelsabkommen, Grenzverträge oder die Errichtung einer internationalen Organisation,

123 Kälin/Künzli, S. 39; Klein E., EuGRZ 1999, S. 109 (110).

124 Kälin/Künzli, S. 40.

125 Bleckmann, Völkerrecht, S. 104.

126 Hobe, S. 182.

aber auch die Regelung von Menschenrechten zum Gegenstand haben.[127] Menschenrechtsverträge sind also ihrer Natur nach normale völkerrechtliche Verträge, welche unter anderem eine Umgießung der Allgemeinen Erklärung der Menschenrechte in Vertragsform darstellen, aber auch Erweiterungen in spezielleren Bereichen enthalten.[128] Sie werden nach dem gleichen Verfahren wie alle völkerrechtlichen Verträge geschlossen.

I. Abschlusskompetenz für Menschenrechtsverträge

Völkerrechtliche Verträge können gem. Art. 6 WVK von Staaten und gem. Art. 6 WVKIO[129] von internationalen Organisationen geschlossen werden, sofern dies in dem Vertrag vorgesehen ist. Menschenrechtsverträge stehen klassischerweise nur Staaten offen.[130] Nur Art. 42 CRPD öffnet die Konvention neben Staaten auch Organisationen regionaler Integration, welche gem. Art. 44 Abs.1 CRPD von Staaten einer Region zur Wahrnehmung der Aufgaben aus der Konvention gebildet werden.

Diese Völkerrechtssubjekte handeln bei einem Vertragsabschluss durch Organe, welche von ihnen selbst, bei Staaten meist in ihren Verfassungen, oder bei internationalen Organisationen in ihren Gründungsverträgen, bestimmt werden.[131] Allerdings kann von den Vertragspartnern nicht erwartet werden, sich bei jedem ihrer Vertragspartner über deren interne Organisation zu informieren und so wurden in der Wiener Vertragsrechtskonvention und in der Wiener Vertragsrechtskonvention für internationale Organisationen Regelungen zur Vertretung von Völkerrechtssubjekten bei Vertragsschlüssen geschaffen. Für Menschenrechtsverträge, welche zumeist bei internationalen Konferenzen ausgearbeitet werden, ist vor allem Art. 7 Abs. 2 lit. c WVK und Art. 7 Abs. 2 lit. b WVKIO einschlägig. Nach diesen Vorschriften sind Vertreter eines Staates oder

---

127 Verdross/Simma, S. 338 f.

128 Verdross/Simma, S. 824.

129 Wiener Konvention über das Recht der Verträge zwischen Staaten und internationalen Organisationen oder zwischen internationalen Organisationen v. 21.03.1986, BGBl. 1990 II, S. 1415. Die WVKIO ist bisher noch nicht in Kraft getreten, aber viele Bestimmungen entsprechen der gängigen Staatenpraxis.

130 Art. 48 Abs. 1 ICCPR; Art. 26 Abs. 1 ICESCR; Art. 17 Nr. 1 CERD; Art. 25 Abs. 1 CEDAW; Art. 25 Abs. 1 CAT; Art. 46 CRC; Art. 38 Nr. 1 CPED sprechen nur von Staaten. Selbst Art. 59 EMRK musste für einen Beitritt der Europäischen Union geändert werden.

131 Heintschel von Heinegg, völkerrechtliche Verträge, in: Ipsen (Hrsg.), S. 390 (396).

internationaler Organisationen bei internationalen Konferenzen zur Annahme von Verträgen im Rahmen der Konferenz befugt.

Allerdings hat ein Vertreter nach diesen Vorschriften nur eine Verhandlungsbefugnis,[132] während die Befugnis zum Abschluss eines Menschenrechtsvertrages ausschließlich durch eine gesonderte Vollmacht nach Art. 7 Abs. 1 WVK oder kraft Amtes gem. Art. 7 Abs. 2 lit. a WVK erfolgen kann.[133] Die Vollmacht i.S.d. Art. 7 Abs. 1 WVK kann sich auch aus der Übung der beteiligten Staaten ergeben. Kraft Amtes haben nach Art. 7 Abs. 2 lit. a WVK Staatsoberhäupter, Regierungschefs und Außenminister die Befugnis für ihren Staat Verhandlungen zu führen und auch Verträge abzuschließen.

II. Abschluss von Menschenrechtsverträgen

Die tatsächliche Ausarbeitung des Textes eines Menschenrechtsvertrages gliedert sich wie bei anderen völkerrechtlichen Verträgen in zwei Phasen. Zunächst die Aushandlung des eigentlichen Textes und die Paraphierung als Annahme des Textes.

1. Verhandlungen

Bei der Ausarbeitung eines Menschenrechtsvertrages erfolgen zunächst multilaterale Verhandlungen über den genauen Wortlaut des Textes im Rahmen von Vertragskonferenzen.[134]

Die universellen Menschenrechtsverträge wurden durch die Vereinten Nationen initiiert. Hierfür riefen sie einerseits Staatenkonferenzen ins Leben oder erarbeiteten selbst einen Vertragstext durch die Menschenrechtskommission oder einen *ad-hoc*-Ausschuss und legten ihn den Mitgliedstaaten zur Unterzeichnung vor.[135] Ein solcher *ad-hoc*-Ausschuss zur Ausarbeitung einer Konvention wurde zum Beispiel von den Vereinten Nationen durch Beschluss der Generalversammlung vom 19.12.2001[136] eingesetzt, um das Übereinkommen über die Rechte von Menschen mit Behinderungen auszuarbeiten.

---

132 Hoffmeister, in: Dörr/Schmalenbach (Hrsg.), Art. 7 Rn. 27.

133 Heintschel von Heinegg, völkerrechtliche Verträge, in: Ipsen (Hrsg.), S. 390 (397).

134 Buergenthal/Murphy, S. 109; Heintschel von Heinegg, völkerrechtliche Verträge, in: Ipsen (Hrsg.), S. 390 (398 f.).

135 Seidl-Hohenveldern/Stein, S. 70.

136 GA Res. 56/168, Comprehensive and integral international convention to promote and protect the rights and dignity of persons with disabilities, UN Doc. A/56/168 v. 19.12.2001.

2. Paraphierung und Unterzeichnung

Statt der klassischen Paraphierung zur Festlegung des Vertragstextes wird bei Menschenrechtsverträgen im Rahmen der multilateralen Konferenz oder der Arbeit des Ausschusses eine Schlussakte unterzeichnet, der die gleiche Wirkung wie der Paraphierung zukommt.[137] Die Schlussakte eines Ausschusses wird durch die Generalversammlung der Vereinten Nationen zunächst angenommen und erst dann den Mitgliedstaaten zur Unterzeichnung vorgelegt. So wurde zum Beispiel die Behindertenrechtskonvention durch die Generalversammlung zusammen mit ihrem Fakultativprotokoll am 13.12.2006 angenommen[138] und in der Folge den Mitgliedern der Vereinten Nationen zur Unterzeichnung vorgelegt.

Die bloße Unterzeichnung des Vertragstextes stellt allerdings noch nicht die rechtliche Bindungswirkung des Vertrages her, sondern diese wird erst durch die Ratifikation erreicht.[139]

3. Parlamentarische Zustimmung

Vor der eigentlichen Ratifikation findet in Deutschland ein innerstaatliches Zustimmungsverfahren statt, in dem das Parlament die Möglichkeit hat, den Menschenrechtsvertrag zu prüfen und anzunehmen.[140] Gem. Art. 59 Abs. 2 S. 1 GG erfolgt die innerstaatliche Zustimmung durch ein Bundesgesetz, welches unter Mitwirkung der jeweils für die Bundesgesetzgebung zuständigen Körperschaften erlassen wird.[141] Diese Zustimmung durch Bundestag und gegebenenfalls Bundesrat hat allerdings keinerlei Auswirkungen auf die völkerrechtliche Wirksamkeit einer einmal erfolgten Ratifikation und so bleibt bei fehlgeschlagener Zustimmung nur das Unterlassen der Ratifikation.[142] In Deutschland muss gem. Art. 59 Abs. 2 S. 1 GG das für die Bundesgesetzgebung zuständige Organ zustimmen.

---

137 Heintschel von Heinegg, völkerrechtliche Verträge, in: Ipsen (Hrsg.), S. 390 (402); Lowe, S. 66.

138 Optional Protocol to the Convention on the Rights of Persons with Disabilities v. 13.12.2006, BGBl. 2008 II, S. 1453.

139 Heintschel von Heinegg, völkerrechtliche Verträge, in: Ipsen (Hrsg.), S. 390 (403).

140 Dahm/Delbrück/Wolfrum, Band I/3, S. 554; Heintschel von Heinegg, völkerrechtliche Verträge, in: Ipsen (Hrsg.), S. 390 (402); Malanczuk, S. 132.

141 Hinsichtlich des Problemkreises der Kompetenzverteilung sei, statt vieler, auf Fastenrath, S. 81 ff. verwiesen.

142 Heintschel von Heinegg, völkerrechtliche Verträge, in: Ipsen (Hrsg.), S. 390 (402).

4. *Ratifikation*

Erst mit der Ratifikation tritt die völkerrechtliche Bindungswirkung eines Menschenrechtsvertrages ein.[143] Die Ratifikation ist eine formelle Mitteilung Deutschlands über die vollzogene Aufnahme des Vertrages in innerstaatliches Recht und darüber, dass der Vertrag als bindend angesehen wird.[144] Die durch die Ratifikation beabsichtigte Bindungswirkung tritt nach Art. 16 WVK im Zeitpunkt der in den Menschenrechtsverträgen geforderten Hinterlegung der Ratifikationsurkunden beim Generalsekretär ein, der in ihnen als Depositar bestimmt wurde.[145] Erst ab diesem Zeitpunkt ist ein Vertragsstaat an den Menschenrechtsvertrag gebunden. Vor Ratifikation, aber nach Unterzeichnung, ist ein Staat gem. Art. 18 lit. a WVK angehalten Ziel und Zweck des Menschenrechtsvertrages nicht mehr zu vereiteln.

5. *Inkrafttreten*

Die universellen Menschenrechtsverträge traten aber nicht sofort mit Hinterlegung der ersten Ratifikationsurkunde in Kraft, sondern erst nach Hinterlegung einer gewissen Anzahl von Ratifikations- oder Beitrittsurkunden[146] beim Generalsekretär. Ab diesem Zeitpunkt entfaltet ein Menschenrechtsvertrag vollständige völkerrechtliche Wirksamkeit und der Grundsatz *pacta sunt servanda* greift.[147] Vor dem Inkrafttreten ist ein Staat lediglich nach Art. 18 lit. b WVK verpflichtet Ziel und Zweck des Übereinkommens nicht zu vereiteln.

---

143 Heintschel von Heinegg, völkerrechtliche Verträge, in: Ipsen (Hrsg.), S. 390 (403).

144 Hobe, S. 191.

145 Art. 17 Abs. 2 CERD; Art. 26 Abs. 2 ICESCR; Art. 48 Abs. 2 ICCPR; Art. 25 Abs. 2, Abs. 3 CEDAW; Art. 25 Abs. 2 CAT; Art. 47 CRC; Art. 41 CRPD; Art. 38 Abs. 2 CPED; Art. 85, Art. 86 Abs. 3 CRMW.

146 Gem. Art. 19 Nr. 1 CERD 27 Ratifikationsurkunden; gem. Art. 27 Abs. 1 ICESCR 35 Ratifikationsurkunden; gem. Art. 49 Abs. 1 ICCPR 35 Ratifikationsurkunden; gem. Art. 27 Abs. 1 CEDAW 20 Ratifikationsurkunden; gem. Art. 27 Abs. 1 CAT 20 Ratifikationsurkunden; gem. Art. 49 Abs. 1 CRC 20 Ratifikationsurkunden; gem. Art. 45 Abs. 1 CRPD 20 Ratifikationsurkunden; gem. Art. 39 Abs. 1 CPED 20 Ratifikationsurkunden; gem. Art. 87 Abs. 1 CRMW 20 Ratifikationsurkunden.

147 Hobe, S. 188.

6. Beitritt

Staaten, die nicht selbst an der Ausarbeitung eines Menschenrechtsvertrages mitgewirkt haben, können diesem nachträglich beitreten.[148] Der Beitritt hat die gleiche Wirkung wie Unterzeichnung und Ratifikation.[149] Die Beitrittsmöglichkeit ergibt sich durch eine in dem jeweiligen Menschenrechtsvertrag festgelegte Allstaatenformel i.S.d. Art. 15 WVK. Ab dem Zeitpunkt der Hinterlegung der Beitrittsurkunde bindet der Vertrag den beitretenden Staat.

7. Entstehung von Menschenrechtsverträgen: ICCPR und ICESCR

Bereits vor der Verabschiedung der Allgemeinen Erklärung der Menschenrechte betraute die Generalversammlung die Menschenrechtskommission 1946 mit der Ausarbeitung eines verbindlichen Vertragstextes für einen Menschenrechtspakt.[150] Während den Verhandlungen stellten sich große Diskrepanzen zwischen den Ansichten zu den bürgerlichen und politischen Rechten einerseits und den wirtschaftlichen, sozialen und kulturellen Rechten andererseits heraus. In der 6. Sitzung der Menschenrechtskommission entschied man sich gegen die Aufnahme von wirtschaftlichen, sozialen und kulturellen Rechten in den Vertragsentwurf.[151]

Doch nicht alle Mitglieder unterstützten diesen Beschluss und so forderte zum Beispiel Australien das Recht auf Arbeit, wenn auch mit Einschränkungen, das Recht auf adäquate Arbeitsbedingungen, das Recht auf soziale Sicherheit und ein Recht auf Bildung.[152] Auf Druck des Wirtschafts- und Sozialrats der Vereinten Nationen entschied die Generalversammlung, basierend auf der allgemeinen Erklärung der Menschenrechte, dass wirtschaftliche, soziale und kulturelle Rechte in den Vertragsentwurf aufgenommen werden müssen und ein umfassendes System von Durchsetzungsmechanismen angeschlossen werden soll.[153] In der 7. Sitzung der Menschenrechtskommission wurde ein Katalog an

---

148 Art. 18 CERD; Art. 26 Abs. 3 ICESCR; Art. 48 Abs. 3 ICCPR; Art. 25 Abs. 4 CEDAW; Art. 26 CAT; Art. 48 CRC; Art. 43 CRPD; Art. 38 Abs. 3 CPED; Art. 86 Abs. 2 CRMW.

149 Heintschel von Heinegg, völkerrechtliche Verträge, in: Ipsen (Hrsg.), S. 390 (404).

150 Klee, S. 62; GA Res. 43 (I), Draft Declaration on Fundamental Human Rights and Freedoms, UN Doc. A/234 (I) v. 11.12.1946.

151 Commission on Human Rights, Report of the sixth session, UN Doc. E/CN.4/507 v. 29.05.1950, S. 15, 28.

152 Commission on Human Rights, Report of the sixth session, UN Doc. E/CN.4/507 v. 29.05.1950, S. 26.

153 GA Res. 421 (V), Draft International Covenant on Humans Rights and measures of implementation: future work of the Commission on Human Rights, UN Doc. A/421 (V) v. 04.12.1950.

wirtschaftlichen, sozialen und kulturellen Rechten ausgearbeitet und gemeinsame Durchsetzungsmechanismen entwickelt.[154]

Allerdings blieben die Diskrepanzen bezüglich der wirtschaftlichen, sozialen und kulturellen Rechte weiterhin in Bezug auf die Geltung der verschiedenen Durchsetzungsmechanismen bestehen, wobei vor allem die vermeintlich fehlende Justitiabilität wirtschaftlicher, sozialer und kultureller Rechte eines der Hauptargument darstellte.[155] Schließlich sah die Generalversammlung ein, dass es wohl keine Lösung dieses Konflikts geben wird und beschloss nach langen Debatten am 05.02.1952, dass zwei Übereinkommen entworfen werden sollen, in denen die bürgerlichen und politischen Rechte von den wirtschaftlichen, sozialen und kulturellen Rechten getrennt werden sollten.[156] Die Tatsache, dass aber beide Pakte gleichzeitig verabschiedet werden sollten, gleichzeitig zur Unterschrift ausliegen sollten und möglichst viele gleiche Vorschriften enthalten sollten, zeigt aber das Unbehagen, welches die Generalversammlung bei diesem Vorgehen hatte.[157] Obwohl die Vereinten Nationen immer wieder betonen, dass die bürgerlichen und politischen Rechte und die wirtschaftlichen, sozialen und kulturellen Rechte unteilbar und voneinander abhängig sind, wird die Teilung in zwei Pakte oft als Indiz für einen hierarchischen Unterschied gesehen.[158] Am 16.04.1954 übermittelte die Menschenrechtskommission dem Wirtschafts- und Sozialrat sowie der Generalversammlung ihre Entwürfe für die beiden Pakte.[159]

Nach weiteren langwierigen Debatten nahm die Generalversammlung der Vereinten Nationen schließlich das Übereinkommen über wirtschaftliche, soziale und kulturelle Rechte und das Übereinkommen über bürgerliche und politische Rechte, sowie ein Zusatzprotokoll zum ICCPR über ein Individualbeschwerdeverfahren[160] am 16.12.1966 an und eröffnete das Unterzeichnungsverfahren.

---

154 Commission on Human Rights, Report of the seventh session, UN Doc. E/CN.4/640 v. 24.05.1951, S. 24 ff., 30.

155 Klee, S. 63 f.

156 GA Res. 543 (VI), Preparation of two Drafts International Covenants on Human Rights, UN Doc. A/543 (VI) v. 05.02.1952.

157 Klee, S. 65.

158 Craven, S. 9.

159 Commission on Human Rights, Report of the tenth Session, UN Doc. E/CN.4/705 v. April 1954, S. 3 ff.

160 Optional Protocol to the International Covenant on Civil and Political Rights v. 19.12.1966, BGBl. 1992 II, S. 1247 (OP-ICCPR).

Der Sozialpakt trat am 03.01.1976 mit Hinterlegung der 35. Ratifikationsurkunde in Kraft. Der Zivilpakt trat kurz nach dem Sozialpakt am 23.03.1976[161] mit Hinterlegung der 35. Ratifikationsurkunde in Kraft. Zeitgleich trat das Fakultativprotokoll zum ICCPR über ein Individualbeschwerdeverfahren in Kraft, für welches bereits die erforderlichen 10 Ratifikationsurkunden hinterlegt waren.

III. Deutschland als Vertragspartei von Menschenrechtsverträgen

Im Verlauf der Arbeit wird der Umgang deutscher Gerichte mit verschiedenen universellen Menschenrechtspakten untersucht. Daher soll im Folgenden ein kurzer Überblick über die Mitgliedschaft Deutschlands bei diesen Menschenrechtspakten gegeben werden.

1. Übereinkommen zur Beseitigung jeder Form der Rassendiskriminierung

Vor dem Hintergrund des Antisemitismus des Dritten Reiches war der erste Menschenrechtspakt, der von den Vereinten Nationen am 07.03.1966 angenommen wurde, das Übereinkommen zur Beseitigung jeder Form von Rassendiskriminierung. Es trat bereits am 04.01.1969 in Kraft und hat mittlerweile 177 Mitglieder.[162] Für Deutschland gilt die Anti-Rassismus-Konvention seit dem 15.06.1969.[163]

2. Internationaler Pakt über wirtschaftliche, soziale und kulturelle Rechte

Bei dem Sozialpakt sind mittlerweile 164 Staaten Vertragsparteien.[164] In Deutschland trat er am 03.01.1976 in Kraft.[165] Am 10.12.2008 verabschiedeten die Vereinten Nationen ein Fakultativprotokoll[166] zum ICESCR zur Etablierung eines

---

161 Mit Ausnahme von Art. 41 ICCPR. Dieser trat am 28.03.1979 in Kraft.

162 https://treaties.un.org/Pages/ViewDetails.aspx?src=TREATY&mtdsg_no=IV-2&chapter=4&clang=_en (Stand: 29.12.2016).

163 http://www.institut-fuer-menschenrechte.de/menschenrechtsinstrumente/vereinte-nationen/menschenrechtsabkommen/anti-rassismus-konvention-icerd/umsetzung-in-deutschland/ (Stand: 29.12.2016).

164 https://treaties.un.org/Pages/ViewDetails.aspx?src=TREATY&mtdsg_no=IV-3&chapter=4&clang=_en (Stand: 29.12.2016).

165 http://www.institut-fuer-menschenrechte.de/menschenrechtsinstrumente/vereinte-nationen/menschenrechtsabkommen/sozialpakt-icescr/umsetzung-in-deutschland/ (Stand: 29.12.2016).

166 Optional Protocol to the International Covenant on Economic, Social and Cultural Rights v. 10.12.2008, UN Doc. A/63/435 (OP-ICESCR).

Individualbeschwerdeverfahrens, welches von 22 Staaten ratifiziert wurde und am 05.05.2013 in Kraft trat.[167] Deutschland ist dem Fakultativprotokoll bisher nicht beigetreten.[168]

3. *Internationaler Pakt über bürgerliche und politische Rechte*

Deutschland trat dem Zivilpakt am 23.03.1976 bei[169] und gab bei Ratifikation mehrere Erklärungen[170] ab. Er hat mittlerweile 168 Vertragsparteien.[171] Das Fakultativprotokoll über ein Individualbeschwerdeverfahren, welches derzeit von 115 Staaten ratifiziert wurde,[172] gilt für Deutschland seit dem 25.11.1993.[173] Ein zweites Fakultativprotokoll über die Abschaffung der Todesstrafe[174] vom 15.12.1989 trat am 11.07.1991 in Kraft.[175] Es zählt derzeit 83 Mitglieder[176] und auch in Deutschland ist es seit dem 18.11.1992 in Kraft.[177]

---

167 https://treaties.un.org/Pages/ViewDetails.aspx?src=TREATY&mtdsg_no=IV-3-a&chapter=4&clang=_en (Stand: 29.12.2016).

168 http://www.institut-fuer-menschenrechte.de/menschenrechtsinstrumente/vereinte-nationen/menschenrechtsabkommen/sozialpakt-icescr/umsetzung-in-deutschland/ (Stand: 29.12.2016).

169 Art. 41 ICCPR gilt auch für Deutschland erst seit dem 28.03.1979. http://www.institut-fuer-menschenrechte.de/menschenrechtsinstrumente/vereinte-nationen/menschenrechtsabkommen/ zivilpakt-iccpr/ (Stand: 29.12.2016).

170 Zu den Erklärungen s.u. Kapitel 2 A.IV.2.

171 https://treaties.un.org/Pages/ViewDetails.aspx?src=TREATY&mtdsg_no=IV-4&chapter=4&clang=_en (Stand: 29.12.2016).

172 https://treaties.un.org/Pages/ViewDetails.aspx?src=TREATY&mtdsg_no=IV-5&chapter=4&clang=_en (Stand: 29.12.2016).

173 http://www.institut-fuer-menschenrechte.de/menschenrechtsinstrumente/vereinte-nationen/menschenrechtsabkommen/zivilpakt-iccpr/ (Stand: 29.12.2016).

174 Second Optional Protocol to the International Covenant on Civil and Political Rights aiming at the abolition of the death penalty v. 15.12.1989, BGBl. 1992 II, S. 390 (OP-ICCPR II).

175 http://www.institut-fuer-menschenrechte.de/menschenrechtsinstrumente/vereinte-nationen/menschenrechtsabkommen/zivilpakt-iccpr/ (Stand: 29.12.2016).

176 https://treaties.un.org/Pages/ViewDetails.aspx?src=TREATY&mtdsg_no=IV-12&chapter=4&clang=_en (Stand: 29.12.2016).

177 http://www.institut-fuer-menschenrechte.de/menschenrechtsinstrumente/vereinte-nationen/menschenrechtsabkommen/zivilpakt-iccpr/ (Stand: 29.12.2016).

4. *Übereinkommen zur Beseitigung jeder Form von Diskriminierung der Frau*

Bereits bei der ersten Sitzung der Vereinten Nationen wurde eine Resolution angenommen, welche darauf zielte, Frauen die gleichen politischen Rechte zu gewähren wie Männern. Bald darauf wurde eine Sonderkommission für den Status von Frauen gebildet, welche eine entsprechende Konvention ausarbeiten sollte.[178] Das Übereinkommen zur Beseitigung jeder Form von Diskriminierung der Frau vom 18.12.1979 wurde pünktlich zur Weltkonferenz über Frauenrechte 1980 fertiggestellt und trat am 03.09.1981 in Kraft.[179] Es hat derzeit 189 Vertragsparteien.[180] In Deutschland erlangte die Frauenrechtskonvention am 09.08.1985 Gültigkeit,[181] wobei Deutschland einen Vorbehalt[182] bezüglich Artikel 12a Abs. 4 S. 2 GG abgab, nachdem Frauen keinen Dienst an der Waffe leisten dürfen. Dieser Vorbehalt wurde am 10.12.2001 nach Änderung des Grundgesetzes zurückgezogen.[183]

Das Fakultativprotokoll zur CEDAW[184] über ein Berichtsverfahren vom 06.10.1999 wurde bisher von 108 Staaten ratifiziert und trat am 22.12.2000,[185] für Deutschland am 15.04.2002, in Kraft.[186]

---

178 Normand/Zaidi, S. 277 f., 279.

179 https://treaties.un.org/Pages/ViewDetails.aspx?src=TREATY&mtdsg_no=IV-8&chapter=4&clang=_en (Stand: 29.12.2016).

180 https://treaties.un.org/Pages/ViewDetails.aspx?src=TREATY&mtdsg_no=IV-8&chapter=4&clang=_en (Stand: 29.12.2016).

181 http://www.institut-fuer-menschenrechte.de/menschenrechtsinstrumente/vereinte-nationen/menschenrechtsabkommen/frauenrechtskonvention-cedaw/umsetzung-in-deutschland// (Stand: 29.12.2016).

182 S.u. Kapitel 2 A.IV.3.

183 https://treaties.un.org/Pages/ViewDetails.aspx?src=TREATY&mtdsg_no=IV-8&chapter=4&clang=_en#25 (Stand: 29.12.2016).

184 Optional Protocol to the Convention on the Elimination of All Forms of Discrimination against Women v. 06.10.1999, BGBl. 2001 II, S. 1238 (OP-CEDAW).

185 https://treaties.un.org/Pages/ViewDetails.aspx?src=TREATY&mtdsg_no=IV-8-b&chapter=4&clang=_en (Stand: 29.12.2016).

186 http://www.institut-fuer-menschenrechte.de/menschenrechtsinstrumente/vereinte-nationen/menschenrechtsabkommen/frauenrechtskonvention-cedaw/umsetzung-in-deutschland/ (Stand: 29.12.2016).

5. *Übereinkommen gegen Folter und andere grausame und unmenschliche oder erniedrigende Behandlung oder Strafe*

Zur Konkretisierung des allgemeinen Folterverbots aus der allgemeinen Erklärung der Menschenrechte, wurde das Übereinkommen gegen Folter und andere grausame und unmenschliche oder erniedrigende Bestrafung ausgearbeitet und von der Generalversammlung am 10.12.1984 angenommen.[187] Es trat am 26.06.1987 in Kraft[188] und für Deutschland am 31.10.1990.[189] Derzeit sind neben Deutschland 159 Staaten Mitglied.[190]

6. *Übereinkommen über die Rechte des Kindes*

Die Kinderrechtskonvention basiert auf der Erklärung über die Rechte des Kindes des Völkerbundes von 1924[191] und auf der Erklärung über die Rechte des Kindes der Vereinten Nationen von 1959[192]. Die Konvention über die Rechte des Kindes vom 20.11.1989 trat am 02.09.1990 in Kraft[193] und ist mittlerweile von 196 Staaten ratifiziert worden.[194] Für Deutschland gilt die Kinderrechtskonvention seit dem 05.04.1992.[195] Allerdings gab Deutschland bei Ratifikation einen

---

187 GA Res. 39/46, Convention against Torture and Other Cruel, Inhuman or Degrading Treatment and Punishment, UN Doc. A/39/46 v. 10.12.1984.

188 https://treaties.un.org/Pages/ViewDetails.aspx?src=TREATY&mtdsg_no=IV-9&chapter=4&clang=_en (Stand: 29.12.2016).

189 http://www.institut-fuer-menschenrechte.de/menschenrechtsinstrumente/vereinte-nationen/menschenrechtsabkommen/anti-folter-konvention-cat/#c1813 (Stand: 29.12.2016).

190 https://treaties.un.org/Pages/ViewDetails.aspx?src=TREATY&mtdsg_no=IV-9&chapter=4&clang=_en (Stand: 29.12.2016).

191 League of Nations, Geneva Declaration of the Rights of the Child v. 26.09.1924. League of Nations Official Journal 1924, Spec. Supp. No. 23.

192 GA Res. 1386 (XIV), Declaration of the Rights of the Child, UN Doc. A/1386 (XIV) v. 20.11.1989.

193 https://treaties.un.org/Pages/ViewDetails.aspx?src=TREATY&mtdsg_no=IV-11&chapter=4&clang=_en (Stand: 29.12.2016).

194 https://treaties.un.org/Pages/ViewDetails.aspx?src=TREATY&mtdsg_no=IV-11&chapter=4&clang=_en (Stand: 29.12.2016).

195 http://www.institut-fuer-menschenrechte.de/menschenrechtsinstrumente/vereinte-nationen/menschenrechtsabkommen/kinderrechtskonvention-crc/umsetzung-in-deutschland/ (Stand: 29.12.2016).

Vorbehalt[196] ab, der den Anwendungsbereich der CRC einschränkte. Diesen Vorbehalt zog Deutschland am 15.07.2010 zurück.[197]

Am 25.05.2000 wurde ein Fakultativprotokoll zur CRC betreffend den Verkauf von Kindern, Kinderprostitution und -pornographie[198] angenommen, welches am 18.01.2002 in Kraft trat und derzeit von 173 Staaten ratifiziert wurde.[199] Dieses Protokoll gilt für Deutschland seit dem 31.10.2008.[200] Zeitgleich wurde das Fakultativprotokoll zur CRC betreffend Kinder in bewaffneten Konflikten[201] verabschiedet, welches am 12.02.2002 in Kraft trat und für 166 Staaten gilt.[202] Deutschland ratifizierte es am 13.01.2005.[203]

Das Fakultativprotokoll zur CRC über ein Mitteilungsverfahren[204] vom 19.12.2011 wurde von 29 Staaten ratifiziert,[205] unter anderem von Deutschland am 28.02.2013.[206] Am 14.04.2014 ist es in Kraft getreten.[207]

---

196 Hierzu s.u. Kapitel 2 A.IV.4.

197 https://treaties.un.org/Pages/ViewDetails.aspx?src=TREATY&mtdsg_no=IV-11&chapter=4&clang=_en#33 (Stand: 29.12.2016).

198 Optional Protocol to the Convention on the Rights of the Child on the sale of children, child prostitution and child pornography v. 25.05.2000, BGBl. 2008 II, S. 1222 (OP-CRC Kinderhandel).

199 https://treaties.un.org/Pages/ViewDetails.aspx?src=TREATY&mtdsg_no=IV-11-c&chapter=4&clang=_en (Stand: 29.12.2016).

200 http://www.institut-fuer-menschenrechte.de/menschenrechtsinstrumente/vereinte-nationen/menschenrechtsabkommen/kinderrechtskonvention-crc/umsetzung-in-deutschland/ (Stand: 29.12.2016).

201 Optional Protocol to the Convention on the Rights of the Child on the involvement of children in armed conflict v. 25.05.2000, BGBl. 2004 II, S. 1354 (OP-CRC bewaffneter Konflikt).

202 https://treaties.un.org/Pages/ViewDetails.aspx?src=TREATY&mtdsg_no=IV-11-b&chapter=4&clang=_en (Stand: 29.12.2016).

203 http://www.institut-fuer-menschenrechte.de/menschenrechtsinstrumente/vereinte-nationen/menschenrechtsabkommen/kinderrechtskonvention-crc/umsetzung-in-deutschland/ (Stand: 29.12.2016).

204 Optional Protocol to the Convention on the Rights of the Child on a communications procedure v. 19.12.2011; BT Drs. 17/10916 (OP-CRC Mitteilungsverfahren).

205 https://treaties.un.org/Pages/ViewDetails.aspx?src=TREATY&mtdsg_no=IV-11-d&chapter=4&clang=_en (Stand: 29.12.2016).

206 http://www.institut-fuer-menschenrechte.de/menschenrechtsinstrumente/vereinte-nationen/menschenrechtsabkommen/kinderrechtskonvention-crc/umsetzung-in-deutschland/ (Stand: 29.12.2016).

207 https://treaties.un.org/Pages/ViewDetails.aspx?src=TREATY&mtdsg_no=IV-11-d&chapter=4&clang=_en (Stand: 29.12.2016).

7. *Übereinkommen über die Rechte von Menschen mit Behinderungen*

Am 13.12.2006 nahm die Generalversammlung das Übereinkommen über die Rechte von Menschen mit Behinderungen und ein Fakultativprotokoll über einen Beschwerdemechanismus an.[208] Beide traten am 03.05.2008 in Kraft.[209] Die Behindertenrechtskonvention wurde bisher von 172 Staaten ratifiziert[210] und das Fakultativprotokoll von 92 Staaten.[211] Für Deutschland traten sowohl die Behindertenrechtskonvention als auch das Fakultativprotokoll am 26.03.2009 in Kraft.[212]

8. *Übereinkommen zum Schutz aller Personen vor dem Verschwindenlassen*

Das Übereinkommen zum Schutz aller Personen vor dem Verschwindenlassen vom 20.12.2006 trat am 23.12.2010 in Kraft.[213] Bisher wurde es von 54 Staaten ratifiziert,[214] von Deutschland bereits am 24.09.2009.[215] Deutschland gab zur Konvention gegen Verschwindenlassen bei Ratifikation eine Interpretationserklärung[216] ab.

---

208 GA Res. 61/106, Convention on the Rights of Persons with Disabilities, UN Doc. A/61/106 v. 13.12.2006.

209 https://treaties.un.org/Pages/ViewDetails.aspx?src=TREATY&mtdsg_no=IV-15&chapter=4&clang=_en (Stand: 29.12.2016); https://treaties.un.org/Pages/ViewDetails.aspx?src=TREATY&mtdsg_no=IV-15-a&chapter=4&clang=_en (Stand: 29.12.2016).

210 https://treaties.un.org/Pages/ViewDetails.aspx?src=TREATY&mtdsg_no=IV-15&chapter=4&clang=_en (Stand: 29.12.2016).

211 https://treaties.un.org/Pages/ViewDetails.aspx?src=TREATY&mtdsg_no=IV-15-a&chapter=4&clang=_en (Stand: 29.12.2016).

212 http://www.institut-fuer-menschenrechte.de/menschenrechtsinstrumente/vereinte-nationen/menschenrechtsabkommen/behindertenrechtskonvention-crpd/ (Stand: 29.12.2016).

213 https://treaties.un.org/Pages/ViewDetails.aspx?src=TREATY&mtdsg_no=IV-16&chapter=4&clang=_en (Stand: 29.12.2016).

214 https://treaties.un.org/Pages/ViewDetails.aspx?src=TREATY&mtdsg_no=IV-16&chapter=4&clang=_en (Stand: 29.12.2016).

215 http://www.institut-fuer-menschenrechte.de/menschenrechtsinstrumente/vereinte-nationen/menschenrechtsabkommen/konvention-gegen-verschwindenlassen-cped/ (Stand: 29.12.2016).

216 Hierzu s.u. Kapitel 2 A.IV.5.

9. *Konvention über die Rechte von Wanderarbeitern und ihren Familienangehörigen*

Die Konvention über die Rechte von Wanderarbeitern und ihren Familienangehörigen vom 18.12.1990 wurde von 49 Staaten ratifiziert und trat am 01.07.2003 in Kraft.[217] Diese Konvention ist der einzige Menschenrechtspakt, der bisher nicht von Deutschland ratifiziert wurde.[218]

IV. Erklärungen und Vorbehalte Deutschlands zu Menschenrechtsverträgen

Bei zwei Menschenrechtspakten hat Deutschland bei der Ratifikation einen Vorbehalt angebracht. Dies waren einerseits der Vorbehalt bezüglich der Frauenrechtskonvention und der Vorbehalt bezüglich der Kinderrechtskonvention. Darüber hinaus gab Deutschland Interpretationserklärungen zum Zivilpakt, zur Kinderrechtskonvention und zur Konvention gegen Verschwindenlassen ab. Im Folgenden wird zunächst der Unterschied zwischen Vorbehalten und Interpretationserklärungen aufgezeigt, um dann die verschiedenen Erklärungen Deutschlands zu untersuchen.

1. *Wirkung von Vorbehalten und Interpretationserklärungen*

Vorbehalte sind einseitige Erklärungen, die ein Staat bei Ratifikation oder Beitritt zu einem Vertrag abgibt, um gem. Art. 2 Abs. 1 lit. d WVK die Wirkung einzelner Vertragsbestimmungen in der Anwendung auf den vorbehalterklärenden Staat auszuschließen oder zu ändern.[219] In Bezug auf Menschenrechtsverträge soll also das Schutzniveau gegenüber den Einwohnern des vorbehalterklärenden Staates verkürzt werden.[220] Eines der wichtigsten Probleme ist die Abgrenzung zu reinen Interpretationserklärungen. Eine Interpretationserklärung kann nur den konkreten Rahmen innerhalb der zulässigen Auslegung festlegen, während ein Vorbehalt über die zulässige Auslegung hinausgeht und die Vertragsnorm abändert.[221]

---

217 https://treaties.un.org/Pages/ViewDetails.aspx?src=TREATY&mtdsg_no=IV-13&chapter=4&clang=_en (Stand: 29.12.2016).

218 http://www.institut-fuer-menschenrechte.de/menschenrechtsinstrumente/vereinte-nationen/menschenrechtsabkommen/wanderarbeiterkonvention-icrmw/#c1895 (Stand: 29.12.2016).

219 Heintschel von Heinegg, völkerrechtliche Verträge, in: Ipsen (Hrsg.), S. 390 (404); Giegerich, ZaöRV 1995, S. 713 (719).

220 Giegerich, ZaöRV 1995, S. 713 (719).

221 Heintschel von Heinegg, völkerrechtliche Verträge, in: Ipsen (Hrsg.), S. 390 (433).

a. *Rechtsfolge eines Vorbehalts*

Ob die durch den Vorbehalt bezweckte Rechtsfolge eintritt, hängt gem. Art. 20 WVK von der Annahme des Vorbehalts durch die anderen Vertragsparteien ab. Erfolgt ein Widerspruch eines Vertragsstaates gegen den Vorbehalt, wird nach Art. 20 Abs. 4 lit. b WVK i.V.m. Art. 21 Abs. 3 WVK die Vorschrift, auf die sich der Vorbehalt bezieht, nicht im Verhältnis zwischen dem vorbehalterklärenden und dem widersprechenden Staat angewandt. Die übrigen Vorschriften bleiben davon unberührt. Der Vorbehalt und ein Widerspruch gegen einen Vorbehalt sind gem. Art. 22 WVK jederzeit widerruflich.

Nach Art. 19 WVK dürfen Vorbehalte nicht angebracht werden, wenn der betreffende Vertrag dies verbietet oder nur bestimmte, von dem Vertrag vorgesehene, Vorbehalte gemacht werden dürfen oder der Vorbehalt mit Ziel und Zweck des Vertrages nicht vereinbar ist.[222] Wie allerdings ein solcher unzulässiger Vorbehalt zu behandeln ist, ist in der Wiener Vertragsrechtskonvention nicht ausdrücklich geregelt. Art. 19 WVK kann einerseits als objektive Zulässigkeitsvoraussetzung gesehen werden, andererseits kann man einem Vorbehalt aufgrund der Staatensouveränität nicht jegliche Rechtswirkung aberkennen.[223] Aufgrund des zwischenstaatlichen Charakters eines Vorbehalts zu einem völkerrechtlichen Vertrag obliegt die Bewertung der Unzulässigkeit eines Vorbehalts den anderen Vertragsstaaten.[224]

b. *Rechtsfolge einer Interpretationserklärung*

Eine Interpretationserklärung entfaltet völkerrechtlich keine Wirksamkeit sondern betrifft allein die innerstaatliche Anwendung des Übereinkommens. Gem. Art. 31 Abs. 2 lit. d WVK ist sie bei der Auslegung des Vertrages zu berücksichtigen, kann aber das Ergebnis der Auslegung nicht unumstößlich festlegen.[225]

2. *Die Erklärungen zum Internationalen Pakt über bürgerliche und politische Rechte*

Bei Ratifikation des Zivilpakts gab Deutschland mehrere Erklärungen ab. Diese lauteten:

---

222 Pellet/Müller, in: Fastenrath/Geiger/Khan/Paulus/von Schorlemer/Vedder (Hrsg.), S. 521 (527).

223 Heintschel von Heinegg, völkerrechtlichen Verträge, in: Ipsen (Hrsg.), S. 390 (436).

224 International Law Commission, Draft Articles on the Law of Treaties and Commentaries, Yearbook of the International Law Commission 1966 Vol. II, S. 187, 207.

225 Lorz, S. 29; Rossa, S. 35.

„1. Artikel 19, 21 und 22 in Verbindung mit Artikel 2 Absatz 1 des Paktes werden in dem Artikel 16 der Konvention zum Schutze der Menschenrechte und Grundfreiheiten vom 4. November 1950 entsprechenden Rahmen angewandt.

2. Artikel 14 Abs. 3 Buchstabe d des Paktes wird derart angewandt, daß die persönliche Anwesenheit eines nicht auf freiem Fuß befindlichen Angeklagten zur Revisionshauptverhandlung in das Ermessen des Gerichts gestellt wird.

3. Artikel 14 Abs. 5 des Paktes wird derart angewandt, daß
a) ein weiteres Rechtsmittel nicht in allen Fällen allein deshalb eröffnet werden muss, weil der Beschuldigte in der Rechtsmittelinstanz erstmals verurteilt worden ist, und
b) bei Straftaten von geringer Schwere die Überprüfung eines nicht auf Freiheitsstrafe lautenden Urteils durch ein Gericht höherer Instanz nicht in allen Fällen ermöglicht werden muss.

4. Artikel 15 Abs. 1 des Paktes wird derart angewandt, daß im Falle einer Milderung der zur Zeit in Kraft befindlichen Strafvorschriften in bestimmten Ausnahmefällen das bisher geltende Recht auf Taten, die vor der Gesetzesänderung begangen wurden, anwendbar bleiben kann.“[226]

Die Formulierungen der einzelnen Erklärungen deuten jeweils auf eine Interpretationserklärung und nicht auf einen Vorbehalt hin.

Die erste Erklärung soll Art. 19, 21 und 22 i.V.m. Art. 2 Abs. 1 ICCPR auf den in Art. 16 EMRK niedergelegten Rahmen beschränken. Danach sind die Art. 19, 21 und 22 ICCPR nicht so auszulegen, dass sie die Beschränkung der politischen Tätigkeit von ausländischen Personen untersagen. Es soll lediglich klargestellt werden, dass Beschränkungen, insbesondere der politischen Tätigkeit von Ausländern, möglich sind. Dies ist allerdings schon aufgrund der Schranken der Art. 19, 21 und 22 ICCPR möglich, da die Rechte durch Gesetze unter anderem zum Schutz der öffentlichen Ordnung eingeschränkt werden können. Damit bewegt sich die erste Erklärung im Rahmen einer Auslegung der Rechte aus dem Zivilpakt und stellt nur eine Interpretationserklärung dar.

Die zweite, dritte und vierte Erklärung stellen schon nach dem Wortlaut ihren Regelungsinhalt in das Ermessen des Rechtsanwenders und legen damit gerade kein verbindliches Ergebnis fest. Art. 14 und 15 ICCPR sind allerdings absolut formuliert und lassen eine Auslegung im Sinne der Erklärungen nicht zu. Jedoch kann ein Gericht, welches die Erklärung anwendet immer noch nach seinem Ermessen Art. 14 und 15 ICCPR als zwingende Normen begreifen und damit der Erklärung nicht folgen. Dies zeigt, dass es sich bei der zweiten, dritten und

226 BGBl. 1976 II, S. 1068.

vierten Erklärung jeweils um eine Interpretationserklärung handelt, der nicht absolut gefolgt werden muss.

3. *Der Vorbehalt zum Übereinkommen zur Beseitigung jeder Form von Diskriminierung der Frau*

Deutschland gab bei der Ratifikation der Frauenrechtskonvention folgenden Vorbehalt ab:

> „Artikel 7 Buchstabe b wird nicht angewandt, soweit Artikel 12 a Abs. 4 Satz 2 des Grundgesetzes der Bundesrepublik Deutschland[227] entgegensteht. Gemäß dieser Verfassungsbestimmung dürfen Frauen auf keinen Fall Dienst mit der Waffe leisten."[228]

Hierbei handelt es sich um einen Vorbehalt, da mit ihm die Anwendung von Art. 7 lit. b CEDAW in Deutschland ausgeschlossen werden sollte. Allerdings entschied der EuGH am 11.01.2000 in der Rechtssache Tanja Kreil[229], dass eine deutsche Regelung, welche Frauen vom Dienst an der Waffe ausschließt, gegen die europäische Richtlinie zur Verwirklichung des Grundsatzes der Gleichbehandlung von Männern und Frauen verstößt. Als Reaktion darauf wurde das Grundgesetz mit Gesetz vom 19.12.2000[230] dahingehend geändert, dass Frauen nicht zum Dienst an der Waffe verpflichtet werden dürfen. Vor dem Hintergrund dieser Entwicklung wurde der Vorbehalt in Bezug auf die Frauenrechtskonvention am 10.12.2001 ebenfalls zurückgenommen.[231]

4. *Der Vorbehalt und die Interpretationserklärung zum Übereinkommen über die Rechte des Kindes*

Deutschland hat bei Ratifikation der Kinderrechtskonvention zwei Erklärungen abgegeben. Die als Ausländervorbehalt bekannte Erklärung ist als Vorbehalt zu qualifizieren, während die andere eine Interpretationserklärung darstellt.

---

227 Dieser lautete in der alten Fassung: „Sie dürfen auf keinen Fall Dienst mit der Waffe leisten."

228 BGBl. 1985 II, S. 1234.

229 EuGH v. 11.01.2000, Rs. C-285/98 (Tanja Kreil), Slg. 2000, S. I-69 (Rn. 27).

230 Gesetz zur Änderung des Grundgesetzes (Art. 12a GG) v. 19.12.2000, BGBl. 2000 I, S. 1755.

231 https://treaties.un.org/Pages/ViewDetails.aspx?src=TREATY&mtdsg_no=IV-8&chapter=4&clang=_en#25 (Stand: 29.12.2016).

a. Der Ausländervorbehalt

Die von Deutschland abgegebene Erklärung bezüglich der Anwendung der Kinderrechtskonvention für ausländische Kinder lautet wie folgt:

> „Nichts in diesem Übereinkommen kann dahin ausgelegt werden, daß die widerrechtliche Einreise eines Ausländers in das Gebiet der Bundesrepublik Deutschland oder dessen widerrechtlicher Aufenthalt dort erlaubt ist; auch kann keine Bestimmung dahin ausgelegt werden, daß sie das Recht der Bundesrepublik Deutschland beschränkt, Gesetze und Verordnungen über die Einreise von Ausländern und die Bedingungen ihres Aufenthaltes zu erlassen oder Unterschiede zwischen Inländern und Ausländern zu machen."[232]

aa. Qualifizierung als Vorbehalt

Die Bundesregierung Deutschlands hat allerdings diese Einschränkung der Kinderrechtskonvention nicht als Vorbehalt, sondern als Erklärung betitelt. Es sprechen aber gewichtige Gründe dafür, dass es sich bei dieser Erklärung um einen Vorbehalt i.S.d. Art. 2 Abs.1 lit d WVK handelt. Dabei kommt es vor allem auf den Gehalt der Erklärung an.[233] Die vorliegende Erklärung bezweckt dreierlei. Einerseits die Einreise- und Aufenthaltsbedingungen von ausländischen Kindern aus dem Anwendungsbereich der Kinderrechtskonvention auszunehmen, andererseits die Freiheit Deutschlands alle möglichen Regelungen für Aufenthaltsbedingungen zu erlassen und drittens die allgemeine Gewährung von Ungleichbehandlungen von inländischen und ausländischen Kindern. Sie bewirkt damit eine weitgehende Einschränkung des Schutzbereichs der CRC.[234]

Die Kinderrechtskonvention enthält verschiedene Normen, die sich auf die Einreise und den Aufenthalt von ausländischen Kindern auswirken können. So gewährt z.B. Art. 20 CRC einen Anspruch auf Betreuung und Unterbringung für unbegleitete Flüchtlingskinder.[235] Art. 22 CRC verlangt als Voraussetzung für die Verwirklichung des Schutzanspruchs die Einreise- und Aufenthaltsgewährung.[236] Darüber hinaus normiert Art. 2 Abs. 1 CRC ein allgemeines Diskriminierungsverbot, welches als allgemeines Prinzip integraler Bestandteil der

---

232 BGBl. 1992 II, S. 990, 991.

233 Cremer, InfAuslR 2009, S. 436 (437).

234 Cremer, InfAuslR 2009, S. 436 (437); Fasselt, in: Bröhmer/Bieber/Callies/Langenfeld/Wolf (Hrsg.), S. 63 (67); Peter, S. 236 ff.

235 Cremer, Anspruch des unbegleiteten Kindes, S. 159 ff.

236 Cremer, InfAuslR 2009, S.436 (437).

anderen Rechte der Kinderrechtskonvention ist.[237] Die Erklärung Deutschlands sieht nicht einmal das Erfordernis einer Rechtfertigung der Ungleichbehandlung von inländischen und ausländischen Kindern vor, sondern zielt vielmehr darauf ab, ausländische Kinder von den Rechten aus der Kinderrechtskonvention auszuschließen.[238] Daher ist die Erklärung als Vorbehalt im Sinne des Art. 2 Abs. 1 lit. d WVK zu verstehen.[239]

bb. Unzulässigkeit des Ausländervorbehalts

Nach Art. 51 Abs. 2 CRC und Art. 19 lit. c WVK sind Vorbehalte unzulässig, die mit Ziel und Zweck der Kinderrechtskonvention unvereinbar sind. Das Ziel von universellen Menschenrechtspakten im Generellen ist die Verbreitung von Menschenrechten ohne Diskriminierung, was auch in Art. 2 Abs. 1 CRC zum Ausdruck kommt.[240] Damit hebelt der Vorbehalt Deutschlands, der eine umfassende Diskriminierung ermöglicht, das Ziel einer diskriminierungsfreien Anwendung von Menschenrechten aus und verstößt gegen Art. 51 Abs. 2 CRC.[241]

cc. Folge der Rechtswidrigkeit des Ausländervorbehalts

Generell können die anderen Vertragsstaaten nach Art. 20 WVK gegen einen unzulässigen Vorbehalt einen Einspruch erklären und die betreffende Vorschrift wird im Verhältnis zwischen dem vorbehalterklärenden Staat und dem widersprechenden Staat nicht angewandt. Diese gegenseitige Rechtsverkürzung ist allerdings auf Menschenrechtsverträge nur schwer übertragbar, da sie weniger das Verhältnis der Vertragsparteien regeln, sondern vielmehr den Einwohnern der Vertragsstaaten Rechte gewähren.[242] Aufgrund dieser Besonderheit verkürzt ein Vorbehalt nur die Rechtspflichten des vorbehalterklärenden Staates gegenüber seinen Einwohnern, nicht aber die Rechtspflichten eines Staates, der den

237 Cremer, Anspruch des unbegleiteten Kindes, S. 120 ff.; Krappmann, in: Bielefeldt/Deile/Hamm/Hutter/Kurtenbach/Tretter (Hrsg.), S. 15 (19).

238 Cremer, in: Bielefeldt/Deile/Hamm/Hutter/Kurtenbach/Tretter (Hrsg.), S. 26 (31).

239 Cremer, InfAuslR 2009, S.436 (438); Peter, S. 237 f.

240 Cremer, InfAuslR 2009, S. 436 (438).

241 Menzel, ZAR 1996, S. 22 (23); Göbel-Zimmermann, InfAuslR 1995, S. 172 (172 f.).

242 Cremer, InfAuslR 2009, S. 436 (439); Evans, S. 188 f.; Giegerich, ZaöRV 1995, S. 713 (753 f.).

Vorbehalt annimmt, gegenüber seinen Einwohnern.[243] Daher ist es angebracht, unzulässige Vorbehalte zu Menschenrechtsverträgen als nichtig anzusehen.[244]

Während Art. 52 Abs. 2 CRC zwar die Voraussetzungen für die Unzulässigkeit eines Vorbehalts festlegt, wird an keiner Stelle der Kinderrechtskonvention eine Regelung dazu getroffen, welche Institution die Verwerfungskompetenz bei einem unzulässigen Vorbehalt hat. Eine praktikable Möglichkeit besteht darin, diese Kompetenz den deutschen Gerichten zuzusprechen, da die Gerichte in Deutschland für die Auslegung völkerrechtlicher Normen im innerstaatlichen Bereich zuständig sind.[245] Hieraus lässt sich ihre Zuständigkeit für die Überprüfung eines Vorbehalts ableiten.

b. Die Erklärung zur unmittelbaren Anwendbarkeit

Deutschland hat neben dem Ausländervorbehalt eine zweite Erklärung bei Ratifikation der Kinderrechtskonvention abgegeben. Diese Erklärung lautete wie folgt:

> „Die Bundesrepublik Deutschland erklärt zugleich, daß das Übereinkommen innerstaatlich keine unmittelbare Anwendung findet. Es begründet völkerrechtliche Staatenverpflichtungen, die die Bundesrepublik Deutschland nach näherer Bestimmung ihres mit dem Übereinkommen übereinstimmenden innerstaatlichen Rechts erfüllt."[246]

aa. Qualifizierung als Interpretationserklärung

Diese Erklärung kann auf der einen Seite einen Vorbehalt darstellen, auf der anderen Seite aber auch eine Interpretationserklärung. Eine Interpretationserklärung ist nach Art. 31 Abs. 2 lit. b WVK bei der Auslegung des Vertrages zu berücksichtigen, steht aber einer abweichenden Interpretation nicht entgegen.

---

243 Bauer, S. 134; Cremer, in: Bielefeldt/Deile/Hamm/Hutter/Kurtenbach/Tretter (Hrsg.), S. 26 (29).

244 General Assembly, Report of the International Law Commission. Sixty-second Session, UN Doc. A/65/10 Supp. 10 v. 2010, S. 181 ff.; Human Rights Committee, General Comment No. 24. Issues Relating to Reservations Made upon Ratification or Accession to the Covenant or the Optional Protocols thereto, or in Relation to Declarations under Article 41 of the Covenant, UN Doc. CCPR/C/21/Rev.1/Add.6 v. 04.11.1994, Rn. 19; Pellet/Müller, in: Fastenrath/Geiger/Khan/Paulus/ von Schorlemer/Vedder (Hrsg.), S. 521 (545 ff.).

245 Cremer, InfAuslR 2009, S. 436 (440); Pellet/Müller, in: Fastenrath/Geiger/Khan/Paulus/von Schorlemer/Vedder (Hrsg.), S. 521 (542).

246 BGBl. 1992 II, S. 990.

Die Erklärung kann dahingehend verstanden werden, dass sie eine unmittelbare Anwendbarkeit der Kinderrechtskonvention vermeiden soll und damit vorrangig verhindern soll, dass sich Individuen auf einzelne Rechte der Konvention vor Gericht berufen können, um so die Wirkung der Kinderrechtskonvention zu relativieren.[247] Auf der anderen Seite kann man sie auch so verstehen, dass sie die unmittelbare Anwendbarkeit vollumfänglich ausschließt.[248] Teilweise wird sie aufgrund ihres imperativen Tons als Vorbehalt angesehen.[249] Allerdings kann eine Einschränkung der unmittelbaren Wirkung gegenüber dem Bürger nicht als Vorbehalt angesehen werden, da völkerrechtliche Verträge, selbst Menschenrechtsverträge, zunächst immer nur Staatenverpflichtungen begründen und diese durch die Erklärung Deutschlands nicht berührt werden.[250] Damit modifiziert die Erklärung den rechtlichen Gehalt der Konvention nicht.[251] Darüber hinaus schreibt die Kinderrechtskonvention keinen bestimmten Vollzug vor und eröffnet damit die Möglichkeit des Ausschlusses ihrer unmittelbaren Anwendbarkeit im Rahmen des innerstaatlichen Vollzugs.[252] Aus diesem Grund ist die Erklärung als Interpretationserklärung zu verstehen, die nach ihrem Wortlaut aber die unmittelbare Anwendbarkeit ausschließt.

bb. Wirkung der Interpretationserklärung

Die Interpretationserklärung führt allerdings gem. Art. 31 Abs. 2 lit. d WVK nicht dazu, dass eine abweichende Auslegung über die unmittelbare Anwendbarkeit einer Norm der Kinderrechtskonvention durch nationale Gerichte nicht möglich wäre. Aus der Kompetenz der Bundesregierung im Bereich der auswärtigen Gewalt kann nämlich aufgrund der Unabhängigkeit der Gerichte nicht gefolgert werden, dass diese durch die Erklärung der Regierung bei der Auslegung der Kinderrechtskonvention gebunden sind.[253] Damit ist eine unmittelbare Anwendbarkeit der Kinderrechtskonvention bei entsprechender Auslegung durchaus möglich.[254]

---

247 Cremer, in: Krappmann/Lob-Hüdepohl/Bohmeyer/Kurzke-Maasmeier (Hrsg.), S. 159 (164); Lorz, S. 27.

248 Lorz, S. 27; Rossa, S. 46.

249 Meng, in: Koeppel (Hrsg.), S. 5 (26).

250 Tomuschat, in: Ruland/von Maydell/Papier (Hrsg.), S. 1143 (1153 f.).

251 Dorsch, S. 309.

252 Dorsch, S. 309.

253 Lorz, S. 29.

254 Sieht man die Erklärung allerdings als Vorbehalt an, so wäre dieser aufgrund eines Verstoßes gegen Ziel und Zweck der Kinderrechtskonvention unzulässig und kann

c. *Rechtslage nach Rücknahme der Erklärungen zum Übereinkommen über die Rechte des Kindes*

Am 15.07.2010 nahm Deutschland sowohl den Ausländervorbehalt als auch die Interpretationserklärung zurück.

Da der Ausländervorbehalt gem. Art. 52 Abs. 2 CRC unzulässig war und es damit den deutschen Gerichten oblag, ihn für unwirksam zu erklären, um die Kinderrechtskonvention uneingeschränkt anzuwenden, hat sich hier die Rechtslage nicht wesentlich geändert. Für eine Anwendung der Kinderrechtskonvention für Fälle mit Ausländerbezug bedarf es nun lediglich nicht mehr der vorherigen Prüfung und Verwerfung des Vorbehalts.

Nachdem auch die Interpretationserklärung einer unmittelbaren Anwendbarkeit der Kinderrechtskonvention bei entsprechender Auslegung der Normen nicht im Weg stand, hat sich auch hier durch die Rücknahme nur geändert, dass ein deutsches Gericht die unmittelbare Anwendbarkeit einer Norm nach den normalen Kriterien bewerten kann und nicht mehr darlegen muss, warum die Norm trotz der Interpretationserklärung anwendbar ist.

Dennoch stellt die Rücknahme der Erklärung ein starkes Indiz dafür dar, dass die deutschen Gerichte und die Rechtspraxis die Kinderrechtskonvention uneingeschränkt anwenden können und zeigt damit auch, dass die in der Kinderrechtskonvention verbürgten Rechte stärker zur Geltung kommen sollen.[255]

5. *Die Erklärung zum Übereinkommen gegen das Verschwindenlassen*

Auch bei Ratifikation des Übereinkommens gegen das Verschwindenlassen hat Deutschland eine Interpretationserklärung zu Art. 16 CPED abgegeben. Diese lautet:

> „Ein Rückführungsverbot besteht nur dann, wenn eine konkrete Gefahr des unfreiwilligen Verschwindens für die betroffene Person besteht.“[256]

Art. 16 Abs. 1 CPED hingegen spricht nur von „stichhaltigen Gründen“, die eine Ausweisung, Abschiebung oder Auslieferung einer Person an einen anderen Staat ausschließen können. Art.16 Abs. 2 CPED bestimmt, was bei der Feststellung der „stichhaltigen Gründe“ beachtet werden muss. Eine konkrete Gefahr, wie sie die Erklärung Deutschlands erfordert, stellt ebenfalls einen stichhaltigen

---

daher von einem nationalen Gericht verworfen werden. Siehe hierzu ausführlich: Lorz, S. 29 ff.

255 Cremer, Geltung und Anwendbarkeit, S. 15.

256 BGBl. 2011 II, S. 639.

Grund i.S.d Art. 16 Abs. 1 CPED dar. Da der Rahmen einer Auslegung nicht verlassen wird, handelt es sich bei der Erklärung Deutschlands um eine Interpretationserklärung. Diese Interpretationserklärung verdeutlicht für die deutschen Rechtsanwender den Maßstab, an dem das Vorliegen von stichhaltigen Gründen gemessen wird, nämlich an dem Maßstab des Vorliegens einer konkreten Gefahr[257], welche in der deutschen Rechtsanwendung ein geläufiger Begriff ist. Da aber auch der Begriff „konkrete Gefahr" auslegungsbedürftig ist, kann hier nach dem Ermessen des Gerichts der Ziel und Zweck des Übereinkommens gegen das Verschwindenlassen bei der Auslegung einfließen.

6. *Erschwernis der Durchsetzung*

Die Möglichkeit der Abgabe von Vorbehalten und Interpretationserklärungen erschwert eine effektive Durchsetzung der universellen Menschenrechtsverträge, da sie, sofern sie rechtmäßig sind, den Schutzumfang des jeweiligen Menschenrechtsvertrages verkürzen können. Dies folgt daraus, dass die innerstaatlichen Rechtsanwender die abgegeben Vorbehalte und Interpretationserklärungen beachten müssen. So müssen die verschiedenen Erklärungen Deutschlands zu den jeweiligen universellen Menschenrechtsverträgen insbesondere von den deutschen Gerichten beachtet werden. Nur mit einer entsprechenden Begründung, dass ein Vorbehalt völkerrechtswidrig ist, kann von einem solchen abgewichen werden. Interpretationserklärungen stehen zwar einer entgegengesetzten Interpretation nicht entgegen, spiegeln aber die Ansicht der Regierung bei Vertragsschluss wider und es bedarf daher einer fundierten Begründung, warum von der Interpretationserklärung abgewichen wird. Diese Erfordernisse stellen einen möglichen Grund für Defizite bei der Durchsetzung der universellen Menschenrechtsverträge dar und sind bei der Analyse der Rechtsprechung zur Umsetzung universeller Menschenrechtsverträge zu berücksichtigen.

B. Die Bedeutung von Menschenrechtsverträgen im deutschen Recht

Menschenrechtsverträge sind klassische völkerrechtliche Verträge und Deutschland ist bei einer Vielzahl von ihnen Vertragspartei. Allerdings gelten diese nur zwischen den Vertragsparteien und begründen vorrangig Verpflichtungen auf völkerrechtlicher Ebene. Die nächste Frage ist daher, wie Menschenrechtsverträge Eingang in die deutsche Rechtsordnung finden. Die Schlüsselvorschriften für

257 Zu dem Begriff der konkreten Gefahr s. Berner/Köhler/Käß (Hrsg.), Art. 2 (Rn. 20 ff.).

die Einbeziehung von Völkerrecht sind Art. 25 und 59 Abs. 2 S. 1 GG. Obwohl Art. 59 Abs. 2 S. 1 GG *lex specialis* für die Einbeziehung von Völkervertragsrecht ist, wird für die generelle Beurteilung des Verhältnisses von Völkerrecht und nationalem Recht sowohl auf Art. 25 GG als auch auf Art. 59 Abs. 2 S. 1 GG abgestellt. Diese können je nach Vorstellungsbild unterschiedlich interpretiert werden und bei der Wahl der Vollzugsinstrumente kommt es auf das zugrundeliegende Erklärungsmodell für das Verhältnis von Völkerrecht und nationalem Recht an.

I. Das Verhältnis von Völkerrecht und deutschem Recht

Um das Verhältnis von Völkerrecht und deutschem Recht zu beurteilen, werden Art. 25 und 59 Abs. 2 S. 1 GG herangezogen. Beide treffen jedoch keine eindeutige Aussage dazu, wie das Verhältnis von Völkerrecht und deutschem Recht zu bewerten ist.[258] Sie können auf der einen Seite monistisch und auf der anderen Seite dualistisch interpretiert werden.

1. Art. 25 und 59 Abs. 2 S. 1 GG aus monistischer Perspektive

Die Monisten gehen bei ihrer Argumentation zumeist von Art. 25 GG aus, der bestimmt, dass die allgemeinen Regeln des Völkerrechts Bestandteil des Bundesrechts sind und, dass diese den Gesetzen vorgehen sowie Rechte und Pflichten unmittelbar für die Bewohner des Bundesgebietes erzeugen. Sie vernachlässigen dabei jedoch Art. 59 Abs. 2 S. 1 GG, nach dem völkerrechtliche Verträge eines Zustimmungsgesetzes bedürfen.

a. Monismus

Die monistischen Theorien gehen zunächst davon aus, dass eine Einheit von Völkerrecht und nationalem Recht besteht und diese eine Art Gesamtrechtsordnung mit einheitlichem Geltungsgrund bilden.[259] Dabei wird meist aus naturrechtlichen, rechtstheoretischen oder logischen Standpunkten argumentiert, dass die einzelnen Rechtsordnungen zur universalen Weltrechtsordnung gehören[260] und

---

258 Kunig, in: Graf Vitzthum (Hrsg.), S. 61 (113); Streinz, in: Sachs (Hrsg.), Art. 25 (Rn.18).

259 Pfeffer, S. 82; Schweitzer, S. 10.

260 Naturrechtliche Ansätze finden sich bei Krabbe, Scelle und Verdross: Krabbe, S. 224 ff.; Krabbe, RdC 13 (1926 III), S. 508 ff.; Scelle, RdC 46 (1933 IV), S. 327 (353); Verdross, Einheit des rechtlichen Weltbildes, S. 39 ff. Kelsen hingegen baut

eine „Einheit des rechtlichen Weltbildes“[261] ergeben. Zudem wird davon ausgegangen, dass sowohl das nationale Recht als auch das Völkerrecht vorrangig Individuen verpflichten, wobei letzteres auf deren Funktion als Staatsorgane abstellt.[262] Aufgrund der Zugehörigkeit zum selben Rechtssystem gilt Völkerrecht ohne einen Geltungsbefehl oder Ähnlichem auch innerstaatlich.[263] Daraus folgt, dass das, was in einer Rechtsordnung rechtswidrig ist, auch in der anderen Rechtsordnung rechtswidrig sein muss.[264] Wenn allerdings dieser Gleichlauf nicht eingehalten wird und ein Kollisionsfall auftritt, muss eine Rechtsordnung der anderen vorgehen, um den Konflikt zu lösen.[265] Die überwiegend vertretene Lehre räumt dabei dem Völkerrecht den Vorrang ein, die andere Auffassung, welche sich vorrangig auf die Selbstverpflichtungslehre stützt, sieht das innerstaatliche Recht als Primat an.[266]

aa. Monismus mit Primat des nationalen Rechts

Der Monismus mit Primat des nationalen Rechts räumt dem nationalen Recht den Vorrang ein und geht davon aus, dass Völkerrecht immer unter dem Vorbehalt des nationalen Rechts steht.[267] Argumentativ gestützt wird diese Ansicht auf die absolute Souveränität der Staaten und auf die Annahme, dass Völkerrecht nur aufgrund der Selbstbindung der Staaten gilt.[268] Durch den absoluten Vorrang des nationalen Rechts kann jeder Staat innerstaatlich bestimmen, wie er sich von einem völkerrechtlichen Vertrag lösen kann und könnte so einfach bestimmte Normen des Völkerrechts für unanwendbar erklären.[269] Kurz gesagt bricht nach dieser Ansicht Landesrecht Völkerrecht.[270] Das nationale Recht bestimmt damit, ob eine völkerrechtliche Regelung gilt und somit könnte jeder Staat, der

---

seine Argumentation rechtslogisch bzw. rechtstheoretisch auf: Kelsen, Problem der Souveränität, S. 249 ff.; Kelsen, Reine Rechtslehre, S. 73.

261 Verdross, Einheit des rechtlichen Weltbildes, S. 80 ff.

262 Cassese, S. 215; Kelsen, Problem der Souveränität, S. 130 ff.

263 Cassese, S. 215; Dahm/Delbrück/Wolfrum, Band I/1, S. 100; Stein/von Buttlar, S. 56.

264 Lorenzmeier, S. 260; vgl. von Arnauld, S. 204.

265 Grabenwarter, in: Reinisch (Hrsg.), S. 121 (122); Kunig, in: Graf Vitzthum (Hrsg.), S. 61 (78).

266 Dahm/Delbrück/Wolfrum, Band I/1, S. 100; Verdross/Simma, S. 53 f.

267 Schweisfurth, S. 196; Stein/von Buttlar, S. 55.

268 Verdross, in: Klecatsky/Marcic/Schambeck (Hrsg.), S. 1995 (2004, 2008); Verdross, Verfassung der Völkerrechtsgemeinschaft, S. 12 f.; Verdross/Simma, S. 54; Wenzel, S. 500 ff.

269 Amrhein-Hofmann, S. 259; Wenzel, S. 511.

270 Grabenwarter, in: Reinisch (Hrsg.), S. 121 (122 f.); Wenzel, S. 406.

als Völkerrechtssubjekt eigentlich dem Völkerrecht unterworfen ist, durch seine innerstaatliche Rechtsetzung festlegen, welche Normen für ihn gelten.[271] Diese Schlussfolgerung zeigt, dass der Monismus mit Primat des nationalen Rechts dem Völkerrecht die Qualität als eigenständiges Recht abspricht.[272] Aufgrund dieses offensichtlichen Widerspruchs wird der Monismus mit Primat des nationalen Rechts heute nicht mehr vertreten.[273]

bb. Monismus mit Primat des Völkerrechts

Der Monismus mit Völkerrechtsprimat räumt dem Völkerrecht den Vorrang ein und begreift dabei das Völkerrecht nicht als zwischenstaatliches, sondern als supranationales, bzw. überstaatliches Recht.[274] Er wird in der klassischen und in einer gemäßigten Form vertreten.

(1) Klassischer Monismus

In der klassischen bzw. radikalen Ausformung wird davon ausgegangen, dass jeder völkerrechtswidrige innerstaatliche Akt automatisch nichtig ist und so Konfliktfälle erst gar nicht entstehen.[275] Zugespitzt gesagt, bricht das Völkerrecht entgegenstehendes nationales Recht.[276] Nach einer anderen Auffassung entfaltet der völkerrechtswidrige Akt innerstaatlich erst gar keine Wirksamkeit.[277] Allerdings widersprechen beide Auffassungen der Praxis der Staaten und daher wird der Monismus mit Primat des Völkerrechts in der Reinform heute nahezu nicht mehr vertreten.[278]

(2) Gemäßigter Monismus

Aus der Staatenpraxis hat sich ein gemäßigter Monismus gebildet. Dieser hält an der relativen Selbständigkeit des nationalen Rechts fest, betont aber zugleich die Verknüpfung der beiden Rechtsordnungen zu einem einheitlichen Rechtssystem.[279] Das Völkerrecht legt den Rahmen fest, in dem sich ein Staat frei bewegen

271 Lorenzmeier, S. 260; Guggenheim, in: Schlochauer (Hrsg.), S. 651 (652).
272 Bleckmann, GG und Völkerrecht, S. 266; Dupuy, in: Wolfrum (Hrsg.), S. 836 (838).
273 Doehring, S. 303; Lorenzmeier, S. 260; Schweitzer, S. 11.
274 Scelle, S. 21; Verdross/Simma, S. 54.
275 Stein/von Buttlar, S. 55; Verdross/Simma, S. 54.
276 Guggenheim, in: Schlochauer (Hrsg.), S. 651 (654); Verdross/Simma, S. 54.
277 Bleckmann, AVR 1978/1980, S. 257 (264).
278 Rudolf, in: Seidl-Hohenveldern (Hrsg.), S. 313 (314); Schweitzer, S. 11.
279 Schweisfurth, S. 196; Verdross, Völkerrecht, S. 113 f.

kann.[280] Es schafft die Grundlage für die Bildung der Staaten und weist ihnen Handlungsbefugnisse im Sinne einer Kompetenztheorie zu.[281] Bei Konfliktfällen wird davon ausgegangen, dass ein völkerrechtswidriger innerstaatlicher Akt zunächst innerstaatliche Wirkung entfaltet, aber aufgrund der Völkerrechtswidrigkeit aufgehoben werden muss.[282] Diese Pflicht folgt aus der Verpflichtung der Staaten, das Völkerrecht einzuhalten und innerstaatlich umzusetzen, sowie aus ihrer Verantwortlichkeit nach außen für Völkerrechtsverstöße.[283]

b. Monistische Interpretation von Art. 25 und 59 Abs. 2 S. 1 GG

Die Monisten nutzen Art. 25 GG um ihren Standpunkt, dass die deutsche Verfassung von einer monistischen Konzeption getragen ist, zu untermauern. Die in ihm verankerte Festlegung, dass die allgemeinen Regeln des Völkerrechts Bestandteil der deutschen Rechtsordnung sind, wird von den Vertretern der monistischen Theorie als deklaratorische Kodifikation des Monismus gesehen, da eine Einheit von Völkerrecht und deutschem Recht beschrieben wird.[284] Dabei lassen sie jedoch Art. 59 Abs. 2 S. 1 GG außer Acht, der bestimmt, dass Völkervertragsrecht eines Zustimmungsaktes bedarf.[285] Ein solcher Akt passt nicht in die monistische Vorstellung, da eine Einheit zwischen deutschem Recht und Völkerrecht vorläge und ein besonderer Zustimmungsakt gerade nicht erforderlich wäre. Darüber hinaus spricht Art. 25 GG explizit von den allgemeinen Regeln des Völkerrechts, während zu dem gesamten Völkerrecht natürlich auch das Völkervertragsrecht zählt. Daher kann der Monismus die im Grundgesetz verankerte Vorstellung von dem Verhältnis von deutschem Recht und Völkerrecht nicht erklären.

2. Art. 25 und 59 Abs. 2 S. 1 GG aus dualistischer Perspektive

Die Dualisten hingegen gehen davon aus, dass Art. 25 und 59 Abs. 2 S. 1 GG lediglich verschiedene Möglichkeiten zur Überführung von Völkerrecht in das deutsche Recht normieren.

---

280 Bleckmann, GG und Völkerrecht, S. 272; Dupuy, in: Wolfrum (Hrsg.), S. 836 (839).

281 Bleckmann, AVR 1979/1980, S. 257 (263).

282 Dupuy, in: Wolfrum (Hrsg.), S. 836 (839); Rudolf, in: Seidl-Hohenveldern (Hrsg.), S. 313 (314).

283 Grabenwarter, in: Reinisch (Hrsg.), S. 121 (123); Schweitzer, S. 11.

284 Menzel, in: BK, Art. 25 (Rn. 60); Pernice, in: Dreier (Hrsg.), Band II, Art. 25 (Rn. 16); Streinz, in: Sachs (Hrsg.), Art. 25 (Rn.19).

285 Vogel, RuS 1964, S. 3 (36 f.).

a. *Dualismus*

Die dualistischen Ansichten gehen grundlegend davon aus, dass das Völkerrecht und das nationale Recht getrennt voneinander bestehen, gleich zwei Kreisen, die sich nicht überschneiden, höchstens berühren.[286] Die Trennung der beiden Rechtsordnungen wird neben anderen Argumenten vor allem durch den unterschiedlichen Geltungsgrund erklärt.[287] Das Völkerrecht basiert auf dem Gemeinwillen, das nationale Recht auf dem Staatswillen.[288] Weiterhin behandeln die Rechtsordnungen unterschiedliche Regelungsmaterien, wobei das Völkerrecht die zwischenstaatlichen Beziehungen regelt, während das nationale Recht die innerstaatlichen Beziehungen zwischen Staat und Bürger regelt.[289] Strukturell ist das Völkerrecht Koordinationsrecht, das nationale Recht Subordinationsrecht.[290] Des Weiteren werden unterschiedliche Rechtssubjekte verpflichtet, nämlich auf der einen Seite der kleine Kreis der Völkerrechtssubjekte und auf der anderen Seite die dem nationalen Recht unterworfenen natürlichen und juristischen Personen.[291] Weiterhin wird angeführt, dass internationale Gerichte nur Völkerrecht anwenden und staatliche Hoheitsakte als Fakten hinnehmen, was die Trennung der Rechtskreise verdeutlicht.[292] Zudem bewirkt der Souveränitätsmantel der Staaten die Abgeschlossenheit des nationalen Rechts gegenüber dem Völkerrecht.[293] Aufgrund dieser strikten Trennung erlangt das Völkerrecht nur durch eine irgendwie geartete Rezeption innerstaatliche Geltung.[294]

aa. Klassischer Dualismus

Der klassische Dualismus geht aufgrund der strikten Trennung von Völkerrecht und nationalem Recht davon aus, dass keine Konfliktfälle auftreten können, sondern beide Normen gleichermaßen nebeneinander gelten.[295] Es liegt im Konfliktfall zwar ein Völkerrechtsverstoß vor, aber die nationale Norm ist weiterhin

---

286 Anzilotti, Il diritto internazionali, S. 43 ff.; Kunig, in: Graf Vitzthum (Hrsg.), S. 61 (78); Triepel, S. 111.

287 Guggenheim, in: Schlochauer (Hrsg), S. 651.

288 Bleckmann, GG und Völkerrecht, S. 264; Triepel, S. 32.

289 Guggenheim, in: Schlochauer (Hrsg.), S. 651; Schweitzer, S. 12; Triepel, S. 12 ff.

290 Rudolf, in: Seidl-Hohenveldern (Hrsg.), S. 313 (314).

291 Guggenheim, in: Schlochauer (Hrsg.), S. 651; Schweisfurth, S.195.

292 PCIJ v. 25.05.1926, Case concerning certain German interests in Polish Upper Silesia, PCIJ Series A No. 7, S. 19.

293 Bleckmann, AVR 1979/1980, S. 257 (265).

294 Dahm/Delbrück/Wolfrum, Band I/1, S. 100; Triepel, S. 112.

295 Anzilotti, Lehrbuch des Völkerrechts, S. 41 f.; Stein/von Buttlar, S. 55.

wirksam.[296] Allerdings wurde der Regelungsbereich des Völkerrechts auf zahlreiche Materien ausgedehnt, die früher zum *domaine réservé* der Staaten gehörten, was dazu führt, dass der strikte Dualismus, der davon ausgeht, dass das Völkerrecht innerstaatlich nicht gelten will, dieser Entwicklung nicht mehr gerecht wird.[297] Zudem erscheint eine strikte Trennung von Völkerrecht und nationalem Recht angesichts der heutigen engen Verzahnung nicht möglich.[298]

bb. Gemäßigter Dualismus

Aufgrund dieser Kritikpunkte hat sich eine gemäßigte Form des Dualismus herausgebildet. Dieser sieht zwar die Rechtsordnungen grundsätzlich als getrennt an, hält aber Konfliktfälle für möglich.[299] Berührungspunkte ergeben sich aufgrund von rezipierenden oder formellen Verweisungen einer Rechtsordnung auf die andere.[300] Der gemäßigte Dualismus geht zudem davon aus, dass eine Verpflichtung der Staaten zu völkerrechtskonformem Verhalten und innerstaatlicher Umsetzung des Völkerrechts besteht.[301] Daher sind zwar völkerrechtswidrige Akte innerstaatlich wirksam, aber der Staat haftet nach außen für den Völkerrechtsverstoß.[302] Aus dieser Verpflichtung zu völkerrechtskonformen Verhalten folgt auch bei dem gemäßigten Dualismus faktisch ein gewisser Vorrang des Völkerrechts.[303]

b. Dualistische Interpretation von Art. 25 und 59 Abs. 2 S. 1 GG

Aufgrund der Trennung der beiden Rechtsordnungen verstehen die Dualisten Art. 25 GG dahingehend, dass er als transformierende Regelung oder als Vollzugsbefehl die allgemeinen Regeln des Völkerrechts in die deutsche Rechtsordnung aufnimmt und ihnen einen bestimmten Rang zuweist.[304] Zudem stützen sie ihre Ansicht auf die Prüfungskompetenz des Bundesverfassungsgerichts gem.

---

296 Anzilotti, Lehrbuch des Völkerrechts, S. 43; Lorenzmeier, S. 26.

297 Bleckmann, AVR 1979/1980, S. 257 (265); Rudolf, in: Seidl-Hohenveldern (Hrsg.), S. 313 (314).

298 Cassese, S. 217; Verdross/Simma, S. 56.

299 Schweisfurth, S. 195; Schweitzer, S. 12.

300 Rudolf, in: Seidl-Hohenveldern (Hrsg.), S. 313 (314).

301 Amrhein-Hofmann, S. 120; Anzilotti, Lehrbuch des Völkerrechts, S. 37; Triepel, S. 268 ff.

302 Schweitzer, S. 12; Stein/von Buttlar, S. 57.

303 Amrhein-Hofmann, S. 120; Rudolf, in: Seidl-Hohenveldern (Hrsg.), S. 313 (314).

304 Amrhein-Hofmann, S. 319; Kunig, in: Graf Vitzthum (Hrsg.), S. 61 (113); Menzel, in: BK, Art. 25 (Rn. 61).

Art. 100 Abs. 2 GG, wonach dieses entscheidet, ob eine Regel des Völkerrechts Bestandteil des Bundesrechts ist und ob sie unmittelbare Rechte und Pflichten für den Einzelnen erzeugt. Eine solche Entscheidung eines innerstaatlichen Organs über die Eigenschaft einer Regel als Bundesrecht und über deren Inhalt ist nur bei einer Trennung von Völkerrecht und deutschem Recht im Sinne einer dualistischen Konzeption denkbar.[305]

Der dualistischen Ansicht entspricht Art. 59 Abs. 2 S. 1 GG, aus dem aufgrund des Zustimmungserfordernisses hervorgeht, dass es zumindest für das Völkervertragsrecht in irgendeiner Weise einer Überführung in die deutsche Rechtsordnung bedarf.[306] Allerdings wiederspricht der strengen dualistischen Auffassung, dass Art. 25 GG den allgemeinen Regeln einen Vorrang vor den Gesetzen einräumt und zudem anerkennt, dass das Völkerrecht Rechte und Pflichten für Einzelpersonen enthalten kann.[307] Diese Einräumung eines Vorrangs des Völkerrechts lässt sich nur mit dem gemäßigten Dualismus vereinbaren, da dieser eine Pflicht zu völkerrechtskonformen Verhalten postuliert.

3. *Gemäßigter Dualismus in Deutschland*

Das Bundesverfassungsgericht hat bereits früh festgestellt, dass das Grundgesetz insgesamt von einer „völkerrechtsfreundlichen Tendenz getragen"[308] ist und damit kann nur von einem gemäßigtem Dualismus oder dem Monismus mit Völkerrechtsprimat ausgegangen werden. Aus der Entstehungsgeschichte des Grundgesetzes, die im Rahmen einer historischen Auslegung zu beachten ist, ergibt sich, dass der Parlamentarische Rat eher von einer dualistischen Konzeption ausging.[309] Außerdem kann, wie gezeigt, das Zusammenspiel von Art. 25 und 59 Abs. 2 S. 1 GG nur mit dem gemäßigten Dualismus in Einklang gebracht werden. Dieser Sichtweise hat sich später auch das Bundesverfassungsgericht angeschlossen, indem es ausführte:

---

305 Schweitzer, S. 15; Vogel, RuS 1964, S. 3 (36).

306 Kempen, in: von Mangoldt/Klein/Starck (Hrsg.), Art. 59 (Rn. 87).

307 Vogel, RuS 1964, S. 3 (37 f.).

308 BVerfG v. 04.05.1971, Rs. 1 BvR 636/68, BVerfGE 31, S. 58 (75). Das Bundesverfassungsgericht leitet in diesem Urteil die Völkerrechtsfreundlichkeit aus einer Gesamtschau von Präambel, Art. 1 Abs. 2, Art. 24 und 25 GG ab. Bleckmann nimmt darüber hinaus auf Art. 59 Abs. 2, Art. 100 Abs. 2 und Art. 26 GG Bezug: Bleckmann, DÖV 1996, S. 137 (140 f.).

309 Schweitzer, S. 15; Streinz, in: Sachs (Hrsg.), Art. 25 (Rn. 19).

„Dem Grundgesetz liegt deutlich die klassische Vorstellung zu Grunde, dass es sich bei dem Verhältnis des Völkerrechts zum nationalen Recht um ein Verhältnis zweier unterschiedlicher Rechtskreise handelt und dass die Natur dieses Verhältnisses aus der Sicht des nationalen Rechts nur durch das nationale Recht selbst bestimmt werden kann“[310].

Aus den historischen Gesichtspunkten und der Rechtsprechung des Bundesverfassungsgerichts folgt, dass das Grundgesetz trotz seiner generellen Offenheit für das Völkerrecht von einem gemäßigten dualistischen Verständnis ausgeht.[311]

II. Der Vollzug von völkerrechtlichen Verträgen im deutschen Recht

Davon ausgehend, dass das deutsche Recht dem gemäßigten Dualismus zuneigt, bedarf es zur Aufnahme des Völkerrechts, insbesondere des Völkervertragsrechts, in das deutsche Recht eines Umsetzungsaktes. Da das Völkerrecht lediglich die Beziehungen zwischen den Völkerrechtssubjekten regelt, ist es den Staaten selbst überlassen, für die innerstaatliche Umsetzung des Völkerrechts zu sorgen.[312] Daher kann ein Staat die Art des Vollzugs von Völkerrecht in seiner Rechtsordnung frei wählen.[313]

1. Theorien zur Inkorporation von Völkerrecht in nationales Recht

Hauptrangig werden 3 Theorien zur Inkorporation von Völkerrecht in nationales Recht vertreten: die Adoptionstheorie, die Vollzugstheorie und die Transformationstheorie.[314] Sie schaffen jeweils auf ihre Weise ein Gleichgewicht zwischen den völkerrechtlichen Verpflichtungen der Staaten und der Freiheit der Staaten in der Wahl der Art der Inkorporierung des Völkerrechts. Ein solcher Ausgleich zwischen diesen beiden Prinzipien ist insbesondere deshalb wichtig, weil sich ein Staat bei einem Völkerrechtsverstoß nicht auf seine nationale Rechtsordnung berufen kann.[315]

---

310 BVerfG v. 14.10.2004, Rs. 2 BvR 1481/04, BVerfGE 111, S. 307 (318).

311 Hesse, S. 43 f.; Keller, SZIER 1999, S. 225 (237).

312 Ermacora/Hummer, in: Neuhold/Hummer/Schreuer (Hrsg.), S. 113 (115); Grabenwarter, in: Reinisch (Hrsg.), S. 121 (124).

313 Amrhein-Hofmann, S. 296; Schweitzer, S. 166.

314 Eine umfassende Darstellung zu diesen Theorien findet sich bei: Amrhein-Hofmann, S. 300 ff.

315 Art. 27 WVK; PCIJ v. 04.02.1932, Treatment of Polish Nationals and other Persons of Polish Origin or Speech in the Danzig Territory, PCIJ Series A/B No. 44, S. 24.

a. Adoptionstheorie

Die Adoptionstheorie ist die älteste Theorie zur Aufnahme von Völkerrecht in nationales Recht und wurde durch den englischen Grundsatz „the law of nations (…) is here adopted in its full extent by the common law, and is held to be a part of the law of the land“[316] geprägt. Nach der Adoptionstheorie wird das Völkerrecht in das innerstaatliche Recht ohne Umwandlung oder inhaltliche Änderung im Einzelfall oder pauschal inkorporiert.[317] Es wird also nicht in innerstaatliches Recht umgegossen, sondern behält seinen Charakter und Geltungsgrund.[318] Durch die Inkorporation gilt das Völkerrecht unmittelbar innerstaatlich und Verwaltungsbehörden sowie Gerichte müssen es direkt anwenden.[319] Ein weiteres Merkmal der Adoptionstheorie ist, dass sich die Verbindlichkeit, Beendigung und Interpretation weiterhin nach Völkerrecht richten.[320] Eine Aussage über das Rangverhältnis von Völkerrecht und nationalem Recht trifft die Adoptionstheorie allerdings nicht, sondern überlässt dies dem jeweiligen Verfassungsrecht.[321] Zumeist, aber nicht ausschließlich, wird diese Theorie mit einer monistischen Konzeption gekoppelt.[322]

b. Vollzugstheorie

Nach der Vollzugstheorie wird das Völkerrecht durch einen innerstaatlichen Vollzugsbefehl für innerstaatlich anwendbar erklärt.[323] Dieser Akt dient lediglich der Freigabe der völkerrechtlichen Norm für die innerstaatliche Vollziehung, ändert aber nicht ihren Charakter und ihren Geltungsgrund.[324] Der Vollzugsbefehl tritt lediglich ergänzend hinzu und hat nicht die Entstehung einer neuen nationalen Norm zur Folge.[325] Der Staat öffnet im Grunde seinen Souveränitätspanzer, um

316 Blackstone, S. 2237.
317 Dahm/Delbrück/Wolfrum, Band I/1, S. 106; Rudolf, S. 153 f.
318 Dupuy, in: Wolfrum (Hrsg.), S. 836 (842); Rudolf, in: Seidl-Hohenveldern (Hrsg.), S. 313 (315).
319 Amrhein-Hofmann, S. 307; Schweitzer, S. 167.
320 Ermacora/Hummer, in: Neuhold/Hummer/Schreuer (Hrsg.), S. 113 (117); Schweisfurth, S. 199.
321 Schweitzer, S. 167.
322 Amrhein-Hofmann, S. 307.
323 Rudolf, in: Seidl-Hohenveldern (Hrsg.), S. 313 (315).
324 Amrhein-Hofmann, S. 302; Schweitzer, S. 168.
325 Dahm/Delbrück/Wolfrum, Band I/1, S. 106; Kunig, in: Graf Vitzthum (Hrsg.), S. 61 (80).

ein Einströmen des Völkerrechts zu ermöglichen.[326] Alle Fragen zur Auslegung, Anwendung und Gültigkeit der völkerrechtlichen Normen beurteilen sich weiterhin nach Völkerrecht.[327] Der innerstaatliche Rang der völkerrechtlichen Norm bestimmt sich dabei nach dem Rechtsanwendungsbefehl.[328] Die Vollzugslehre lässt sich jedoch nicht eindeutig einer monistischen oder dualistischen Konzeption zuordnen. Nach einer Ansicht ist nur bei dem Monismus die Aufrechterhaltung des Geltungsgrundes möglich.[329] Nach anderer Auffassung setzt auch die Vollzugslehre die Verschiedenheit der Rechtsordnungen im Sinne einer dualistischen Konzeption voraus.[330] Jedoch fordert weder der Monismus noch der Dualismus eine bestimmte Art der Einbeziehung des Völkerrechts in das nationale Recht und so lässt sich die Vollzugslehre mit beiden Auffassungen vereinbaren.[331]

c. *Transformationstheorie*

Bei der Transformationstheorie wird innerstaatliches Recht in nationales Recht umgewandelt, wodurch sich der Geltungsgrund und der Adressatenkreis ändern.[332] Die Rechtsquelle stellt nun nicht mehr das Völkerrecht dar, sondern das staatliche Recht.[333] Es handelt sich also um innerstaatliche Rechtsetzung, welche die Umsetzung von Völkerrecht zum Ziel hat.[334] Die Transformationstheorie selbst gibt keinen Aufschluss darüber, welchen Rang das transformierte Recht einnimmt und so kommt es dabei auf das innerstaatliche Recht, insbesondere auf den Transformator an.[335] Die Transformation kann *en-bloc* als generelle Transformation erfolgen oder als spezielle Transformation, die sich nur auf bestimmte völkerrechtliche Normen bezieht.[336]

---

326 Becker, NVwZ 2005, S. 289 (290); Bleckmann, AVR 1979/1980, S. 257 (268).
327 Verdross/Simma, S. 346.
328 Amrhein-Hofmann, S. 318.
329 Rudolf, S. 165; Schweitzer, S. 167.
330 Bleckmann, GG und Völkerrecht, S. 289 f.; Boehmer, S. 18.
331 Kempen, in: von Mangoldt/Klein/Starck (Hrsg.), Art. 59 (Rn. 89); Partsch, S. 157.
332 Rudolf, in: Seidl-Hohenveldern (Hrsg.), S. 313 (315); Verdross/Simma, S. 345.
333 Bleckmann, GG und Völkerrecht, S. 265; Verdross/Simma, S. 345.
334 Boehmer, S. 16.
335 Amrhein-Hofmann, S. 317; Schweitzer, S. 169; Triepel, S. 258.
336 Pfeffer, S. 132 f.; Rudolf, in: Seidl-Hohenveldern (Hrsg.), S. 313 (316).

aa. Klassische Transformationstheorie

Bei der klassischen Transformationstheorie wird das transformierte Recht von seinem Ursprung losgelöst und rein nach innerstaatlichem Recht beurteilt. Damit richten sich, im Unterschied zur Adoptions- und Vollzugstheorie, Inkrafttreten, Wirksamkeit, Interpretation und Beendigung auf der einen Seite nach Völkerrecht und auf der anderen Seite auch nach nationalem Recht.[337] Das transformierte Recht ist daher auch gültig, selbst wenn der völkerrechtliche Vertrag noch nicht in Kraft getreten ist oder bereits nicht mehr in Kraft ist.[338] Es kommt also nicht auf das Völkerrecht an, sondern allein auf die innerstaatliche Norm.[339] Dies zeigt, dass die Transformationslehre ursprünglich auf der strikten Trennung von Völkerrecht und nationalem Recht beruht und somit auf eine klassische dualistische Sichtweise zurückzuführen ist.[340]

bb. Gemäßigte Transformationstheorie

Durch die strikte Trennung des Völkerrechts und des nationalen Rechts i.S.d. klassischen Transformationstheorie stellt sich allerdings das Problem der Auflösung des Zusammenhangs zwischen transformiertem Recht und Völkerrecht.[341] Um dieses Problem zu lösen hat sich eine gemäßigte Transformationstheorie herausgebildet. Diese geht davon aus, dass zwar grundsätzlich der Vollzug des Völkerrechts durch innerstaatliches Recht erfolgt, aber dennoch die Verbindung des transformierten Rechts zum Völkerrecht bestehen bleibt.[342] Der Systemzusammenhang bleibt damit erhalten und es ändert sich durch die Transformation lediglich der Adressatenkreis.[343] Damit richten sich das Inkrafttreten, die Wirksamkeit, die Interpretation und die Beendigung weiterhin nach den Auslegungsregeln und Methoden des Völkerrechts.[344] Daher kommt die gemäßigte Transformationstheorie in vielerlei Hinsicht zu ähnlichen Ergebnissen wie die Vollzugslehre.[345]

---

337 Amrhein-Hofmann, S. 301; Schweitzer, S. 168.

338 Boehmer, S. 16; Kunig, in: Graf Vitzthum (Hrsg.), S. 61 (80).

339 Boehmer, S. 16; Triepel, S. 118, 416.

340 Kunig, in: Graf Vitzthum (Hrsg.), S. 61 (80); Rudolf, in: Seidl-Hohenveldern (Hrsg.), S. 313 (315).

341 Amrhein-Hofmann, S. 301; Pfeffer, S. 134.

342 Pfeffer, S. 134.; Schweitzer, S. 171.

343 Schweisfurth, S. 199.

344 Dahm/Delbrück/Wolfrum, Band I/1, S. 105; Rudolf, in: Seidl-Hohenveldern (Hrsg.), S. 313 (316).

345 Becker, NVwZ 2005, S. 289 (290).

d. Gemeinsame Voraussetzung für den Vollzug: unmittelbare Anwendbarkeit

Zwischen der Vollzugs- und der Transformationslehre besteht dahingehend eine Gemeinsamkeit, dass nur unmittelbar anwendbare Normen ohne Durchführungsakt direkt vollzugsfähig bzw. anwendbar sind.[346] Im Rahmen der Adoptionstheorie stellt sich diese Frage nicht, da sie ohnehin das Völkerrecht im Gesamten für unmittelbar anwendbar erklärt, egal ob eine völkerrechtliche Norm Rechte und Pflichten für den Einzelnen enthält oder nicht.

Soll eine Norm im Rahmen der Transformations- oder Vollzugstheorie unmittelbar anwendbar sein, also auch Rechte und Pflichte für den Einzelnen begründen, muss sie so ausgestaltet sein, dass sie mit dem Transformations- oder Anwendungsbefehl ihre Rechtswirkung auch tatsächlich innerstaatlich entfalten kann.[347] Sie muss also nach ihrem Wortlaut, Zweck und Inhalt so konkret ausformuliert sein, dass es keines weiteren staatlichen Durchführungsaktes bedarf, um die Bindungswirkung herbeizuführen.[348] Dies ist der Fall, wenn sie klar und hinreichend genau bestimmt ist und sich aus ihr konkrete Rechtsfolgen ableiten lassen, welche die Staatsorgane und Rechtsunterworfenen verpflichten.[349] Eine solche Norm wird *self-executing* genannt. *Non-self-executing* Normen sind nicht vollzugsfähig bzw. transformabel und bedürfen besonderer innerstaatlicher Durchführungsvorschriften.[350]

In diesem Zusammenhang ist zwischen innerstaatlicher Geltung und unmittelbarer Anwendbarkeit zu unterscheiden. Sowohl *self-executing* als auch *non-self-executing* Normen gelangen mittels Transformations- oder Anwendungsbefehl zu innerstaatlicher Geltung.[351] Aber nur *self-executing* Normen erlangen darüber hinaus unmittelbare Anwendbarkeit und müssen von den innerstaatlichen Gerichten direkt angewendet werden.[352] Ob es sich bei einer Norm um eine *self-executing* oder *non-self-executing* Norm handelt, obliegt im Zweifelsfall der Entscheidung der innerstaatlichen Gerichte.[353]

---

346 Bleckmann, Völkerrecht, S. 145; Randelzhofer, in: Tunkin/Wolfrum (Hrsg.), S. 101 (110).

347 Bleckmann, innerstaatliche Anwendbarkeit, S. 20, Rudolf, S. 173.

348 Amrhein-Hofmann, S. 304; Bleckmann, GG und Völkerrecht, S. 284.

349 Alen/Pas, in: Verhellen (Hrsg.), S. 165 (172); Ando, in: Shelton (Hrsg.), S. 698 (705); Lorenzmeier, S. 263; Schweisfurth, S. 203.

350 Schweitzer, S. 173; Verdross/Simma, S. 550, 553.

351 Buchs, S. 30; Verdross/Simma, S. 550.

352 Rojahn, in: Geiger (Hrsg.), S. 123 (126).

353 Bungert, DÖV 1994, S. 797 (801); Verdross/Simma, S. 553.

2. *Inkorporation von Völkerrecht in Deutschland*

Bezüglich der Inkorporation des Völkervertragsrechts in das deutsche Recht sind verschiedene Mechanismen zu beobachten. Zunächst kommt es besonders auf die verfassungsrechtliche Regelung des Art. 59 Abs. 2 S. 1 GG an. Ist eine Norm eines völkerrechtlichen Vertrages unmittelbar anwendbar, sind bei der Auslegung der völkerrechtlichen Vertragsnorm Besonderheiten zu beachten. Ist eine völkerrechtliche Norm nicht unmittelbar anwendbar, kann sie im Rahmen einer völkerrechtskonformen Auslegung nationalen Rechts, die aus der Völkerrechtsfreundlichkeit des Grundgesetzes folgt, mittelbar angewendet werden.

a. *Die Hauptnorm Art. 59 Abs. 2 S.1 GG*

Auch im Bereich der Inkorporation des Völkerrechts legt sich das Grundgesetz nicht eindeutig auf eine Theorie fest. Im Grundgesetz findet sich in Art. 25 GG eine Regelung zur Inkorporation der allgemeinen Regeln des Völkerrechts als Bestandteil des Bundesrechts, was i.S.d. Adoptionstheorie verstanden werden kann.[354] Nachdem aber nur sehr wenige Menschenrechtsnormen allgemeine Rechtsgrundsätze des Völkerrechts darstellen, wird im Folgenden die deutsche Regelung in Art. 59 Abs. 2 S. 1 GG bezüglich des Völkervertragsrechts untersucht. Sodann wird auf eine Diskrepanz des innerstaatlichen Rangs von Völkervertragsrecht zu der völkerrechtlichen Rechtslage hingewiesen und ein kurzer Vergleich zu der Übernahme von völkerrechtlichen Verträgen der Europäischen Union gezogen.

aa. Inkorporation von Völkervertragsrecht – Art. 59 Abs. 2 S. 1 GG

Art. 59 Abs. 2 S. 1 GG regelt einerseits die Vertragsabschlusskompetenzen und andererseits besteht Einigkeit, dass er zugleich die Voraussetzungen für die innerstaatliche Geltung und den innerstaatlichen Rang der völkerrechtlichen Verträge regelt.[355] Das Zustimmungsgesetz dient damit nicht nur der Ermächtigung des Bundespräsidenten, sondern auch dem innerstaatlichen Vollzug des Vertrages und kann damit einerseits als Transformationsakt i.S.d. Transformationstheorie oder andererseits als Vollzugsbefehl i.S.d. Vollzugstheorie gesehen werden.[356] Da

---

354 BVerfG v. 13.12.1977, Rs. 2 BvM 1/76, BVerfGE 46, S. 342 (403); Bungert, DÖV 1994, S. 797 (799); Geiger, S. 149.

355 Hobe, S. 237; Pernice, in: Dreier (Hrsg.), Band II, Art. 59 (Rn. 46); Randelzhofer, in: Tunkin/Wolfrum (Hrsg.), S. 101 (110).

356 Amrhein-Hofmann, S. 31; Scherf, S. 39; Schweitzer, S. 179.

Art. 59 Abs. 2 S. 1 GG für jeden völkerrechtlichen Vertrag einen eigenen Umsetzungsakt vorsieht, ist er nicht mit der Adoptionstheorie vereinbar.

(1) Art 59 Abs. 2 S. 1 GG aus Sicht der Transformationstheorie

Nach der Transformationstheorie handelt es sich bei dem deutschen Zustimmungsgesetz um eine spezielle Transformation, durch die der völkerrechtliche Vertrag in innerstaatliches Recht umgewandelt wird, soweit er transformabel ist.[357] Da es sich bei dem Zustimmungsgesetz um ein Bundesgesetz handelt und Art. 59 Abs. 2 S. 1 GG keine anderweitige Aussage trifft, kommt dem transformierten Recht ebenfalls der Rang eines einfachen Bundesgesetzes zu.[358]

Für eine Auslegung des Grundgesetzes im Sinne der Transformationstheorie spricht die Herbeiführung von Rechtssicherheit im innerstaatlichen Bereich durch die Schaffung einer innerstaatlichen Rechtsquelle.[359] Zudem müssen bindende Rechtsnormen immer auf die Volksvertretung zurückgehen, was bei einer Transformation in originär innerstaatliches Recht gerade der Fall ist.[360] Außerdem spricht eine mögliche Überprüfung des Vertragsgesetzes durch das Bundesverfassungsgericht für die Transformationstheorie, da hierbei nicht nur der Zustimmungsakt, sondern auch der Inhalt des Vertragsgesetzes, welcher dem Inhalt des völkerrechtlichen Vertrages entspricht, überprüft wird.[361]

(2) Art. 59 Abs. 2 S. 1 GG aus Sicht der Vollzugstheorie

Nach der Vollzugslehre gibt das Zustimmungsgesetz den innerstaatlichen Vollzugsbefehl und der völkerrechtliche Vertrag wird somit innerstaatlich anwendbar.[362] Der Rang des Völkerrechts in der innerstaatlichen Rechtsordnung richtet sich dabei nach dem Rechtsanwendungsbefehl selbst, wobei es keinen höheren Rang einnehmen kann als der Rechtsanwendungsbefehl.[363] Damit kommt dem völkerrechtlichen Vertrag auch nach der Vollzugslehre einfacher Gesetzesrang zu.

Für die Vollzugslehre spricht der Wortlaut des Art. 59 Abs. 2 S. 1 GG, nachdem das Parlament „in der Form eines Bundesgesetzes“ handelt, was so interpretiert werden kann, dass es sich lediglich formell um ein innerstaatliches Gesetz

357 Amrhein-Hofmann, S. 320; Schweitzer, S. 179.
358 Doehring, S. 312.
359 Kunig, in: Graf Vitzthum (Hrsg.), S. 61 (107).
360 Boehmer, S. 34.
361 Boehmer, S. 73.
362 Dahm/Delbrück/Wolfrum, Band I/1, S. 119.
363 Amrhein-Hofmann, S. 318.

handeln soll, nicht aber um ein Gesetz, dass originär deutsches Recht erschafft.[364] Zudem ergeben sich aus der Vollzugslehre einige praktische und ökonomische Vorteile, welche vor allem Wirksamkeit, Auslegung, Änderung und die verschiedenen Sprachfassungen betreffen.[365] Zwar kann sich bei einer Überprüfung durch das Bundesverfassungsgericht die Nichtigkeit des Anwendungsbefehls aufgrund eines Verstoßes des Vertrages gegen die Verfassung ergeben, da der Gesetzgeber nicht befugt ist die Befolgung eines verfassungswidrigen Vertrages anzuordnen.[366] Dies betrifft aber nur den Anwendungsbefehl, nicht den Inhalt des Vertrages selbst.[367]

(3) Ansicht des Bundesverfassungsgerichts

Auch die Rechtsprechung des Bundesverfassungsgerichts ist uneinheitlich. Zunächst entschied es im Sinne der Transformationstheorie, dass das Zustimmungsgesetz die Aufgabe hat, „dem Inhalt des völkerrechtlichen Vertrages die Geltung als innerstaatliches deutsches Recht zu verleihen (Transformation)“[368]. Doch folgte das Bundesverfassungsgericht nur einer gemäßigten Transformationstheorie, da es die völkerrechtlichen Auslegungsregeln heranzog und damit dem transformierten Recht immer noch einen gewissen Charakter als Völkerrecht zusprach.[369] Später gab das Bundesverfassungsgericht allerdings solch eindeutige Aussagen auf und verwendete Formulierungen, die sowohl für die Transformationslehre als auch die Vollzugslehre sprechen können.[370] In neueren Entscheidungen ist jedoch erkennbar, dass sich das Bundesverfassungsgericht nunmehr der Vollzugslehre zuneigt, indem es ausführt, dass aus Art. 59 Abs. 2 S. 1 GG ein innerstaatlicher, verfassungsrechtlicher Vollzugs- und Rechtsanwendungsbefehl folgt.[371]

---

364 Doehring, S. 308; Schweisfurth, S. 200; Steinberger, ZaöRV 1988, S. 1 (4).

365 Boehmer, S. 19; Partsch, S. 92 f., 110 f., 130 f., 119 ff., 143 ff.

366 Boehmer, S. 73.

367 Boehmer, S. 73.

368 BVerfG v. 30.07.1952, Rs. 1 BvF 1/52, BVerfGE 1, S. 396 (411).

369 Mosler, S. 25, 28 f.

370 Amrhein-Hofmann, S. 329 f.; vgl. BVerfG v. 07.04.1965, Rs. 2 BvR 227/64, BVerfGE 18, S. 441 (448); BVerfG v. 13.12.1977, Rs. 2 BvM 1/76, BVerfGE 46, S. 342 (363); BVerfG v. 08.04.1987, Rs. 2 BvR 687/85, BVerfGE 75, S. 223 (244).

371 BVerfG v. 08.06.1977, Rs. 2 BvR 499/74 u. 1042/75, BVerfGE 45, S. 142 (169); BVerfG v. 13.12.1977, Rs. 2 BvM 1/76, BVerfGE 46, S. 342 (363); BVerfG v. 22.10.1986, Rs. 2 BvR 197/83, BVerfGE 73, S. 339 (367); Nettesheim, in: Maunz/Dürig (Hrsg.), Art. 59 (Rn. 177); Steinberger, ZaöRV 1988, S. 1 (4).

(4) Ansicht des Bundesverwaltungsgerichts

Das Bundesverwaltungsgericht hingegen hält an der Transformationstheorie fest.[372] Der Grund hierfür dürfte vor allem in § 137 Abs. 1 Nr. 1 VwGO liegen, der bestimmt, dass Revisionen nur auf Verletzungen von Bundesrecht, also nicht auf die Verletzung von Völkerrecht, gestützt werden können.[373] Somit wäre bei der Vollzugstheorie eine Revision nicht möglich, während das Völkerrecht durch die Transformation zu innerstaatlichem und somit revisiblem Recht wird.[374] Allerdings wendet das Bundesverwaltungsgericht dennoch die völkerrechtlichen Auslegungsregeln an und geht damit von einer gemäßigten Transformationstheorie aus.[375] Dieses Vorgehen entspricht auch dem Grundsatz der Völkerrechtsfreundlichkeit des Grundgesetzes.[376]

bb. Diskrepanz zur völkerrechtlichen Rechtslage

Wie gezeigt, ist auch bezüglich der Einbettung völkerrechtlicher Verträge in das deutsche Recht die Rechtslage nicht eindeutig einer Theorie zuzuordnen. Allerdings stimmen die gemäßigten Auffassungen in vielen Punkten überein und es besteht damit kaum ein Unterschied zwischen den beiden Theorien. Insbesondere weisen beide Theorien den inkorporierten völkerrechtlichen Verträgen den Rang eines einfachen Bundesgesetzes zu, während die allgemeinen Regeln des Völkerrechts nach Art. 25 GG einen Rang zwischen Verfassung und Gesetzen einnehmen.

Im Völkerrechtsraum hingegen gehen die Verträge dem Gewohnheitsrecht meist als *lex specialis* vor.[377] Es besteht damit eine Divergenz zwischen der

---

372 BVerwG v. 14.03.1985, Rs. 5 C 145/83, BVerwGE 71, S. 139 (142); BVerwG v. 01.02.1989, Rs. 1 D 2/86, BVerwGE 86, S. 99 (119); BVerwG v. 16.10.1990, Rs. 1 C 15/88, BVerwGE 87, S. 11 (13); BVerwG v. 18.01.1994, Rs. 9 C 48/92, BVerwGE 95, S. 42 (45); BVerwG v. 22.02.1995, Rs. 1 C 11/94, NVwZ 1995, S. 1113 (1116); BVerwG v. 17.10.1995, Rs. 9 C 15/95, BVerwGE 99, S. 331 (333); BVerwG v. 18.05.2000, Rs. 5 C 19/98, BVerwGE 111, S. 200 (201); BVerwG v. 30.03.2010, 1 C 8/09, ZAR 2011, S. 27 (31); Rojahn, in: Geiger (Hrsg.), S. 123 (124).

373 Rauschning, in: BK, Art. 59 (Rn. 147); Rojahn, in: Geiger (Hrsg.), S. 123 (124).

374 BVerwG v. 08.04.1960, Rs. 1 C 29/71, BVerwGE 44, S. 156 (160).

375 BVerwG v. 27.09.1988, Rs. 1 C 41/87, BVerwGE 80, S. 249 (253); BVerwG v. 16.10.1990, Rs. 1 C 15/86, BVerwGE 87, S. 11 (16); BVerwG v. 15.04.1997, Rs. 9 C 38/96, BVerwGE 104, S. 265 (269 f.); Rojahn, in: Geiger (Hrsg.), S. 123 (125).

376 Bleckmann, GG und Völkerrecht, S. 278 f, 298; Rojahn, in: Geiger (Hrsg.), S. 123 (124).

377 Bleckmann, DÖV 1996, S. 137 (141); Doehring, S. 121.

völkerrechtlichen Lage und dem innerstaatlichen Recht. Diese ist insbesondere dann unverständlich, wenn man bedenkt, dass „manche Völkerrechtsverträge, wie etwa die Menschenrechtspakte, ein größeres Gewicht als manche eher technische Regel des Völkergewohnheitsrecht"[378], wie z.B. die 200 Seemeilen-Zone, beanspruchen. Zudem lässt die Regelung des Grundgesetzes die Möglichkeit der Kodifikation von Völkergewohnheitsrecht außer Acht. Nachdem Art. 59 Abs. 2 S. 1 GG als *lex specialis* für Vertragsrecht dem Art. 25 GG vorgeht, würde kodifiziertes Völkergewohnheitsrecht seinen Übergesetzesrang verlieren, was dem Ziel der Effektivität des Völkerrechts durch Kodifikation zuwiderläuft.[379] Daher kann einem völkerrechtlich gewährleisteten Menschenrecht, das eine allgemeine Regel des Völkerrechts ist, nicht der Rang, den es nach Art. 25 S. 2 GG besitzt, entzogen werden.[380]

cc. Vergleich zur Einbettung von völkerrechtlichen Verträgen der EU

Das Europarecht genießt nach einhelliger Meinung, mit unterschiedlichen Begründungen, absoluten Vorrang vor dem nationalen Recht, sogar teilweise vor dem Verfassungsrecht.[381] Auch Verträge, die von der Union abgeschlossen werden, genießen als Unionsrecht den gleichen Vorrang. Bei gemischten Verträgen jedoch weist diese Konstruktion eine Diskrepanz dahingehend auf, dass der Teil, der in den Zuständigkeitsbereich der Europäischen Union fällt, den Vorrang des Unionsrechts genießt, während der Teil, der in den Kompetenzbereich der Mitgliedstaaten fällt, in Deutschland nur den Rang eines einfachen Bundesgesetzes einnimmt.[382] Dies zeigt, dass die deutschen Regelungen zur Umsetzung von Völkerrecht durchaus Verbesserungsbedarf aufweisen und dass die Rechtslage mehr vereinheitlicht werden sollte. Teilweise werden diese Divergenzen durch die völkerrechtskonforme Auslegung des nationalen Rechts und die Auslegung der Verträge nach den völkerrechtlichen Auslegungsregeln abgemildert.

378 Bleckmann, DÖV 1996, S. 137 (141).
379 Bleckmann, DÖV 1996, S. 137 (141); Geiger, S. 144.
380 Sommermann, AöR 1989, S. 391 (407).
381 Streinz, S. 73 ff; Nettesheim, in: Oppermann/Claassen/Nettesheim (Hrsg.), S. 145 (146 f.).
382 Bleckmann, DÖV 1996, S. 137 (138).

b. Auslegung völkerrechtlicher Verträge im innerstaatlichen Recht

Auch bei der Auslegung von völkerrechtlichen Verträgen im innerstaatlichen Bereich sind die völkerrechtlichen Auslegungsregeln maßgeblich.[383] Dies folgt einerseits aus der völkerrechtsfreundlichen Haltung des Grundgesetzes sowie aus dem Zweck des Vertragsgesetzes, das dazu dient, die Einhaltung des völkerrechtlichen Vertrages zu gewährleisten.[384] Allerdings besteht eine gewisse Ähnlichkeit zwischen den allgemeinen völkerrechtlichen Auslegungsregeln und den innerstaatlichen Auslegungsregeln, wobei aber zu berücksichtigen ist, dass jene den Bedürfnissen des zwischenstaatlichen Verkehrs angepasst sind.[385]

aa. Auslegungsregeln der Wiener Vertragsrechtskonvention

Auf universelle Menschenrechtsverträge sind die allgemeinen Auslegungsregeln anzuwenden, wie sie in der Wiener Vertragsrechtskonvention niedergelegt sind.[386] Die Wiener Vertragsrechtskonvention stellt kodifiziertes Völkergewohnheitsrecht dar und ist somit auch auf Verträge anwendbar, die vor ihr in Kraft getreten sind.[387]

Als Grundlage ist gem. Art. 33 Abs. 2 WVK der authentische Vertragstext heranzuziehen, wobei bei mehreren Sprachfassungen die entsprechenden Regeln zur Auslegung von mehrsprachigen Verträgen heranzuziehen sind. Sollten die authentischen Sprachfassungen divergieren, so sind diese nach dem Ziel und Zweck des Vertrages in Einklang zu bringen.[388] Die deutsche Übersetzung, welche aufgrund des Rechtsstaatsprinzips geboten ist, stellt damit nur eine Hilfestellung dar und kann nicht zur Auslegung des Vertrages herangezogen werden.[389]

Die wichtigsten Auslegungsregeln sind in Art. 31 WVK festgelegt. Nach Art. 31 Abs. 1 WVK sind die Verträge „nach Treu und Glauben in Übereinstimmung mit der gewöhnlichen, seinen Bestimmungen in ihrem Zusammenhang zukommenden Bedeutung und im Lichte seines Zieles und Zwecks auszulegen." Aus Art. 31 Abs. 4 WVK folgt, dass die einfache Wortbedeutung gilt, sofern die

---

383 BVerfG v. 04.05.1955, Rs. 1 BvF 1/55, BVerfGE 4, S. 157 (168); Bleckmann, DÖV 1979, S. 309 (312); Geiger, S. 162.

384 Geiger, S. 162; Hilf, S. 143 f.; Mosler, S. 29; Rojahn, in: Geiger (Hrsg.), S. 123 (135).

385 Boehmer, S. 88, Mosler, S. 27.

386 BVerfG v. 07.07.1975, Rs. 1 BvR 274/72 u.a, BVerfGE 40, S. 141 (167); Ress/Schreuer, S. 38 f.; Tomuschat, in: Isensee/Kirchhof (Hrsg.) S. 3 (22).

387 Heintschel von Heinegg, völkerrechtliche Verträge, in: Ipsen (Hrsg.), S. 390 (410).

388 Bleckmann, GG und Völkerrecht, S. 49; vgl. Hilf, S. 101.

389 Geiger, S. 162.

Parteien nicht eine besondere Bedeutung beabsichtigten.[390] Zwischen den Auslegungsregeln besteht kein Vorrang, sondern die Auslegung stellt vielmehr einen einheitlichen Vorgang dar, bei dem es aber rechtslogisch konsequent ist, zunächst mit der Wortbedeutung zu beginnen.[391] Zudem ist gem. Art. 31 Abs. 2 Nr. 3 lit. b WVK jede spätere Übung zu beachten. Damit kommt einer historischen Auslegung i.S.d. Art. 32 WVK, welche die Umstände des Vertragsschlusses und vorbereitende Urkunden erfasst, nur subsidiäre Bedeutung zu.[392]

bb. Besonderheiten bei der Auslegung von Menschenrechtsverträgen

Bei der Auslegung von Menschenrechtsverträgen ist insbesondere zu beachten, dass sich das Menschenrechtsverständnis weiterentwickelt und die Menschenrechte daher eine „evolutiv-dynamische" Natur besitzen, was den ursprünglichen Willen der Schöpfer noch weiter hinter den Text zurück treten lässt als bei anderen völkerrechtlichen Verträgen.[393] Dies ist aus mehreren Gründen geboten. Menschenrechtsverträge formulieren meist die in ihnen verbürgten Rechte als offene Prinzipien, welche der Konkretisierung bedürfen, um der Weiterentwicklung des Menschenrechtsverständnisses Rechnung zu tragen.[394] Diese Konkretisierung durch die Auslegung hat gem. Art. 31 Abs. 1 WVK im Lichte von Ziel und Zweck des Vertrages zu erfolgen, die meist auf einen möglichst umfassenden Schutz der Berechtigten durch die Gewährung eines möglichst hohen Schutzniveaus der normierten Menschenrechte abzielt. Die Auslegung nach Ziel und Zweck eines universellen Menschenrechtsvertrages gem. Art. 31 Abs. 1 WVK spiegelt das Effektivitätsprinzip wieder, nach dem Ziel und Zweck eines völkerrechtlichen Vertrages möglichst effektiv erreicht werden sollen. Daher ist bei verschiedenen Auslegungsvarianten diejenige zu wählen, welche dem Vertragszweck am besten zur Geltung verhilft. Aus diesem Grund sind auch Begrenzungsklauseln restriktiv auszulegen, um Ziel und Zweck des jeweiligen universellen Menschenrechtsvertrages nicht zu vereiteln.[395] Bei der Auslegung von universellen Menschenrechtsverträgen können auch die Allgemeinen Kommentare und die Spruchpraxis der

---

390 Doehring, S. 169 f.

391 Heintschel von Heinegg, völkerrechtliche Verträge, in: Ipsen (Hrsg.), S. 390 (410 f.); Stein/von Buttlar, S. 25.

392 Kälin/Künzli, S. 40. Dies wurde von dem EGMR zumindest für die EMRK ausdrücklich betont, EGMR v. 25.04.1978, Rs. 5856/72 (Tyrer./.The United Kingdom), EuGRZ 1979, 164 (Rn. 31).

393 Cremer, AnwBl. 2011, S. 159 (160); Kälin/Künzli, S. 40.

394 Kälin/Künzli, S. 40.

395 Kälin/Künzli, S. 40; Orakhelashvili, S. 426.

Menschenrechtsausschüsse herangezogen werden, welche trotz ihrer unverbindlichen Natur hohes Ansehen genießen, da sie den Zweck haben, den Inhalt der jeweiligen Vertragsbestimmung zu konkretisieren.[396]

cc. Auslegung von Menschenrechtsverträgen durch oberste deutsche Gerichte

Im Einklang mit der Vollzugstheorie folgt das Bundesverfassungsgericht den Grundsätzen der völkerrechtlichen Auslegung, indem es die Auslegungsregeln der WVK und die authentischen Sprachfassungen zugrunde legt.[397] Allerdings geht es davon aus, dass bei Vertragsabschluss kein Verstoß gegen das Grundgesetz gewollt war und wählt daher bei mehreren möglichen Auslegungen diejenige, welche mit dem Grundgesetz in Einklang steht.[398] Dies zeigt ein gewisses Spannungsverhältnis zwischen einer grundrechtskonformen Auslegung und einer Auslegung nach dem Ziel und Zweck des Vertrages. Zumeist wird sich dieses Spannungsverhältnis aber durch eine völkerrechtskonforme Auslegung des Grundgesetzes auflösen lassen. Obwohl das Bundesverwaltungsgericht die Transformationstheorie vertritt, folgt es den gleichen Regeln und verweist in zahlreichen Entscheidungen auf Art. 31 ff. WVK.[399]

c. *Völkerrechtskonforme Auslegung des deutschen Rechts*

Aus der Verpflichtung Deutschlands das Völkerrecht einzuhalten und aus der Völkerrechtsfreundlichkeit des Grundgesetzes folgt die Verpflichtung zur völkerrechtskonformen Auslegung innerstaatlichen Rechts.[400] Durch die Beachtung von internationalen Entwicklungen bei der Gesetzes- und Verfassungsauslegung wird die vom Grundgesetz vorgesehene Einfügung des Staates in die internationale Gemeinschaft erleichtert.[401]

aa. Grundsätze der völkerrechtskonformen Auslegung

Bei einer völkerrechtskonformen Auslegung wird ein Gesetz nicht gegen den Willen des Gesetzgebers ausgelegt, sondern bei offenen Bestimmungen wird diejenige Interpretation gewählt, die auch den völkerrechtlichen Interessen gerecht

---

396 Cremer, Geltung und Anwendbarkeit, S. 7; Cremer, AnwBl. 2011, S. 159 (160).

397 Mosler, S. 25, 28 f.

398 BVerfG v. 04.05.1955, Rs. 1 BvF 1/55, BVerfGE 4, S. 157 (168); Dupuy, in: Wolfrum (Hrsg.), S. 836 (848).

399 BVerwG v. 27.09.1988, Rs. 1 C 41/87, BVerwGE 80, S. 249 (253); BVerwG v. 16.10.1990, Rs. 1 C 15/88, BVerwGE 87, S. 11 (16); Rojahn, in: Geiger (Hrsg.), S. 123 (125).

400 Bleckmann, GG und Völkerrecht, S. 278 f., 298; Cremer, AnwBl. 2011, S. 159 (164).

401 Bernhardt, DÖV 1977, S. 457 (462).

wird.[402] Bei einer solchen Konkretisierung von Generalklauseln müssen alle völkerrechtlichen Normen beachtet werden, da nicht nur *self-executing* Normen den Staat binden.[403] Darüber hinaus geht das Bundesverfassungsgericht davon aus, dass auch bei der Auslegung des Grundgesetzes völkerrechtliche Gewährleistungen zu beachten sind.[404] Die unmittelbare Anwendbarkeit einer völkerrechtlichen Norm ist dabei gerade keine Voraussetzung, sondern vielmehr müssen Normen, die nicht unmittelbar anwendbar sind, auch bei der Auslegung beachtet werden, um so zumindest noch zu einer mittelbaren Anwendbarkeit zu gelangen.[405]

Eine besondere menschenrechtsfreundliche Auslegung des Grundgesetzes ergibt sich dabei aus dem Verweis auf die Menschenrechte in Art. 1 Abs. 2 GG. Der Bezug auf die Menschenrechte umfasst hier auch die internationalen Menschenrechte.[406] Sie stellen damit ein verbindliches Auslegungskriterium dar.[407]

bb. Einschränkung der *lex-posterior* Regel

Bei der Auslegung von nationalem Recht bereitet insbesondere die *lex-posterior* Regel Schwierigkeiten. Wenn das nationale Gesetzesrecht das frühere war, gehen die völkerrechtlichen Bestimmungen diesem unproblematisch vor.[408] Fraglich ist allerdings, wie späteres nationales Recht zu behandeln ist. In diesem Zusammenhang hat das Bundesverfassungsgericht entschieden, dass Gesetze „im Einklang mit den völkerrechtlichen Verpflichtungen der Bundesrepublik Deutschland auszulegen und anzuwenden sind, selbst wenn sie zeitlich später erlassen worden sind als ein geltender völkerrechtlicher Vertrag; denn es ist nicht anzunehmen, dass der Gesetzgeber, sofern er dies nicht klar bekundet hat, von völkerrechtlichen Verpflichtungen der Bundesrepublik Deutschland abweichen oder die Verletzung solcher Verpflichtungen ermöglichen will."[409]

Daraus folgt, dass zunächst alle Möglichkeiten völkerrechtskonformer Auslegung in Betracht gezogen werden müssen, bevor von einem Völkerrechtsverstoß ausgegangen werden kann und der Gesetzgeber muss zudem seinen

402 Tomuschat, in: Isensee/Kirchhof (Hrsg.) S. 3 (27).

403 Schweitzer, S. 176.

404 BVerfG v. 26.03.1987, Rs. 2 BvR 589/79, 740/81 u. 284/85, BVerfGE 74, S. 358 (370); BVerfG v. 29.06.1990, Rs. 2 BvR 254, 1343/88, BVerfGE 82, S. 106 (120); BVerfG v. 14.10.2004, Rs. 2 BvR 1481/04, BVerfGE 111, S. 307 (317).

405 Lorz, S. 57 f.

406 Sommermann, AöR 1989, 391 (416).

407 Sommermann, AöR 1989, 391 (417).

408 Schweitzer, S. 176.

409 BVerfG v. 26.03.1987, Rs. 2 BvR 589/79, u.a., BVerfGE 74, S. 358 (370).

Derogationswillen deutlich gemacht haben.[410] Damit soll die völkerrechtsfreundliche Auslegung die Auswirkungen der *lex-posterior* Regel so weit wie möglich verhindern.[411] Späteres nationales Recht muss also generell völkerrechtskonform ausgelegt werden.[412] Dies gilt selbst dann, wenn das spätere Gesetz den Vertrag nicht durchführt, aber die gleiche Regelungsmaterie behandelt.[413] Teilweise wird auch das Völkerrecht als *lex-specialis* angesehen, um so den Vorrang zu erklären.[414] Dies widerspricht aber der meist offenen Formulierung von Normen in völkerrechtlichen Verträgen. Daher ist eine völkerrechtsfreundliche Auslegung zur Einschränkung der *lex-posterior* Regel dogmatischer. Somit ist bei der Auslegung nationaler Gesetze eine Interpretation zu wählen, die nicht im Widerspruch zu den völkerrechtlichen vertraglichen Verpflichtungen steht.[415]

III. Erschwernis der Durchsetzung

Das gezeigte Zusammenspiel von Völkerrecht und nationalem Recht wirft auch Probleme bei der Durchsetzung der völkerrechtlich garantierten Menschenrechte auf. Soweit davon ausgegangen wird, dass das deutsche Recht dem gemäßigten Dualismus zuneigt, handelt es sich bei dem Völkerrecht um eine außerstaatliche Rechtsordnung, deren Durchsetzung im innerstaatlichen Bereich weitere Vorkehrungen erfordert. Diese erforderlichen Vorkehrungen werden zwar durch das deutsche Zustimmungsgesetz erfüllt, aber dennoch wirft insbesondere die Differenzierung zwischen innerstaatlicher Geltung und innerstaatlicher Anwendbarkeit Probleme auf. So ist für eine unmittelbare innerstaatliche Anwendbarkeit die Differenzierung zwischen *self-executing* und *non-self-executing* Normen erforderlich, welche der Rechtsanwender in einem ersten Schritt unternehmen muss. Aufgrund der Tatsache, dass das Grundgesetz selbst keiner der Theorien zum Zusammenspiel von Völkerrecht und nationalem Recht eindeutig folgt, steht es den Rechtsanwendern frei einer bestimmten Theorie zu folgen und so kann es allein schon aus diesem Grund zu deutlichen Unterschieden bei der Anwendung von universellen Menschenrechtsverträgen im deutschen Recht kommen. Ein

---

410 Boehmer, S. 71.

411 Geiger, S. 160; Proelß, in: Rensen/Brink (Hrsg.), S. 553 (557); Tomuschat, in: Isensee/Kirchhoff (Hrsg.), S. 3 (31).

412 Rudolf, in: Seidl-Hohenveldern (Hrsg.) , S. 313 (317); Schweitzer, S. 176.

413 Bleckmann, GG und Völkerrecht, S. 278 f., 298.

414 Bleckmann, DÖV 1979, S. 309 (312); Bungert, DÖV 1994, S. 797 (803); Geiger, S. 160; Nettesheim, in: Maunz/Dürig (Hrsg.), Art. 59 (Rn. 187).

415 Human Rights Committee, General Comment No. 9. The domestic application of the Covenant, UN-Doc. E/C.12/1998/24 v. 03.12.1998 (Rn. 15).

weiteres Problem für die Durchsetzung folgt aus den anzuwendenden völkerrechtlichen Auslegungsmethoden zumal schon allein durch die Anwendung der authentischen Sprachfassungen Sprachbarrieren und Fehlinterpretationen auftreten können.

Das komplexe Zusammenspiel von Völkervertragsrecht und nationalem Recht erscheint daher als weiterer Grund für eine oftmals defizitäre Durchsetzung von universellen Menschenrechtsverträgen. Auch wenn das Grundgesetz völkerrechtsfreundlich ausgestaltet ist, so obliegt es doch den Rechtsanwendern und vor allem den Gerichten dieser Völkerrechtsfreundlichkeit durch die Umsetzung und Durchsetzung von Völkerrecht, insbesondere von universellen Menschenrechtsverträgen, Rechnung zu tragen.

Kapitel 3: Menschenrechtsverträge vor deutschen Gerichten

Universelle Menschenrechtsverträge sind, wie gezeigt, ein wichtiger Bestandteil der deutschen Rechtsordnung und das nationale Recht ist zu einem gewissen Grad an ihnen – durch Auslegung oder Gesetzgebung – auszurichten. Allerdings hängt die Effektivität der Umsetzung universeller Menschenrechtsverträge entscheidend von deren Durchsetzung durch die Rechtsanwender ab. Obwohl natürlich alle Staatsorgane an Gesetz und Recht gem. Art. 20 Abs. 3 GG gebunden sind und damit auch an die von Deutschland ratifizierten universellen Menschenrechtsverträge, kommt den deutschen Gerichten als Kontroll- und Korrekturinstanz für die effektive Durchsetzung von Menschenrechten eine besondere Bedeutung zu. Daher wird das Augenmerk zunächst darauf gelegt, warum deutsche Gerichte die effektivste Durchsetzungsinstanz darstellen, obwohl die internationalen Menschenrechtsverträge selbst einige Durchsetzungsmechanismen bereitstellen. Trotz der Pflicht, internationale universelle Menschenrechtsverträge zu beachten, gibt es ein gewisses Konfliktpotential zwischen der deutschen Rechtsordnung und universellen Menschenrechtsgarantien. Wie diese Konflikte gelöst werden und wie effektiv die internationalen Menschenrechte hierbei von den deutschen Gerichten durchgesetzt werden, ist Gegenstand des dritten Teils dieses Kapitels.

A. Deutsche Gerichte als primäre Durchsetzungsinstanz

Die deutschen Gerichte sind die effektivste Durchsetzungsinstanz von universellen Menschenrechten in der deutschen Rechtsordnung. Diese Aufgabe wurde ihnen zunächst von dem Völkerrecht und insbesondere von den internationalen Menschenrechtsverträgen selbst zugewiesen, da die internationalen Durchsetzungsmechanismen einige Schwächen haben. Darüber hinaus weist auch die deutsche Rechtsordnung den deutschen Gerichten die Kompetenz zur Durchsetzung von universellen Menschenrechten zu.

I. Kompetenzzuweisung durch Menschenrechtsverträge

Schon die universellen Menschenrechtsverträge bestimmen die nationale Gerichtsbarkeit als das innerstaatlich verantwortliche Organ für die Durchsetzung der verbürgten Rechte, da auch diese Träger der menschenrechtlichen

Verpflichtungen sind[416]. Dies folgt einerseits aus dem in einigen Verträgen festgelegten Recht auf innerstaatlichen Rechtsschutz, andererseits aus dem Grundsatz, dass internationaler Rechtsschutz gegenüber nationalem Rechtsschutz subsidiär ist. Darüber hinaus gilt auch für völkerrechtlich garantierte Menschenrechte eine Pflicht diese sicherzustellen und zu schützen.

1. Recht auf Rechtsschutz

In verschiedenen internationalen Menschenrechtsverträgen ist ein Recht auf Rechtsschutz kodifiziert,[417] welches auch schon in Art. 8 der Allgemeinen Erklärung der Menschenrechte angelegt war. Danach müssen die Staaten wirksame Rechtsbehelfe bereitstellen, wenn ein Recht verletzt wurde.

Neben diesem generellen Recht auf innerstaatlichen Rechtsschutz sehen einige Konventionen einen weitergehenden Rechtsschutz vor innerstaatlichen Gerichten in speziellen Bereichen vor. Dies sind vor allem die Nachprüfung von freiheitsentziehenden Maßnahmen[418] und die Nachprüfung von Strafurteilen durch ein höherinstanzliches Gericht[419], da diese besonders empfindliche Folgen für die Betroffenen haben. Darüber hinaus wird die Überprüfung der Abschiebung durch nationale Gerichte gem. Art. 13 ICCPR vorgesehen. Für bestimmte Straftaten, wie Folter[420] und Kinderhandel oder -pornographie[421], müssen die Staaten ihre Gerichtsbarkeit so ausgestalten, dass sie sich auf diese Straftaten erstreckt. Art. 19 Abs. 2 CRC legt zudem fest, dass es den nationalen Gerichten obliegt, bei Kindesmisshandlungen einzuschreiten. Auch die Frauenrechtskonvention sieht allgemein vor, dass die nationalen Gerichte die Frau vor jeder diskriminierenden Handlung schützen sollen.[422] Des Weiteren fordert der Zivilpakt mit dem Recht auf Rechtsschutz bei Verletzungen der Privatsphäre Rechtsschutz für ein spezielles Menschenrecht[423].

Aus dem Erfordernis eines effektiven innerstaatlichen Rechtsschutzes für bestimmte Menschenrechte lässt sich ableiten, dass Rechtsbehelfe vor innerstaatlichen Gerichten immer dann erforderlich sind, wenn das Recht nicht ohne

---

416 Kälin/Künzli, S. 206.
417 Art. 2 Abs. 3 ICCPR; Art. 6 CERD; Art. 14 CAT.
418 Art. 9 Abs. 4 ICCPR; Art. 37 lit. d CRC; Art. 20 CPED.
419 Art. 14 Abs. 5 ICCPR, Art. 40 Abs. 2 lit. b Ziff. iii, v CRC.
420 Art. 2 Abs. 1, Art. 5 CAT; Art. 15 Abs. 2 CRPD.
421 Art. 4 OP-CRC Kinderhandel.
422 Art. 2 lit. c CEDAW.
423 Art. 17 Abs. 2 ICCPR.

irgendeine Mitwirkung der Gerichte effektiv umgesetzt bzw. durchgesetzt werden kann.[424]

2. *Subsidiarität internationaler Rechtsbehelfe*

Einige Menschenrechtsverträge oder ihre Fakultativprotokolle sehen Individualbeschwerdeverfahren[425] vor, welche trotz ihrer Schwächen[426] als effektivste Rechtsbehelfe auf internationaler Ebene gesehen werden können. Das Individualbeschwerdeverfahren soll dem Einzelnen möglichst effektiv Abhilfe bei Verletzung von Paktrechten gewähren.[427] Allerdings ist allen Individualbeschwerdeverfahren gemein, dass zunächst der innerstaatliche Rechtsweg erschöpft sein muss, bevor sich die zuständige Kommission mit der Beschwerde befasst.[428] Von dem Erfordernis der Rechtswegerschöpfung kann nur in wenigen Fällen abgesehen werden. Dies ist der Fall, wenn die Erschöpfung des innerstaatlichen Rechtswegs unangemessen lange gedauert hätte[429] oder keine wirksame Abhilfe zu erwarten ist[430].

Diese Regelung verdeutlicht, dass Rechtsschutz primär auf der innerstaatlichen Ebene zu suchen ist und die nationalen Gerichte die originären Durchsetzungsinstanzen für Menschenrechte darstellen.[431] Die internationalen Individualbeschwerdeverfahren treten damit nur ergänzend und subsidiär zu den nationalen Verfahren hinzu.[432]

---

424 Human Rights Committee, General Comment No. 9. The domestic application of the Covenant, UN-Doc. E/C.12/1998/24 v. 03.12.1998 (Rn. 9).

425 OP-ICCPR; OP-ICESCR; Art. 14 CERD; OP-CRC Mitteilungsverfahren; OP-CEDAW; Art. 22 CAT; OP-CRPD; Art. 31 CPED.

426 Dazu s.u. Kapitel 3 A.II.

427 Byrnes, in: Bayefsky (Hrsg.), S. 139 (141 f).

428 Art. 2, Art. 5 Abs. 2 lit. b OP-ICCPR; Art. 3 Ziff. 1 OP-ICESCR; Art. 14 Abs. 2 CERD; Art. 7 lit. e OP-CRC Mitteilungsverfahren; Art. 4 Abs. 1 OP-CEDAW; Art. 22 Abs. 5 lit. b CAT; Art. 2 lit. d OP-CRPD; Art. 31 Abs. 2 lit. d CPED.

429 Art. 5 Abs. 2 lit. d OP-ICCPR; Art. 3 Nr. 1 OP-ICESCR; Art. 7 lit. e OP-CRC Mitteilungsverfahren; Art. 4 Abs. 1 OP-CEDAW; Art. 22 Abs. 5 lit. b CAT; Art. 2 lit. d OP-CRPD; Art. 31 Abs. 2 lit. d CPED.

430 Art. 7 lit. e OP-CRC Mitteilungsverfahren; Art. 4 Abs. 1 OP-CEDAW; Art. 22 Abs. 5 lit. b CAT; Art. 2 lit. d OP-CRC.

431 Nowak, Einführung, S. 78.

432 Human Rights Committee, General Comment No. 9. The domestic application of the Covenant, UN-Doc. E/C.12/1998/24 v. 03.12.1998 (Rn. 4); Dederer, in: Merten/Papier (Hrsg.), S. 333 (377).

3. *Pflicht zur Gewährleistung*

Aus dem Grundsatz *pacta sunt servanda* folgt nicht nur die Pflicht der Staaten die vertraglichen Pflichten zu erfüllen, sondern im Bereich der Menschenrechte vor allem auch eine Pflicht diese zu achten, zu schützen und zu gewährleisten.[433] Dies meint dabei nicht nur passive Beachtungspflichten, sondern auch eine Pflicht zum aktiven Schutz und zur Umsetzung.[434] Die Pflicht, Menschenrechte aktiv zu gewährleisten, umfasst dabei die Verwirklichung der Menschenrechte durch Maßnahmen verschiedenster Art, insbesondere die Gewährleistung der Rechte durch Gerichte und die Überprüfung ergriffener Maßnahmen.[435] Dies folgt vor allem daraus, dass die Pflicht, die internationalen Verpflichtungen zu beachten, alle Bereiche, also auch die Judikative, betrifft.[436] Damit trifft die Staaten die Pflicht, effektive Beschwerdemöglichkeiten bereitzustellen, bei denen sich die Betroffenen auf irgendeine Weise auf die in den Verträgen verbürgten Menschenrechte berufen können, sei es durch Ausfüllung nationaler Grundrechte mit Hilfe universeller Menschenrechte oder durch die menschenrechtskonforme Auslegung sonstigen innerstaatlichen Rechts.[437] Daher ist es nur folgerichtig, den deutschen Gerichten, welche aufgrund ihrer Rolle als Kontroll- und Korrekturinstanz auch als Wächter des Rechts in Deutschland gelten, eine zentrale Rolle bei der Durchsetzung und Gewährleistung von Menschenrechten zuzuschreiben und sie als das primäre Organ für die Durchsetzung von Menschenrechten zu sehen.[438]

II. Schwächen der internationalen Verfahren

Die Wahl der nationalen Gerichte als primäre Durchsetzungsinstanz der internationalen Menschenrechte ist vor allem vor dem Hintergrund bedeutend, dass die internationalen Verfahren verschiedene Schwächen aufweisen, die nur durch ein funktionierendes innerstaatliches Schutz- und Durchsetzungssystem ausgeglichen werden können.[439] Im internationalen Bereich haben sich fünf verschiedene Überwachungsmechanismen für Menschenrechte etabliert. Diese sind Individual- oder Gruppenbeschwerdeverfahren, Beschwerdeverfahren zwischen Staaten, Berichtsverfahren, Untersuchungsverfahren und die Gewährung von

433 Dederer, in: Merten/Papier (Hrsg.), S. 333 (383); Tomuschat, S. 124.
434 Tomuschat, S. 124.
435 Nowak, Einführung, S. 63 f.
436 Simma/Khan/Zöckler/Geiger, in: Conforti (Hrsg.), S. 71; Tomuschat, S. 125.
437 Kälin/ Künzli, S. 120, 208.
438 Simma/Khan/Zöckler/Geiger, in: Conforti (Hrsg.), S. 71.
439 Nowak, Einführung, S. 48.

technischer Hilfe bei der Umsetzung der Menschenrechte in der innerstaatlichen Rechtsordnung.[440] Ohne genauer auf die einzelnen Verfahren einzugehen, leiden die meisten an sehr ähnlichen Problemen. Einige Verfahren sind eher als Dialog zwischen dem Überwachungsorgan und dem betreffenden Mitgliedstaat ausgestaltet. Zudem sind sie nicht obligatorisch und enden nicht mit verbindlichen Urteilen. Weiterhin sehen die Menschenrechtsverträge und ihre Fakultativprotokolle keine Durchsetzungsmechanismen vor, wenn der betreffende Staat weiterhin gegen die Ansichten des Überwachungsorgans verstößt, oder die ihm auferlegten Pflichten nicht erfüllt.

1. *Dialog zwischen Staat und Überwachungsorgan*

Vor allem das Berichtsverfahren und das Untersuchungsverfahren sind zu einem großen Teil als Dialog zwischen den Staaten und den jeweiligen, von den Verträgen eingesetzten, Überwachungsorganen ausgestaltet.[441] Der Dialog mit den betreffenden Staaten trägt zwar angemessen dem Souveränitätsprinzip Rechnung, enthält aber auch gewisse Schwächen, die in einer mangelnden Objektivität und Durchsetzbarkeit der Ergebnisse resultieren.

a. *Berichtsverfahren*

Alle internationalen Menschenrechtsverträge sehen ein Berichtssystem vor, nachdem die Staaten selbst in periodischen Abständen Berichte an die jeweiligen Ausschüsse übersenden.[442] Auch wenn diese Berichte dazu beitragen die Einhaltung der Rechte voranzutreiben,[443] sowie den Lernprozess[444] anregen und Probleme bei der Umsetzung der Vertragsrechte aufdecken können,[445] ist ein großer Kritikpunkt die Abhängigkeit des Berichtsverfahrens von der Mitarbeit der Staaten, insbesondere in Bezug auf die Bereitschaft solche Berichte zu erstellen,[446] auch wenn die Ausschüsse durch Mahnschreiben und andere unterstützende Maßnahmen versuchen, die Staaten zur Abgabe der Berichte anzuhalten.[447] Oft geben die Berichte kein umfassendes Bild von der menschenrechtlichen Lage

---

440 Van Bueren, S. 378.
441 Van Boven, in: Eide/Hagtvet (Hrsg.), S. 36 (41).
442 Art. 40 ICCPR; Art. 16 f. ICESCR; Art. 9 CERD; Art. 44 CRC; Art. 18 CEDAW; Art. 19 CAT; Art. 35 CRPD; Art. 29 CPED.
443 Connors, in: Bayefsky (Hrsg.), S. 3 (6).
444 Poscher/Rux/Langer, S. 41.
445 Connors, in: Bayefsky (Hrsg.), S. 3 (6); Tomuschat, VN 2008, S. 195 (196).
446 Connors, in: Bayefsky (Hrsg.), S. 3 (8 f.).
447 Empell, S. 24.

innerhalb eines Mitgliedstaates wider, sondern sind ohne Reflexion rein deskriptiv verfasst[448] oder versuchen den Staat in das beste Licht zu rücken.[449] Obwohl die Überwachungsorgane zur Prüfung des Berichts zuweilen Informationen von Nichtregierungsorganisationen heranziehen können,[450] werden die abschließenden Bemerkungen des Überwachungsorgans im Konsens mit dem betreffenden Staaten verabschiedet.[451] Aufgrund der einseitigen Informationen der Staaten und der Erstellung der abschließenden Bemerkungen in einem Dialog mit dem betreffenden Staat mangelt es dem Berichtsverfahren oft an der Objektivität, die für eine effektive Umsetzung von Menschenrechten erforderlich ist.

b. Untersuchungsverfahren

Manche Pakte sehen auch ein Untersuchungsverfahren[452], also ein selbstständiges Aktivwerden der Überwachungsorgane bei schwerwiegenden oder systematischen Menschenrechtsverletzungen, vor.[453] Diese Untersuchungen sollen aber vertraulich und unter Mitwirkung des betroffenen Staates stattfinden, wobei die Untersuchungen vor Ort meist an eine zusätzliche ausdrückliche Zustimmung des betroffenen Staates gebunden sind.[454] Diese notwendige Zustimmung weist wiederum auf einen starken Dialog mit dem betreffenden Staat hin, der sich aber auch vollkommen gegen die Untersuchung sperren kann.

c. Hilfe bei der Umsetzung

Einige Fakultativprotokolle sehen ein Verfahren zur Unterstützung der Mitgliedstaaten durch die jeweiligen Überwachungsorgane bei der Umsetzung des Vertrages vor.[455] Zwar kann der jeweilige Ausschuss dieses Verfahren zur internationalen Hilfe und Zusammenarbeit selbst initiieren, hängt dabei aber von der Zustimmung des betreffenden Vertragsstaates ab.[456] Allein die Behindertenrechtskonvention sieht in ihrem Art. 32 die Pflicht zur internationalen

---

448 Connors, in: Bayefsky (Hrsg.), S. 3 (10).
449 Van Boven, in: Eide/Hagtvet (Hrsg.), S. 36 (42).
450 Vedder, in: Merten/Papier (Hrsg.), S. 237 (287). Eine solche Konsultation ist ausdrücklich geregelt in Art. 45 CRC, Art. 36 Abs. 2 und Art. 38 CRPD.
451 Dederer, in: Merten/Papier (Hrsg.), S. 333 (372).
452 Art. 11 OP-ICESCR; Art. 13 OP-CRC Mitteilungsverfahren; Art. 8 OP-CEDAW; OP-CAT; Art. 6 OP-CRPD.
453 Vedder, in: Merten/Papier (Hrsg.), S. 237 (293).
454 Dederer, in: Merten/Papier (Hrsg.), S. 333 (381).
455 Art. 14 OP-ICESCR; Art. 15 OP-CRC.
456 Art. 14 Nr. 1 OP-ICESCR; Art. 15 Nr. 1 OP-CRC Mitteilungsverfahren.

Zusammenarbeit vor. Allerdings hängt die Effektivität einer solchen internationalen Zusammenarbeit immer von dem Engagement und der Bereitschaft der einzelnen Staaten ab.

2. *Keine obligatorischen Verfahren*

Die internationalen Verfahren sind, außer dem Berichtsverfahren, nicht obligatorisch. Während das Untersuchungsverfahren und die internationale Zusammenarbeit von der *ad hoc* Zustimmung des betroffenen Staates abhängen, bedürfen das Individual- und Staatenbeschwerdeverfahren einer gesonderten Ratifikation des entsprechenden Fakultativprotokolls oder einer Unterwerfungserklärung unter die Zuständigkeit des jeweiligen Ausschusses für das entsprechende Verfahren.

a. *Individualbeschwerdeverfahren*

Insbesondere für das Individualbeschwerdeverfahren ist entweder die Ratifikation eines entsprechenden Fakultativprotokolls[457] oder eine Unterwerfungserklärung[458] notwendig, damit dieses Verfahren den Bürgern eines Staates offensteht. Obwohl gerade das Individualbeschwerdeverfahren aufgrund der notwendigen politischen Kompromisse sehr vorsichtig formuliert ist, da Ausdrücke wie „Mitteilungen" statt „Beschwerden" und „Ansichten" statt „Entscheidungen" genutzt werden,[459] ist die Unterstützung der Staaten bei dem Individualbeschwerdeverfahren eher gering.[460] Selbst Deutschland hat nicht alle Fakultativprotokolle über Individualbeschwerdeverfahren ratifiziert.[461] Diese mangelnde Verbindlichkeit des Verfahrens stellt eine große Schwäche gegenüber der obligatorischen Zuständigkeit des Europäischen Gerichtshofs für Menschenrechte gem. Art. 19 ff. EMRK dar.

---

457 OP-ICCPR; OP-ICESCR; OP-CRC Mitteilungsverfahren; OP-CEDAW; OP-CRPD.

458 Art. 14 CERD; Art. 22 CAT; Art. 31 CPED.

459 Steiner, in: Alston/Crawford (Hrsg.), S. 15 (22).

460 Bei den Fakultativprotokollen betreffend ein Mitteilungsverfahren sind 115 von 168 Konventionsstaaten beim OP-ICCPR (68%), 85 von 152 beim OP-CRPD (53%), 105 von 188 beim OP-CEDAW (56%), 19 von 163 beim OP-ICESCR (12%) und 16 von 194 beim OP-CRC Mitteilungsverfahren (8%) Mitglied. Darüber hinaus haben 67 von 157 Konventionsstaaten für Art. 22 CAT (43%) eine Unterwerfungserklärung abgegeben, 18 von 45 für Art. 31 CPED (40%) und 56 von 177 für Art. 14 CERD (32%).

461 Während Deutschland alle erforderlichen Unterwerfungserklärungen abgegeben hat, steht die Ratifikation des OP-ICESCR noch aus.

b. *Staatenbeschwerdeverfahren*

Bei dem Staatenbeschwerdeverfahren zeichnet sich ein ganz ähnliches Bild ab. Auch diese sind, außer nach der Anti-Rassismus-Konvention,[462] nicht obligatorisch, sondern bedürfen ebenfalls der Abgabe einer Unterwerfungserklärung[463] oder der Ratifikation eines speziellen Fakultativprotokolls und einer Unterwerfungserklärung unter das Fakultativprotokoll[464]. Weiterhin müssen sowohl der das Verfahren initiierende Staat als auch der betroffene Staat die Unterwerfungserklärung abgegeben bzw. das entsprechende Fakultativprotokoll unterzeichnet haben.[465] Auch hier ist die Unterstützung der Staaten recht gering.[466]

Aufgrund dieser Unverbindlichkeit des Individual- und Staatenbeschwerdeverfahrens mangelt es diesen internationalen Verfahren an der Durchsetzungskraft, die ein obligatorisches zwischenstaatliches Streitbeilegungsverfahren oder Individualbeschwerdeverfahren hätte. Nur verhältnismäßig wenige Staaten haben überhaupt die entsprechenden Erklärungen oder Ratifikationen abgegeben und so fehlt die Effektivität allein schon in territorialer Hinsicht.

3. *Keine verbindlichen Urteile und keine Durchsetzungsmechanismen*

Den Abschluss der verschiedenen Verfahren bilden nicht etwa verbindliche Urteile, welche von den Mitgliedstaaten befolgt werden müssen, sondern oft nur unverbindliche Empfehlungen und Stellungnahmen.

a. *Berichtsverfahren*

Das Berichtsverfahren endet mit den abschließenden Bemerkungen des jeweiligen Ausschusses, der hier zwar auch deutlich Stellung beziehen kann, aber im Ergebnis nur unverbindliche Empfehlungen abgeben kann.[467] Wenn die Staaten in Verzug mit ihren Berichtspflichten sind, gibt es kaum effektive Mittel, die Staaten

---

462 Nach Art. 11 CERD ist das Staatenbeschwerdeverfahren obligatorisch.

463 Art. 41 Abs. 1 ICCPR; Art. 21 CAT; Art. 32 CPED.

464 Art. 10 OP-ICESCR; Art. 12 OP-CRC Mitteilungsverfahren.

465 Dederer, in: Merten/Papier (Hrsg.), S. 333 (374); Henkin/Pugh/Schachter/Smit, S. 644.

466 Entsprechende Unterwerfungserklärungen haben 19 von 45 Konventionsstaaten für Art. 32 CPED (42%) abgegeben, 63 von 157 für Art. 21 CAT(40%) und 49 von 168 für Art. 41 Abs. 1 ICCPR (29%). Bei den Fakultativprotokollen haben 4 von 19 Mitgliedstaaten des OP-ICESCR eine Unterwerfungserklärung für Art. 10 OP-ICESCR abgegeben (21%), 5 von 16 für Art. 12 OP-CRC (31%).

467 Dederer, in: Merten/Papier (Hrsg.), S. 333 (372).

zu den Berichten zu bewegen, außer durch förmliche Aufforderungsschreiben.[468] Eine Möglichkeit das Berichtsverfahren effektiver zu gestalten, ist die Zuhilfenahme von Berichten von Nichtregierungsorganisationen.[469] Allerdings sind solche Konsultierungen nur in sehr wenigen Konventionen formal vorgesehen, nämlich nur in Art. 45 CRC und Art. 36 Abs. 2 CRPD. Nach diesen Vorschriften darf allerdings nur dann auf diese Informationen zurückgegriffen werden, wenn sich der Staat mit seinen Berichtspflichten in Verzug befindet. Natürlich können auch Staaten durch den Druck von Nichtregierungsorganisationen angehalten werden ihren Berichtspflichten nachzukommen.[470] Dies stellt aber eher einen politischen Druck dar, der in den Menschenrechtsverträgen selbst nicht angelegt ist.

b. Individualbeschwerdeverfahren

Schon die Verwendung des Begriffs „Ansicht“ statt „Entscheidung“ zeigt, dass der Abschluss des Individualbeschwerdeverfahrens nicht durch ein verbindliches Urteil erfolgt.[471] Der jeweilige Ausschuss kann nur Abhilfemaßnahmen vorschlagen, wie Ausgleichszahlungen oder eine Änderung der Gesetze, was aber zumeist nicht zwingend genug ist, um den Staat tatsächlich zur Befolgung der Vorschriften des jeweiligen Menschenrechtsvertrages zu bewegen, da tatsächliche Strafen oder Sanktionen von den Verträgen oder ihren Fakultativprotokollen nicht vorgesehen sind.[472]

Mangels effektiver Durchsetzungsmechanismen halten sich viele Staaten auch nicht an die Ansichten der Ausschüsse und den Betroffenen bleibt im Falle eines Verstoßes gegen die Entscheidung eines Ausschusses nichts anderes übrig, als ein weiteres Beschwerdeverfahren einzuleiten.[473] Weitere Durchsetzungsmechanismen, außer politischer Druck unter anderem durch Nichtregierungsorganisationen, sind nach internationalem Recht aufgrund der gewollten Unverbindlichkeit der Entscheidungen der Ausschüsse jedoch nicht vorgesehen.[474] Insbesondere haben die Ansichten der Ausschüsse, genau wie die Urteile des Europäischen

---

468 Connors, in: Bayefsky (Hrsg.), S. 3 (9).
469 Theytaz-Bergmann, in: Bayefsky (Hrsg.), S. 45 (46); Tomuschat, VN 2008, S. 195 (198).
470 Theytaz-Bergmann, in: Bayefsky (Hrsg.), S. 45 (50).
471 Steiner, in: Alston/Crawford (Hrsg.), S. 15 (22).
472 Schäfer, S. 20; Steiner, in: Alston/Crawford (Hrsg.), S. 15 (37).
473 Byrnes, in: Bayefsky (Hrsg.), S. 139 (153).
474 Byrnes, in: Bayefsky (Hrsg.), S. 139 (154 f.); Schmidt M., in: Bayefsky (Hrsg.), S. 233 (141 f.).

Gerichtshofs für Menschenrechte, denen eine wesentlich höhere Bedeutung beigemessen wird, keine kassatorische Wirkung.[475]

c. Staatenbeschwerdeverfahren

Auch das Staatenbeschwerdeverfahren endet nicht mit einem verbindlichen Urteil. Vielmehr wirkt der Ausschuss mit beiden Staaten zusammen in nichtöffentlicher Sitzung auf die Beachtung der Paktrechte hin und sollte dies scheitern, verfasst der jeweilige Ausschuss lediglich einen Bericht über die Sachlage ohne konkrete Ergebnisse.[476]

4. Schwere Zugänglichkeit

Gerade bei dem Individualbeschwerdeverfahren ist die schwere Zugänglichkeit zu dem Verfahren ein großes Problem. Die meisten Bürger haben überhaupt keine Kenntnis von den verfügbaren Individualbeschwerdeverfahren oder es fehlen ihnen, aufgrund der notwendigen Ausschöpfung des innerstaatlichen Rechtsweges, die notwendigen Mittel, zumal die meisten wohl auch einen rechtlichen Beistand benötigen, um die Beschwerde zu formulieren, auch wenn dieser nach den Verträgen und ihren Fakultativprotokollen nicht nötig ist.[477] Oft dauert bereits die innerstaatliche Rechtswegerschöpfung schon sehr lange, was die meisten Bürger vor einem anschließenden ebenfalls recht langen Verfahren vor den Ausschüssen zurückschrecken lässt und auch die Effektivität der Verfahren verringert.[478] Dies wird besonders deutlich, wenn man bedenkt, dass erst 19 Verfahren gegen Deutschland vor dem Menschenrechtsausschuss für den Zivilpakt, 2 Verfahren vor dem Ausschuss für die Anti-Folter-Konvention und 2 Verfahren vor dem Ausschuss für die Anti-Rassismus-Konvention[479] angestrebt wurden.

III. Kompetenzzuweisung durch die deutsche Rechtsordnung

In konsequenter Weise sieht auch die deutsche Rechtsordnung, insbesondere Art. 19 Abs. 4 GG, die deutschen Gerichte als Durchsetzungsinstanz für völkerrechtlich garantierte Menschenrechte vor. Konsequent ist dies insbesondere vor

---

475 Schäfer, S. 22.

476 Vedder, in: Merten/Papier (Hrsg.), S. 237 (288).

477 Byrnes, in: Bayefsky (Hrsg.), S. 139 (145).

478 Byrnes, in: Bayefsky (Hrsg.), S. 139 (146 f.).

479 Eine Datenbank zu den Verfahren vor Menschenrechtsausschüssen findet sich auf der Website des Office of the High Commissioner for Human Rights unter: http://tbinternet.ohchr.org/_layouts/treatybodyexternal/TBSearch.aspx?Lang=en.

dem Hintergrund, dass die Gerichte in Deutschland eine Stellung einnehmen, die es ihnen möglich macht, Menschenrechte effektiv durchzusetzen.

1. *Rechtschutzgarantie, Art. 19 Abs. 4 GG*

Nach Art. 19 Abs. 4 GG steht jedem der Rechtsweg offen, wenn er durch die öffentliche Gewalt in seinen Rechten verletzt wird. Art. 19 Abs. 4 GG bezieht sich hier auf subjektive Rechte, die nicht nur durch das Grundgesetz selbst gewährt werden, sondern auch durch jegliches andere innerstaatlich gültige Recht, das Individualrechte gleich welcher Art normiert.[480] Subjektive Rechte geben dem Individuum einen Anspruch, ein Tun oder Unterlassen von der staatlichen Gewalt zu verlangen.[481] Subjektive Rechte können auch durch das Völkerrecht gewährt werden, wenn dieses nicht nur auf den zwischenstaatlichen Bereich bezogen ist, sondern vor allem auf die Gewährung von Rechten für Individuen,[482] wie es insbesondere bei den universellen Menschenrechtsverträgen der Fall ist.

a. *Internationale Menschenrechtsnormen als subjektive Rechte*

Die internationalen Menschenrechtsverträge sind gerade darauf ausgelegt, dem Einzelnen Rechte gegenüber dem Staat zu gewähren und stellen damit subjektive Rechte dar.[483] Dies gilt insbesondere für die unmittelbar anwendbaren völkerrechtlichen Menschenrechtsnormen, die bereits durch die Aufnahme in die deutsche Rechtsordnung Bestandteil des deutschen Rechts sind.[484] Unmittelbar anwendbare Menschenrechtsnormen sind solche, die allgemeine Regeln des Völkerrechts darstellen sowie diejenigen Vorschriften, die *self-executing* sind.[485] Schon der historische Grundgesetzgeber hatte dies vor dem Hintergrund der Allgemeinen Erklärung der Menschenrechte vor Augen und nahm in Art. 1 Abs. 2 GG durch das generelle Bekenntnis zu Menschenrechten auch Bezug auf das Völkerrecht.[486] Damit erkannte er die Möglichkeit, dass das Völkerrecht subjektive Rechte i.S.d. Art. 19 Abs. 4 GG gewähren kann.

---

480 Sachs in: Sachs (Hrsg.), Art. 19 (Rn. 127).

481 Schulze-Fielitz, in: Dreier (Hrsg.), Band I, Art. 19 (Rn. 61).

482 Schenke, in: BK, Art. 19 (Rn. 141, 428).

483 Lorz, S. 68.

484 Schneider, S. 39.

485 S.o. Kapitel 2 B.II.1.d.

486 Sommermann, AöR 1989, S. 391 (416); Schneider, S. 41; Zuleeg, EuGRZ 2005, S. 681; Zuleeg, DÖV 1977, S. 462 (467).

b. Konsequenz für allgemeine Regeln des Völkerrechts

Die allgemeinen Regeln des Völkerrechts können daher sogar im Wege einer Verfassungsbeschwerde, die entweder auf Art. 2 Abs. 1 GG oder ein spezielleres Grundrecht i.V.m. Art. 25 GG gestützt ist, geltend gemacht werden.[487] Von anderen Gerichten sind die allgemeinen Regeln des Völkerrechts ohnehin gem. Art. 25 GG direkt anzuwenden.[488]

c. Konsequenz für vertraglich gewährleistete Menschenrechte

Die völkervertraglich gewährleisteten Menschenrechte sind durch das Zustimmungsgesetz innerstaatlich anwendbares Recht und die deutschen Gerichte müssen sie daher bei ihren Entscheidungen anwenden, sofern diese Normen *self-executing* sind.[489] Aber auch *non-self-executing* Menschenrechtsnormen sind aufgrund der Völkerrechtsfreundlichkeit des Grundgesetzes durch die deutschen Gerichte bei der Auslegung von jeglichem nationalen Recht und sogar als Interpretationsmaßstab von Grundrechten zu berücksichtigen.[490]

2. Gerichte als effektive Durchsetzungsinstanz

Nach Art. 20 Abs. 3 GG sind die Gerichte nur an Gesetz und Recht gebunden, was auf einen möglichen Konflikt zwischen Gesetzen und ungeschriebenen Prinzipien, sowie völkerrechtlichen Normen hinweist.[491] Diese ausschließliche Bindung der Gerichte an Gesetz und Recht spiegelt sich in der Unabhängigkeit der Gerichte gem. Art. 97 Abs. 1 GG wieder. Nach Art. 93 Abs. 1 Nr. 2 GG i.V.m. § 78 BVerfGG kann das Bundesverfassungsgericht ein Gesetz für nichtig erklären, was die herausragende Bedeutung des Bundesverfassungsgerichts untermauert. Daher werden die Gerichte, vor allem das Bundesverfassungsgericht, oft als Wächter des Rechts bezeichnet.[492] Die deutschen Gerichte können außerdem

---

487 BVerfG v. 21.02.1992, Rs. 2 BvR 1662/91, BVerfGE 77, S. 170 (232); Simma/Khan/Zöckler/Geiger, in: Conforti (Hrsg.), S. 71 (77); Schneider, S. 39.

488 Schneider, S. 40.

489 Klein E., LKV 2003, S. 74 (75); Simma/Khan/Zöckler/Geiger, in: Conforti (Hrsg.), S. 71 (80).

490 BVerfG v. 04.05.1971, Rs. 1 BvR 636/68, BVerfGE 31, S. 58 (67); BVerfG v. 26.03.1987, Rs. 2 BvR 589/79, u.a., BVerfGE 74, S. 358 (370); BVerfG v. 14.11.1990, Rs. 2 BvR 1462/87, BVerfGE 83, S. 119 (128); BVerfG v. 01.07.1998, Rs. 2 BvR 441/90, BVerfGE 98, S. 169 (206); Klein E., LKV 2003, S. 74 (75); Sommermann, AöR 1989, S. 391 (402).

491 Simma/Khan/Zöckler/Geiger, in: Conforti (Hrsg.), S. 71 (75).

492 Simma/Khan/Zöckler/Geiger, in: Conforti (Hrsg.), S. 71.

einen Fall besser vor dem Hintergrund der nationalen Rechtsordnung entscheiden und auf die Bedürfnisse in Deutschland konkret eingehen.[493] Eine gewisse Kohärenz der Rechtsprechung der verschiedenen Gerichte kann durch die Vorlagepflicht an das Bundesverfassungsgericht gem. Art. 100 Abs. 2 GG erreicht werden, wenn völkerrechtliche Normen betroffen sind, zumal eine Nichtvorlage einen Entzug des gesetzlichen Richters i.S.d. Art. 101 Abs. 2 GG darstellt.[494]

B. Inhalt der universellen Menschenrechtsverträge und Konfliktpotential mit dem deutschen Recht

Die verschiedenen universellen Menschenrechtsverträge haben unterschiedliche Regelungsbereiche und können auf verschiedene Arten mit der deutschen Rechtsordnung kollidieren. Ohne auf Einzelheiten einzugehen, soll der folgende Abschnitt einen Überblick über den Regelungsbereich der einzelnen Menschenrechtsverträge geben und mögliche Konflikte mit dem deutschen Recht aufzeigen.

I. Übereinkommen zur Beseitigung jeder Form von Rassendiskriminierung

Diskriminierung aufgrund der Rasse wird als besonders verabscheuungswürdig und niederträchtig angesehen, gerade vor dem Hintergrund des Holocaust oder des Apartheidsystems.[495] Die Anti-Rassismus-Konvention soll daher nicht nur Rassendiskriminierung verbieten, sondern auch ein Umfeld schaffen in dem Rassenmerkmale nicht mehr als Unterscheidungskriterium genutzt werden.[496]

1. Inhalt

Die Anti-Rassismus-Konvention verbietet jegliche Diskriminierung aufgrund der Rasse, Hautfarbe, Abstammung sowie des nationalen oder ethnischen Hintergrundes im politischen, wirtschaftlichen, sozialen, kulturellen oder jedem anderen Lebensbereich.[497] Sie wendet sich dabei in erster Linie an staatliche Stellen durch die Untersagung jeglicher Form der Beteiligung an Rassendiskriminierung.[498] Allerdings soll auch Rassendiskriminierung durch Organisationen

493 Liebenberg, in: Eide/Krause (Hrsg.), S. 55.
494 Schulze-Fielitz, in: Dreier (Hrsg.), Band III, Art. 101 (Rn. 61).
495 Heintschel von Heinegg, in: Merten/Papier (Hrsg.), S. 303 (327); Kälin/Künzli, S. 420.
496 Kälin/Künzli, S. 420.
497 Britz/Müller, in: Deutsches Institut für Menschenrecht (Hrsg.), S. 337 (339).
498 Heintschel von Heinegg, in: Merten/Papier (Hrsg.), S. 303 (328).

und Privatpersonen gem. Art. 4 CERD unter Strafe gestellt werden und die Konvention richtet sich somit insoweit auch an diese.[499] Damit legt sie dem Gesetzgeber nicht nur eine Schutzpflicht, sondern sogar eine Strafpflicht auf, welche als Eingriffspflicht gegenüber anderen Grundrechtsträgern ausgestaltet ist.[500] Als besonderes Diskriminierungsverbot wird die Gleichheit vor dem Gesetz aufgezeigt, welche gem. Art. 5 CERD eine Vielzahl von Bereichen umfasst, wie die Gleichheit vor dem Gericht, die Sicherheit der Person, das Wahlrecht und sonstige Bürgerrechte, wie Freizügigkeit, Staatsangehörigkeit, Ehe, Glaubens- Gewissens- und Religionsfreiheit, Meinungsfreiheit und Versammlungsfreiheit sowie verschiedene wirtschaftliche, soziale und kulturelle Rechte. Der aufgezeigte Katalog der Rechte ist allerdings nicht abschließend.[501] In Art. 6 CERD wird der Zugang zu den Gerichten und einem effektiven Rechtsschutz ausdrücklich gewährt. Art. 7 CERD ruft die Vertragsstaaten dazu auf, im Unterricht, in der Erziehung, Kultur und Information Maßnahmen zu treffen, welche Vorurteile bekämpfen und zwischen den Völkern Verständnis und Freundschaft fördern. Allerdings berührt das Übereinkommen nach Art. 1 Abs. 2 nicht Unterschiede zwischen eigenen und fremden Staatsangehörigen. Verboten ist aber eine Unterscheidung verschiedener Migranten oder Asylsuchender aufgrund der Staatsangehörigkeit und die Einwanderungspolitik sowie die Grundlagen für eine Einbürgerung, müssen so ausgestaltet sein, dass sie nicht zu einer Diskriminierung führen.[502]

In dem zweiten Teil der Anti-Rassismus-Konvention sind die Einrichtung eines Ausschusses sowie Berichtspflichten, ein Staatenbeschwerde- und ein Individualbeschwerdeverfahren vorgesehen.

2. Konfliktpotential

Aufgrund des geschichtlichen Hintergrunds Deutschlands werden bereits viele der Wertungen der Anti-Rassismus-Konvention in Art. 3 GG hineingelesen. Daher ergeben sich auf den ersten Blick vergleichsweise wenige Kollisionen mit dem deutschen Recht. In §130 StGB ist zudem die Strafpflicht aus Art. 4 CERD eingeflossen, welche gerade das Verhalten Privater erfasst. Dies ist z.B. bei dem Transport von zum Rassenhass aufstachelnden Massendrucksachen

---

499 Buergenthal/Shelton/Stewart, S. 86; Heintschel von Heinegg, in: Merten/Papier (Hrsg.), S. 303 (328).

500 Bryde, in: Klein (Hrsg.), S. 61 (65).

501 Britz/Müller, in: Deutsches Institut für Menschenrecht (Hrsg.), S. 337 (346).

502 Kälin/Künzli, S. 422.

problematisch. Hier wurde unter anderem entschieden, dass die staatliche Post diese wegen eines Verstoßes gegen das Übereinkommen nicht befördern darf.[503]

II. Internationaler Pakt über wirtschaftliche, soziale und kulturelle Rechte

Die Bestimmungen des Sozialpaktes stellen eine Umformung der wirtschaftlichen, sozialen und kulturellen Rechte aus der Allgemeinen Erklärung der Menschenrechte in Völkervertragsrecht dar. Generell enthält er ein breites Spektrum an Rechten, welche jedoch oftmals nur sehr allgemein formuliert sind.[504]

1. Inhalt

In seinem Art. 1 ist, gleichlautend mit Art. 1 ICCPR, das Selbstbestimmungsrecht der Völker festgelegt, welches den Rahmen des individuellen Menschenrechtsschutzes bildet.[505]

In dem zweiten Teil des Sozialpaktes sind die allgemeinen Bestimmungen enthalten. Hierbei spielt die an exponierter Stelle stehende Pflicht zur nur progressiven Verwirklichung der Rechte bis zum Maximum der verfügbaren Ressourcen nach Art. 2 Abs. 1 ICESCR eine besondere Rolle. Weiterhin ist in Art. 3 ICESCR die Gleichberechtigung von Mann und Frau hervorgehoben. Art. 4 ICESCR bestimmt, dass die Rechte nur durch ein Gesetz eingeschränkt werden dürfen, das mit der Natur der Rechte vereinbar ist und dessen Zweck die Förderung des Allgemeinwohls ist. In Art. 5 ICESCR ist ein Missbrauchsverbot festgelegt.

In dem dritten Teil sind die eigentlichen materiellen Rechte des Sozialpaktes aufgeführt. Zu diesen zählen das Recht auf Arbeit (Art. 6) und gerechte Arbeitsbedingungen (Art. 7), das Recht Gewerkschaften zu gründen (Art. 8), das Recht auf soziale Sicherheit (Art. 9), der Schutz der Familie (Art. 10), das Recht auf einen angemessenen Lebensstandard (Art. 11), das Recht auf den bestmöglichen Standard physischer und geistiger Gesundheit (Art. 12), das Recht auf Bildung (Art. 13, 14) sowie das Recht auf Teilhabe am kulturellen Leben und am Fortschritt (Art. 15).[506] Dabei beschreibt und definiert der Sozialpakt diese Rechte

503 VG Frankfurt v. 22.02.1993, Rs. 9 G 300/93, NJW 1993, S. 2067 (2068).
504 Trilsch, S. 22.
505 Trilsch, S. 20.
506 Buergenthal/Shelton/Stewart, S. 68 f.; Trilsch, S. 21. Ausführliche Darstellungen finden sich in: Saul/Kinley/Mowbray (Hrsg.), S. 271 ff.; Craven, S. 226 ff.

und nennt häufig Maßnahmen, die zur Realisierung dieser Rechte unternommen werden sollten.[507]

Der vierte Teil richtet einen Ausschuss ein und stellt eine Berichtspflicht auf. Die Individualbeschwerde-, Staatenbeschwerde- und Untersuchungsverfahren wurden erst durch das Fakultativprotokoll eingeführt.

2. *Konfliktpotential*

Aufgrund der Pflicht zur nur progressiven Verwirklichung der Rechte nach Art. 2 Abs. 1 ICESCR werden die Rechte des Paktes oft nicht als echte Rechte wahrgenommen.[508] Sie werden oftmals nicht als unmittelbar anwendbar gesehen und es wird argumentiert, dass dies auch der Natur der wirtschaftlichen, sozialen und kulturellen Rechte entspreche.[509] Allerdings ist dieses Verständnis durch die Schaffung eines Individualbeschwerdeverfahrens zum Sozialpakt überholt und es ist vielmehr davon auszugehen, dass auch diese Rechte justitiable Rechtspositionen darstellen.[510] Zudem enthalten die Rechte eine Kernverpflichtung dahingehend, dass die Staaten zumindest das Minimum des essenziellen Kerns der Rechte gewähren müssen.[511] Insoweit enthalten die Rechte daher einen durchsetzbaren harten Kern. Insbesondere handelt es sich bei Art. 2 Abs. 1 ICESCR auch nicht um eine Bemühensverpflichtung, sondern um eine Pflicht zur Verwirklichung der Rechte, welche lediglich zeitlich ausgedehnt wurde.[512] Vielmehr sollen die Staaten so schnell und effektiv wie möglich die volle Verwirklichung der Rechte anstreben.[513] Dennoch wird die unmittelbare Anwendbarkeit des Sozialpaktes vielfach diskutiert und meist angezweifelt.[514]

507 Buergenthal/Shelton/Stewart, S. 70 f.

508 Andreassen/Smith/Stokke, in: Eide/Hagtvet (Hrsg.), S. 252 (254); Chapman/Russell, in: Chapman/Russell (Hrsg.), S. 1 (5).

509 Robertson/Merrills, S. 275.

510 Cremer, Geltung und Anwendbarkeit, S. 10; Simma, in: Ruland/von Maydell/Papier (Hrsg.), S. 867 (880 f.); Aichele, VN 2009, S. 72.

511 Committee on Economic, Social and Cultural Rights, General Comment No. 3. The nature of States parties' obligations (art. 2, para.1, of the Covenant), UN Doc. E/1991/23 v. 01.01.1991 (Rn. 10).

512 Craven, S. 107; Vedder, in: Merten/Papier (Hrsg.), S. 237 (271).

513 Committee on Economic, Social and Cultural Rights, General Comment No. 3. The nature of States parties' obligations (art. 2, para.1, of the Covenant), UN Doc. E/1991/23 v. 01.01.1991 (Rn. 2); Simma, in: Matscher (Hrsg.), S. 75 (92).

514 Steiner/Alston/Goodman, S. 275.

Das Grundgesetz kennt verschiedene der im Sozialpakt verbürgten Rechte nicht. Viele der sozialen Rechte wurden im Grundgesetz nur vereinzelt und oft nur in einer Andeutung aufgenommen.[515] Daher werden diese zumeist mit Hilfe der Menschenwürde aus Art. 1 Abs. 1 GG und dem Sozialstaatsprinzip hergeleitet.[516] Auch hier bleibt es problematisch, individuelle und einklagbare Leistungsansprüche abzuleiten, welche aber oftmals mit den wirtschaftlichen, sozialen und kulturellen Rechten verbunden sind.

Ein spezielles Problem, welches in der Rechtsprechung großen Niederschlag gefunden hat, ist die Vereinbarkeit von Studiengebühren mit dem Recht auf Bildung aus Art. 13 ICESCR, da dieser in seinem Abs. 2 lit. b die Unentgeltlichkeit des Hochschulunterrichts hervorhebt.[517]

III. Internationaler Pakt über bürgerliche und politische Rechte

Der Zivilpakt enthält mit den bürgerlichen und politischen Rechten die klassischen Abwehrrechte, welche dem Staat entgegengehalten werden können.[518] Er enthält zu weiten Teilen Rechte, die bereits in der Allgemeinen Erklärung der Menschenrechte formuliert wurden, regelt diese aber oft detaillierter.[519]

1. Inhalt

Der Zivilpakt enthält, genauso wie der Sozialpakt, in seinem Art. 1 das Selbstbestimmungsrecht der Völker, welches aber gerade kein individuelles Menschenrecht darstellt.[520]

Die Art. 2 bis 5 ICCPR enthalten allgemeine Bestimmungen, welche für die folgenden Vorschriften gelten. Hierbei wird in Art. 2 ICCPR der Anwendungsbereich des Zivilpakts festgelegt und die Staaten zu einer positiven Gewährleistung der Paktrechte verpflichtet, was durch einen effektiven Rechtsschutz unterstützt werden soll.[521] Art. 2 Abs. 1 ICCPR stellt ein Diskriminierungsverbot bei der Anwendung der Paktrechte auf und Art. 3 ICCPR unterstreicht die Gleichberechtigung von Mann und Frau. Art. 4 ICCPR enthält eine Notstandsklausel, während Art. 5 ICCPR ein Missbrauchsverbot normiert.

---

515 Eichenhofer, S. 95.
516 Eichenhofer, S. 172.
517 S.u. Kapitel 3 C.V.3.
518 Vedder, in: Merten/Papier (Hrsg.), S. 237 (246).
519 Steiner/Alston/Goodman, S. 153.
520 Vedder, in: Merten/Papier (Hrsg.), S. 237 (242).
521 Vedder, in: Merten/Papier (Hrsg.), S. 237 (243 f.).

Der materielle Teil des Zivilpaktes enthält fünf grundlegende Rechte, die körperliche Integrität, prozedurale Rechte, Gleichbehandlungsnormen, Freiheitsrechte und das Recht auf politische Mitwirkung.[522] Diese Rechte sind genauer ausdifferenziert in das Recht auf Leben (Art. 6), Verbot der Folter (Art. 7), Verbot der Sklaverei (Art. 8), die Freiheit der Person (Art. 9), das Recht Inhaftierter auf menschenwürdige Behandlung (Art. 10), Verbot der Haft wegen zivilrechtlicher Verpflichtungen (Art. 11), die Freizügigkeit (Art. 12), Verbot willkürlicher Ausweisungen (Art. 13), gleicher Zugang zu Gerichten und Mindestgarantien im Strafprozess (Art. 14), Verbot rückwirkender Strafgesetze (Art. 15), Recht auf Rechtsfähigkeit (Art. 16), die Unverletzlichkeit der Privatsphäre (Art. 17), Glaubens-, Gewissens- und Religionsfreiheit (Art. 18), Meinungsfreiheit (Art. 19), Verbot von Kriegspropaganda und Rassenhass (Art. 20), Versammlungsfreiheit (Art. 21), Vereinigungsfreiheit (Art. 22), Schutz der Familie (Art. 23), Rechte des Kindes (Art. 24), politische Teilhaberechte (Art. 25), allgemeines Diskriminierungsverbot (Art. 26) und Minderheitenrechte (Art. 27).[523] Das Eigentum als Recht wurde allerdings nicht aufgenommen.[524]

Im vierten Teil des Zivilpaktes wird ein Ausschuss eingerichtet, der Berichte der Mitgliedstaaten entgegennimmt. Außerdem ist ein Staatenbeschwerdeverfahren vorgesehen. Das Individualbeschwerdeverfahren wurde erst durch das entsprechende Fakultativprotokoll eingeführt. Ein weiteres Fakultativprotokoll galt der Abschaffung der Todesstrafe.

2. *Konfliktpotential*

Viele Rechte aus dem Zivilpakt finden sich auch in dem deutschen Grundgesetz wieder und so ergeben sich auf den ersten Blick kaum Konfliktfälle. Das Recht auf Leben, das Folterverbot und die Freiheit der Person sind in Art. 2 Abs. 2 GG geregelt,[525] während der Schutz der Privatsphäre schon in Art. 2 Abs. 1 GG normiert ist. Die Rechtsfähigkeit ergibt sich aus der Menschenwürde gem. Art. 1 Abs. 1 GG,[526] ist aber nicht ausdrücklich aufgenommen worden. Die Freizügigkeit, Religions-, Meinungs-, Versammlungs- und Vereinigungsfreiheit finden ihre Entsprechungen in Art. 11, 4, 5, 8 und 9 GG. Der Schutz der Familie und die Rechte der Kinder sind

---

522 Steiner, in: Alston/Crawford (Hrsg.), S. 15 (25).

523 Eine detaillierte Darstellung der Rechte findet sich in: Nowak, ICCPR Commentary, S. 120 ff.; Hofmann R./Boldt, Teil III; Joseph/Schultz/Castan, S. 154 ff.

524 Vedder, in: Merten/Papier (Hrsg.), S. 237 (246).

525 Hofmann R./Boldt, Art. 6 (Rn. 6), Art. 7 (Rn. 5), Art. 9 (Rn. 8).

526 Hofmann R./Boldt, Art. 16 (Rn. 2).

in Art. 6 GG aufgenommen.[527] Art. 38 und 39 GG regeln das Wahlrecht und das allgemeine Diskriminierungsverbot aus Art. 26 ICCPR findet sich in Art. 3 GG wieder. Art. 26 GG spiegelt das Verbot des Angriffskrieges wieder.[528]

Die verschiedenen Verfahrensrechte sind allerdings zum Großteil nicht im Grundgesetz geregelt. Allein der Grundsatz *nulla poena sine lege* hat in Art. 103 Abs. 2 GG Ausdruck gefunden. Die anderen Verfahrensrechte ergeben sich aus den Verwaltungs- und Verfahrensnormen, insbesondere der StPO, welche Ausdruck des Rechtsstaatsprinzips gem. Art. 20 Abs. 3 GG und der Rechtsweggarantie aus Art. 19 Abs. 4 GG sind.[529] Die besondere Bedeutung, die den Verfahrensgrundsätzen durch den Zivilpakt zugeschrieben wird, hat im deutschen Recht daher keinen so deutlichen Ausschlag gefunden.

Ein weiteres Problem ergibt sich bei der Anwendung des Zivilpaktes daraus, dass er nahezu identische Rechte enthält, wie die Europäische Menschenrechtskonvention.[530] Viele Gerichte tendieren daher dazu, die Europäische Menschenrechtskonvention vorrangig anzuwenden.[531]

Eine besondere Rolle spielte der Zivilpakt bei der Aufarbeitung des DDR-Unrechts, da er von der DDR unterzeichnet worden war und als Maßstab für einen Mindeststandard an Menschenrechten dienen konnte.[532]

IV. Übereinkommen zur Beseitigung jeder Form der Diskriminierung der Frau

Die Frauenrechtskonvention ist das wichtigste internationale Menschenrechtsinstrument für Frauenrechte, da es neben dem Diskriminierungsverbot auch ein Gleichberechtigungs- und Gleichstellungsgebot formuliert.[533]

1. Inhalt

Ähnlich wie die Anti-Rassismus-Konvention verbietet die Frauenrechtskonvention jegliche Ungleichbehandlung aufgrund des Geschlechts für alle Lebensbereiche und ruft insbesondere die Vertragsstaaten dazu auf, das Prinzip der

527 Hofmann R./Boldt, Art. 23 (Rn. 6), Art. 24 (Rn. 6).
528 Hofmann R./Boldt, Art. 20 (Rn. 2).
529 Hofmann R./Boldt, Art. 10 (Rn. 4), Art. 13 (Rn. 3), Art. 14 (Rn. 15).
530 Eine Gegenüberstellung der Rechte aus dem ICCPR und der EMRK findet sich in: Gollwitzer, S. 95 ff.; Schilling, S. 50 ff.
531 S.u. Kapitel 3 C.I.3.
532 S.u. Kapitel 3 C.V.1.
533 Schöpp-Schilling, in: Deutsches Institut für Menschenrecht (Hrsg.), S. 413 (425, 413).

Gleichheit in ihre Verfassungen aufzunehmen (Art. 2 lit. b).[534] In ihrem Art. 1 definiert sie die Diskriminierung der Frau als jede mit dem Geschlecht begründete Unterscheidung, Ausschließung oder Beschränkung. Sie ist auf die Gewährleistung der kompletten Bandbreite an bürgerlichen, politischen, wirtschaftlichen, sozialen und kulturellen Rechten auch und gerade für Frauen gerichtet und verlangt in Art. 5 sogar Maßnahmen, die auf die Beseitigung der traditionellen, eher stereotypen, Rollenverteilung zielen.[535] Die Staaten müssen zur Verwirklichung der Frauenrechtskonvention nicht nur die Diskriminierung der Frau verurteilen, sondern gem. Art. 4 CEDAW auch aktiv Maßnahmen ergreifen, um die Diskriminierung der Frau zu beseitigen und eine Gleichberechtigung zu erzielen.[536] Die Frauenrechtskonvention geht hierbei von einem asymmetrischen Ansatz aus und sieht damit eine Diskriminierung von Frauen als schwächerer Gruppe als schwerer an, als die Diskriminierung der stärkeren Gruppe.[537] Sie nennt konkrete Verpflichtungen für verschiedene Lebensbereiche, wie die politische Gleichheit (Art. 7), Recht auf eigene Staatsangehörigkeit (Art. 9), gleiches Recht auf Bildung (Art. 10), Gleichheitsrechte im Berufsleben und insbesondere gleicher Lohn (Art. 10), gleiche Rechte im Gesundheitswesen (Art. 11) sowie anderen Bereichen im wirtschaftlichen und sozialen Leben (Art. 13), Gleichheit vor dem Gesetz (Art. 15) und gleiche Rechte im Ehe- und Familienleben (Art. 16).[538] Weiterhin sollen auch besondere Probleme von bestimmten Frauengruppen bekämpft werden, da die Frauenrechtskonvention die Vertragsstaaten aufruft, Maßnahmen gegen Ausbeutung und Frauenhandel in der Prostitution (Art. 6) und gegen die Diskriminierung von Frauen in ländlichen Gebieten (Art. 14) zu ergreifen.[539]

Weiterhin richtet die Frauenrechtskonvention einen Ausschuss und ein Berichtsverfahren ein. Ein Individualbeschwerde- und Untersuchungsverfahren wurde durch das Fakultativprotokoll etabliert.

---

534 Buergenthal/Shelton/Stewart, S. 93.

535 Heintschel von Heinegg, in: Merten/Papier (Hrsg.), S. 303 (307).

536 Kälin/Künzli, S. 412.

537 Schadendorf, ZaöRV 2014, S. 245 (250).

538 Eine tiefgehende Untersuchung der einzelnen Vorschriften findet sich bei Freeman/Chinkin/Rudolf (Hrsg.), S. 169 ff.

539 Kälin/Künzli, S. 414.

2. *Konfliktpotential*

Die Gleichberechtigung von Mann und Frau ist im Grundgesetz in Art. 3 Abs. 2 GG ausdrücklich aufgenommen und in Art. 3 Abs. 3 GG durch das Verbot der Benachteiligung aufgrund des Geschlechts wiederholt.

Allerdings erlaubt Art. 4 Abs. 1 CEDAW Sondermaßnahmen zur beschleunigten Herbeiführung der Gleichberechtigung von Männern und Frauen, was zu einer Belastung der Männer führt.[540] Diese Ungleichbehandlung zum Nachteil der Männer bietet ein gewisses Konfliktpotential. Ein weiteres Problemfeld ist die Zulassung von reinen Jungenschulen, welche mit der Pflicht zur Förderung der Koedukation aus Art. 10 lit. c CEDAW kollidiert.[541]

V. Übereinkommen gegen Folter und andere grausame und unmenschliche oder erniedrigende Behandlung oder Strafe

Trotz der Erwähnung des Folterverbots in der Allgemeinen Erklärung der Menschenrechte und der Festlegung im Zivilpakt wurde mit der Anti-Folterkonvention ein Instrument zur konkreten Bekämpfung der Folter geschaffen.[542]

1. *Inhalt*

Die Anti-Folterkonvention soll in erster Linie Folter, insbesondere durch staatliche Stellen verhindern und bestrafen.[543] In ihrem Art. 1 definiert die Anti-Folterkonvention zunächst den Begriff der Folter. Die folgenden Vorschriften stellen einen Katalog an Pflichten zur praktischen Bekämpfung der Folter auf.[544] So ruft die Anti-Folterkonvention die Vertragsstaaten auf, wirksame Maßnahmen zur Verhinderung von Folter zu ergreifen (Art. 2), verbietet Auslieferungen bei drohender Folter (Art. 3), verpflichtet zu umfassenden Strafgesetzen (Art. 4 bis 8), weitest gehender Rechts- und Amtshilfe (Art. 9) und zur Unterrichtung der Behörden über die Pflichten (Art. 10). Sie legt Schutzpflichten für in Gewahrsam genommene Personen (Art. 11) und Opfer (Art. 13) auf sowie eine Ermittlungspflicht (Art. 12), die Einrichtung eines effektiven Beschwerderechts (Art. 14) und kodifiziert Beweisverwertungsverbote (Art. 15).[545] Diese Pflichten beziehen

540 Kälin/Künzli, S. 414.
541 S.u. Kapitel 3 C.IV.2.a.bb.(5).
542 Van Boven, in: Deutsches Institut für Menschenrechte (Hrsg.), S. 516 (516).
543 Kälin/Künzli, S. 369; Buergenthal/Shelton/Stewart, S. 100.
544 Oeter, in: Merten/Papier (Hrsg.), S. 501 (518).
545 Eine umfassende Darstellung findet sich in Nowak/McArthur, S. 87 ff.; Stein, S. 137 ff.

sich zunächst auf das Folterverbot, werden aber durch Art. 16 CAT teilweise auf andere grausame, unmenschliche oder erniedrigende Behandlungen und Strafen erstreckt, die von staatlichen Stellen vorgenommen werden.[546]

Die Anti-Folterkonvention errichtet darüber hinaus einen Ausschuss, der Staatenberichte, Staatenbeschwerden und Individualbeschwerdeverfahren prüft. Des Weiteren wird er in Art. 20 CAT zu einem vertraulichen Untersuchungsverfahren ermächtigt. Das Fakultativprotokoll ermöglicht als umfassender Kontrollmechanismus laufende Überprüfungen vor Ort mit regelmäßigen Besuchen, auch in Haftanstalten, zur Verhinderung von Folter.[547]

2. Folterverbot im deutschen Recht

Das Folterverbot ergibt sich einerseits direkt aus dem Recht auf körperliche Unversehrtheit gem. Art. 2 Abs. 2 GG sowie aus dem Verbot seelischer und körperlicher Misshandlungen festgehaltener Personen gem. Art. 104 Abs. 1 S. 2 GG. Weiterhin schließt die Menschenwürde aus Art. 1 Abs.1 GG jegliche Form von Folter aus.[548] Das Folterverbot wird außerdem von verschiedenen Strafvorschriften und strafprozessualen Vorschriften gestützt. Nachdem das deutsche Recht aber keine Definition der Folter vorsieht, verwenden viele Gerichte die Definition aus der Anti-Folterkonvention zur Bestimmung des Begriffs Folter.[549]

VI. Übereinkommen über die Rechte des Kindes

Mit der Kinderrechtskonvention wurde ein möglichst geschlossenes und umfassendes Vertragswerk über die Rechte des Kindes geschaffen, welches verschiedenste Regelungsbereiche enthält.[550]

1. Inhalt

In ihrem Art. 1 legt die Kinderrechtskonvention zunächst den persönlichen Anwendungsbereich der Konvention fest und bestimmt, wer Kind ist. Zwei wichtige Interpretationsmaximen der Kinderrechtskonvention sind die Kindesentwicklung, für welche nach Art. 5 CRC die Eltern verantwortlich sind, und das

546 Oeter, in: Merten/Papier (Hrsg.), S. 501 (518).
547 Oeter, in: Merten/Papier (Hrsg.), S. 501 (519).
548 Dreier, in: Dreier (Hrsg.), Band I, Art. 1 I (Rn. 60).
549 S. u. Kapitel 3 C.IV.2.A.aa.(4).
550 Cremer, Übereinkommen über die Rechte des Kindes, in: Deutsches Institut für Menschenrechte (Hrsg.), S. 525 (526).

Kindeswohl, welches gem. Art. 3 Abs. 1 CRC bei allen Maßnahmen vorrangig zu berücksichtigen ist.[551]

Die Kinderrechtskonvention enthält eine Vielzahl von Verbürgungen, wie ein Diskriminierungsverbot (Art. 2), Recht auf Leben (Art. 6), Recht auf Identität (Art. 8) mit einem Recht auf Eintragung in ein Geburtsregister, Name und Staatsangehörigkeit (Art. 7), keine willkürliche Trennung von den Eltern (Art. 9), Recht auf Familienzusammenführung (Art. 10), Verbot der rechtswidrigen Verbringung ins Ausland (Art. 11), die Berücksichtigung des Kindeswillens (Art. 12), Meinungs- und Informationsfreiheit (Art. 13), Glaubens-, Gewissens- und Religionsfreiheit (Art. 14), Vereinigungs- und Versammlungsfreiheit (Art. 15), Schutz der Privatsphäre (Art. 16), Zugang zu Medien und Jugendschutz (Art. 17), Gemeinsame Verantwortung der Eltern (Art. 18), Schutz vor Gewalt, Misshandlung und Verwahrlosung (Art. 19), Recht auf Zugang zu Gesundheitsdiensten (Art. 24), Recht auf soziale Sicherheit (Art. 26), Recht auf angemessene Lebensbedingungen (Art. 27), Recht auf Bildung (Art. 28) mit einer Festlegung der Bildungsziele (Art. 29), Minderheitenschutz (Art. 30), Recht auf Beteiligung an Freizeit, kulturellem und künstlerischem Leben (Art. 31), Schutz vor wirtschaftlicher Ausbeutung (Art. 32), Schutz vor Suchtstoffen (Art. 33), Schutz vor sexuellem Missbrauch (Art. 34) und sonstiger Ausbeutung (Art. 36), Maßnahmen gegen Entführung und Kinderhandel (Art. 35), Verbot von Folter und Todesstrafe (Art. 37) sowie Schutz bei bewaffneten Konflikten (Art. 38).[552] Weiterhin geht die Kinderrechtskonvention auf die Rechte von Kindern in besonderen Situationen ein, wie von den Eltern getrennt lebende Kinder (Art. 20) und Regelungen zur Adoption (Art. 21), Flüchtlingskinder (Art. 22), die Förderung behinderter Kinder (Art. 23), Überprüfung von Unterbringungen (Art. 25), Wiedereingliederung geschädigter Kinder (Art. 39) und besondere Rechte von Kindern im Strafrecht und Strafverfahren (Art. 40).

Diese materiellen Rechte und Pflichten werden durch die Fakultativprotokolle über die Beteiligung von Kindern an bewaffneten Konflikten und über den Verkauf von Kindern, Kinderprostitution und Kinderpornographie flankiert.

Die Kinderrechtskonvention selbst setzt einen Ausschuss ein und legt den Vertragsstaaten eine Berichtspflicht auf. In einem weiteren Fakultativprotokoll sind Individual- und Staatenbeschwerdeverfahren, sowie ein Untersuchungsverfahren vorgesehen.

---

551 Van Bueren, S. 45 f.; Cremer, Geltung und Anwendbarkeit, S. 13.

552 Eine umfassende Darstellung der einzelnen Verbürgungen der CRC findet sich bei Van Bueren, S. 67 ff.; Dorsch, S. 94 ff.; Schmahl, S. 50 ff.

2. *Konfliktpotential*

Das deutsche Grundgesetz enthält keinen expliziten Schutz von Kindern und auch die Subjektsqualität ist dem Grundgesetz nicht direkt zu entnehmen, weshalb seit längerer Zeit die Aufnahme einer entsprechenden Norm diskutiert wird.[553] Allerdings ergeben sich viele Rechte bereits aus dem Grundrechtskatalog des Grundgesetzes.

Ein gewisses Konfliktpotential ergibt sich aus dem Vorrang des Kindeswohls gem. Art. 3 Abs. 1 CRC, welches grundsätzlich auch Vorrang vor dem öffentlichen Interesse hat.[554] Allerdings wird dieser Vorrang oft nicht als absolut angesehen und die öffentlichen Interessen als wichtiger bewertet.[555] Ein ähnliches Problem ist die unmittelbare Anwendbarkeit der Kinderrechtskonvention sowie die Ableitung von Individualrechten, was durch die Erklärungen der Bundesrepublik noch verschärft worden war.[556]

Die Kinderrechtskonvention spielt allerdings eine wichtige Rolle bei der Bestimmung der Reichweite des Schutzes der Familie gem. Art. 6 GG, insbesondere bei der Regelung der elterlichen Sorge.[557] Weiterhin ist die Kinderrechtskonvention bei der Bestimmung von Abschiebungshindernissen seit der Rücknahme der Erklärungen von einiger Bedeutung.[558]

VII. Übereinkommen über die Rechte von Menschen mit Behinderungen

Die Behindertenrechtskonvention stärkt vor allem universelle Menschenrechte und versucht ein besonderes Augenmerk auf die Situation behinderter Menschen zu richten.[559]

1. *Inhalt*

Ein Hauptanliegen der Behindertenrechtskonvention ist die Entwicklung von der Exklusion behinderter Menschen hin zu einer Inklusion in die Gesellschaft,

---

553 Schmahl, Einleitung (Rn. 22); Cremer, Stellungnahme, in: Deutsches Institut für Menschenrechte (Hrsg.).

554 Baer, FuR 1990, S. 192 (193); Cremer, Geltung und Anwendbarkeit, S. 13.

555 OVG Berlin-Brandenburg v. 19.03.2012, Rs. OVG 3 B 21.11, BeckRS 2012, 50754 (I.3.(3)).

556 S. u. Kapitel 3 C.III.1.a. und b.

557 S. u. Kapitel 3 C.IV.2.a.bb.(4); Baer, NJW 1993, S. 2209 (2210).

558 S. u. Kapitel 3 C.V.2.c.

559 Aichele, in: Deutsches Institut für Menschenrechte (Hrsg.), S. 4.

um so das Verständnis zu stärken, dass behinderte Menschen genauso Träger von Rechten und Pflichten sind, wie andere Mitglieder der Gesellschaft.[560] Dieses Bewusstsein fehlte bisher in vielen Staaten.[561] Die Behindertenrechtskonvention legt dabei keine abschließende Definition der Behinderung fest, sondern legt ein besonders weites Verständnis nahe und stellt vor allem auf das Ziel der Konvention, nämlich die Teilhabe in der Gesellschaft (Art. 1 Abs. 2) ab.[562]

Die Behindertenrechtskonvention legt zunächst in allgemeinen Vorschriften ihren Zweck (Art. 1) fest, nimmt Begriffsbestimmungen (Art. 2) vor und formuliert allgemeine Grundsätze (Art. 3) sowie allgemeine Verpflichtungen (Art. 4). Die allgemeine Bestimmung zur Gleichberechtigung und zum Diskriminierungsschutz (Art. 5) wird für Frauen (Art. 6) und Kinder (Art. 7) konkretisiert. Als objektive Pflichten formuliert sie die Bewusstseinsbildung (Art. 8), die Zugänglichkeit (Art. 10), Maßnahmen bei Gefahrensituationen (Art. 11) und die Rehabilitation (Art. 26). Als materielle Rechte enthält sie das Recht auf Leben (Art. 10), die gleiche Anerkennung vor dem Recht (Art. 12), den Zugang zur Justiz (Art. 13), Freiheit und Sicherheit der Person (Art. 14), Freiheit von Folter (Art. 15), Freiheit von Ausbeutung, Gewalt und Missbrauch (Art. 16), Unversehrtheit der Person (Art. 17), Freizügigkeit und Staatsangehörigkeit (Art. 18), unabhängige Lebensführung und Einbeziehung in die Gesellschaft (Art. 19), die Mobilität (Art. 20), Meinungsfreiheit (Art. 21), Achtung der Privatsphäre (Art. 22) sowie der Wohnung und der Familie (Art. 23), das Recht auf Bildung (Art. 24), Gesundheit (Art. 25), Arbeit und Beschäftigung (Art. 27), Angemessenen Lebensstandard (Art. 28) und Teilhabe am politischen und öffentlichen (Art. 29) sowie kulturellen Leben (Art. 30).[563] Dies zeigt deutlich, dass ein Hauptanliegen der Behindertenrechtskonvention die Sicherstellung der gleichen Ausübung von bürgerlichen und politischen, sowie wirtschaftlichen, sozialen und kulturellen Rechten für Menschen mit Behinderung ist.[564]

Zur Durchsetzung der Behindertenrechtskonvention sieht diese Datensammlungen zur Ausarbeitung politischer Konzepte (Art. 31), internationale

---

560 Poscher/Rux/Langer, S.11; Bielefeldt, in: Deutsches Institut für Menschenrechte (Hrsg.), S. 13, 79; Kayess/French, HRLR 2008, S. 1 (3).

561 Degener, APuZ 2003, S. 37 (41).

562 Aichele, in: Deutsches Institut für Menschenrechte (Hrsg.), S. 5; Poscher/Rux/Langer, S. 20.

563 Zu einer ausführlichen Darstellung der einzelnen Rechte und Pflichten aus Art. 1–30 CRPD siehe: Kreutz/Lachwitz/Trenk-Hinterberger, S. 136 ff., sowie für Art. 8, 9, 12, 19, 24–28 CRPD: Welke, S. 119 ff.

564 Poscher/Rux/Langer, S. 11.

Zusammenarbeit (Art. 32) sowie die Einrichtung von Stellen zur innerstaatlichen Überwachung (Art. 33) vor. Außerdem richtet sie einen Ausschuss ein, der Staatenberichte prüft. Das Fakultativprotokoll sieht darüber hinaus ein Individualbeschwerdeverfahren vor.

2. *Konfliktpotential*

Das Grundgesetz enthält in seinem Art. 3 Abs. 3 S. 2 ein ausdrückliches Benachteiligungsverbot aufgrund von Behinderungen. Dies wird zunehmend mit Hilfe der Behindertenrechtskonvention näher bestimmt, welche die soziale bzw. menschenrechtliche Komponente der Behinderung wesentlich stärker mit einbezieht.[565] Die Definition der Behinderung aus § 2 Abs. 1 SGB IX[566] stellt auf die Teilhabe am Leben in der Gesellschaft ab, was mit der weitgefassten Definition der Behindertenrechtskonvention in Einklang steht.[567] Die Bestimmungen des SGB IX werden des Weiteren vielfach mit den Impulsen der Behindertenrechtskonvention genauer bestimmt.[568]

Ein Problem ergibt sich allerdings bei Zwangsbehandlungen. Diese stehen bereits im Konflikt mit Art. 2 Abs. 2 GG und können nur anhand der engen Maßstäbe der Behindertenrechtskonvention gerechtfertigt werden.[569]

Die größten Konflikte ergeben sich allerdings mit dem deutschen Schulrecht. Art. 24 Abs. 1 S. 1 CRPD fordert nach überwiegender Meinung ein inklusives Schulsystem, während die deutschen Länder zumeist nur eine integrative Beschulung vorsehen, welche zudem oftmals stark begrenzt ist.[570] Des Weiteren wird vielfach bemängelt, dass die Bundesrepublik keine Gesetzgebungskompetenz im Schulrecht hat und somit Art. 24 Abs. 1 S. 1 CRPD nicht richtig in innerstaatliches Recht umgesetzt worden sei.[571]

---

565 S. u. Kapitel 3 C.IV.2.a.bb.(1); Rothfritz, S. 193; Schmahl, AVR 2007, S. 517 (524).

566 Sozialgesetzbuch Neuntes Buch – Rehabilitation und Teilhabe behinderter Menschen v. 19.06.2001, BGBl. 2001 I, S. 1046, i.d.F. der Änderung v. 14.12.2012.

567 Poscher/Rux/Langer, S. 49.

568 S. u. Kapitel 3 C.IV.2.b.cc.

569 S. u. Kapitel 3 C.IV.2.a.bb.(2).

570 Zu Genauerem siehe: Poscher/Rux/Langer, S. 68 ff.; insbesondere die Zusammenfassung auf S. 120 ff.; Degener, RdJB 2009, S. 200 (217 f.).

571 S. u. Kapitel C.I.2.c.

VIII. Übereinkommen zum Schutz aller Personen vor dem Verschwindenlassen

Die Konvention gegen Verschwindenlassen versucht das erzwungene Verschwinden von Personen zu bekämpfen. Sie richtet sich gegen die rechtswidrige Festnahme von Personen durch Angehörige staatlicher Stellen, die dann behaupten die Person nie in Gewahrsam genommen zu haben.[572] Neben verschiedenen Verletzungen der Rechte des Opfers, trifft die aus Verschwindenlassen resultierende Ungewissheit über das Schicksal des Opfers die Angehörigen besonders schwer.[573]

1. Inhalt

Zunächst wird in Art. 1 CPED klargestellt, dass niemand dem Verschwindenlassen unterworfen werden darf und dies auch nicht gerechtfertigt werden kann. Art. 2 CPED definiert das Verschwindenlassen näher, wobei eine ausgedehnte und systematische Praxis als Verbrechen gegen die Menschlichkeit gesehen wird (Art. 5). Die Vorschriften der Konvention gegen Verschwindenlassen tragen dabei nicht nur dem Schutz der vermissten Personen, sondern auch dem Schutz der Angehörigen Rechnung.[574]

Die weiteren Vorschriften legen den Vertragsstaaten umfangreiche Pflichten zur Verhinderung und Verfolgung von Verschwindenlassen auf. Hierzu zählen insbesondere Maßnahmen zur Strafverfolgung, wie eine Ermittlungspflicht (Art. 3), Qualifizierung als Straftat (Art. 4) entsprechend der Schwere der Tat (Art. 7), Bestimmung und Information des verantwortlichen Personenkreises (Art. 6, 23), lange Verjährungsfristen (Art. 8), Weltrechtsprinzip (Art. 9), Inhaftierung Verdächtiger (Art. 10), Auslieferung an einen verfolgungswilligen Staat (Art. 11, 13), Entgegennahme von Anklagen (Art. 12), internationale Rechtshilfe (Art. 14) und Zusammenarbeit (Art. 15) sowie eine Verfolgungspflicht (Art. 22, 25). Zur Verhinderung von Verschwindenlassen nennt die Konvention verschiedene Pflichten, wie ein Abschiebungshindernis bei drohendem Verschwindenlassen (Art. 16), das Verbot geheimer Haft (Art. 17), Informationsrecht Angehöriger (Art. 18), Datenschutz (Art. 19), gerichtliche Haftüberprüfung (Art. 20), Überprüfung der tatsächlichen Freilassung (Art. 21) sowie Festlegung der Opferrechte, zu denen insbesondere die Wiedergutmachung gehört (Art. 24).[575]

---

572 Heinz, S. 4.

573 Amnesty International (Hrsg.); von Braun/Diehl, ZIS 2011, S. 214 (215).

574 Kälin/Künzli, S. 391.

575 Für eine ausführliche Darstellung der Untersuchungen siehe Weiß, Art. 3 ff.; von Braun/Diehl, ZIS 2011, S. 214 (220 ff.).

Weiterhin setzt die Konvention gegen Verschwindenlassen einen Ausschuss ein und legt den Staaten eine Berichtspflicht auf (Art. 29). Des Weiteren sieht sie ein Individual- und Staatenbeschwerdeverfahren vor.

2. *Konfliktpotential*

Das Verschwindenlassen tangiert verschiedenste Menschenrechtsverletzungen, wie das Verbot von Folter und grausamer und unmenschlicher Behandlung, Recht auf Leben und körperliche Unversehrtheit und vor allem das Recht auf ein faires Verfahren.[576] Diese verschiedenen Rechte sind durch das Grundgesetz und mehrere Normen der Strafgesetze abgesichert.[577] Die Menschenwürde ist in Art. 1 Abs. 1 GG abgesichert und das Recht auf Leben, körperliche Unversehrtheit und Freiheit in Art. 2 GG, welches durch Art. 104 GG unter einem besonderen Schutz stehen.[578] Diese Grundrechte werden von verschiedensten Straftatbeständen flankiert. So fällt das Verschwindenlassen, je nach Form, zunächst unter den Tatbestand der Freiheitsberaubung gem. § 239 StGB und darüber hinaus unter Körperverletzung gem. § 223 StGB, Mord und Totschlag gem. §§ 211, 212 StGB, Aussetzung gem. § 221 StGB, Unterlassene Hilfeleistung nach § 323c StGB, Entziehung Minderjähriger gem. § 235 StGB und Verschleppung gem. § 234a StGB.[579] Weiterhin kann Begünstigung nach § 257 StGB, Strafvereitelung gem. § 258 StGB, Rechtsbeugung gem. § 339 StGB, Vollstreckung gegen Unschuldige gem. § 345 StGB und Verleitung eines Untergebenen zu einer Straftat gem. § 357 StGB vorliegen.[580] Weiterhin ist es als Verbrechen gegen die Menschlichkeit in § 7 Abs. 1 Nr. 7 VStGB[581] erfasst.

---

576 von Braun/Diehl, ZIS 2011, S. 214 (215).

577 Committee on Enforced Disappearances, Concluding observations on the report submitted by Germany under article 29, paragraph 1, of the Convention, UN Doc. CED/C/DEU/I v. 25.03.2012, S. 3.

578 Committee on Enforced Disappearances, Concluding observations on the report submitted by Germany under article 29, paragraph 1, of the Convention, UN Doc. CED/C/DEU/I v. 25.03.2012, S. 3.

579 Committee on Enforced Disappearances, Concluding observations on the report submitted by Germany under article 29, paragraph 1, of the Convention, UN Doc. CED/C/DEU/I v. 25.03.2012, S. 4.

580 Committee on Enforced Disappearances, Concluding observations on the report submitted by Germany under article 29, paragraph 1, of the Convention, UN Doc. CED/C/DEU/I v. 25.03.2012, S. 4.

581 Völkerstrafgesetzbuch v. 26.06.2002, BGBl. I, S. 2254.

Dieser Strauß an eventuell einschlägigen Vorschriften zeigt, dass die Bundesrepublik keinen eigenen Straftatbestand, der das Verschwindenlassen explizit erfasst, geschaffen hat. Allerdings ist die wichtigste Pflicht der Konvention gegen Verschwindenlassen die Bestrafungspflicht aus Art. 4 CPED. Die Aufnahme eines eigenen Straftatbestands über Verschwindenlassen würde dieser Bestrafungspflicht und dem besonderen Unrechtsgehalt des Verschwindenlassens wesentlich deutlicher Rechnung tragen, zumal dieser von den bestehenden Strafvorschriften nicht eindeutig erfasst wird.[582] Aus diesem Umstand könnte sich ein Konflikt des deutschen Rechts mit der Konvention gegen Verschwindenlassen ergeben.

XI. Konfliktpotential besteht

Durch die vorstehende Darstellung ist deutlich geworden, dass tatsächlich ein gewisses Konfliktpotential der deutschen Rechtsordnung mit den verschiedenen internationalen Menschenrechtspakten besteht. Diese Konflikte werden von den deutschen Gerichten, welche zur Durchsetzung von Menschenrechtsverträgen berufen sind, gelöst. Inwiefern die Gerichte diese Konflikte lösen und dabei die Menschenrechtsverträge anwenden, ist Gegenstand des nächsten Abschnitts.

C. Menschenrechtsverträge in der Rechtsprechung deutscher Gerichte

Die Bundesrepublik Deutschland ist durch die verschiedenen Menschenrechtsverträge völkerrechtlich gebunden und verpflichtet, die in ihnen enthaltenen Rechte innerstaatlich zu gewährleisten. Für die innerstaatliche Durchsetzung der Menschenrechtsverträge sind die deutschen Gerichte besonders berufen. Allerdings ergibt sich eine Vielzahl von Problemen, wenn deutsche Gerichte über Rechte aus völkerrechtlichen Verträgen entscheiden. Das LSG Bayern führt diese beispielhaft in seinem Urteil vom 20.09.2007 aus.[583] Die erste Frage die sich stellt ist, inwieweit die Bundesrepublik verpflichtet ist, ihr materiell-nationales Recht entsprechend den Menschenrechtsverträgen anzupassen und ob die Verträge unmittelbare Geltung haben.[584] Wird eine unmittelbare Geltung bejaht, stellen sich weitere Anschlussfragen, wie, wer zur Kontrolle des Rechts berufen ist und wann sich ein subjektiv-öffentliches Recht des Bürgers ergibt, konkrete Leistungsansprüche bestehen oder nur eine Feststellung der Verletzung

582 von Braun/Diehl ZIS 2011, S. 214 (227); Weiß, Art. 4 (Rn. 2).
583 LSG Bayern v. 20.09.2007, Rs. L 14 R 512/06, BeckRS 2009, 51955.
584 LSG Bayern v. 20.09.2007, Rs. L 14 R 512/06, BeckRS 2009, 51955 (2.).

von Menschenrechten möglich ist, eventuell verbunden mit einem Schadensersatzanspruch und einer möglichen Verpflichtung die Rechtslage zu ändern.[585] Prozessual geht es hierbei um Fragen des Klagegegenstandes und des richtigen Beklagten.[586]

Wie mit diesen Fragestellungen umgegangen wird, ist sehr unterschiedlich. Manche Gerichte sträuben sich vehement, internationales Recht bei ihrer Entscheidungsfindung anzuwenden. Wiederum andere beschäftigen sich nur mit der Frage, ob ein Verstoß oder Anspruch besteht und lehnen einen solchen zumeist ab. Ein weiteres Problem ist die Frage nach der unmittelbaren Anwendbarkeit, die teilweise verneint, aber auch bejaht wird. Erfreulich jedoch ist, dass einige Gerichte immer stärker dazu tendieren die Menschenrechtsverträge zumindest als Auslegungshilfe mittelbar anzuwenden. Die Aufarbeitung des DDR-Unrechts, Asyl- und Ausländerfälle sowie Studiengebührenfälle stellen besondere Problemfelder dar, zu denen jeweils eine höhere Anzahl an Entscheidungen ergangen ist.

I. Keine Prüfung der Menschenrechtsverträge

In einigen Entscheidungen deutscher Gerichte finden Rechte aus Menschenrechtsverträgen keine Anwendung und werden von dem entscheidenden Gericht erst gar nicht geprüft. In manchen Fällen ist zwar ein solches Vorgehen des Gerichts korrekt, aber oftmals gehen die Argumente, die das Gericht angibt um das Unterlassen der Prüfung von Menschenrechtsverträgen zu rechtfertigen, bei genauer Betrachtung fehl.

1. Keine Prüfung der Menschenrechtsverträge korrekt

In wenigen Fällen war die pauschale Ablehnung einer Prüfung von Paktrechten korrekt. In einigen Fällen wurde der Klägervortrag bereits vor Inkrafttreten auf einen Menschenrechtsvertrag gestützt, in anderen war eine Verletzung eines Menschenrechtsvertrages schon vom Sachverhalt nicht gedeckt.

a. Keine Wirkung der Menschenrechtsverträge vor Inkrafttreten

In einigen Fällen wurden Rechte aus einem Menschenrechtsvertrag geltend gemacht, bevor dieser überhaupt in Kraft getreten war.

---

585 LSG Bayern v. 20.09.2007, Rs. L 14 R 512/06, BeckRS 2009, 51955 (2.).

586 LSG Bayern v. 20.09.2007, Rs. L 14 R 512/06, BeckRS 2009, 51955 (2.).

aa. BayVGH vom 17.08.2000

Exemplarisch hat der Bayerische Verwaltungsgerichtshof in seinem Urteil vom 17.08.2000[587] festgestellt, dass die CEDAW sich nicht auf Fälle vor ihrem Inkrafttreten bezieht.

(1) Sachverhalt

In der Rechtssache geht es um eine 1971 in Istanbul geborene Klägerin, die Tochter einer deutschen Mutter und eines türkischen Vaters ist.[588] Sie beantragte gem. Art. 3 RuStAÄndG 1974[589] am 20. Juni 1996 die deutsche Staatsangehörigkeit. Der Antrag wurde von der Stadt Passau abgelehnt und später wurde die Feststellungsklage durch das VG Regensburg abgewiesen. Zur Begründung wurde ausgeführt, dass eine entsprechende Erklärung bis 31. Dezember 1977 hätte abgegeben werden müssen.

Die Klägerin begründete die Berufung vor allem damit, dass diese Vorgehensweise einen Verstoß gegen die Gleichberechtigung von Männern und Frauen aus Art. 3 Abs. 2 S. 1 GG darstelle, da Kinder deutscher Väter bereits mit Geburt die deutsche Staatsangehörigkeit von 1953 bis 1974 bekommen hätten, während für Kinder deutscher Mütter nur eine dreijährige Frist ohne Nachfrist für den Antrag eingerichtet worden sei.[590] Sie stützt sich zudem auf Art. 9 Abs. 2 CEDAW, der ebenfalls das Gleichbehandlungsgebot von Männern und Frauen postuliert.

(2) Urteilsgründe

Die Berufung wurde nicht zugelassen. Der BayVGH verweist in seinem Beschluss bezüglich des Verfassungsverstoßes auf die hierzu ergangenen Entscheidungen des BVerfG und des BVerwG, in denen entschieden wurde, dass die Frist für die Optionsmöglichkeit ausreichend und aus Gründen der Rechtssicherheit auch verfassungsgemäß sei, zumal unter bestimmten Umständen und in Fällen besonderer Härte eine Nachfrist gem. Art. 3 Abs. 7 RuStAÄndG eingeräumt werden könne.[591]

---

587 VGH München v. 17.08.2000, Rs. 5 ZB 98.1304, (zitiert nach Juris).

588 VGH München v. 17.08.2000, Rs. 5 ZB 98.1304 (Rn. 1), (zitiert nach Juris).

589 Gesetz zur Änderung des Reichs- und Staatsangehörigkeitsgesetzes v. 20.12.1974, BGBl. 1974 I, S. 3714, aufgehoben m.W.v. 01.08.2006 durch Gesetz v. 19.02.2006, BGBl. 2006 I, S. 334.

590 VGH München v. 17.08.2000, Rs. 5 ZB 98.1304 (Rn. 2), (zitiert nach Juris).

591 BVerfG 21.05.1974, Rs. 1 BvL 22/71 u. 21/72, BVerfGE 37, S. 217 (264); BVerfG v. 22.01.1999, Rs. 2 BvR 729/96, NVwZ-RR 1999, S. 403; BVerwG v. 24.10.1995, Rs. 1 C 29.49, BVerwGE 99, S. 341 (344 f.).

Zur CEDAW führte der BayVGH aus, dass sie die Bundesrepublik Deutschland ab dem 9. August 1985 verpflichte, in ihrer Gesetzgebung Frauen insoweit gleiche Rechte einzuräumen wie Männern.[592] Dies sei bereits durch das RuStAÄndG vom 20. Dezember 1974 geschehen. Das Übereinkommen beziehe sich nicht auf Fälle vor seinem Inkrafttreten.[593] Es enthalte zudem keine Vorschrift, wonach Verhältnisse nachträglich und rückwirkend den Vertragsbestimmungen entsprechend neu zu regeln seien.[594]

bb. Weitere Entscheidungen

In ähnlicher Weise führte das BVerwG in seinem Urteil vom 29.03.1996 in einem Fall einer abgelehnten Aufenthaltsgenehmigung aus, dass ein Anspruch aus Art. 10 Abs. 1 CRC schon deshalb nicht in Betracht komme, weil die CRC erst nach Erlass des Widerspruchsbescheids in Kraft getreten sei.[595]

Entsprechend urteilten der VGH Mannheim[596] und das BSG[597], dass sich aus der CRPD keine Rechte zugunsten des Klägers ableiten lassen würden, wenn die maßgebliche Rechtslage vor dem Inkrafttreten liege, da die CRPD der Bundesrepublik Deutschland ebenfalls Handlungs- und Gewährleistungspflichten nur für die Zeit nach ihrem Inkrafttreten auferlege.

cc. Gültigkeit erst ab Wirksamkeit

Da ein völkerrechtlicher Vertrag, wie die internationalen Menschenrechtsverträge, erst mit dem Inkrafttreten innerstaatliche Gültigkeit entfaltet und damit erst ab diesem Zeitpunkt vollumfänglich wirksam ist,[598] war es in Fällen, in denen es auf die Rechtslage vor dem Inkrafttreten des entsprechenden Menschenrechtsabkommens ankommt, zutreffend, diese nicht anzuwenden. Gem. Art. 18 WVK sind zwar die Vertragsstaaten ab der Unterzeichnung eines Vertrages verpflichtet sich aller Handlungen zu enthalten, die Ziel und Zweck eines Vertrages vereiteln würden. Allerdings umfasst dies keine Pflicht den Vertrag vor Inkrafttreten zu

---

592 VGH München v. 17.08.2000, 5 ZB 98.1304 (Rn. 14), (zitiert nach Juris).

593 VGH München v. 17.08.2000, 5 ZB 98.1304 (Rn. 14), (zitiert nach Juris).

594 VGH München v. 17.08.2000, 5 ZB 98.1304 (Rn. 14), (zitiert nach Juris).

595 BVerwG v. 29.03.1996, Rs. 1 C 28/94, BeckRS 1996, 31225989 (II.2.i).

596 VGH Mannheim v. 23.02.2010, Rs. 13 S 2696/09, BeckRS 2010, 47245.

597 BSG v. 12.08.2009, Rs. B 3 KR 11/08 R, BeckRS 2009, 74013 (Rn. 28).

598 S.o. Kapitel 2 A. II. 5.

erfüllen.[599] Daher waren diese Gerichte nicht gezwungen die Menschenrechtsverträge schon vor ihrem Inkrafttreten aktiv anzuwenden.

b. Möglicher Verstoß fernliegend

In einigen Fällen machte der Kläger einen Verstoß gegen einen internationalen Menschenrechtspakt geltend, ohne dass der dargelegte Sachverhalt überhaupt geeignet war, diesen Verstoß zu begründen.

aa. BSG vom 27.04.2010

In dem Urteil des BSG vom 27.04.2010[600] geht es um die Feststellung einer Wie-Berufskrankheit eines unter Legasthenie und Dyskalkulie Leidenden. Der Grad der Behinderung wurde mit 60 % festgestellt. Für die Feststellung der Wie-Berufskrankheit macht der Kläger eine schwere seelische Erkrankung durch falsche Schulpädagogik geltend.[601]

Das SG hat die Klage abgewiesen und das LSG hat die Berufung zurückgewiesen. Hierzu führte es aus, dass Legastheniker im niedersächsischen Schulsystem nicht anders beschult würden als Nicht-Legastheniker und sie daher keiner anderen Einwirkung ausgesetzt wären. Soweit der Kläger den Mangel an spezifischer Förderung rüge, könne dies nicht als Wie-Berufskrankheit gesehen werden, da es sich nicht um eine „besondere Einwirkung" i.S.d. § 9 Abs. 1 S. 2 SGB VII[602] handle.[603]

Das BSG führte hierzu aus, dass ein Mangel an Förderung gerade keine Einwirkung sei. Spezifische Einwirkungen einer allgemeinen Beschulung auf an Legasthenie oder Dyskalkulie Erkrankte seien nicht dargelegt worden.[604] Ein pauschaler Hinweis auf das Einzelschicksal des Klägers genüge als Vergleichsgruppe, die einem höheren Risiko der Erkrankung gegenüber der Allgemeinheit ausgesetzt ist, nicht.[605] Damit sei die entscheidende Vergleichsgruppe die Gruppe aller Schüler. Aus dem Benachteiligungsverbot aus Art. 3 Abs. 3 S. 2 GG und der CRPD folge nichts anderes, wobei sich eine Benachteiligung bereits aus dem

---

599 Dörr, in Dörr/Schmalenbach (Hrsg.), Art. 18 (Rn. 30); Heintschel von Heinegg, völkerrechtliche Verträge, in: Ipsen (Hrsg.), S. 390 (422).

600 BSG v. 27.04.2010, Rs. B 2 U 13/09 R, BeckRS 2010, 71796.

601 BSG v. 27.04.2010, Rs. B 2 U 13/09 R, BeckRS 2010, 71796 (Rn. 2).

602 Sozialgesetzbuch Siebtes Buch – Gesetzliche Unfallversicherung v. 07.08.1996, BGBl. 1996 I, S. 1254, i.d.F. der Änderung v. 17.07.2009.

603 BSG v. 27.04.2010, Rs. B 2 U 13/09 R, BeckRS 2010, 71796 (Rn. 3).

604 BSG v. 27.04.2010, Rs. B 2 U 13/09 R, BeckRS 2010, 71796 (Rn. 22 f.).

605 BSG v. 27.04.2010, Rs. B 2 U 13/09 R, BeckRS 2010, 71796 (Rn. 20).

Enthalten von Fördermaßnahmen ergeben könne.[606] Allerdings mache der Kläger hier gerade nicht das Enthalten von Fördermaßnahmen geltend, sondern nur die allgemeinen Einwirkungen von Schulunterricht.[607]

Diese allgemeinen Einwirkungen träfen aber behinderte und nicht-behinderte Schüler gleichermaßen. Daher mangle es schon an einer Ungleichbehandlung i.S.d. CRPD und diese sei daher offenkundig nicht anwendbar.[608]

bb. Weitere Entscheidungen

In einigen Fällen hat der Kläger nicht dargetan, aus welchen Gründen die Verletzung[609] bzw. ein Anspruch[610] aus einem internationalen Menschenrechtspakt besteht oder das Gericht konnte gar keinen Sachverhalt feststellen, nach dem eine solche Verletzung möglich wäre.[611] In manchen Fällen wurde eine Verletzung eines Menschenrechtsvertrages vorgetragen, aber dieser Vorwurf war abwegig oder unzutreffend.[612] Das BVerwG führte hierzu sogar aus, dass ein Gericht nicht schon dann rechtliches Gehör verletzte, wenn es nicht auf jeden vorgebrachten Gesichtspunkt eingehe, insbesondere dann, wenn das Vorbringen offensichtlich ungeeignet ist, den Anspruch zu tragen.[613]

cc. Keine Beachtungsplicht bei abwegigen Vorträgen

Aufgrund der Prozessökonomie ist es sachgerecht, dass in Fällen, in denen ein Anspruch aus einem Menschenrechtspakt oder eine Verletzung eines Paktes abwegig ist, diese nicht zu prüfen. Dies stimmt auch mit dem Recht auf rechtliches Gehör aus Art. 103 GG überein. Zwar umfasst Art. 103 GG die Befassung des Gerichts mit jedem Vorbringen des Klägers, aber das Gericht muss dabei nur auf für das Verfahren erhebliches Vorbringen eingehen, nicht aber abwegiges oder offensichtlich unbegründetes.[614] Daher mussten in diesen Fällen die internationalen Menschenrechtsverträge nicht zwingend untersucht werden.

---

606 BSG v. 27.04.2010, Rs. B 2 U 13/09 R, BeckRS 2010, 71796 (Rn. 24).

607 BSG v. 27.04.2010, Rs. B 2 U 13/09 R, BeckRS 2010, 71796 (Rn. 25).

608 BSG v. 27.04.2010, Rs. B 2 U 13/09 R, BeckRS 2010, 71796 (Rn. 24, 30).

609 VG Oldenburg v. 10.09.2012, Rs. 5 A 1482/11, BeckRS 2012, 57463.

610 OVG Lüneburg v. 12.05.2010, Rs. 2 ME 180/10, BeckRS 2010, 49299 (II.).

611 BVerwG v. 04.06.2002, Rs. 7 B 58/02, BeckRS 2002, 22487.

612 VerfGH Sachsen v. 28.06.2007, Rs. Vf. 76, 77-IV/07, BeckRS 2007, 26919 (I.); VGH München v. 11.05.2006, Rs. 24 C 06.489, BeckRS 2009, 41028 (I.).

613 BVerwG v. 10.11.1999, Rs. 6 C 30/98, NVwZ 2000, S. 1291 (1296).

614 Degenhart, in: Sachs (Hrsg.), Art. 103 (Rn. 30).

c. Verstoß gegen Menschenrechtsvertrag nicht entscheidungserheblich

In seinem Urteil vom 02.02.2000, in dem es um die Teilzeitbeschäftigung von Beamten ging, hat das BVerwG den Zivilpakt nicht für entscheidungserheblich erachtet.[615]

aa. BVerwG vom 02.02.2000

Der Kläger bewarb sich als Lehrer an einem Gymnasium. Ihm wurde mitgeteilt, dass eine Anstellung gem. § 85c HessBG[616] nur mit einer Beschäftigung während einer Probezeit von 5 Jahren zu 80 v.H. und danach zu 90 v.H. möglich sei.[617] Um in den öffentlichen Schuldienst eintreten zu können, erklärte der Kläger sein Einverständnis, obwohl die Teilzeitbeschäftigung nicht seinem Wunsch entsprach.[618] Der Kläger wurde angestellt und erhielt einen entsprechenden Bescheid über die Teilzeitbeschäftigung. Er erhob Widerspruch und beantragte eine sofortige Vollbeschäftigung. Nach Zurückweisung des Widerspruchs erhob er Klage, welcher vom VG Frankfurt[619] stattgegeben wurde, indem es ausführte, dass der Zwang zur Teilzeitbeschäftigung mit dem Recht auf Arbeit aus dem Zivilpakt und der Europäischen Sozialcharta[620] unvereinbar sei. Ein Landesgesetz, das gegen Staatsverträge verstößt, sei nach Art. 67 S. 2 HessVerf nicht anzuwenden.

Der Beklagte hat hiergegen Revision zum BVerwG eingelegt, welche zurückgewiesen wurde. Ob die Auslegung von § 85c HessBG als Zwangsteilzeitbeschäftigung gegen den ICESCR und die Europäische Sozialcharta verstoße, sei unerheblich, da diese Auslegung bereits gegen das Grundgesetz verstoße.[621]

---

615 BVerwG v. 02.02.2000, Rs. 2 C 1/99, NJW 2000, S. 2521.

616 Hessisches Beamtengesetz v. 11.01.1989, GVBl. Hessen 1989 I, S. 26, aufgehoben m.W.v. 01.03.2014 durch § 121 Nr. 1 Hessisches Beamtengesetz v. 27.05.2013, GVBl. Hessen 2013 I, S. 218. § 85c HessBG lautete: „ In Bereichen, in denen (…) ein Bewerberüberhang besteht und ein dringendes öffentliches Interesse daran gegeben ist, verstärkt Bewerber im öffentlichen Dienst zu beschäftigen, können Beamte mit Dienstbezügen in Teilzeitbeschäftigung eingestellt werden, (…) und die Teilzeitbeschäftigung 80 vom Hundert der regelmäßigen Arbeitszeit beträgt. Diese Teilzeitbeschäftigung ist längstens auf die Dauer von fünf Jahren seit der Einstellung befristet. Nach Ablauf dieser Zeit beträgt die Teilzeitbeschäftigung 90 vom Hundert der regelmäßigen Arbeitszeit (…)."

617 BVerwG v. 02.02.2000, Rs. 2 C 1/99, NJW 2000, S. 2521 (2521).

618 BVerwG v. 02.02.2000, Rs. 2 C 1/99, NJW 2000, S. 2521 (2521).

619 Zum Urteil des VG Frankfurt a.M. v. 09.11.1998, Rs. 9 E 1570–98, NVwZ-RR 1999, S. 325, s.u. Kapitel 3 C.III.2.a.

620 Europäische Sozialcharta, v. 18.10.1961, BGBl. 1964 II, S. 1262.

621 BVerwG v. 02.02.2000, Rs. 2 C 1/99, NJW 2000, S. 2521 (2521).

Vielmehr sei zunächst eine verfassungskonforme Auslegung zu finden, die auch anhand des internationalen Rechts überprüft werden könne.[622] Wenn der Verstoß einer Norm gegen internationales Recht, welches innerstaatlich Bundesrecht sei, festgestellt werde, folge außerdem eine Vorlagepflicht aus Art. 100 Abs. 1 S. 2 GG. Bei einer Auslegung in Einklang mit Art. 33 Abs. 5 GG müsse dem Beamten eine Wahlmöglichkeit zwischen Voll- und Teilzeitbeschäftigung gegeben werden, welche von dem Beklagten nicht gewährt wurde.[623]

bb. Richtige Auslegung entscheidend

Das Finden einer Auslegung, welche im Einklang mit höherrangigem Recht ist, steht aus prozessökonomischen Gesichtspunkten im Vordergrund, da bei der Annahme eines Verstoßes gegen höherrangiges Recht eine Vorlagepflicht an das Bundesverfassungsgericht gem. Art. 100 Abs. 1 S. 2 GG folgt. Des Weiteren muss ein Gericht nur solche rechtlichen Gesichtspunkte prüfen, die für den Fall entscheidungserheblich sind. Liegt nach dieser Prüfung schon ein Verstoß gegen höherrangiges Recht vor, ist es für die Entscheidung nicht mehr erheblich, ob ebenfalls ein Verstoß gegen einen Menschenrechtsvertrag vorliegt.

2. Keine Prüfung der Menschenrechtsverträge inkorrekt

In einigen Fällen ist das Unterlassen der Prüfung von Menschenrechtsverträgen durch die deutschen Gerichte unhaltbar. In diesen Fällen unterblieb die Prüfung ohne jegliche Begründung oder das Gericht lehnte eine Prüfung aus Gründen ab, die so wie sie dargelegt wurden, nicht einschlägig sind.

a. Keine Prüfung ohne Begründung

Das BSG lehnte in seiner Entscheidung vom 16.02.2012[624] die Prüfung der Behindertenrechtskonvention ohne jegliche weitere Begründung ab.

aa. BSG vom 16.02.2012

Der Kläger mit einem festgestellten Grad der Behinderung von 60 % begehrt die Befreiung von der Rundfunkgebührenpflicht (Merkmal RF). Bei einer dementsprechenden Klage wurde von dem Schleswig-Holsteinischen LSG ein Grad der Behinderung von 70 % zuerkannt, während für das Merkmal RF ein Mindestgrad

622 BVerwG v. 02.02.2000, Rs. 2 C 1/99, NJW 2000, S. 2521 (2521).
623 BVerwG v. 02.02.2000, Rs. 2 C 1/99, NJW 2000, S. 2521 (2522).
624 BSG vom 16.02.2012, Rs. B 9 SB 2/11 R, NJOZ 2012, S. 1476.

der Behinderung von 80 % nötig ist.[625] Diese Grundvoraussetzung verstößt nach Ansicht des LSG nicht gegen höherrangiges Recht, auch wenn sie in atypischen Fällen dazu führe, dass der Nachteilsausgleich nicht gewährt werde.[626]

Das BSG hat hierzu ausgeführt, dass nicht näher zu prüfen sei, ob die Regelung zur Gebührenbefreiung mit höherrangigem Recht zu vereinbaren sei, da durch die Härtefallregelung eine Möglichkeit geschaffen worden sei, um sachgerechte Ergebnisse zu erreichen.[627] Nach Auffassung des Senats liege ein Härtefall regelmäßig dann vor, wenn der Grad der Behinderung unter 80 % liege, aber ansonsten alle Voraussetzungen erfüllt seien, insbesondere wenn der Betroffene aufgrund seiner Behinderung nicht an öffentlichen Veranstaltungen teilnehmen könne.[628] Allerdings liege die Entscheidung dann im Ermessen der Rundfunkanstalten. Der Senat lässt dabei ausdrücklich offen, ob die Rechtmäßigkeit der Rundfunkgebührenbefreiung in Anbetracht der Behindertenrechtskonvention anders bewertet werden müsse.[629] Ob der Kläger die sonstigen Voraussetzungen für das Merkmal RF erfüllt, konnte der Senat nicht abschließend feststellen und verwies dazu das Verfahren an das LSG zurück.

bb. Anderes Ergebnis bei Beachtung der Behindertenrechtskonvention

Das Ignorieren der Behindertenrechtskonvention, welche als Bundesrecht geltendes Recht innerhalb der Bundesrepublik Deutschland ist, kann hier als Missachtung des geltenden Rechts gesehen werden. Insbesondere Art. 7 CRPD, der unter anderem die Zugänglichkeit von Information und Informationstechnologien regelt und dabei als Teilhaberecht ausgestaltet ist, hätte bei der Entscheidung des BSG Berücksichtigung finden müssen. Auch Art. 30 CRPD, der die Teilhabe am kulturellen Leben normiert, hat in diesem Kontext eine gewisse Relevanz. Hier ist besonderes Augenmerk darauf gelegt, dass die Staaten alle geeigneten Maßnahmen treffen, um sicherzustellen, dass Menschen mit Behinderung Zugang zu Fernsehprogrammen und kulturellen Darbietungen haben.

In Fällen wie dem vorliegenden, erlangt die Zugänglichkeit zu Fernsehprogrammen eine besondere Bedeutung, da der Betroffene selbst nicht an kulturellen Darbietungen teilnehmen kann. Damit hätte bezüglich der starren Regelung für das Merkmal RF die Rechtmäßigkeit angezweifelt werden können. Art. 9

625 BSG vom 16.02.2012, Rs. B 9 SB 2/11 R, NJOZ 2012, S. 1476 (Rn. 2 f.).
626 BSG vom 16.02.2012, Rs. B 9 SB 2/11 R, NJOZ 2012, S. 1476 (Rn. 6).
627 BSG vom 16.02.2012, Rs. B 9 SB 2/11 R, NJOZ 2012, S. 1476 (Rn. 23 f.).
628 BSG vom 16.02.2012, Rs. B 9 SB 2/11 R, NJOZ 2012, S. 1476 (Rn. 24).
629 BSG vom 16.02.2012, Rs. B 9 SB 2/11 R, NJOZ 2012, S. 1476 (Rn. 25).

Abs. 2 lit. b CRPD legt dem Staat die Pflicht auf, dafür zu sorgen, dass auch private Rechtsträger bei der Bereitstellung ihrer Einrichtungen die Zugänglichkeit für Menschen mit Behinderung beachten müssen. Die Zugänglichkeit ist ein zentraler Teil der effektiven Teilhabe an der Gesellschaft und der Einbeziehung i.S.d. Art. 3 CRPD.[630] Die Zugänglichkeit kann sich auch zu einem unbedingten Recht verdichten, wenn die menschenrechtliche Relevanz entsprechend hoch ist.[631] Vor diesem Hintergrund ist auch das Ermessen der Rundfunkanstalten bei der Anwendung der Härtefallregelung als problematisch zu bewerten und im vorliegenden Fall auf Null reduziert. Daher hätte das BSG bei Beachtung der Behindertenrechtskonvention zu einem anderen Ergebnis kommen müssen.

cc. Beachtungspflicht von Menschenrechtsverträge

Dies zeigt deutlich, dass bei Berührung eines Falls mit einem Menschenrechtsvertrag dieser beachtet werden muss und sich das Gericht mit diesem Auseinandersetzen muss, um die Rechtslage vollumfänglich zu bewerten. Des Weiteren stellt das Ignorieren geltenden Rechts einen Verstoß gegen Art. 20 Abs. 3 GG dar.[632] Durch die Bindung an Gesetz und Recht sind die Gerichte verpflichtet einschlägige, gültige Vorschriften anzuwenden.[633] Zu diesen gehört auch das nach Art. 59 Abs. 2 GG transformierte Völkervertragsrecht, sofern es in Kraft getreten ist.[634] Daher müssen sich die Gerichte bei ihren Entscheidungen auch mit den einschlägigen Menschenrechtsverträgen dezidiert auseinandersetzen.

b. Ablehnung einer Prüfung im Rahmen einer Verfassungsbeschwerde

In einigen Fällen haben das Bundesverfassungsgericht und verschiedene Verfassungsgerichte der Länder die Prüfung von Menschenrechtsverträgen im Rahmen einer Verfassungsbeschwerde abgelehnt, da sie nur den Status eines Bundesgesetzes haben.

630 Welti, in: Welke (Hrsg.), Art. 9 (Rn. 2).
631 Welti, in: Welke (Hrsg.), Art. 9 (Rn. 4).
632 Schulze-Fielitz, in: Dreier (Hrsg.), Band II, Art. 20 (Rn. 93, 101).
633 Sachs, in: Sachs (Hrsg.), Art. 20 (Rn. 119).
634 Sachs, in: Sachs (Hrsg.), Art. 20 (Rn. 107 f.).

aa. BVerfG vom 26.02.2010

Das BVerfG hat in seinem Beschluss vom 26.02.2010[635] über die Zulassung einer Verfassungsbeschwerde über Umfang und Höhe der Leistungen für Contergangeschädigte entschieden.

(1) Sachverhalt

Eine Vielzahl von Kindern, deren Mütter während der Schwangerschaft das am 01.10.1957 am Markt eingeführte Schlafmittel Contergan eingenommen haben, sind mit Fehlbildungen geboren worden. Im April 1970 verpflichtete sich die Firma zur Zahlung von 100 Mio. DM, wobei zur Verteilung eine Stiftung gegründet wurde. Diese Stiftung wurde zusätzlich mit 100 Mio. DM aus Bundesmitteln ausgestattet. Das Gesetz zur Errichtung dieser Stiftung sah Mindest- und Höchstentschädigung sowie monatliche Renten vor. Es erfolgten mehrere Änderungen des Gesetzes und Erhöhungen der Bundesmittel und der Renten. Die Erhöhung der Renten sowie die Einführung von Sonderzahlungen sollten den Folge- und Spätschäden der Betroffenen Rechnung tragen.[636]

Die Beschwerdeführer machen die besondere Schwere ihrer Folge- und Spätschäden geltend und erheben daher wesentlich höhere Schmerzensgeld- und Erhöhungsansprüche. Sie wenden sich mit der Beschwerde gegen das Unterlassen der Bundesrepublik, die Gesetzeslage so anzupassen, dass Contergangeschädigte ähnliche Leistungen bekommen, wie Arzneimittelgeschädigte nach den privatrechtlichen Vorschriften.[637]

(2) Urteilsgründe

Das BVerfG hat die Beschwerden nicht zugelassen. Es führt aus, dass die Beschwerden teilweise verfristet seien.[638] Des Weiteren sei der Grundsatz der Subsidiarität verletzt, da die Beschwerdeführer keinerlei Rechtsweg bestritten hätten.[639] Zudem sei eine evidente Verletzung von Pflichten des Gesetzgebers nicht erkennbar.[640] Um die notwendige Höhe der Mittel für ein selbstbestimmtes Leben im Sinne eines Existenzminimums zu bestimmen, bedürfe es Ausführungen zu

---

635 BVerfG v. 26.02.2010, Rs. 1 BvR 1541/09 u.a., NJW 2010, S. 1943.
636 BVerfG v. 26.02.2010, Rs. 1 BvR 1541/09 u.a., NJW 2010, S. 1943 (Rn. 2 ff.).
637 BVerfG v. 26.02.2010, Rs. 1 BvR 1541/09 u.a., NJW 2010, S. 1943 (Rn. 10).
638 BVerfG v. 26.02.2010, Rs. 1 BvR 1541/09 u.a., NJW 2010, S. 1943 (Rn. 13).
639 BVerfG v. 26.02.2010, Rs. 1 BvR 1541/09 u.a., NJW 2010, S. 1943 (Rn. 17 f.).
640 BVerfG v. 26.02.2010, Rs. 1 BvR 1541/09 u.a., NJW 2010, S. 1943 (Rn. 21).

den konkreten Kosten und den Verpflichtungen Dritter, wie Sozialträgern.[641] Außerdem regle das Arzneimittelgesetz einen anderen Ordnungsbereich als das Conterganentschädigungsgesetz.[642] In Bezug auf Rechte aus der Behindertenrechtskonvention führt das BVerfG nur aus, dass dieses in der Qualität eines Bundesgesetzes transformiert wurde und im Wege einer Verfassungsbeschwerde nur Rechte mit Verfassungsrang geltend gemacht werden könnten.[643]

(3) Mögliche Auslegung mit Hilfe der Behindertenrechtskonvention

Das BVerfG hätte bei der Auslegung von Art. 2 Abs. 1 und Art. 1 Abs. 1 GG im Rahmen des Existenzminimums die Behindertenrechtskonvention zu Rate ziehen können. Art. 28 CRPD bestimmt ein Recht von Menschen mit Behinderung auf einen angemessenen Lebensstandard und das Recht auf stetige Verbesserung der Lebensbedingungen. Damit dürfen Behinderte nicht von einer positiven Entwicklung des Lebensstandards ausgeschlossen werden.[644] Dies meint insbesondere, dass keine Begrenzung auf einen gewissen Betrag vorgenommen werden kann, sondern, dass gewisse Entwicklungsmöglichkeiten bestehen müssen, welche aber vorrangig mit den Erwerbschancen in Verbindung stehen.[645] Zwar lässt sich daraus auch kein konkreter Anspruch auf eine Erhöhung der Leistungen herleiten, aber ein Anspruch auf Anpassung der Leistungen bei veränderten Lebensbedingungen ist durchaus denkbar.

bb. Weitere Beispiele

Mit der gleichen Begründung wies das BVerfG in einem weiteren Fall die Prüfung der Kinderrechtskonvention zurück.[646] Auch die Verfassungsgerichte Brandenburg,[647] Berlin,[648] Sachsen[649] und Thüringen[650] schlossen die Prüfung von

---

641 BVerfG v. 26.02.2010, Rs. 1 BvR 1541/09 u.a., NJW 2010, S. 1943 (Rn. 24 f.).

642 BVerfG v. 26.02.2010, Rs. 1 BvR 1541/09 u.a., NJW 2010, S. 1943 (Rn. 37).

643 BVerfG v. 26.02.2010, Rs. 1 BvR 1541/09 u.a., NJW 2010, S. 1943 (Rn. 43).

644 Gehrke, in: Welke (Hrsg.), Art. 28 (Rn. 5).

645 Gehrke, in: Welke (Hrsg.), Art. 28 (Rn. 5).

646 BVerfG v. 06.05.1997, Rs. 1 BvR 711/96, NJW 1997, S. 2811 (2812).

647 VerfG Brandenburg v. 15.07.2011, Rs. VfGBbg 10/11, BeckRS 2011, 53424 (B.I.); VerfG Brandenburg v. 15.07.2011, Rs. VfGBbg 22/11, NJW-RR 2011, S. 1514 (1514); VerfG Brandenburg v. 21.10.2011, Rs. VfGBbg 35/11, BeckRS 2012, 54664 (B.I.); VerfG Brandenburg v. 16.12.2011, Rs. VfGBbg 16/11, BeckRS 2012, 54613 (B. I.4.).

648 VerfGH Berlin v. 16.12.1993, Rs. 52/92, BeckRS 1993, 10287 (Rn. 4).

649 VerfGH Sachsen v. 24.03.2011, Rs. Vf. 14-IV-11, BeckRS 2012, 45922 (II.1.).

650 VerfGH Thüringen v. 01.06.2011, Rs. VerfGH 43/08 u.a., BeckRS 2011, 51685 (A.III.1.)

Menschenrechtsverträgen im Rahmen einer Landesverfassungsbeschwerde aus, da es sich bei diesen nur um Bundesrecht handle. Der hessische Staatsgerichtshof führte aus, dass ein völkerrechtlicher Vertrag zwar auch in den Ländern gelte, aber dennoch in diesen nicht Verfassungsrang erlange.[651] Ein eventuell durch die Landesverfassung eingeräumter Vorrang beziehe sich dabei nur auf völkerrechtliche Verträge, die von dem Land selbst abgeschlossen wurden.[652]

cc. Verkennung der Menschenrechtsverträge als Auslegungshilfe

Das einfache Abtun der Menschenrechtsverträge als Bundesrecht durch die Verfassungsgerichte entspricht nicht der Völkerrechtsfreundlichkeit des Grundgesetzes. Diese gebietet unter anderem die Auslegung von Verfassungsrechten am Maßstab der internationalen Menschenrechte.[653] Es ist natürlich richtig, dass im Wege einer Verfassungsbeschwerde, deren Maßstab allein die jeweilige Verfassung ist, nicht direkt Rechte aus Menschenrechtsverträgen geltend gemacht werden können. Vielmehr ist die Verfassungsbeschwerde so zu verstehen, dass das entsprechende Grundrecht in völkerrechtskonformer bzw. menschenrechtskonformer Auslegung geltend gemacht wird.[654] Die Gerichte haben hier eine mögliche Anwendung der Menschenrechtsverträge als Auslegungshilfe des jeweiligen Verfassungsrechts verkannt.

c. Keine ausreichende innerstaatliche Umsetzung

In einigen Fällen wurde argumentiert, dass die Behindertenrechtskonvention nicht ausreichend im deutschen Recht umgesetzt wurde und daher nicht angewendet werden könne.

aa. VGH Kassel vom 12.11.2009

In seinem Urteil vom 12.11.2009 prüfte der VGH Kassel[655] die Zuweisung der Antragstellerin an eine Schule für praktisch Bildbare.

---

651 StGH Hessen v. 11.06.2008, Rs. P.St. 2133, 2158, NVwZ 2008, S. 883 (894).

652 StGH Hessen v. 11.06.2008, Rs. P.St. 2133, 2158, NVwZ 2008, S. 883 (894 f.).

653 S.u. Kapitel 3 C. IV.2.

654 BVerfG vom 21.02.1992, 2 BvR 1662/91, BVerfGE 77, S. 170 (232); Schneider, S. 39; Simma/Khan/Zöckler/Geiger, in: Conforti (Hrsg.), S. 71 (77).

655 VGH Kassel v. 12.11.2009, Rs. 7 B 2763/09, NVwZ-RR 2010, S. 602; ähnlich auch VGH Kassel v. 18.11.2009, Rs. 7 B 2763/09, BeckRS 2010, 45233 und VGH Kassel v. 05.02.2010, Rs. 7 A 2406/09, NVwZ-RR 2010, S. 767.

(1) Sachverhalt

Die Antragstellerin leidet an einer deutlichen globalen Entwicklungsstörung, die alle Wahrnehmungsbereiche umfasst. Daher wurde sie einer Schule für praktisch Bildbare zugewiesen.[656] Das VG hatte den hiergegen gerichteten einstweiligen Rechtsschutzantrag abgelehnt, da die Zuweisung an die ausgewählte Schule offensichtlich rechtmäßig sei und eine angemessene Förderung der Antragstellerin mit hoher Wahrscheinlichkeit nur an einer solchen Schule gewährt werden könne.[657] Die Antragstellerin trägt vor, dass diese Zuweisung vor dem Hintergrund der Behindertenrechtskonvention nicht zulässig sein könne.[658]

(2) Urteilsgründe

Auch die Beschwerde vor dem VGH Kassel hat keinen Erfolg. Der VGH Kassel argumentiert einerseits mit der mangelnden Umsetzung der CRPD und andererseits mit einer nicht möglichen unmittelbaren Anwendung. Weiterhin wird ein Verstoß gegen Art. 3 Abs. 2 GG geprüft.

(a) Mangelnde Umsetzung der Behindertenrechtskonvention

Die Behindertenrechtskonvention gehe nicht als höherrangiges Bundesrecht dem HessSchulG vor. Der Bund sei bei der innerstaatlichen Umsetzung von völkerrechtlichen Vertragsbestimmungen auf seine Gesetzgebungskompetenzen aus Art. 71 ff. GG beschränkt.[659] Zu diesen Gesetzgebungskompetenzen gehöre gerade nicht der Bereich des Schulwesens. Daher sei nur der Teil der CRPD wirksamer Bestandteil des Bundesrechts geworden, für den der Bund die Gesetzgebungskompetenz hatte. Hingegen seien diejenigen Vorschriften der CRPD, die unter die ausschließliche Gesetzgebung der Länder gem. Art. 70 Abs. 1 GG fallen, nicht in deutsches Recht umgesetzt worden.[660] Art. 32 Abs. 1 GG regele nur die Verbandskompetenz und Art. 59 Abs. 2 S. 1 GG regele verfahrensrechtlich die Beteiligung des Gesetzgebers. Art. 24 Behindertenrechtskonvention, auf den sich die Antragstellerin stützt, formuliere Rahmenbedingungen und Bildungsinhalte, wie ein integratives Schulsystem und den Erwerb lebenspraktischer Fähigkeiten. Damit berühre diese Vorschrift den Bereich des Schulwesens, für den die Länder die ausschließliche

---

656 VGH Kassel v. 12.11.2009, Rs. 7 B 2763/09, NVwZ-RR 2010, S. 602.
657 VGH Kassel v. 12.11.2009, Rs. 7 B 2763/09, NVwZ-RR 2010, S. 602.
658 VGH Kassel v. 12.11.2009, Rs. 7 B 2763/09, NVwZ-RR 2010, S. 602.
659 VGH Kassel v. 12.11.2009, Rs. 7 B 2763/09, NVwZ-RR 2010, S. 602.
660 VGH Kassel v. 12.11.2009, Rs. 7 B 2763/09, NVwZ-RR 2010, S. 602.

Gesetzgebungskompetenz haben.[661] Art. 24 CRPD sei also nicht durch das Vertragsgesetzt des Bundes in innerstaatliches Recht umgesetzt worden.[662]

(b) Keine Pflicht zur Umsetzung durch Landesgesetzgeber

Eine Umsetzung durch den hessischen Landesgesetzgeber sei nicht erfolgt. Eine Änderung sei auch nicht zwingend geboten, da ein Verstoß gegen den Grundsatz des bundesfreundlichen Verhaltens nicht vorliege.[663] Eine Verpflichtung der Länder zur Umsetzung könne nur dann angenommen werden, wenn diese vor Ratifizierung beteiligt worden seien und ihr Einverständnis erklärt hätten, wobei hier keine Anhaltspunkte für eine entsprechende Erklärung Hessens vorlägen.[664] Des Weiteren wurde keine Umsetzungsfrist gesetzt. Selbst wenn man in Anlehnung an Art. 35 CRPD von einer Umsetzungsfrist von 2 Jahren ausgehe, hätte Hessen noch bis zum 26.03.2011 Zeit.[665]

(c) Keine unmittelbare Anwendbarkeit

Der VGH Kassel stellt weiterhin nach einer längeren Prüfung fest, dass Art. 24 CRPD nach Wortlaut, Zweck und Inhalt nicht hinreichend bestimmt sei, um unmittelbar anwendbar zu sein.[666]

(d) Kein Verstoß gegen Art. 3 Abs. 2 GG

Ein Verstoß gegen Art. 3 Abs. 2 GG liege ebenfalls nicht vor, da das Differenzierungsverbot beachtet worden sei. Alle Interessen seien hinreichend abgewogen worden und es wurde festgestellt, dass eine bestmögliche Förderung nur an einer Schule für praktisch Bildbare gewährt werden könne. Dies kompensiere den Ausschluss von einer Regelschule.

bb. Weitere Beispiele

In Bezug auf die mangelnde Umsetzung der Behindertenrechtskonvention in deutsches Recht durch den Bundesgesetzgeber wurde die Argumentation des VGH Kassels von verschiedenen Amtsgerichten aufgegriffen[667] sowie von dem

---

661 VGH Kassel v. 12.11.2009, Rs. 7 B 2763/09, NVwZ-RR 2010, S. 602.
662 VGH Kassel v. 12.11.2009, Rs. 7 B 2763/09, NVwZ-RR 2010, S. 602 (603).
663 VGH Kassel v. 12.11.2009, Rs. 7 B 2763/09, NVwZ-RR 2010, S. 602 (603).
664 VGH Kassel v. 12.11.2009, Rs. 7 B 2763/09, NVwZ-RR 2010, S. 602 (603).
665 VGH Kassel v. 12.11.2009, Rs. 7 B 2763/09, NVwZ-RR 2010, S. 602 (603).
666 S.u. Kapitel 3 C.III.1.d.aa.(2).(a).
667 VG Gelsenkirchen v. 21.04.2010, Rs. 4 K 3823/08, BeckRS 2010, 51365; VG Aachen v. 31.08.2010, Rs. 9 L 297/10, BeckRS 2010, 53179; VG Arnsberg v. 17.08.2012, Rs. 10 L 397/10, BeckRS 2010, 52796.

SG Karlsruhe[668]. Auch das VGH Mannheim,[669] das OVG Münster[670] und das BVerwG[671] schlossen sich dieser Auffassung an. Das VG Düsseldorf geht mit seiner Argumentation sogar so weit, dass es davon ausgeht, dass das Land Nordrhein-Westfalen überhaupt nicht Vertragspartei der Behindertenrechtskonvention geworden sei.[672]

cc. Gesonderte Umsetzung durch die Länder nicht entscheidend

Seit 1957 stützt sich die Praxis der Bundesrepublik für den Fall der exklusiven Zuständigkeit der Länder auf das Lindauer Abkommen[673]. Gem. Ziff. 3 des Lindauer Abkommens ist das Einverständnis der Länder beim Abschluss völkerrechtlicher Verträge einzuholen, bevor der Vertrag völkerrechtlich verbindlich wird, wenn sein Regelungsgegenstand die ausschließliche Zuständigkeit der Länder berührt. Damit behält der Bund die Abschlusskompetenz für völkerrechtliche Verträge im Bildungsbereich und konnte so die Behindertenrechtskonvention vollumfänglich abschließen.[674]

Was die innerstaatliche Umsetzung der Behindertenrechtskonvention durch ein Vertragsgesetz betrifft, so ist richtigerweise auf die allgemeinen verfassungsrechtlichen Regelungen zurückzugreifen. Nach Art. 59 Abs. 2 S. 1 GG bedürfen völkerrechtliche Verträge, die sich auf einen Gegenstand der Bundesgesetzgebung beziehen, der Mitwirkung der für die Gesetzgebung zuständigen Körperschaften. Nach der Rechtsprechung des BVerfG[675] kommt es bei der Frage, ob sich ein Vertrag auf einen Gegenstand der Bundesgesetzgebung bezieht, nicht auf die Kompetenzverteilung zwischen Bund und Ländern an, sondern darauf, ob ein Vollzugsakt unter Mitwirkung des Bundes oder der Länder erforderlich ist.[676] Nachdem die Behindertenrechtskonvention auch das Schulrecht berührt, ist die Mitwirkung der Länder durch den Bundesrat in Form eines Zustimmungs- oder

---

668 SG Karlsruhe v. 21.03.2013, Rs. S 4 SO 937/13 ER, BeckRS 2013, 67552 (II.2.b.).

669 VGH Mannheim v. 21.11.2012, Rs. 9 S 1833/12, BeckRS 2012, 60565 (II.1.d.).

670 OVG Münster v. 03.11.2010, Rs. 19 E 533/10, BeckRS 2010, 55778.

671 BVerwG v. 18.01.2010, Rs. 6 B 52/09, BeckRS 2010, 47291 (Rn. 4).

672 VG Düsseldorf v. 16.12.2010, Rs. 18 K 5702/10, BeckRS 2011, 45848.

673 v. 14.11.1975, BT-Drs. 7/5924, S. 236.

674 Poscher/Rux/Langer, S.14 f.

675 BVerfG v. 29.07.1952, Rs. 2 BvE 3/51, BVerfGE 1, S. 372 (388); BVerfG v. 18.12.1984, Rs. 2 BvE 13/83, BVerfGE 68, S. 1 (84 f.); BVerfG v. 12.07.1994, Rs. 2 BvE 3/92 u.a., BVerfGE 90, S. 286 (351); BVerfG v. 22.11.2001, Rs. 2 BvE 6/99, BVerfGE 104, S. 151 (194).

676 Poscher/Rux/Langer, S. 16.

eines Einspruchsverfahrens erforderlich.[677] Das Vertragsgesetz erging mit einstimmiger Zustimmung des Bundesrates[678] und so wurde der höchstmöglichen Mitwirkung der Länder Rechnung getragen. Damit geht auch die Argumentation des VGH Kassel dahingehend fehl, dass der Bund nicht die Kompetenz zum Erlass des Zustimmungsgesetzes hatte. Folglich sind auch die Länder an die Behindertenrechtskonvention gebunden.

Des Weiteren verlangt ein einmal erlassener Vollzugsakt allen staatlichen Stellen den Vollzug des betreffenden Menschenrechtsvertrages ab, unabhängig von der Kompetenzordnung. Es richten sich lediglich die konkreten Umsetzungsmaßnahmen nach der Kompetenzverteilung zwischen Bund und Ländern.[679]

3. Keine anderen Regelungen als GG oder EMRK

Ein beliebtes Argument der deutschen Gerichte, um die Prüfung von internationalen Menschenrechtspakten zu umgehen, ist, dass die Menschenrechtsverträge keine weitergehenden Rechte gewähren oder nichts Anderes regeln, als das deutsche Recht, insbesondere das Grundgesetz, oder keine weitergehenden Rechte wie die Europäische Menschenrechtskonvention enthalten. In vielen Fällen ist dies zwar auch zutreffend, wenn das deutsche Recht oder die EMRK den gleichen Inhalt, wie eine Norm eines universellen Menschenrechtsvertrages haben oder umfangreichere Regelungen enthalten. Oftmals wird dies von den Gerichten nach einer knappen Untersuchung festgestellt. In einigen Fällen prüfen die deutschen Gerichte aber die Übereinstimmung nicht, sondern nehmen diese nur an. In wieder anderen Fällen wird verkannt, dass der einschlägige Menschenrechtspakt tatsächlich andere Regelungen enthält.

a. Prüfung der Übereinstimmung

In vielen Fällen haben die deutschen Gerichte einen Vergleich zwischen der deutschen Regelung bzw. der Regelung in der EMRK und dem entsprechenden Menschenrechtspakt gezogen und sind dabei zu dem Ergebnis gelangt, dass der Menschenrechtspakt keine weitergehenden Regelungen enthält.

---

677 Poscher/Rux/Langer, S. 17.

678 BRat-Drs. 945/08 v. 19.12.2008.

679 Aichele, AnwBl. 2011, S. 727.

aa. BGH vom 14.05.2008

In seinem Beschluss vom 14.05.2008[680] behandelte der BGH die Problematik des Umgangsrechts des Kindes mit beiden Elternteilen.

Die Antragstellerin beantragte den Antragsgegner zu dem Umgang mit dem gemeinsamen Kind zu verpflichten, was dieser ablehnt.[681] Das AG hat dem Antrag stattgegeben. Das OLG hat auf die Beschwerde des Antragsgegners hin den Umgangsantrag der Antragstellerin zurückgewiesen.[682] Die Rechtsbeschwerde zum BGH hat keinen Erfolg.

Der BGH führte hierzu aus, dass § 1684 Abs. 1 BGB ein Recht des Kindes auf Umgang mit jedem Elternteil und eine entsprechende Pflicht der Eltern vorsehe.[683] Dies entspräche Art. 9 Abs. 2 CRC, wonach das Kind ein Recht zu regelmäßigen persönlichen Beziehungen zu beiden Elternteilen habe.[684] Dieses Recht könne aber nur das Kind geltend machen, nicht aber der andere Elternteil.[685]

bb. Weitere Beispiele

In ähnlich knapper Weise wurde die Übereinstimmung von deutschem Recht und dem jeweiligen Menschenrechtsvertrag in verschiedenen anderen Fällen festgestellt. So wurden bei Fragen einer internationalen Adoption Vorschriften der Kinderrechtskonvention,[686] Verfahrensgrundrechte[687] oder Minderheitenrechte[688] aus dem Zivilpakt herangezogen. Bei Nachzugsfällen wurde ebenfalls festgestellt, dass der Zivilpakt und der Sozialpakt keine weitergehenden Regelungen als das Grundgesetz enthalten würden und damit die Regelungen über Wartefristen oder Zuzugsbeschränkungen auch mit den beiden Pakten vereinbar seien.[689] In Bezug auf die Tariffähigkeit von Gewerkschaften wurde festgestellt,

---

680 BGH 14.05.2008, Rs. XII ZB 225/06, BGHZ 176, S. 337.

681 BGH 14.05.2008, Rs. XII ZB 225/06, BGHZ 176, S. 337 (338).

682 BGH 14.05.2008, Rs. XII ZB 225/06, BGHZ 176, S. 337 (338).

683 BGH 14.05.2008, Rs. XII ZB 225/06, BGHZ 176, S. 337 (338).

684 BGH 14.05.2008, Rs. XII ZB 225/06, BGHZ 176, S. 337 (348 f.).

685 BGH 14.05.2008, Rs. XII ZB 225/06, BGHZ 176, S. 337 (340).

686 VG Hamburg v. 04.03.2010, Rs. 13 K 2959/09, BeckRS 2010, 50491 (II. 3.2.2.); OVG Bautzen v. 07.10.2014, Rs. 3 B 14/14, BeckRS 2015, 40092 (c)(1)).

687 VerfG Brandenburg v. 30.06.1999, Rs. VfGBbG 3/98, LKV 1999, S. 450 (451 f.).

688 OVG Bautzen v. 24.09.2003, Rs. 2 BS 273/03, LKV 2004, S. 129 (132).

689 BVerwG v. 26.03.1982, Rs. 1 C 29/81, NJW 1982, S. 1958 (1960); BVerwG v. 18.09.1984, Rs. 1 A 4/83, NJW 1984, S. 2775 (2780); BVerwG v. 18.09.1984, Rs. 1 A 60/83, BeckRS 1984, 31304343 (II.2.e)cc)); BVerwG v. 19.08.2014, Rs. 1 C 3.14, BeckRS 2014, 56483 (Rn. 17).

dass der Sozialpakt keine genaueren Regelungen über die Tariffähigkeit und Gewerkschaftseigenschaft enthalte und damit nicht über die deutschen Regelungen hinausgehe.[690] Auch wurde angenommen, dass die Behindertenrechtskonvention keine andere Definition der Behinderung enthalte, als das deutsche Recht.[691] Ebenso stellte das OVG Thüringen nach eingehender Prüfung fest, dass die Religionsfreiheit aus dem Zivilpakt den gleichen Umfang wie aus der Europäischen Menschenrechtskonvention habe.[692]

cc. Keine anderen Ergebnisse bei Übereinstimmung

Bei einer kurzen Prüfung, ob tatsächlich der Menschenrechtsvertrag den gleichen Inhalt wie das deutsche Recht oder die EMRK hat, können die Gerichte problemlos den Fall anhand des deutschen Rechts oder anhand der Europäischen Menschenrechtskonvention entscheiden. Gerade bei dem deutschen Recht handelt es sich um das Recht, welches näher am Sachverhalt ist. Ist die Übereinstimmung des Regelungsgehaltes geklärt oder wurde festgestellt, dass das deutsche Recht weitergehende Rechte enthält, kann auch durch die Anwendung des Menschenrechtsvertrages kein anderes Ergebnis mehr erzielt werden. Daher ist in solchen Fällen das Außerachtlassen des Menschenrechtsvertrages bei der weiteren Entscheidung kein Verstoß gegen den jeweiligen Menschenrechtsvertrag.

b. Keine Prüfung der Übereinstimmung

In einer Vielzahl von Fällen haben die deutschen Gerichte jedoch angenommen, dass das deutsche Recht dem entscheidungserheblichen Menschenrechtsvertrag entspricht oder keine weitergehenden Rechte gewährt ohne eine Prüfung vorzunehmen, ob die Regelungen jeweils den gleichen Umfang haben.

aa. BVerwG vom 27.11.2002

In seinem Urteil vom 27.11.2002 musste das BVerwG[693] über eine Verfügung des Bundesministeriums des Inneren entscheiden, nach der der „Verband der islamischen Vereine und Gemeinden“, auch „Kalifatstaat“, gegen die verfassungsmäßige Ordnung verstoße und daher verboten wurde. Diese Verfügung wurde

690 BVerfG v. 20.10.1981, Rs. 1 BvR 404/78, NJW 1982, S. 815 (817); ArbG Stuttgart v. 12.09.2003, Rs. 15 BV 250/96, NZA-RR 2004, S. 540 (542).

691 VG Berlin v. 06.01.2009, Rs. 4 V 55/07, BeckRS 2009, 36994; VG Hannover v. 05.05.2011, Rs. 2 A 5743/08, BeckRS 2011, 56436.

692 OVG Thüringen v. 30.09.1998, Rs. 3 KO 864/98, NVwZ-Beil. 1999, S. 19 (20 f.).

693 BVerwG v. 27.11.2002, Rs. 6 A 4/02, NVwZ 2003, S. 986.

damit begründet, dass der Kalifatstaat eine islamische Ordnung anstrebe, wobei diese mit einer Demokratie als unvereinbar angesehen werde.[694] Außerdem würden die Agitationen gegen die Türkei, Israel, Juden und andere Staaten gegen den Gedanken der Völkerverständigung verstoßen.[695] Der Kalifatstaat verfolge seine Ziele in kämpferisch-aggressiver Weise.[696]

Das BVerwG wies die gegen die Verfügung gerichtete Klage als unbegründet zurück. Verwaltungsverfahrensrechtliche Mängel seien nicht zu erkennen.[697] Auch die Rechtsgrundlagen, auf die sich die Verfügung beziehe, seien verfassungsrechtlich unbedenklich.[698] Zwar handele es sich bei dem Kalifatstaat um eine Religionsgemeinschaft, aber auch das Verbot einer solchen sei zur Abwehr verfassungsfeindlicher Bestrebungen unter gewissen Voraussetzungen möglich.[699] Hierzu zähle vor allem, dass die verfassungsfeindlichen Bestrebungen ein wesentlicher, unabtrennbarer Teil des Gedankenguts seien.[700] Ein Verbot von Religionsgemeinschaften stehe auch nicht im Widerspruch zu Art. 9 EMRK. Danach dürfe die Religionsfreiheit nicht Gegenstand anderer, als vom Gesetz vorgesehener, Beschränkungen sein, soweit die notwendige Maßnahme im Interesse der öffentlichen Ordnung, Sicherheit, Gesundheit und Moral oder zum Schutz der Rechte und Freiheiten anderer liege.[701] Damit gehöre das Verbot einer Religionsgemeinschaft mit verfassungsfeindlichen Bestrebungen zu einer notwendigen Maßnahme für die öffentliche Ordnung.[702] Entsprechendes gelte für Art. 18 ICCPR.[703]

bb. Weitere Beispiele

Es gibt mehrere Entscheidungen deutscher Gerichte, in denen in ähnlicher Art und Weise nach der Prüfung des deutschen Rechts, insbesondere des Grundgesetzes[704] oder einer Landesverfassung[705], oder der Europäischen

---

694 BVerwG v. 27.11.2002, Rs. 6 A 4/02, NVwZ 2003, S. 986.
695 BVerwG v. 27.11.2002, Rs. 6 A 4/02, NVwZ 2003, S. 986.
696 BVerwG v. 27.11.2002, Rs. 6 A 4/02, NVwZ 2003, S. 986.
697 BVerwG v. 27.11.2002, Rs. 6 A 4/02, NVwZ 2003, S. 986.
698 BVerwG v. 27.11.2002, Rs. 6 A 4/02, NVwZ 2003, S. 986 (987).
699 BVerwG v. 27.11.2002, Rs. 6 A 4/02, NVwZ 2003, S. 986 (987).
700 BVerwG v. 27.11.2002, Rs. 6 A 4/02, NVwZ 2003, S. 986 (988).
701 BVerwG v. 27.11.2002, Rs. 6 A 4/02, NVwZ 2003, S. 986 (988).
702 BVerwG v. 27.11.2002, Rs. 6 A 4/02, NVwZ 2003, S. 986 (988).
703 BVerwG v. 27.11.2002, Rs. 6 A 4/02, NVwZ 2003, S. 986 (988).
704 VGH Mannheim v. 13.03.2007, Rs. 4 S 1805/06, NVwZ-RR 2008, S. 149 (150).
705 OVG Berlin-Brandenburg v. 12.02.2013, Rs. OVG 11 N 18/10, BeckRS 2013, 47144 (II.); VerfG Schleswig-Holstein v. 13.09.2013, Rs. LVerfG 7/12, BeckRS 2013, 55852 (Rn. 128).

Menschenrechtskonvention[706] festgestellt wurde, dass Entsprechendes für den jeweils einschlägigen internationalen Menschenrechtspakt gelte. Viele Entscheidungen greifen den gleichen Gedanken auf, formulieren ihn aber so, dass der jeweilige Menschenrechtspakt keine weitergehenden Rechte gewähre, als das deutsche Recht[707], insbesondere das Grundgesetz[708] oder die EMRK[709]. In einem Urteil von 1975 hat sich das BVerwG dabei noch darauf gestützt, dass die Rechte aus dem Zivilpakt nur den Rang von Bundesrecht hätten und daher mangels Verletzung des Grundgesetzes auch der Zivilpakt nicht verletzt sei.[710] Das VG Ansbach hat in mehreren Fällen eine EU-Richtlinie als *lex specialis* den Vorzug vor der Kinderrechtskonvention gegeben und festgestellt, dass die Rechtslage der Richtlinie wohl mit der Kinderrechtskonvention übereinstimme, ohne dies genauer zu überprüfen.[711]

---

706 BayObLG v. 04.02.1977, Rs. Breg. 3 Z 12/77, NJW 1977, S. 2266; BVerfG v. 12.05.1987, Rs. 2 BvR 1226/83, u.a., NJW 1988, S. 626 (635 f.); OVG Münster v. 10.09.1997, Rs. 17 A 4727/95, BeckRS 1997, 16608 (Rn. 44); OLG Schleswig v. 26.11.2001, Rs. 11 W 23/01, BeckRS 2001, 30222506; BVerwG v. 16.07.2003, Rs. 6 VR 10/02, BeckRS 2003, 24408 (II.1.b)bb)); LSG Hessen v. 28.06.2012, Rs. L 1 KR 100/10, BeckRS 2012, 70761: VGH München v. 11.11.2013, Rs. 10 CS 13.2237 u. 10 C 13.2238, BeckRS 2013, 59023 (Rn. 4); OVG Lüneburg v. 11.12.2013, Rs. 2 LC 222/13, BeckRS 2014, 46850 (II.2.c.); VG Stade v. 07.01.2014, Rs. 6 A 970/13, BeckRS 2014, 56535; OVG Lüneburg v. 28.03.2014, Rs. 2 LC 14/14, BeckRS 2014, 56534 (Rn. 28); LAG Berlin-Brandenburg v. 13.06.2014, Rs. 15 Ta 1108/14, BeckRS 2014, 70496 (II.2.3); VG Frankfurt a.M. v. 23.10.2014, Rs. 9 L 2389/14.F, BeckRS 2015, 40987 (II.).

707 OLG Köln v. 21.04.1998, Rs. 22 U 190/97, NJW 1998, S. 3721 (3723); OLG Düsseldorf v. 28.07.2004, Rs. 18 W 14/04, BeckRS 2009, 05215 (2.b.); VG Hannover v. 14.12.2006, Rs. 6 A 3640/06, NdsVBl. 2007, 138; VG Münster v. 12.01.2011, Rs. 9 Nc 219/10, BeckRS 2011, 46015; VG Düsseldorf v. 26.08.2010, Rs. 18 K 4404/10, BeckRS 2011, 45847 (II.).

708 VG Regensburg v. 03.03.1994, Rs. 12 K 93/2170, NJW 1994, S. 2040; OVG Hamburg v. 26.01.1995, Rs. Bs VII 126/94, BeckRS 1995, 12971 (Rn. 7); OVG Lüneburg v. 06.09.2000, Rs. 11 M 2715/00, BeckRS 2000, 17332 (Rn. 6); BSG v. 13.12.2005, Rs. B 4 RA 220/04 B, BeckRS 2006, 40416 (Rn. 27); BSG v. 05.05.2010, Rs. B 12 KR 14/09 R, NZS 2011, S. 263 (Rn. 25).

709 BVerwG v. 19.03.1996, Rs. 1 C 34/93, NVwZ-RR 1997, S. 317 (319); VGH München v. 09.05.2011, Rs. 19 B 10.2384, BeckRS 2011, 55431 (Rn. 37); BVerwG v. 13.06.2013, Rs. 10 C 16/12, NVwZ 2013, S. 1493 (Rn. 24).

710 BVerwG v. 26.03.1975, Rs. II C 11.74, BeckRS 1975, 30433092 (II.4.).

711 VG Ansbach v. 27.09.2012, Rs. AN 11 K 12.30292, BeckRS 2012, 57927 (II.3.); VG Ansbach v. 03.03.2011, Rs. AN 11 K 10.30490, BeckRS 2011, 54625 (3.); VG Ansbach v. 03.03.2011, Rs. AN 11 K 10.30511, BeckRS 2011, 54628 (4.); VG Ansbach v. 03.03.2011, Rs. AN 11 K 10.30512, BeckRS 2011, 54630 (4.); VG Ansbach v. 17.03.2011, Rs. AN

cc. Im Ergebnis oft gleicher Inhalt

Die lapidare Behauptung der deutschen Gerichte, dass die Menschenrechtspakte keine weitergehenden Regelungen enthalten, wie das deutsche Recht oder die Europäische Menschenrechtskonvention, ist dogmatisch falsch. Vielmehr sollte zumindest kurz der gleiche Regelungsgehalt der Normen dargelegt werden. Allerdings macht es oft im Ergebnis keinen allzu großen Unterschied, da das deutsche Recht weitgehend ähnliche Regelungen enthält, wie die Menschenrechtsverträge. Die Rechte aus dem Zivilpakt stimmen ebenfalls zu weiten Teilen mit der EMRK überein.[712] Dies ist in den hier angeführten Entscheidungen der Fall gewesen.

In dem Beispielsfall wurde die Religionsfreiheit aus Art. 9 EMRK geprüft und nur behauptet, dass sich aus Art. 18 ICCPR nichts anderes ergebe. Nach Art. 18 Abs. 3 ICCPR unterliegt die Religionsfreiheit genauso wie nach Art. 9 Abs. 2 EMRK gesetzlichen Beschränkungen, die zum Schutz der öffentlichen Sicherheit, Ordnung, Gesundheit, Sittlichkeit oder der Grundrechte und -freiheiten anderer erforderlich sind. Damit sehen sowohl der ICCPR als auch die EMRK die gleichen Schranken der Religionsfreiheit vor. Im Ergebnis stimmt also die Behauptung des BVerwG, dass für Art. 18 ICCPR nichts anderes gelte.

c. *Keine Prüfung bei nicht offensichtlicher Übereinstimmung*

Besonders problematisch ist die nicht erfolgte Überprüfung der Übereinstimmung einer Bestimmung eines Menschenrechtspaktes mit der EMRK, wenn der Wortlaut nicht offensichtlich übereinstimmt, sondern der gleiche Inhalt erst durch Auslegung ermittelt werden muss.

aa. VerfGH Saarland vom 29.09.2011

In seinem Urteil vom 29.09.2011 überprüfte der VerfGH Saarland die Wahl zum 14. Landtag des Saarlands.[713] Überprüft wurden neben formellen Fehlern[714] Fehler beim Wahlvorschlag der LINKEN,[715] die Wahlwerbung der CDU,[716] die

---

11 K 10.30501, BeckRS 2011, 14294 (3.); VG Ansbach v. 17.03.2011, Rs. AN 11 K 10.30518, BeckRS 2011, 14297 (3.).

712 S. hierzu näher u. Kapitel 4 A.II.1.

713 VerfGH Saarland v. 29.09.2011, Rs. Lv 4/11, NVwZ-RR 2012, S. 169.

714 VerfGH Saarland v. 29.09.2011, Rs. Lv 4/11, NVwZ-RR 2012, S. 169 (172).

715 VerfGH Saarland v. 29.09.2011, Rs. Lv 4/11, NVwZ-RR 2012, S. 169 (172 ff.).

716 VerfGH Saarland v. 29.09.2011, Rs. Lv 4/11, NVwZ-RR 2012, S. 169 (176 f.).

Gestaltung der Stimmzettel,[717] die Reihenfolge der Bekanntmachung der Wahlvorschläge,[718] der Versand von Twitter-Meldungen über angebliche Ergebnisse[719] und auch die Fünf-Prozent-Sperrklausel.[720] Allein bei der Überprüfung der Fünf-Prozent-Sperrklausel wurde Art. 25 lit. b ICCPR in Betracht gezogen.[721]

Bezüglich der Fünf-Prozent-Sperrklausel kommt der VerfGH Saarland zu dem Ergebnis, dass diese trotz Bedenken wegen der Gleichheit der Wahl aufgrund der angestrebten Funktionsfähigkeit des Parlaments noch mit der Verfassung des Saarlands zu vereinbaren sei.[722] Zu Art. 3 ZP-EMRK I[723] führte der VerfGH Saarland aus, dass nach der Rechtsprechung des EGMR[724] solche Sperrklauseln zur Vermeidung von Parteienzersplitterung zulässig seien. Für Art. 25 lit. b ICCPR könne im Ergebnis nichts anderes gelten.[725] Abschließend fordert der VerfGH Saarland den Gesetzgeber auf, das Erfordernis der Fünf-Prozent-Klausel zu überprüfen.[726]

bb. Deutlicher Unterschied bei Wahlrecht

Art. 25 lit. b ICCPR zählt ausdrücklich die Wahlgrundsätze mit echten, wiederkehrenden, allgemeinen, gleichen, geheimen und freien Wahlen auf, während Art. 3 ZP-EMRK I nur von freien und geheimen Wahlen spricht. Nach dem strengen Wortlaut würde also eine Sperrklausel sowieso nicht mit Art. 3 ZP-EMRK I im Konflikt stehen. Die Gleichheit der Wahl wurde erst durch den EGMR deutlich gemacht.[727] Dies hätte von dem VerfGH Saarland berücksichtigt

---

717 VerfGH Saarland v. 29.09.2011, Rs. Lv 4/11, NVwZ-RR 2012, S. 169 (177 f.).

718 VerfGH Saarland v. 29.09.2011, Rs. Lv 4/11, NVwZ-RR 2012, S. 169 (178 ff.).

719 VerfGH Saarland v. 29.09.2011, Rs. Lv 4/11, NVwZ-RR 2012, S. 169 (179 f.).

720 VerfGH Saarland v. 29.09.2011, Rs. Lv 4/11, NVwZ-RR 2012, S. 169 (180 ff.).

721 VerfGH Saarland v. 29.09.2011, Rs. Lv 4/11, NVwZ-RR 2012, S. 169 (182).

722 Solche Sperrklauseln geraten aufgrund der Stabilität der Parteien und Parlamente immer häufiger in Kritik. So hielt das BVerfG eine 3-Prozent-Sperrklausel für Europawahlen, BVerfG v. 26.02.2014, Rs. 2 BvE 2/13 u.a, NVwZ 2014, S. 439, und eine Fünf-Prozent-Sperrklausel für Kommunalwahlen, BVerfG v. 13.02.2008, Rs. 2 BvK 1/07, NVwZ 2008, S. 407, für verfassungswidrig.

723 Zusatzprotokoll zur Konvention zum Schutze der Menschenrechte und Grundfreiheiten v. 20.03.1952, BGBl. 1956 II, S. 1880, in Kraft getreten am 18.05.1954 (für Deutschland am 13.02.1957), (ZP-EMRK I).

724 EGMR v. 08.07.2008, Rs. 10226/03 (Yumak u. Sadak./.Türkei), NVwZ-RR 2010, S. 81 (88).

725 VerfGH Saarland v. 29.09.2011, Rs. Lv 4/11, NVwZ-RR 2012, S. 169 (182).

726 VerfGH Saarland v. 29.09.2011, Rs. Lv 4/11, NVwZ-RR 2012, S. 169 (182).

727 Frowein, in: Frowein/Peukert (Hrsg.), Art. 3 des 1. ZP (Rn. 4).

und genauer ausgeführt werden müssen. Dennoch ist die Entscheidung im Ergebnis richtig, da auch nach dem ICCPR Sperrklauseln zur Vermeidung von Parteienzersplitterung möglich sind.[728]

II. Verstößе oder Ansprüche

Eine Vielzahl von Urteilen deutscher Gerichte befasst sich mit der Frage nach Verstößen gegen einen Menschenrechtsvertrag bzw. Ansprüchen aus einem solchen. Hierbei tendiert der Großteil der Gerichte dazu, einen Verstoß oder Anspruch zu verneinen, während in sehr wenigen Fällen ein Verstoß bejaht wurde.

1. Ablehnung eines Verstoßes oder Anspruchs

Die deutschen Gerichte neigen dazu, dass sie teilweise trotz Prüfung der Rechte aus Menschenrechtsverträgen einen Verstoß oder einen Anspruch ablehnen. Teilweise tun sie dies pauschal nach einer kurzen Prüfung oder führen aus, dass sich das Recht nicht aus dem Menschenrechtsvertrag ergebe, der Schutzbereich nicht eröffnet sei, ein Eingriff nicht vorliege oder ein Rechtfertigungsgrund eingreife.

a. Ablehnung eines Verstoßes bzw. Anspruchs nach kurzer Prüfung

Oft wird ein Anspruch aus einem Menschenrechtspakt oder ein Verstoß gegen einen solchen von dem entscheidenden Gericht nach einer kurzen Prüfung abgelehnt.

aa. OVG Berlin-Brandenburg vom 19.03.2012

In seinem Urteil vom 19.03.2012 hatte das OVG Berlin-Brandenburg[729] über den Nachzugsanspruch eines Kindes zu entscheiden.

(1) Sachverhalt

Der 12 jährige Kläger ist gambischer Staatsangehöriger und beantragte ein Visum zur Familienzusammenführung.[730] Seine Geschwister besitzen gem. § 4 Abs. 3 StAG[731] die deutsche Staatsangehörigkeit. Der Vater hat eine Niederlassungserlaubnis und die Mutter eine Aufenthaltserlaubnis bis Ende 2014. Die Botschaft

728 Nowak, ICCPR Commentary, Art. 25 (Rn. 32).
729 OVG Berlin-Brandenburg v. 19.03.2012, Rs. OVG 3 B 21.11, BeckRS 2012, 50754.
730 OVG Berlin-Brandenburg v. 19.03.2012, Rs. OVG 3 B 21.11, BeckRS 2012, 50754.
731 Staatsangehörigkeitsgesetz, v. 22.07.1913, RGBl. 1913 I, S. 583, i.d.F. der Änderung v. 22.11.2011.

der Bundesrepublik Deutschland in Dakar lehnte das Visum ab, da der Lebensunterhalt nicht gesichert sei.[732] Die Eltern und deutschen Geschwister beziehen Leistungen nach dem SGB III[733], während ein Erwerbseinkommen nicht erwirtschaftet wird.

Das VG hat den Bescheid aufgehoben und die Beklagte zur Visumserteilung verpflichtet, da den deutschen Kindern die Lebensgemeinschaft mit den Eltern in Gambia nicht zuzumuten sei und den Eltern entsprechend ebenfalls das Verlassen des Bundesgebiets nicht zuzumuten sei.[734] Der Beklagte hat hiergegen Berufung eingelegt.

(2) Urteilsgründe

Das OVG Berlin-Brandenburg hielt die Ablehnung des Visums für rechtmäßig. Der Lebensunterhalt sei nicht gesichert, da bereits die Eltern für ihre Bedarfsgemeinschaft Leistungen zur Sicherung des Lebensunterhalts nach SGB III beziehen.[735]

Ein atypischer Fall durch die Unionsbürgerschaft der deutschen Geschwister liege nicht vor, da sich diese nur auf die Aufenthaltserlaubnis der Eltern auswirke.[736]

Auch das Recht auf Familienleben aus Art. 8 EMRK, Art. 7 GRCh[737] und Art. 6 GG führe nicht zu einem atypischen Fall, da grundsätzlich ein Anspruch auf Kindernachzug bestehe, sofern der Lebensunterhalt gesichert sei, was allein in der Hand der Eltern liege.[738] Da Bemühungen der Eltern zur Sicherung des Lebensunterhaltes nicht zu erkennen seien, überwiege das Interesse des Staates an der Vermeidung von übermäßigen Belastungen des Haushalts.[739] Art. 3 CRC vermittle ebenfalls keinen Nachzugsanspruch, da auch hier trotz der Berücksichtigung

---

732 OVG Berlin-Brandenburg v. 19.03.2012, Rs. OVG 3 B 21.11, BeckRS 2012, 50754.

733 Sozialgesetzbuch Drittes Buch – Arbeitsförderung, v. 24.03.1997, BGBl. 1997 I, S. 594, i.d.F. der Änderung v. 22.12.2011.

734 OVG Berlin-Brandenburg v. 19.03.2012, Rs. OVG 3 B 21.11, BeckRS 2012, 50754.

735 OVG Berlin-Brandenburg v. 19.03.2012, Rs. OVG 3 B 21.11, BeckRS 2012, 50754 (I.1.b).

736 EuGH v. 08.03.2011, Rs. C 34/09 (Zambrano/ONEm), Slg. 2011, S. I-1177.

737 Charta der Grundrechte der Europäischen Union v. 30.03.2010, ABl. 2010 C 83/389.

738 OVG Berlin-Brandenburg v.19.03.2012, Rs. OVG 3 B 21.11, BeckRS 2012, 50754 (I.1.c)(2)).

739 OVG Berlin-Brandenburg v.19.03.2012, Rs. OVG 3 B 21.11, BeckRS 2012, 50754 (I.1.c)(2)).

des Kindeswohls bei allen, das Kind betreffenden, Entscheidungen kein unbedingter Vorrang vor öffentlichen Interessen erkennbar sei.[740]

Auch für die Annahme einer besonderen Härte nach § 32 Abs. 4 AufenthG[741] durch eine Änderung der Umstände dahingehend, dass ein Verbleib des Klägers in Gambia unmöglich wäre, sei nichts ersichtlich und hierzu sei auch nichts vorgetragen geworden.[742]

bb. Weitere Beispiele

In ähnlich knapper Weise haben das VG Oldenburg[743] und das VG Ansbach[744] einen Anspruch aus der Kinderrechtskonvention auf Einbürgerung bzw. Visumserteilung abgelehnt. Das VG Freiburg hat ebenso einen Anspruch auf Aufenthaltserlaubnis aus dem Zivilpakt abgelehnt.[745]

In einigen Urteilen wurde in sehr knapper Weise ein Verstoß gegen den entscheidungserheblichen Menschenrechtsvertrag abgelehnt.[746] In anderen Urteilen wurde ein Verstoß gegen deutsches Recht abgelehnt und aufgrund des gefundenen Ergebnisses davon ausgegangen, dass deshalb auch ein Verstoß gegen die Kinderrechtskonvention zu verneinen sei.[747] In wenigen Fällen wurde ein Verstoß gegen den entscheidungserheblichen Menschenrechtsvertrag nach einer etwas eingehenderen Prüfung abgelehnt.[748]

---

740 OVG Berlin-Brandenburg v. 19.03.2012, Rs. OVG 3 B 21.11, BeckRS 2012, 50754 (I.1.c)(3)).

741 Gesetz über den Aufenthalt, die Erwerbstätigkeit und die Integration von Ausländern im Bundesgebiet, v. 30.07.2004, BGBl. 2004 I, S. 1950, i.d.F der Änderung v. 22.12.2011.

742 OVG Berlin-Brandenburg v. 19.03.2012, Rs. OVG 3 B 21.11, BeckRS 2012, 50754, (I.2.).

743 VG Oldenburg v. 13.12.2010, Rs. 11 A 249/10, BeckRS 2011, 45371.

744 VG Ansbach v. 16.01.2001, Rs. AN 19 K 00.00929, BeckRS 2001, 18648 (Rn. 29).

745 VG Freiburg v. 01.10.2007, Rs. 1 K 893/06, BeckRS 2008, 40098.

746 BVerwG v. 20.04.2007, Rs. 5 B 129/07, BeckRS 2007, 23827 (Rn. 6); LG Bochum v. 19.01.2010, Rs. 7 T 558/09, BeckRS 2010, 05507 (II.); OVG Koblenz v. 27.10.2011, Rs. 7 A 10405/11.OVG, BeckRS 2011, 55559 (2.).

747 LSG Nordrhein-Westfalen v. 10.03.2008, Rs. L 20 AY 9/07 BeckRS 2008, 53648 (II.5.); LSG Nordrhein-Westfalen v. 05.05.2008, Rs. L 20 AY 5/07, BeckRS 2008, 53647 (II.5.); LSG Nordrhein- Westfalen v. 28.07.2008, Rs. L 20 AY 20/08, BeckRS 2008, 57675 (II.5.); OVG Bremen v. 25.09.2009, Rs. S 3 A 272/07, BeckRS 2010, 46192 (II.).

748 LSG Rheinland-Pfalz v. 21.01.2010, Rs. L 5 KR 165/09, BeckRS 2010, 67350 (5.); VG München v. 29.02.2012, Rs. M 18 K 11.633, BeckRS 2012, 54912; OVG Lüneburg v. 07.01.2013, Rs. 13 PA 243/12, BeckRS 2013, 45530; VG Düsseldorf v. 04.01.2013, Rs. 7

cc. Argumentation oft zu knapp

Eine so kurze Prüfung eines Verstoßes gegen die Kinderrechtskonvention, wie in dem obigen Beispiel, kann noch nicht als ernsthafte Auseinandersetzung des Gerichts mit der Kinderrechtskonvention gesehen werden. Das OVG Berlin-Brandenburg hat Art. 10 CRC nicht geprüft. Nach diesem sind Anträge von Kindern zwecks Familienzusammenführung wohlwollend, human und beschleunigt zu bearbeiten. Dies meint jedoch nicht, dass hieraus ein Anspruch auf eine Aufenthaltserlaubnis entnommen werden kann, sondern dass das Ermessen bei der Entscheidung wohlwollend ausgeübt wird.[749] Die Kinderrechtskonvention geht in ihren Art. 9 und 10 von der Einheit der Familie aus, und davon, dass diese dem Kindeswohl am ehesten Rechnung trägt. Auch vor diesem Hintergrund hätte sich das OVG Berlin-Brandenburg gegen die Aufenthaltserlaubnis entscheiden können, da aus einer wohlwollenden Behandlung von Anträgen noch keine Pflicht zur Erteilung einer Aufenthaltsgenehmigung folgt. Eine wohlwollende Behandlung meint vor allem eine objektive und unvoreingenommene Prüfung.[750] Nach der deutschen Rechtslage ist eine Sicherung des Lebensbedarfs für eine Aufenthaltsgenehmigung erforderlich. Da es an dieser mangelt, war die Versagung der Aufenthaltsgenehmigung mit der objektiven Sach- und Rechtslage vereinbar und entspricht damit auch der Kinderrechtskonvention. Mit einer solchen schlüssigen Argumentation hätte auch das OVG Berlin-Brandenburg in vertretbarer Weise einen Verstoß gegen die Kinderrechtskonvention ablehnen können.

Ähnlich verhält es sich mit den anderen Entscheidungen. Hier hätten die Gerichte bei genauer Prüfung des Menschenrechtsvertrages zu dem gleichen Ergebnis kommen können, ohne den Menschenrechtsvertrag vorschnell abzulehnen. Insbesondere wäre dann auch nicht der dogmatisch kaum zu vertretende Schluss notwendig gewesen, dass bei Ablehnung eines Verstoßes gegen deutsches auch ein Verstoß gegen Menschenrechtsverträge aus den gleichen Gründen abgelehnt werden könne.

b. Recht nicht aus Menschenrechtsverträgen ableitbar

In einigen Fällen haben die deutschen Gerichte einen Anspruch oder einen Verstoß gegen einen Menschenrechtsvertrag abgelehnt, da sich das Recht nicht aus dem Menschenrechtsvertrag ergebe.

K 1938/12, BeckRS 2013, 45278; VGH München v. 24.02.2014, Rs. 10 ZB 11.2268, BeckRS 2014, 48596 (Rn. 17, 21).

749 Schmahl, Art. 10 (Rn. 4).

750 Schmahl, Art. 10 (Rn. 5).

aa. OVG Bremen vom 03.02.2009

Das OVG Bremen hatte in seinem Urteil vom 03.02.2009 über die Rechtmäßigkeit der Schulpflicht zu entscheiden.[751]

(1) Sachverhalt

Die Kläger wenden sich gegen die Schulpflicht ihrer 1999 und 1996 geborenen Kinder. Sie beantragten im Jahr 2006 nach längerem Fernbleiben der Kinder vom Unterricht eine Befreiung von der Schulpflicht, da der Schulbesuch psychosomatische Beschwerden bei den Kindern auslöse und die Kinder Zuhause besser und effektiver lernen könnten.[752] Die Kinder nehmen an einem häuslichen Unterrichtsprogramm der Cl. School in Irland teil.[753] Der Antrag wurde abgelehnt, da der Heimunterricht nicht den Besuch einer Schule adäquat ersetze. Der Schulbesuch diene nicht nur der Aneignung von Wissen, sondern auch dem Kontakt mit anderen Kindern.[754]

Gegen diesen Bescheid erhoben die Kläger Widerspruch. Eine schulärztliche Untersuchung wurde vom Gesundheitsamt abgelehnt, da Reaktionen auf den Schulunterricht nach dem einjährigen Fernbleiben nicht mehr festgestellt werden könnten.[755] Außerdem werde befürchtet, dass solche Symptome bei einem erneuten Besuch wohl zu erwarten seien. Daher wurde den Eltern eine Kooperationsvereinbarung dahingehend vorgeschlagen, dass die Kinder zunächst an wenigen Veranstaltungen der Schule teilnehmen und erst im darauf folgenden Schuljahr regulär am Unterricht teilnehmen.[756] Den zweiten Teil der Vereinbarung lehnten die Eltern ab, da die allgemeine Schulpflicht im Widerspruch zu dem Verfassungsrecht sowie EU- und UN-Statuten stehe.[757] Daraufhin wurde der Widerspruch zurückgewiesen. Mit weiteren Bescheiden wurde den Eltern aufgegeben, für den Schulbesuch der Kinder Ordnung zu tragen und bei Missachtung ein Zwangsgeld angeordnet.[758] Über die Widersprüche hierzu ist noch nicht entschieden.

751 OVG Bremen vom 03.02.2009, Rs. OVG 1 A 21/07, BeckRS 2009, 32579.
752 OVG Bremen vom 03.02.2009, Rs. OVG 1 A 21/07, BeckRS 2009, 32579.
753 OVG Bremen vom 03.02.2009, Rs. OVG 1 A 21/07, BeckRS 2009, 32579.
754 OVG Bremen vom 03.02.2009, Rs. OVG 1 A 21/07, BeckRS 2009, 32579.
755 OVG Bremen vom 03.02.2009, Rs. OVG 1 A 21/07, BeckRS 2009, 32579.
756 OVG Bremen vom 03.02.2009, Rs. OVG 1 A 21/07, BeckRS 2009, 32579.
757 OVG Bremen vom 03.02.2009, Rs. OVG 1 A 21/07, BeckRS 2009, 32579.
758 OVG Bremen vom 03.02.2009, Rs. OVG 1 A 21/07, BeckRS 2009, 32579.

Gegen die Ablehnung des Befreiungsantrags legten die Kläger Klage beim VG ein, welches die Klage abgewiesen hat. Hiergegen haben die Kläger Berufung eingelegt, welche vom OVG Bremen als unbegründet zurückgewiesen wurde.

(2) Urteilsgründe

Die Kläger unterlägen nach dem bremischen Schulrecht der Schulpflicht, die durch den Besuch einer öffentlichen Schule oder privaten Ersatzschule zu erfüllen sei.[759] Dies verstoße auch nicht gegen die Landesverfassung Bremens, da in dieser ausdrücklich die Schulpflicht festgeschrieben ist.[760]

Die Schulpflicht verstoße auch nicht gegen das Grundgesetz. In diesem sei zwar die Schulpflicht nicht aufgenommen worden, allerdings enthalte es keine Regelungen, die gegen eine Schulpflicht sprechen, welche nach der Kompetenzordnung ohnehin Ländersache sei.[761] Nach der Rechtsprechung des BVerfG diene die Schulpflicht der Erfüllung des Bildungs- und Erziehungsauftrags des Staates.[762] Dieser Erziehungsauftrag stehe eigenständig neben dem Erziehungsrecht der Eltern, welches der Schulpflicht nicht entgegengehalten werden könne.[763]

Die Europäische Menschenrechtskonvention, welche bei der Anwendung deutscher Grundrechte als Auslegungshilfe heranzuziehen sei, verlange keine andere Bewertung.[764] Der EGMR hat in seiner Rechtsprechung zu Art. 2 S. 2 ZP-EMRK I, der den Staaten aufgibt das Recht der Eltern zu achten, ausgeführt, dass das Ziel der Integration durch Unterricht in einer Schule im Ermessenspielraum der Staaten liege und keine Fehleinschätzung darstelle.[765] Die Schulpflicht sei des Weiteren kein Eingriff in das Freizügigkeitsrecht, da sie allein an den Aufenthaltsort der Kinder anknüpfe.[766]

Auch Art. 13 Abs. 3 ICESCR verlange nicht, von der Schulpflicht abzusehen.[767] Danach würden sich die Staaten nur dazu verpflichten, die Freiheit der Eltern zu achten, andere als öffentliche Schulen zu wählen, die den von den Staaten festgesetzten Mindestnormen entsprechen.[768] Schon die Formulierung andere

759 OVG Bremen vom 03.02.2009, Rs. OVG 1 A 21/07, BeckRS 2009, 32579, (A.II.1).
760 OVG Bremen vom 03.02.2009, Rs. OVG 1 A 21/07, BeckRS 2009, 32579, (A.II.2.).
761 OVG Bremen vom 03.02.2009, Rs. OVG 1 A 21/07, BeckRS 2009, 32579, (A.II.3.a).
762 BVerfG v. 29.04.2003, Rs. 1 BvR 436/03, NVwZ 2003, S. 1113.
763 OVG Bremen vom 03.02.2009, Rs. OVG 1 A 21/07, BeckRS 2009, 32579 (A.II.3.b).
764 OVG Bremen vom 03.02.2009, Rs. OVG 1 A 21/07, BeckRS 2009, 32579 (A.II.4.).
765 OVG Bremen vom 03.02.2009, Rs. OVG 1 A 21/07, BeckRS 2009, 32579 (A.II.4.).
766 OVG Bremen vom 03.02.2009, Rs. OVG 1 A 21/07, BeckRS 2009, 32579 (A.II.6.).
767 OVG Bremen vom 03.02.2009, Rs. OVG 1 A 21/07, BeckRS 2009, 32579 (A.II.7.).
768 OVG Bremen vom 03.02.2009, Rs. OVG 1 A 21/07, BeckRS 2009, 32579 (A.II.7.).

als „öffentliche Schulen" spreche dagegen, dass aus dem ICESCR ein Recht abgeleitet werden könne, Homeschooling als gleichwertige Alternative zu sehen. Davon abgesehen habe Deutschland gerade als Mindeststandard den Unterricht mit anderen Kindern zusammen festgelegt, um die Vermittlung sozialer Kompetenzen zu fördern.[769]

bb. Weitere Beispiele

Im Bereich des Heimunterrichts sind noch weitere ähnliche Entscheidungen ergangen, bei denen ein Recht auf Heimunterricht aus dem Sozialpakt nach dem Wortlaut abgelehnt wurde.[770] Im Bereich des Schulrechts wurde festgestellt, dass die Behindertenrechtskonvention keinen Anspruch auf eine bestimmte Art der Beschulung gewähre[771] oder eine bestimmte Länge der Schulzeit vorschreibe.[772] Weiterhin wurde entschieden, dass der Sozialpakt nicht verlange, dass alle Aufwendungen für den Schulunterricht, insbesondere Büchergeld, vom Staat zu tragen seien[773] und dass Volljährige aus dem Sozialpakt keinen vollumfänglichen Anspruch auf Unterricht, sondern nur Kompensationsunterricht, hätten.[774]

In verschiedenen weiteren Bereichen wurde ein Anspruch aus dem entsprechenden Menschenrechtspakt ebenfalls schon damit verneint, dass der Pakt ein solches Recht überhaupt nicht vorsehe, sondern die Ausgestaltung dem Staat obliege.[775]

---

769 OVG Bremen vom 03.02.2009, Rs. OVG 1 A 21/07, BeckRS 2009, 32579 (A.II.7.).

770 VGH München v. 30.01.2007, Rs. 7 ZB 06.781, BeckRS 2007, 25587 (II.2.b); OVG Bremen v. 02.07.2007, Rs. 1 A 21/07, BeckRS 2008, 37992 (III.2.c); VGH München vom 02.08.2007, Rs. 7 ZB 07.987, NVwZ-RR 2007, S. 763 (764).

771 SG Augsburg v. 23.09.2011, Rs. S 15 SO 111/11 ER, BeckRS 2011, 77647 (II.); SG Augsburg 27.09.2011, Rs. S 15 SO 110/11 ER, BeckRS 2011, 77646 (II.).

772 VG Düsseldorf v. 17.07 2009, Rs. 18 L 940/09, BeckRS 2010, 51675.

773 VGH München v. 21.05.2008, Rs. 7 ZB 08.612, NVwZ-RR 2009, S. 163.

774 OVG Lüneburg v. 06.11.1996, Rs. 13 M 5368/96, NVwZ-RR 1997, S. 291 (293).

775 VG Bremen v. 26.11.1987, Rs. 3 A 392/86, NJW 1988, S. 3224 (3227 f.); OVG Münster v. 15.06.1989, Rs. 6 B 1318/89, NJW 1989, S. 2560 (2561); OVG Saarlouis v. 22.09.1994, Rs. 1 Z 1/86, LMRR 1994, S. 53 (4.); BVerwG v. 11.06.1996, Rs. 1 C 19/93, NVwZ 1997, S. 295 (297); OLG Frankfurt a.M. v. 30.01.1998, Rs. 2 W 281/97, NJW-RR 1998, S. 937 (937); OLG Hamm v. 10.01.2000, Rs. 2 Ws 351/99, NStZ-RR 2000, S. 160; VG Ansbach v. 31.08.2007, Rs. 4 K 07.590, BeckRS 2008, 35983; LSG Bayern v. 29.10.2009, Rs. L 18 B 712/08 U ER, BeckRS 2010, 6046 (II.); VG Saarlouis v. 13.01.2011, Rs. 3 K 376/10, BeckRS 2011, 48375; VG Gelsenkirchen v. 02.02.2011, Rs. 14a L 1430/10.A, BeckRS 2011, 48559; OLG Köln v. 10.06.2011, Rs. 2 Ws 313, 315/11, NStZ 2012, S. 174 (175); OLG Karlsruhe v. 05.03.2012, Rs. 18 UF 274/11,

cc. Notwendigkeit der Verankerung eines Rechts in den Verträgen

Die Verneinung von Ansprüchen, wenn diese nicht einmal im Wortlaut der universellen Menschenrechtsverträge angelegt sind, ist von den deutschen Gerichten konsequent. Die Menschenrechtsverträge gewähren zwar Rechte in vielen Lebensbereichen, doch sollte ein Recht, das aus ihnen abgeleitet wird, zumindest noch im Rahmen einer vertretbaren Auslegung hergeleitet werden können. So ist in dem Beispielsfall dem OVG Bremen dahingehend zuzustimmen, dass der Sozialpakt die öffentlichen Schulen als den Regelfall betrachtet. Der Wortlaut schließt aber die Möglichkeit von Homeschooling nicht aus, sofern dieser den vom Staat festgesetzten Mindestnormen gerecht wird.[776] Der Sozialpakt macht deutlich, dass die Festlegung dieser Mindestanforderungen für die Zulassung von weiteren Schulformen in der Hand des nationalen Gesetzgebers liegt.[777] Allerdings müssen diese so gewählt sein, dass sie auch von anderen Schulformen als den öffentlichen Schulen erfüllt werden können, denn sonst wäre die Zulassung anderer Schulformen absurd.[778] Einen direkten Anspruch auf eine konkrete Schulform gibt Art. 13 Abs. 3 ICESCR indes nicht. Er ist vielmehr auf die Möglichkeit von Alternativen zu öffentlichen Schulen gerichtet.

c. Kein Anspruch auf eine bestimmte Leistung

In einigen Fällen versuchten die Kläger einen konkreten, nach dem Leistungsumfang bestimmten Anspruch aus einem Menschenrechtsvertrag geltend zu machen. Dies wurde von den Gerichten schon mit einem Verweis auf den Wortlaut abgelehnt.

aa. LSG Bayern vom 29.03.2001

Das LSG Bayern hatte in seinem Urteil vom 29.03.2001 über den Anspruch eines Vaters auf Bundeserziehungsgeld für seine Tochter zu entscheiden.[779]

NJW-RR 2012, S. 705 (707); OVG Münster v. 22.05.2012, Rs. 5 A 609/11.A, BeckRS 2012, 51149; BGH v. 29.05.2013, Rs. XII ZB 530/11, BeckRS 2013, 10582 (Rn. 20 ff.); VG Berlin v. 18.06.2013, Rs. VG 3 K 249.13, BeckRS 2013, 53847; VG Düsseldorf v. 30.08.2013, Rs. 8 L 1466/13, BeckRS 2013, 55373; VG Göttingen v. 17.07.2014, Rs. 2 B 195/14, BeckRS 2014, 57031 (II.b.a)cc)).

776 Saul/Kinley/Mowbray, S. 1154.

777 Saul/Kinley/Mowbray, S. 1159.

778 Saul/Kinley/Mowbray, S. 1160.

779 LSG Bayern v. 29.03.2001, Rs. L 9 EG 18/97, BeckRS 9999, 03946.

(1) Sachverhalt und Verfahrensgang

Der Kläger ist polnischer Staatsangehöriger, der seit 1987 befristete Aufenthaltsduldungen und später Aufenthaltserlaubnisse bzw. -befugnisse erhalten hat.[780] Im Jahr 1990 hatte er seine Verlobte geheiratet, die ebenfalls aus Polen stammt. Ihnen wurde 1995 eine Tochter geboren. Der Kläger bezog zu diesem Zeitpunkt Arbeitslosengeld bzw. Arbeitslosenhilfe, während die Frau berufstätig war. Er beantragte Bundeserziehungsgeld für das erste Lebensjahr seiner Tochter. Dieser Antrag wurde von der Familienkasse abgelehnt, da ein Ausländer für einen solchen Anspruch eine Aufenthaltserlaubnis benötige.[781] Der Widerspruch wurde zurückgewiesen. Der Kläger erhob Klage zum SG.

Währenddessen beantragte er Bundeserziehungsgeld für das zweite Lebensjahr der Tochter, welches wiederum abgelehnt wurde.[782] Außerdem wurde ihm eine weitere befristet Aufenthaltserlaubnis bis April 1997 erteilt und ihm mitgeteilt, dass er nachfolgend mit einer Unbefristeten rechnen könne.[783] Diese wurde nach Ablauf der befristeten Aufenthaltsgenehmigung auch erteilt. Die Familienkasse erteilte daraufhin Bundeserziehungsgeld für den Rest des zweiten Lebensjahres der Tochter.[784]

Das SG hat die Klagen gegen beide Versagungen zurückgewiesen, da der Kläger für die Zeiträume nicht im Besitz einer Aufenthaltsberechtigung gewesen sei. Gegen dieses Urteil legte der Kläger Berufung ein.

(2) Urteilsgründe

Das LSG Bayern hat die Berufung als unbegründet zurückgewiesen. Nach der für den Streit gültigen Fassung des BErzGG[785] müsse ein Ausländer für einen Anspruch auf Bundeserziehungsgeld im Besitz einer Aufenthaltsberechtigung sein.[786] Da der Kläger nur im Besitz einer Aufenthaltsbefugnis war, sei ein Anspruch schon nach dem eindeutigen Wortlaut ausgeschlossen.

---

780 LSG Bayern v. 29.03.2001, Rs. L 9 EG 18/97, BeckRS 9999, 03946.

781 LSG Bayern v. 29.03.2001, Rs. L 9 EG 18/97, BeckRS 9999, 03946.

782 LSG Bayern v. 29.03.2001, Rs. L 9 EG 18/97, BeckRS 9999, 03946.

783 LSG Bayern v. 29.03.2001, Rs. L 9 EG 18/97, BeckRS 9999, 03946.

784 LSG Bayern v. 29.03.2001, Rs. L 9 EG 18/97, BeckRS 9999, 03946.

785 Gesetz zum Erziehungsgeld und zur Elternzeit v. 06.12.1985, BGBl. 1985 I, S. 2154, i.d.F. der Änderung v. 23.06.1993, aufgehoben m.W.v. 31.12.2008 durch Art. 3 Abs. 2 Satz 2 Gesetz v. 05.12.2006, BGBl. 2006 I, S. 2748.

786 LSG Bayern v. 29.03.2001, Rs. L 9 EG 18/97, BeckRS 9999, 03946.

Aus dem Assoziierungsabkommen[787] mit Polen ergebe sich keine andere Bewertung, da für den Bereich der sozialen Sicherheit noch keine Regelungen durch den Assoziationsrat getroffen worden seien.[788]

Auch aus den internationalen Menschenrechtsverträgen ließe sich kein Anspruch herleiten. Die in ihnen verbürgten Rechte, die sich auf die Familie beziehen, seien zu unbestimmt formuliert, als dass sich aus ihnen konkrete soziale Leistungsansprüche herleiten ließen.[789] Es sei vielmehr Aufgabe der Staaten festzulegen, mit welchen Maßnahmen die Rechte verwirklicht werden.[790] Insbesondere lasse sich dem Sozialpakt kein Anspruch auf eine familienpolitische Leistung entnehmen.[791]

Die Regelung zum Bundeserziehungsgeld verstoße auch nicht gegen Art. 6 GG, da dieser ebenfalls keinen konkreten Anspruch auf staatliche Leistungen gewähre, solange die Mindestvoraussetzungen für eine menschenwürdige Existenz gewahrt würden.[792] Dies ist bei der Versagung von Erziehungsgeld der Fall, anders sei es nur bei dem Kindergeld.[793]

bb. Weitere Beispiele

In einigen Fällen wurde geurteilt, dass sich aus der Kinderrechtskonvention oder der Behindertenrechtskonvention kein konkreter Anspruch auf Beschulung an einer bestimmten Schule ergebe, wenn die Klassengröße nicht erreicht wurde oder bereits überschritten wurde.[794] Des Weiteren könne aus der Behindertenrechtskonvention kein konkreter, in Stunden bestimmbarer Anspruch auf einen Schulhelfer hergeleitet werden.[795] Außerdem überlasse sie in vielen Bereichen, so auch der Mobilität, dem nationalen Gesetzgeber einen Gestaltungsspielraum.

---

787 Europa-Abkommen zur Gründung einer Assoziation zwischen den Europäischen Gemeinschaften sowie ihren Mitgliedstaaten und der Republik Polen v. 16.12.1991, BGBl. 1993 II, S. 1316.

788 LSG Bayern v. 29.03.2001, Rs. L 9 EG 18/97, BeckRS 9999, 03946.

789 LSG Bayern v. 29.03.2001, Rs. L 9 EG 18/97, BeckRS 9999, 03946.

790 LSG Bayern v. 29.03.2001, Rs. L 9 EG 18/97, BeckRS 9999, 03946.

791 LSG Bayern v. 29.03.2001, Rs. L 9 EG 18/97, BeckRS 9999, 03946.

792 LSG Bayern v. 29.03.2001, Rs. L 9 EG 18/97, BeckRS 9999, 03946.

793 LSG Bayern v. 29.03.2001, Rs. L 9 EG 18/97, BeckRS 9999, 03946.

794 OVG Bautzen v. 14.05.2007, Rs. 2 B 936/04, BeckRS 2007, 23894 (II.1.c)bb)); OVG Bautzen v. 06.08.2010, Rs. 2 B 229/10, LKV 2010, 561 (562); OVG Bautzen v. 13.09.2012, Rs. 2 B 321/12, LKV 2012, 520 (Rn. 19); VG Berlin v. 22.08.2013, Rs. VG 3 L 530.13, BeckRS 2013, 56949.

795 VG Berlin v. 02.11.2009, Rs. 3 L 417/09, BeckRS 2010, 49344 (II.); VG Berlin v. 20.11.2009, Rs. 3 L 1103/09, BeckRS 2011, 55035 (II.).

Daher könne aus ihr nicht ein Anspruch auf ein bestimmtes Kennzeichen für die Nutzung von Behindertenparkplätzen hergeleitet werden.[796]

cc. Konkrete Leistungsansprüche als Aufgabe des nationalen Gesetzgebers

Viele Normen der Menschenrechtsverträge sind sehr offen formuliert und geben dem nationalen Gesetzgeber die konkrete Ausgestaltung der Rechte auf. Hierdurch soll eine höchstmögliche Flexibilität und Anpassung an die nationalen Gegebenheiten ermöglicht werden. Bei der konkreten Ausgestaltung dieser Rechte hat der nationale Gesetzgeber ein weites Ermessen. Daher können konkrete Leistungsansprüche nur in sehr seltenen Fällen direkt aus einem Menschenrechtsvertrag hergeleitet werden.

d. Ablehnung mangels Vorliegen aller Voraussetzungen

In vielen Fällen wurde ein Verstoß gegen einen Menschenrechtsvertrag schon deshalb abgelehnt, weil mangels Vorliegen der nötigen Voraussetzung der Schutzbereich nicht eröffnet war.

aa. BVerwG vom 21.02.2013

In seinem Urteil vom 21.02.2013 entschied das BVerwG über den Erwerb der deutschen Staatsangehörigkeit eines türkischen Kindes.[797]

Die Klägerin wurde 1998 als Kind türkischer Eltern geboren, besitzt die türkische Staatsangehörigkeit und verfügt seit Geburt über Aufenthaltserlaubnisse. Der Vater ist seit 2004 deutscher Staatsangehöriger.[798] 2006 beantragte die Klägerin die deutsche Staatsangehörigkeit unter Hinnahme der Mehrstaatlichkeit, was abgelehnt wurde.[799] Das VG gab der Klage statt. Auf Berufung des Beklagten wies das OVG die Klage ab, da die Klägerin mangels Aufgabe der alten Staatsangehörigkeit keinen Anspruch auf Einbürgerung hätte.[800]

Die Klägerin trägt bei ihrer Revision vor, dass die individuelle Unmöglichkeit der Aufgabe der türkischen Staatsangehörigkeit berücksichtigt werden müsse. Als Minderjährige sei es ihr unmöglich aus der türkischen Staatsangehörigkeit entlassen zu werden.[801]

---

796 LSG Sachsen-Anhalt v. 25.09.2012, Rs. L 7 SB 29/10, BeckRS 2013, 68080.
797 BVerwG v. 21.02.2013, Rs. 5 C 9.12, BayVerwBl. 2013, S. 506.
798 BVerwG v. 21.02.2013, Rs. 5 C 9.12, BayVerwBl. 2013, S. 506 (Rn. 2).
799 BVerwG v. 21.02.2013, Rs. 5 C 9.12, BayVerwBl. 2013, S. 506 (Rn. 2).
800 BVerwG v. 21.02.2013, Rs. 5 C 9.12, BayVerwBl. 2013, S. 506 (Rn. 3).
801 BVerwG v. 21.02.2013, Rs. 5 C 9.12, BayVerwBl. 2013, S. 506 (Rn. 4).

Das BVerwG weist die Revision als unbegründet zurück. Die Klägerin erfülle außer der Beibehaltung der türkischen Staatsangehörigkeit alle Voraussetzungen für eine Einbürgerung.[802] Aus dem türkischen Recht folge, dass sie bis zum Eintritt der Volljährigkeit nicht aus der türkischen Staatsangehörigkeit entlassen werden könne.[803] Nach dem StAG[804] ist eine Einbürgerung bei Mehrstaatlichkeit nur möglich, wenn das Recht des ausländischen Staates ein Ausscheiden aus seiner Staatsangehörigkeit ausschließt oder wenn der ausländische Staat unzumutbaren Bedingungen für die Entlassung aus der Staatsangehörigkeit auferlegt.[805] Daraus folge, dass Bedingungen für die Entlassung grundsätzlich möglich seien, welche hier auch nicht unzumutbar seien.[806]

Das Recht aus Art. 7 CRC eine Staatsangehörigkeit zu erwerben diene dem Schutz staatenloser Kinder und gewähre keinen Anspruch auf eine bestimmte Staatsangehörigkeit bei Bestehender.[807] Weiterhin sei dem Kindeswohlaspekt kein absoluter Vorrang einzuräumen.[808]

bb. Weitere Beispiele

Ähnlich wurde in weiteren Fällen entschieden, die sich mit dem Erwerb der Staatsangehörigkeit befassten.[809] Darüber hinaus ist eine Voraussetzung für die Eröffnung des Anwendungsbereichs der Kinderrechtskonvention die Minderjährigkeit.[810] Art.12 ICCPR setzt einen rechtmäßigen Aufenthalt voraus.[811] Die

802 BVerwG v. 21.02.2013, Rs. 5 C 9.12, BayVerwBl. 2013, S. 506 (Rn. 8).

803 BVerwG v. 21.02.2013, Rs. 5 C 9.12, BayVerwBl. 2013, S. 506 (Rn. 8).

804 Staatsangehörigkeitsgesetz, v. 22.07.1913, RGBl. 1913 I, S. 583, i.d.F. der Änderung v. 01.06.2012.

805 BVerwG v. 21.02.2013, Rs. 5 C 9.12, BayVerwBl. 2013, S. 506 (Rn. 10).

806 BVerwG v. 21.02.2013, Rs. 5 C 9.12, BayVerwBl. 2013, S. 506 (Rn. 18).

807 BVerwG v. 21.02.2013, Rs. 5 C 9.12, BayVerwBl. 2013, S. 506 (Rn. 22).

808 BVerwG v. 21.02.2013, Rs. 5 C 9.12, BayVerwBl. 2013, S. 506 (Rn. 23).

809 BVerwG v. 02.09.2009, Rs. 1 C 2.09, ZAR 2010, S. 284 (Rn. 30); OVG Bremen v. 07.01.2013, Rs. 1 S 295/12, BeckRS 2013, 45417 (2.).

810 BVerwG v. 22.02.1995, Rs. 1 C 11/94, NVwZ 1995, S. 1113 (1116); BVerwG v. 18.06.1996, Rs. 1 C 17/95, NVwZ 1997, S. 192 (194); BVerwG v. 03.06.1997, Rs. 1 C 18/96, NVwZ 1998, S. 189 (189 f.); VG Braunschweig v. 10.01.2006, Rs. 6 B 432/05, BeckRS 2006, 21114 (II.1.b)aa)(3)(c)); OVG Hamburg v. 09.02.2011, Rs. 4 Bs 9/11, BeckRS 2011, 47536 (II.2.d)(c)(4)(cc)).

811 VG Freiburg v. 23.10.2003, Rs. 1 K 664/03, BeckRS 2003, 25495 (2.b.); VG Bremen v. 09.09.2013, Rs. 4 K 185/13, BeckRS 2013, 55672 (2.a)aa)).

Unschuldsvermutung aus Art. 14 ICCPR besteht nur im Strafverfahren, nicht aber bei Auslieferungsersuchen oder Abschiebungshaft.[812]

cc. Notwendigkeit des Vorliegens der Voraussetzungen

Für die Anwendung der Rechtsfolge einer Norm müssen alle Voraussetzungen erfüllt sein. Bei Menschenrechten muss der Sachverhalt dem Schutzbereich des gerügten Rechts unterfallen und dessen Voraussetzungen erfüllen.

Wie das BVerwG ausgeführt hat, wird in Art. 7 Abs. 1 CRC nur ein Recht auf Erwerb einer Staatsangehörigkeit gewährt, um eine Staatenlosigkeit zu verhindern.[813] Ein Anspruch auf Einbürgerung bei bestehender Staatsangehörigkeit folgt aus Art. 7 Abs. 1 CRC gerade nicht.[814] Voraussetzung für ein Recht aus Art. 7 Abs. 1 CRC ist daher vielmehr eine tatsächliche Staatenlosigkeit, welche in diesem Fall nicht vorlag. Damit konnte das BVerwG die Anwendung von Art. 7 Abs. 1 CRC verneinen.

e. Ablehnung mangels Diskriminierung

In einigen Fällen wurde ein Verstoß gegen ein Gleichheitsrecht aus dem jeweiligen Menschenrechtsvertrag damit abgelehnt, dass überhaupt keine Diskriminierung vorliege.

aa. BSG Urteil vom 06.03.2012

In seinem Urteil vom 06.03.2012 entschied das BSG über die Versorgung mit dem Arzneimittel Cialis.[815]

(1) Sachverhalt

Der Kläger leidet an einer erektilen Dysfunktion in Folge einer chronisch progedienten multiplen Sklerose.[816] Er erwarb das Arzneimittel Cialis zur Behandlung der Dysfunktion und beantragte von seiner Krankenkasse die Erstattung des gezahlten Betrags, was diese ablehnte.[817] Das SG hat die auf Kostenerstattung und zukünftige Versorgung mit Cialis gerichtete Klage abgewiesen. Das LSG hat

---

812 BayObLG v. 14.10.1976, Rs. 3 Z 99/76, NJW 1977, S. 1596 (1597); OVG Münster v. 21.12.1988, Rs. 17 A 2618/85, NJW 1989, S. 2209 (2211).

813 Schmahl, Art. 7 (Rn. 5).

814 Schmahl, Art. 7 (Rn. 6).

815 BSG v. 06.03.2012, Rs. B 1 KR 10/11 R, BeckRS 2012, 69634.

816 BSG v. 06.03.2012, Rs. B 1 KR 10/11 R, BeckRS 2012, 69634 (Rn. 2).

817 BSG v. 06.03.2012, Rs. B 1 KR 10/11 R, BeckRS 2012, 69634 (Rn. 2).

die Berufung des Klägers zurückgewiesen, da Cialis aus dem Leistungskatalog der gesetzlichen Krankenkassen ausgeschlossen sei. Der Kläger rügt mit seiner Revision, dass der Ausschluss von Cialis aus dem Leistungskatalog unzulässig Menschen benachteilige, die durch eine erektile Dysfunktion behindert sind.[818] Der BSG wies die Revision als unbegründet zurück.

(2) Urteilsgründe

Ein Anspruch auf Kostenerstattung folge nicht aus dem SGB V[819]. Zwischen der Ablehnung der Kostenübernahme und der Kostenlast des Klägers bestehe zwar ein Ursachenzusammenhang, allerdings müsse es sich dabei um eine Leistung handeln, die die Krankenkasse zu erbringen hat.[820] Versicherte hätten zwar Anspruch auf Versorgung mit Arzneimitteln, wenn sie zur Heilung einer Krankheit dienen, eine Verschlimmerung verhüten oder Beschwerden lindern, nicht aber auf Arzneimittel, bei denen nur eine Erhöhung der Lebensqualität im Vordergrund stehe, insbesondere solche, die der Behandlung von erektiler Dysfunktion dienen.[821]

Dies gelte auch, wenn die erektile Dysfunktion durch eine Krankheit ausgelöst worden sei, da die Regelung keinen Raum für eine teleologische Reduktion auf solche Fälle lasse.[822] Vielmehr bezwecke sie, solche Arzneimittel umfassend aus dem Leistungskatalog auszuschließen.[823]

Auch aus Art. 25 CRPD folge kein Anspruch auf Versorgung mit Cialis. Nach Art. 25 S. 3 CRPD stellen die Vertragsstaaten Menschen mit Behinderungen eine unentgeltliche oder erschwingliche Gesundheitsversorgung in derselben Bandbreite zur Verfügung wie anderen Menschen, einschließlich sexual- und fortpflanzungsmedizinischen Gesundheitsleistungen.[824] Art. 25 S. 3 CRPD gelte in Deutschland als einfaches Bundesrecht, da durch das Zustimmungsgesetz der Rechtsanwendungsbefehl und eine Umsetzung in innerstaatliches Recht erfolgt seien.[825] Als Bundesrecht müssten es die Gerichte bei ihrer Entscheidung beachten. Mangels gefestigter Praxis der Staaten gehöre Art. 25 S. 3 CRPD nicht

---

818 BSG v. 06.03.2012, Rs. B 1 KR 10/11 R, BeckRS 2012, 69634 (Rn. 3).

819 Sozialgesetzbuch Fünftes Buch – Gesetzliche Krankenversicherung v. 20.12.1988, BGBl. 1988 I, S. 2477, i.d.F. der Änderung v. 22.12.2011.

820 BSG v. 06.03.2012, Rs. B 1 KR 10/11 R, BeckRS 2012, 69634 (Rn.10).

821 BSG v. 06.03.2012, Rs. B 1 KR 10/11 R, BeckRS 2012, 69634 (Rn. 12).

822 BSG v. 06.03.2012, Rs. B 1 KR 10/11 R, BeckRS 2012, 69634 (Rn. 14)

823 BSG v. 06.03.2012, Rs. B 1 KR 10/11 R, BeckRS 2012, 69634 (Rn. 14).

824 BSG v. 06.03.2012, Rs. B 1 KR 10/11 R, BeckRS 2012, 69634 (Rn.17).

825 BSG v. 06.03.2012, Rs. B 1 KR 10/11 R, BeckRS 2012, 69634 (Rn. 19).

zu den allgemeinen Regeln des Völkerrechts, die Anwendungsvorrang genießen würden.[826] Art. 25 S. 3 CRPD sei nicht unmittelbar anwendbar, da sich keine individuellen Leistungsrechte aus ihm ableiten ließen, was aus dem Wortlaut und seinem Regelungszusammenhang folge.[827]

Art. 5 Abs. 2 CRPD, der ein allgemeines Diskriminierungsverbot normiere, sei unmittelbar anwendbar.[828] Allerdings knüpfe der Leistungsausschluss nicht an die Behinderung an, sondern erfasse alle gleichermaßen.[829]

bb. Weitere Beispiele

Im Bereich der Behindertenrechtskonvention wurde auch in einigen anderen Fällen entschieden, dass die deutsche Regelung nicht an die Behinderung anknüpfe und damit keine Ungleichbehandlung aufgrund der Behinderung vorliege.[830] In Bezug auf die Frauenrechtskonvention wurde in einigen Fällen eine Diskriminierung mangels Anknüpfung an das Geschlecht abgelehnt.[831] Auch für den Zivilpakt wurde in einigen Fällen eine Diskriminierung aufgrund der Sexualität bzw. des Geschlechts[832] oder der Herkunft[833] abgelehnt. In Bezug auf eine Kündigung eines Lehrers entschied das BAG, dass ein Anknüpfen an seine Funktion in der ehemaligen DDR keine Anknüpfung an die politische Meinung i.S.d. Zivilpakt darstelle und damit keine Diskriminierung vorliege.[834]

cc. Notwendigkeit des Vorliegens einer Diskriminierung

Viele Rechte aus den Menschenrechtsverträgen, insbesondere der Behindertenrechtskonvention, Frauenrechtskonvention und Anti-Rassismus-Konvention, zielen auf einen effektiven Diskriminierungsschutz. Um eine Verletzung eines

826 BSG v. 06.03.2012, Rs. B 1 KR 10/11 R, BeckRS 2012, 69634 (Rn. 21).

827 BSG v. 06.03.2012, Rs. B 1 KR 10/11 R, BeckRS 2012, 69634 (Rn. 23, 25).

828 BSG v. 06.03.2012, Rs. B 1 KR 10/11 R, BeckRS 2012, 69634 (Rn. 29).

829 BSG v. 06.03.2012, Rs. B 1 KR 10/11 R, BeckRS 2012, 69634 (Rn. 32).

830 LSG Schleswig-Holstein v. 11.11.2010, Rs. L 5 KR 64/10, BeckRS 2012, 69635 (II.); BSG v. 31.01.2012, Rs. B 2 U 1 /11 R, BeckRS 2012, 70124 (Rn. 56); VG Augsburg v. 13.03.2012, Rs. Au 3 K 11.1280, BeckRS 2012, 52090 (Rn. 25); BSG v. 10.05.2012, Rs. B 1 KR 78/11 B, BeckRS 2012, 73491 (Rn. 8 ff.).

831 VGH München v. 13.08.1986, Rs. 4 N 85 A.3495, NVwZ 1987, S. 154 (155); BAG v. 27.01.2011, Rs. 6 AZR 526/09, BAGE 137, S. 80 (Rn. 24 ff.); VGH München v. 24.11.2011, Rs. 4 N 1412, BayVerwBl. 2012, S. 115 (Rn. 45).

832 BAG v. 15.05.1997, Rs. 6 AZR 26/96, NJW 1998, S. 1012 (1013); BAG v. 26.10.2006, Rs. 6 AZR 307/06, BAGE 120, S. 55 (Rn. 41).

833 BGH v. 30.10.1980, Rs. III ZR 174/79, NJW 1981, S. 518 (518 f.).

834 BAG v. 17.02.1994, Rs. 8 AZR 68/93, BeckRS 1994, 30916113 (B.III.2.).

Gleichbehandlungsgebotes oder einen Anspruch aus einem solchen festzustellen, bedarf es zunächst einer Diskriminierung. Hierzu gehören sowohl mittelbare als auch unmittelbare Diskriminierungen.[835] Liegt eine solche Diskriminierung nicht vor, kann auch ein Verstoß gegen ein solches Recht nicht vorliegen und auch ein Anspruch daraus nicht hergeleitet werden.

Das BSG hat in dem Beispielsfall die Behindertenrechtskonvention nach den Grundsätzen der Übernahme von Völkerrecht in die deutsche Rechtsordnung geprüft. Es hat nach einer nachvollziehbaren Argumentation Art. 25 CRPD nicht als unmittelbar anwendbar gesehen, Art. 3 CRPD hingegen schon. Folgerichtig wurde auch nur untersucht, ob sich ein Anspruch aus Art. 3 CRPD ergibt. Da aber weder eine mittelbare noch eine unmittelbare Diskriminierung aufgrund der Behinderung des Klägers erfolgte, konnte das BSG hier einen Anspruch aus Art. 3 CRPD ablehnen.

f. Ablehnung mangels Eingriffs

In wenigen Fällen haben deutsche Gerichte zwar ein Recht aus einem Menschenrechtsvertrag als einschlägig angesehen, aber schon einen Eingriff in dieses Recht abgelehnt.

aa. VGH Mannheim vom 15.10.1996

In dem Urteil des VGH Mannheim vom 15.10.1996 geht es um ein Unterlassungsbegehren eines Scientology-Mitglieds wegen einer amtlichen Äußerung des Landtags zur staatlichen Förderung von Veranstaltungen auf denen ein Scientology-Mitglied auftritt.[836]

(1) Sachverhalt

Der Kläger, ein amerikanischer Staatsangehöriger und Scientology-Mitglied, beabsichtigte im Rahmen einer staatlich geförderten Veranstaltung aufzutreten.[837] Die Verhandlungen über den Auftritt wurden jedoch abgebrochen, als die Scientology-Mitgliedschaft bekannt wurde. Die Landesregierung teilte dem Kläger mit, dass sie zwar seinen Glauben respektieren würde, aber ihn dennoch aufgrund seiner religiösen Haltung nicht engagieren werde.[838] In darauffolgenden Verhandlungen der Landesregierung nahm das Ministerium für Familie, Frauen,

---

835 Aichele/Althoff, in: Welke (Hrsg.), S. 104 (106).
836 VGH Mannheim v. 15.10.1996, Rs. 10 S 176/96, NJW 1997, S. 754.
837 VGH Mannheim v. 15.10.1996, Rs. 10 S 176/96, NJW 1997, S. 754.
838 VGH Mannheim v. 15.10.1996, Rs. 10 S 176/96, NJW 1997, S. 754.

Weiterbildung und Kunst aufgrund einer kleinen Anfrage des Landtags Stellung.[839] Grundsätzlich unterliege die Darbietung von Kunst der Liberalität und allein der Künstler trage die Verantwortung für den Inhalt.[840] Allerdings sei eine Grenze des Hinnehmbaren erreicht, wenn der Auftritt allein dazu diene, für die Interessen von bestimmten Gruppen zu werben, die sonst für bekämpfenswert erachtet würden. Zukünftig müsse daher eine Förderung von Veranstaltungen in Frage gestellt werden, bei der aktive und offen bekennende Scientologen und Mitglieder ähnlicher Gruppierungen teilnehmen.[841] Daher wurde von einer Buchung des Klägers abgesehen.

Der Kläger beantragt, den Beklagten dazu zu verpflichten, Äußerungen zu unterlassen, wonach die staatliche Förderung von Veranstaltungen in Frage gestellt sei, wenn der Kläger als Scientologe auftrete. Weiterhin beantragt er, den Beklagten dazu zu verpflichten, die Äußerung zu widerrufen. Hilfsweise begehrt er die Feststellung, dass er durch die Äußerung in seinen Rechten verletzt wurde.[842] Das VG hat die Klage abgewiesen und der VGH hat die Berufung zurückgewiesen.

(2) Urteilsgründe

Eine Rechtsposition des Klägers könne sich hier aus Art. 4 Abs. 1, 140 GG i.V.m. § 36 WRV[843], Art. 9 EMRK und Art. 18 ICCPR ergeben.[844] Allerdings stelle die streitige Äußerung noch keinen Eingriff in die Weltanschauungsfreiheit dar.[845] Es fehle an der Zielgerichtetheit und sie wirke nicht mit Gestaltungsabsicht auf den Schutzbereich der Weltanschauungsfreiheit ein.[846] Die Äußerung des Ministeriums diene allein zur Information der Landesregierung und beziehe sich auf den Fall, dass ein Scientologe aktiv bei einer geförderten Veranstaltung für Scientology werbe.[847] Die Befürchtung des Klägers, dass seine Angebote für Konzertauftritte in Baden-Württemberg sinken, setzt ihn angesichts seines internationalen Erfolgs nicht so stark unter Druck, als dass er sich gezwungen sehe

839 VGH Mannheim v. 15.10.1996, Rs. 10 S 176/96, NJW 1997, S. 754.
840 VGH Mannheim v. 15.10.1996, Rs. 10 S 176/96, NJW 1997, S. 754 (755).
841 VGH Mannheim v. 15.10.1996, Rs. 10 S 176/96, NJW 1997, 754 (755).
842 VGH Mannheim v. 15.10.1996, Rs. 10 S 176/96, NJW 1997, 754 (755).
843 Verfassung des Deutschen Reichs, Weimarer Verfassung v. 11.08.1919, RGBl. 1919 I, S. 1383.
844 VGH Mannheim v. 15.10.1996, Rs. 10 S 176/96, NJW 1997, S. 754 (755).
845 VGH Mannheim v. 15.10.1996, Rs. 10 S 176/96, NJW 1997, S. 754 (755).
846 VGH Mannheim v. 15.10.1996, Rs. 10 S 176/96, NJW 1997, S. 754 (755 f.).
847 VGH Mannheim v. 15.10.1996, Rs. 10 S 176/96, NJW 1997, S. 754 (755).

seine Weltanschauung aufzugeben.[848] Außerdem betreffe dies nicht seine Weltanschauung, sondern vielmehr nur seine wirtschaftlichen Interessen.[849]

Ein Eingriff in Art. 3 Abs. 2 S. 1 GG und Art. 26 ICCPR liege ebenfalls nicht vor, da sich die Äußerung nicht auf die Weltanschauung des Klägers, sondern auf eine bestimmte Verfahrensweise für die Subventionierung Dritter beziehe.[850] Des Weiteren beziehe sich eine eventuelle Versagung einer Subventionierung auf Praktiken und Methoden von Scientology, die nicht unter den Schutzbereich von Art. 4 GG fallen.[851]

Ein Eingriff in die Kunstfreiheit aus Art. 5 Abs. 3 S. 1 GG liege ebenfalls nicht vor, da keinerlei Einfluss auf die Kunstinhalte genommen werde.[852] Auch ein Eingriff in die allgemeine Handlungsfreiheit liege nicht vor.[853]

bb. Weitere Beispiele

In einem ähnlichen Fall vor dem OVG Hamburg wurde entschieden, dass die Technologie-Erklärung, nach welcher ein Unternehmer erklären muss, dass er keine Scientology-Technologien anwendet, keinen Eingriff in die Weltanschauungsfreiheit aus dem Zivilpakt darstelle.[854] Weiterhin wurde entschieden, dass die Berufungsfrist keine Beeinträchtigung des Rechts auf Zugang zu den Gerichten aus dem Zivilpakt darstelle.[855]

cc. Betrachtung unter modernem Eingriffsbegriff

Ähnlich der Prüfung von deutschen Grundrechten muss auch ein Recht aus einem Menschenrechtsvertrag tatsächlich eingeschränkt werden, um einen Verstoß annehmen zu können. Ist die staatliche Regelung noch so gering, dass kein Eingriff vorliegt, kann ein Verstoß gegen das Recht abgelehnt werden. Allerdings kann mit dem modernen Eingriffsbegriff sehr schnell ein Eingriff angenommen werden, da dieser jedes staatliche Handeln umfasst, das jemandem ein grundrechtlich geschütztes Verhalten ganz oder teilweise unmöglich macht, gleichgültig ob diese Wirkung final oder unbeabsichtigt war.[856]

---

848 VGH Mannheim v. 15.10.1996, Rs. 10 S 176/96, NJW 1997, S. 754 (756).
849 VGH Mannheim v. 15.10.1996, Rs. 10 S 176/96, NJW 1997, S. 754 (756).
850 VGH Mannheim v. 15.10.1996, Rs. 10 S 176/96, NJW 1997, S. 754 (756).
851 VGH Mannheim v. 15.10.1996, Rs. 10 S 176/96, NJW 1997, S. 754 (756).
852 VGH Mannheim v. 15.10.1996, Rs. 10 S 176/96, NJW 1997, S. 754 (757).
853 VGH Mannheim v. 15.10.1996, Rs. 10 S 176/96, NJW 1997, S. 754 (757).
854 OVG Hamburg v. 17.06.2004, Rs. 1 Bf 198/00, BeckRS 2004, 24353 (II.5.).
855 BSG v. 01.09.1993, Rs. 13 BJ 5 /93, BeckRS 1993, 31032247.
856 Pieroth/Schlink/Kingreen/Poscher, S. 65.

Der VGH Mannheim folgt hier eindeutig dem klassischen Eingriffsbegriff, nach dem ein Eingriff dann vorliegt, wenn die Handlung des Staates gezielt und unmittelbar in ein Grundrecht eingreift.[857] Nach dieser klassischen Definition des Eingriffs mangelt es in dem Beispielsfall an der Zielgerichtetheit und der Unmittelbarkeit, da die Äußerung nicht auf einen Eingriff in die Weltanschauungsfreiheit abzielte und der Kläger nicht unmittelbar betroffen war. Vor dem Hintergrund des modernen Eingriffsbegriffs, nach dem schon eine unbeabsichtigte Erschwerung des grundrechtlich geschützten Verhaltens ausreicht,[858] hätte der Fall aber anders bewertet werden müssen. Zwar zielt die Äußerung des Ministeriums auf die Problematik der Subventionierung von Veranstaltungen, bei denen aktiv bekennende Scientologen Werbung für ihre Weltanschauung machen könnten, allerdings werden Veranstalter, welche die Förderung erhalten wollen, aus diesem Grund auf die Buchung eines Scientologen verzichten, was ein mittelbarer Eingriff[859] sein kann. Die Äußerung ist zwar nicht auf eine Beschränkung der Weltanschauungsfreiheit gerichtet, stellt aber faktisch eine Störung dieser dar, womit ein Eingriff vorliegt. Allerdings kann dieser gerechtfertigt werden, da nach Art. 18 Abs. 3 ICCPR die Weltanschauungsfreiheit Einschränkungen unterworfen werden kann, die zum Schutz der öffentlichen Sicherheit, Ordnung, Gesundheit, Sittlichkeit oder der Rechte anderer erforderlich sind.

Der moderne Eingriffsbegriff sollte auch im Bereich der internationalen Menschenrechte angewendet werden. Auch wenn damit sehr schnell ein Eingriff angenommen werden kann, so kann dieser oftmals durch die Schranken der Menschenrechte gerechtfertigt werden.

g. *Rechtfertigung*

In mehreren Fällen haben die deutschen Gerichte hingegen einen Eingriff in ein internationales Menschenrecht bejaht, diesen dann aber als gerechtfertigt angesehen.

aa. VG Hamburg vom 22.12.2008

In seinem Urteil vom 22.12.2008 entschied das VG Hamburg über die Rechtmäßigkeit des Büchergeldes.[860]

---

857 Vgl. Detterbeck, S. 123; Hufen, S. 105.

858 Detterbeck, S. 120.

859 Vgl. Hufen, S. 10.

860 VG Hamburg vom 22.12.2008, Rs. 15 K 656/07, BeckRS 2009, 30091.

Die Schule des Klägers beschloss 2006 die Grundsätze für die Lernmittelbeschaffung für das kommende Schuljahr. Es wurde eine Paketlösung zu einem Paketpreis angeboten, nach der bestimmte Bücher durch die Schule für die Erziehungsberechtigten gekauft würden und für andere eine Mietgebühr anfalle.[861] Die Kläger wenden sich gegen die anfallende Gebühr. Ein Widerspruchsverfahren blieb erfolglos. Die Kläger legten Klage beim VG ein, da mit der Schulpflicht eine Lernmittelfreiheit einhergehen müsse.[862] Die Klage wurde als unbegründet zurückgewiesen.

Die Beitragsfestsetzung stütze sich auf eine hinreichend bestimmte Rechtsgrundlage.[863] Bei Gebühren genüge es, wenn erkennbar sei, für was und zu welchem Zweck Gebühren erhoben würden, wobei die exakte Festlegung eines Betrages nicht nötig sei.[864] Das Hamburger Schulgesetz umreiße deutlich die Finanzierungsverantwortlichkeit der Eltern bzw. volljährigen Schüler für Lernmittel.[865] Die Möglichkeit der Nutzung von Lernmitteln gegen Gebühr diene lediglich einer Verringerung der Kosten.[866]

Das VG Hamburg erkennt die Anwendbarkeit des Art. 13 Abs. 2 lit. b ICESCR, der durch Transformation im Range eines Bundesgesetzes steht, an.[867] Auch aufgrund der gebotenen Auslegung sei von einer unmittelbaren Anwendbarkeit auszugehen.[868] Allerdings stehe dieser der Entgeltlichkeit von Lernmitteln nicht entgegen. Der Schutzbereich des Art. 13 Abs. 2 lit. b ICESCR sei eröffnet und das Büchergeld stelle einen indirekten Eingriff dar, da es den Zugang zum Unterricht erschweren könne.[869] Jedoch sei diese Einschränkung nach Art. 4 ICESCR zulässig und verhältnismäßig. Nach Art. 4 ICESCR seien Einschränkungen in die Rechte aus dem ICESCR möglich, wenn sie gesetzlich vorgesehen sind, mit der Natur der Rechte vereinbar sind und der Förderung des allgemeinen Wohls dienen.[870] Zunächst betreffe das Büchergeld nur einen Randbereich des Rechts auf Bildung. Es diene außerdem der Förderung des allgemeinen Wohls in einer demokratischen Gesellschaft, da durch das Büchergeld eine qualitativ

---

861 VG Hamburg vom 22.12.2008, Rs. 15 K 656/07, BeckRS 2009, 30091.
862 VG Hamburg vom 22.12.2008, Rs. 15 K 656/07, BeckRS 2009, 30091.
863 VG Hamburg vom 22.12.2008, Rs. 15 K 656/07, BeckRS 2009, 30091 (IV.2.a.).
864 VG Hamburg vom 22.12.2008, Rs. 15 K 656/07, BeckRS 2009, 30091 (IV.2.a.).
865 VG Hamburg vom 22.12.2008, Rs. 15 K 656/07, BeckRS 2009, 30091 (IV.2.a.).
866 VG Hamburg vom 22.12.2008, Rs. 15 K 656/07, BeckRS 2009, 30091 (IV.2.a.).
867 VG Hamburg vom 22.12.2008, Rs. 15 K 656/07, BeckRS 2009, 30091 (IV.2.c.).
868 VG Hamburg vom 22.12.2008, Rs. 15 K 656/07, BeckRS 2009, 30091 (IV.2.c.).
869 VG Hamburg vom 22.12.2008, Rs. 15 K 656/07, BeckRS 2009, 30091 (IV.2.c.).
870 VG Hamburg vom 22.12.2008, Rs. 15 K 656/07, BeckRS 2009, 30091 (IV.2.c.).

hochwertige Versorgung der Schulen erreicht werde und damit die Qualität des Unterrichts und Bildungsstandes verbessert würde.[871] Auch sei das Büchergeld verhältnismäßig, da es einerseits durch die gesetzlichen Regelungen absolut begrenzt sei und andererseits Ausnahmetatbestände eine sozialverträgliche Ausgestaltung darstellten.[872]

bb. Weitere Beispiele

Das BVerwG hat entschieden, dass eine Einwilligung in den Verzicht auf eine mündliche Verhandlung im Rahmen Art. 14 Abs. 1 S. 2 ICCPR möglich sei.[873] Der VGH Kassel ist in diesem Zusammenhang sogar noch weiter gegangen und entschied, dass schon ein nicht erfolgter Widerspruch gegen den Verzicht auf eine mündliche Verhandlung genüge.[874] Eine Zwangsbehandlung kann zur Wiederherstellung der Voraussetzung der Selbstbestimmungsfreiheit unter den engen Grenzen der Behindertenrechtskonvention zulässig sein.[875] Auch die Beschränkung von Aufenthaltsgenehmigungen sei gem. Art. 12 Abs. 3 ICCPR durch gesetzlich vorgesehene Einschränkungen gerechtfertigt.[876]

cc. Viele Eingriffe gerechtfertigt

Gerade durch den modernen Eingriffsbegriff kann sehr schnell ein Eingriff bejaht werden und es ist unmöglich, dass nie in ein Recht eingegriffen wird oder ein solches nie berührt wird. Aus diesem Grund gibt es oftmals eine Rechtfertigung für einen Eingriff.[877] Viele Rechte aus den Menschenrechtsverträgen sehen selbst Schranken vor und die Verträge enthalten oft Vorschriften, die bestimmen, dass die Rechte unter bestimmten Voraussetzungen eingeschränkt werden dürfen.[878] Allerdings sollte diese Möglichkeit nicht durch einen pauschalen Hinweis, dass das Recht eingeschränkt werden darf, überstrapaziert werden. Vielmehr sind die einzelnen Voraussetzungen für die Einschränkbarkeit dezidiert zu prüfen.

---

871 VG Hamburg vom 22.12.2008, Rs. 15 K 656/07, BeckRS 2009, 30091 (IV.2.c.).

872 VG Hamburg vom 22.12.2008, Rs. 15 K 656/07, BeckRS 2009, 30091 (IV.2.c.).

873 BVerwG v. 28.06.1983, Rs. 9 C 15/83, DVBl. 1983, S. 1014; BVerwG v. 22.01.1998, Rs. 2 C 4/97, NVwZ 1999, S. 404.

874 VGH Kassel v. 10.07.1995, Rs. 9 UE 3213/94, NVwZ-RR 1996, S. 543 (544).

875 AG Bremerhaven v. 15.12.2011, Rs. 6 XVII C 159/09, BeckRS 2012, 06831 (II.2).

876 OLG Stuttgart v. 07.05.1982, Rs. 3 Ss (12) 41/82, NStZ 1982, S. 385 (386); OLG Stuttgart v. 27. 11.1985, Rs. 3 Ss 383/85, NVwZ 1986, S. 246 (247).

877 Hufen, S. 113.

878 Z.B. Art. 4 ICESCR, Art. 18 Abs. 3, Art. 19 Abs. 3, Art. 22 Abs. 2 ICCPR, Art. 13 Abs. 2, Art. 14 Abs. 3, Art. 15 Abs. 2 CRC.

Das VG Hamburg hat hier alle Voraussetzungen des Art. 4 ICESCR geprüft und konnte daher das Büchergeld als gerechtfertigt ansehen. Wird der Eingriff als gerechtfertigt angesehen, ist es folgerichtig einen Verstoß gegen das betreffende Recht abzulehnen.

2. *Annahme eines Verstoßes*

In wenigen Urteilen wurde hingegen ein Verstoß gegen einen Menschenrechtsvertrag angenommen.

a. *AG Hamm vom 19.03.2007*

In seinem Urteil vom 19.03.2007 hatte das AG Hamm über die Anerkennung einer Adoption eines Kindes aus der Türkei zu entscheiden.[879]

Die kinderlosen Antragssteller hatten sich an Verwandte in der Türkei gewandt und mit diesen vereinbart, dass diese ein Kind zur Welt bringen, welches dann von den Antragsstellern adoptiert würde.[880] Nach der Geburt des Kindes waren die Antragssteller über längere Zeit mit dem Kind in der Türkei zusammen.[881] Die Adoption wurde vom Amtsgericht Altintas/Türkei ausgesprochen und die Antragssteller beantragen diese nach dem Adoptionswirkungsgesetz[882] in Deutschland anzuerkennen.[883]

Die Adoption sei nicht anerkennungsfähig. Die Türkei sei zwar Mitglied des Haager Adoptionsübereinkommens[884], aber die Vorschriften dieses Übereinkommens seien von dem türkischen Gericht nicht eingehalten worden, weil die dort genannten zentralen Behörden nicht beteiligt worden seien.[885] Daher bestimme sich die Adoption nach § 16a FGG[886], nach dem eine Adoption ausgeschlossen sei, wenn die Anerkennung zu einem Ergebnis führt, das mit wesentlichen Grundsätzen des deutschen Rechts unvereinbar wäre.

---

879 AG Hamm v. 19.03.2007, Rs. XVI 23/06, BeckRS 2007, 31437.

880 AG Hamm v. 19.03.2007, Rs. XVI 23/06, BeckRS 2007, 31437 (I.).

881 AG Hamm v. 19.03.2007, Rs. XVI 23/06, BeckRS 2007, 31437 (I.).

882 Gesetz über die Wirkungen der Annahme als Kind nach ausländischem Recht v. 05.11.2001, BGBl. 2001 I, S. 2950.

883 AG Hamm v. 19.03.2007, Rs. XVI 23/06, BeckRS 2007, 31437 (I.).

884 Haager Übereinkommen über den Schutz von Kindern und die Zusammenarbeit auf dem Gebiet der internationalen Adoption v. 29.05.1993, BGBl. 2001 II, S. 1034.

885 AG Hamm v. 19.03.2007, Rs. XVI 23/06, BeckRS 2007, 31437 (II.).

886 Gesetz über die Angelegenheiten der freiwilligen Gerichtsbarkeit v. 20.05.1898, RGBl. 1898, S. 771, i.d.F. der Änderung v. 19.02.2007, aufgehoben m.W.v. 01.09.2009 durch das Gesetz zur Reform des Verfahrens in Familiensachen und in den Angelegenheiten der freiwilligen Gerichtsbarkeit v. 17.12.2008, BGBl. 2008 I S. 2586.

Deutschland und Türkei seien Vertragsstaaten der Kinderrechtskonvention. In dieser sei insbesondere festgelegt, dass ein Kind das Recht habe, seine Eltern zu kennen und von diesen betreut zu werden, wobei eine internationale Adoption als andere Form der Betreuung angesehen werden könne.[887] Die Vereinbarung der Antragssteller und der Verwandten, wonach das Kind bestellt wurde und lediglich zur Weitergabe zur Welt gebracht wurde, verletze die Rechte des Kindes massiv.[888] Das türkische Gericht habe sich über das Recht des Kindes bei seinen Eltern bzw. in seinem Herkunftsland aufzuwachsen hinweggesetzt.[889] Das Kind werde aus seinem natürlichen Familienverbund herausgerissen und an ein Ehepaar übergeben, dessen Eignung als Adoptiveltern nicht überprüft worden sei.[890] Des Weiteren solle das Kind in ein fremdes Land gebracht werden, in dem die Adoptiveltern kaum integriert seien und somit auch nicht zur Integration des Kindes beitragen könnten.[891] Die türkische Adoptionsentscheidung sei nicht an dem Kindeswohl ausgerichtet und greife schwer in die Rechte aus der Kinderrechtskonvention ein.[892] Daher sei die Anerkennung in Deutschland nicht möglich.

b. Weitere Beispiele

In ähnlicher Weise wurden weitere internationale Adoptionen abgelehnt. So wurde die Adoption eines thailändischen Kindes sowie eines russischen Kindes abgelehnt, da die Verhältnisse im Heimatland nicht i.S.d. Art. 21 lit. b CRC geprüft worden seien.[893] Weiterhin wurde eine lange Verfahrensdauer in einem Asylverfahren als Verletzung des Kindeswohls und der Kinderrechtskonvention gesehen.[894]

c. Keine Klärung der Anwendbarkeit

Auffällig ist, dass bei diesen Fällen nicht die unmittelbare Anwendbarkeit der Kinderrechtskonvention geprüft wurde. Es scheint fast, als ob die Gerichte hier von einer unmittelbaren Anwendbarkeit ausgegangen sind. Die Entscheidungen

887 AG Hamm v. 19.03.2007, Rs. XVI 23/06, BeckRS 2007, 31437 (II.).
888 AG Hamm v. 19.03.2007, Rs. XVI 23/06, BeckRS 2007, 31437 (II.).
889 AG Hamm v. 19.03.2007, Rs. XVI 23/06, BeckRS 2007, 31437 (II.).
890 AG Hamm v. 19.03.2007, Rs. XVI 23/06, BeckRS 2007, 31437 (II.).
891 AG Hamm v. 19.03.2007, Rs. XVI 23/06, BeckRS 2007, 31437 (II.).
892 AG Hamm v. 19.03.2007, Rs. XVI 23/06, BeckRS 2007, 31437 (II.).
893 AG Nürnberg v. 01.04.2009, Rs. XVI 61/08, BeckRS 2010, 22275 (II.); AG Düsseldorf v. 02.10.2009, Rs. 98 XVI 16/08, BeckRS 2009, 44386.
894 VG Frankfurt a.M. v. 07.02.2014, Rs. 7 K 213/14.F.A, BeckRS 2014, 49943.

könnten aber auch dahingehend verstanden werden, dass die Kinderrechtskonvention zur Bestimmung der Grundsätze des deutschen Rechts i.S.d. Art. 16a FGG als eine Art Auslegungshilfe genutzt wurden. Allerdings ist zu beachten, dass es sich bei diesen Fällen um Sachverhalte mit internationalem Bezug handelt, bei denen die Kinderrechtskonvention im Verhältnis zwischen ihren Vertragsstaaten einheitliche Normen aufstellt. Auch wenn es hier nicht um eine Streitigkeit zwischen Deutschland und anderen Staaten geht, so kann Art. 21 lit. b CRC als ein gemeinsamer Nenner für die Voraussetzungen einer internationalen Adoption für Vertragsstaaten der Kinderrechtskonvention gesehen werden.

Ungeachtet der Frage, ob es den Gerichten bei der Anwendung von Art. 21 lit. b CRC um eine unmittelbare Anwendung, die Auslegung deutschen Rechts oder das Finden einer geltenden Norm bei einem grenzüberschreitenden Sachverhalt ankam, so haben die Urteile Ziel und Zweck des Art. 21 lit. b CRC verfolgt. Dieser dient mit seinen strengen Voraussetzungen für eine internationale Adoption nämlich dem Schutz von Kindern, insbesondere vor Kinderhandel, und der Berücksichtigung des Kindesinteresses.[895] Jedoch wirft die recht freischwebende Prüfung von Art. 21 lit. b CRC die Frage nach einer dogmatischen Begründung auf. Aufgrund der konkreten Formulierung von Art. 21 lit. b CRC bedarf es keiner weiteren Ausformulierung für dessen Vollzug und somit kann eine unmittelbare Anwendbarkeit für internationale Adoptionen gut vertreten werden.[896]

III. Unmittelbare Anwendbarkeit

Viele Gerichte beschäftigen sich bei Sachverhalten, bei denen ein internationaler Menschenrechtsvertrag eine Rolle spielt, mit der Frage, ob dieser oder die geltend gemachte Norm eines solchen überhaupt unmittelbar anwendbar ist. Während in einer Vielzahl von Urteilen eine unmittelbare Anwendbarkeit auf verschiedene Art und Weise abgelehnt wurde, bejahten einige Gerichte diese.

1. Ablehnung der unmittelbaren Anwendbarkeit

Die unmittelbare Anwendbarkeit wurde von den deutschen Gerichten auf verschiedene Weise abgelehnt. Manche beriefen sich auf die Erklärung der Bundesrepublik Deutschland zur Kinderrechtskonvention, andere lehnten eine unmittelbare Anwendbarkeit gänzlich ohne Prüfung ab. Manche prüften den kompletten Menschenrechtsvertrag auf seine unmittelbare Anwendbarkeit hin,

895 Schmahl, Art. 20/21 (Rn. 21).

896 Zu den Voraussetzungen der unmittelbaren Anwendbarkeit s.o. Kapitel 2 B.II.1.d.

während andere die konkrete Norm untersuchten. Ein beliebter Ablehnungsgrund ist vor allem das Argument, dass die Menschenrechtsverträge keine Individualrechte gewähren würden.

a. Ablehnung der unmittelbaren Anwendbarkeit aufgrund des Vorbehalts

Insbesondere bei der Kinderrechtskonvention haben einige Gerichte mit Verweis auf die Erklärung der Bundesrepublik Deutschland bei Ratifikation eine unmittelbare Anwendbarkeit ohne weitere Prüfung abgelehnt.

aa. VG München vom 21.02.2006

Das VG München entschied in seinem Urteil vom 21.02.2006 über die Asylanträge zweier angolanischer Kinder.[897]

(1) Sachverhalt

Die 1988 und 1992 geborenen Kläger sind angolanische Staatsangehörige und über den Landweg nach Deutschland gelangt.[898] Ihre Eltern sind verstorben und sie haben zuletzt in Luanda gelebt, mussten die Stadt aber aufgrund des Krieges verlassen.[899] Sie befürchten bei einer Rückkehr nach Angola Opfer der Bürgerkriegssituation zu werden. Ihre Asylanträge wurden abgelehnt. Hiergegen haben sie Klage erhoben. Beide leiden seit der Flucht aus Angola an schweren psychischen Störungen und eine Rückkehr würde diese stark verschlimmern.[900] Das VG München sah die Klage als teilweise begründet an.

(2) Urteilsgründe

Die Ablehnung des Asylantrags sei schon mangels einer vorgetragenen Direkteinreise nach Deutschland rechtmäßig.[901] Ein Abschiebungshindernis ergebe sich allerdings bei beiden Klägern aus ihren individuellen Krankenbildern.[902] Gerade bei posttraumatischen Belastungsstörungen aufgrund der Verhältnisse im Heimatland sei eine Retraumatisierung durch eine Rückkehr zu beachten.[903] Die fachärztlichen Stellungnahmen bestätigten die Zustände der Kläger und

---

897 VG München v. 21.02.2006, Rs. M 21 K 03.50460, BeckRS 2006, 31377.
898 VG München v. 21.02.2006, Rs. M 21 K 03.50460, BeckRS 2006, 31377.
899 VG München v. 21.02.2006, Rs. M 21 K 03.50460, BeckRS 2006, 31377.
900 VG München v. 21.02.2006, Rs. M 21 K 03.50460, BeckRS 2006, 31377.
901 VG München v. 21.02.2006, Rs. M 21 K 03.50460, BeckRS 2006, 31377 (2.).
902 VG München v. 21.02.2006, Rs. M 21 K 03.50460, BeckRS 2006, 31377 (4.2.).
903 VG München v. 21.02.2006, Rs. M 21 K 03.50460, BeckRS 2006, 31377 (4.2.).

legten dar, dass eine Behandlung nur in Deutschland erfolgen könne, da es eine solche in Angola nicht gebe, was insbesondere aus der von brutalem Bürgerkrieg geprägten Lage in Angola folge.[904] Des Weiteren sei nicht absehbar, dass die Kläger Familienangehörige wiederfinden könnten.[905] Daher lägen genug Gründe für ein Abschiebungshindernis vor.

Darüber hinaus gehe das Gericht von einem Vorliegen einer extremen Gefahr i.S.d. Aufenthaltsgesetzes aus, sodass auch dies ein Abschiebungshindernis begründe.[906]

Auch lasse sich ein Abschiebungshindernis aus dem Minderjährigenschutz ableiten.[907] Allerdings sei eine Anwendbarkeit der Kinderrechtskonvention nicht möglich, da Deutschland den bei Ratifikation abgegebenen Vorbehalt, die Konvention nicht im Inland anzuwenden, nicht aufgegeben habe, was das Gericht im Übrigen als Skandal empfinde.[908] Allerdings folge der Minderjährigenschutz schon aus der Rechts- und Werteordnung des Grundgesetzes. Diesen besonderen Schutz könnten auch nichtdeutsche Kinder beanspruchen[909] und es sei ein Abschiebungsverbot für die beiden Kläger festzustellen.

bb. Weitere Beispiele

Mehrere Gerichte gehen mit einem pauschalen Hinweis auf die Erklärung der Bundesrepublik davon aus, dass die Kinderrechtskonvention nicht unmittelbar anwendbar sei[910] und damit auch keine Individualrechte verleihe.[911] Allein das VG Frankfurt argumentiert, dass die Erklärung gültig sei, da sie nur ungültig wäre, wenn sie gegen Ziel und Zweck der gesamten Kinderrechtskonvention gerichtet wäre.[912] In einem weiteren Urteil geht es ebenfalls davon aus, dass die

904 VG München v. 21.02.2006, Rs. M 21 K 03.50460, BeckRS 2006, 31377 (4.2.1.).
905 VG München v. 21.02.2006, Rs. M 21 K 03.50460, BeckRS 2006, 31377 (4.2.1.).
906 VG München v. 21.02.2006, Rs. M 21 K 03.50460, BeckRS 2006, 31377 (4.2.2.).
907 VG München v. 21.02.2006, Rs. M 21 K 03.50460, BeckRS 2006, 31377 (4.2.2.).
908 VG München v. 21.02.2006, Rs. M 21 K 03.50460, BeckRS 2006, 31377 (4.2.2.).
909 VG München v. 21.02.2006, Rs. M 21 K 03.50460, BeckRS 2006, 31377 (4.2.2.).
910 OVG Schleswig-Holstein v. 23.02.1999, Rs. 4 L 195/98, BeckRS 2000, 21099 (Rn. 22); VG München v. 02.03.2000, Rs. M 17 K 98.3623/M 17 K 99.2317, NVwZ-Beil. 2000, S. 130 (134); VG Ansbach v. 31.03.2004, Rs. AN 15 K 02.32519, BeckRS 2004, 32216; VGH Mannheim v. 18.01.2006, Rs. 13 S 2220/05, ZAR 2006, S. 142 (145); VG Oldenburg v. 30.05.2008, Rs. 11 B 1302/08, BeckRS 2008, 37557.
911 OVG Hamburg v. 30.03.1999, Rs. Bf VI 25/96, NVwZ-RR 2000, S. 116 (117); OVG Lüneburg v. 19.08.2007, Rs. 8 LA 67/07, 7 LC 229/06, BeckRS 2007, 28160; OVG Lüneburg v. 06.11.2007, Rs. 8 LA 67/07, BeckRS 2007, 28161.
912 VG Frankfurt a.M. v. 15.01.1996, Rs. 14 G 50002/96, NVwZ-Beil. 1996, S. 29.

Kinderrechtskonvention nicht unmittelbar anwendbar sei, führt aber aus, dass für eine Anwendung die Erklärung als ungültig erachtet werden müsste.[913]

cc. Notwendigkeit der Prüfung der Erklärung

Da die Kinderrechtskonvention keine Regelung zur Überprüfung von Vorbehalten enthält, sind die deutschen Gerichte dazu berufen, die Zulässigkeit von Vorbehalten bei der Anwendung der CRC zu überprüfen.[914] Diese hätte das VG München ohne weiteres vornehmen können. Der Ausländervorbehalt ist ohnehin unzulässig, da es bei der Betrachtung eben nicht auf die Gesamtheit des Ziels und Zwecks der Kinderrechtskonvention ankommt, sondern auf Ziel und Zweck der konkreten Norm, für die der Vorbehalt gilt.[915] Auch die Interpretationserklärung hätte die Gerichte nicht zwingend an einer unmittelbaren Anwendung hindern müssen.[916] Eine Interpretationserklärung entfaltet völkerrechtlich keine Wirksamkeit, sondern legt nur Leitlinien für die Auslegung der Kinderrechtskonvention fest, führt aber nicht zu einem unumstößlichen Interpretationsergebnis und die deutschen Gerichte können immer noch aufgrund ihrer Unabhängigkeit zu einem anderen Ergebnis gelangen.[917] Damit hätte das VG München in dem Beispielsfall auch ein anderes Ergebnis vertreten können, ohne das Aufrechterhalten der Erklärungen durch die Bundesrepublik Deutschland nur als Skandal zu empfinden.

b. Ablehnung der unmittelbaren Anwendbarkeit ohne Prüfung

Einige Gerichte haben die Möglichkeit einer unmittelbaren Anwendbarkeit schon von vornherein ausgeschlossen, ohne diese tatsächlich zu überprüfen.

aa. VG Minden vom 24.08.2009

Das VG Minden entschied in seinem Beschluss im Verfahren des vorläufigen Rechtsschutzes über die Zuweisung eines Kindes mit Lernbehinderung an eine Förderschule.[918]

913 VG Frankfurt a.M. v. 22.10.2003, Rs. 1 G 3914/03, BeckRS 2004, 21112 (II.).
914 Cremer, InfAuslR 2009, S. 436 (440).
915 S. Kapitel 2 A.IV.4.a.bb.
916 S.o. Kapitel 2 A.IV.4.b.bb.
917 Lorz, S. 29.
918 VG Minden v. 24.08.2009, Rs. 2 L 405/09, BeckRS 2010, 50067 (1.).

(1) Sachverhalt

Der Antragssteller wurde bisher in der Grundschule in einer integrativen Klasse beschult. Aufgrund seiner Auffälligkeiten im Grundschulunterricht wurde ein Gutachten zur Notwendigkeit einer sonderpädagogischen Förderung erstellt.[919] In diesem Gutachten wurden erhebliche Defizite des Antragsstellers beim Lernen und dem Folgen des Unterrichts festgestellt.[920] Das Gutachten kommt aus diesen Gründen zu dem Schluss, dass ein sonderpädagogischer Förderbedarf im Bereich Lernen vorliegt.[921] Aus diesen Gründen wurde der Antragssteller mit Bescheid an eine Förderschule mit Förderschwerpunkt Lernen zugeteilt und dieser Bescheid wurde für sofort vollstreckbar erklärt.[922]

Der Antragssteller beantragt daher im vorläufigen Rechtsschutz die Wiederherstellung der aufschiebenden Wirkung und hilfsweise eine Beschulung in der integrativen Lerngruppe der Grundschule bis zur Entscheidung in der Hauptsache.

(2) Urteilsgründe

Das VG Minden weist den Antrag als unbegründet zurück. Die Begründung der Anordnung des Sofortvollzugs genüge den formellen Anforderungen.[923]

Des Weiteren ergäben sich die Voraussetzungen für eine Sonderpädagogische Förderung eindeutig aus dem Gutachten.[924] Der Antragssteller zeige hiernach eine deutliche Lernbehinderung und einen Rückstand seiner kognitiven Fähigkeiten.[925] Er befinde sich bei einer integrativen Beschulung in einer andauernden Überforderungssituation, was wohl das aggressive Verhalten des Antragsstellers auslöse. Ein weiteres Gutachten sei nicht erforderlich, da sich die Entscheidung, ob ein Förderbedarf bestehe, vor allem nach dem Verhalten im Unterricht richte, was bei einer Begutachtung außerhalb der Schule nicht beurteilt werden könne.[926] Auch die Zuweisung an die Förderschule lasse sich aufgrund des umfassenden Förderbedarfs des Klägers nicht beanstanden.[927]

919 VG Minden v. 24.08.2009, Rs. 2 L 405/09, BeckRS 2010, 50067 (1.).
920 VG Minden v. 24.08.2009, Rs. 2 L 405/09, BeckRS 2010, 50067 (1.).
921 VG Minden v. 24.08.2009, Rs. 2 L 405/09, BeckRS 2010, 50067 (1.).
922 VG Minden v. 24.08.2009, Rs. 2 L 405/09, BeckRS 2010, 50067 (1.).
923 VG Minden v. 24.08.2009, Rs. 2 L 405/09, BeckRS 2010, 50067 (1.).
924 VG Minden v. 24.08.2009, Rs. 2 L 405/09, BeckRS 2010, 50067 (1.).
925 VG Minden v. 24.08.2009, Rs. 2 L 405/09, BeckRS 2010, 50067 (1.).
926 VG Minden v. 24.08.2009, Rs. 2 L 405/09, BeckRS 2010, 50067 (1.).
927 VG Minden v. 24.08.2009, Rs. 2 L 405/09, BeckRS 2010, 50067 (1.).

Ein Anspruch auf Beschulung in einer Integrationsklasse könne auch nicht aus der Behindertenrechtskonvention hergeleitet werden. Diesem Übereinkommen habe die Bundesregierung zwar zugestimmt, allerdings begründe es ohne weitere normative Ausfüllung keine unmittelbaren Ansprüche.[928]

bb. Weitere Beispiele

Mit einer ähnlichen Formulierung wurde die Anwendung der Behindertenrechtskonvention in weiteren Fällen abgelehnt.[929] Manche Gerichte führen pauschal aus, dass es sich bei der Behindertenrechtskonvention nicht um unmittelbar anwendbares Recht handle.[930] Andere Gerichte verweisen pauschal darauf, dass sich ihre Normen allein an die Vertragsstaaten, nicht aber an Individuen richten würden.[931] Ähnlich argumentierte das OVG Hamburg für die Frauenrechtskonvention.[932] Auch für die Kinderrechtskonvention wurde entschieden, dass sie keine unmittelbare Anwendung finde[933] oder sie zumindest noch einer gesetzlichen Konkretisierung bedürfe[934]. Darüber hinaus wurde auch für den Sozialpakt angenommen, dass er keine subjektiven Rechte gewähre und damit nicht unmittelbar anwendbar sei.[935]

---

928 VG Minden v. 24.08.2009, Rs. 2 L 405/09, BeckRS 2010, 50067 (1.).

929 VG Düsseldorf v. 07.10.2009, Rs. 18 L 1144/09, BeckRS 2010, 51672; VG Minden v. 10.12.2009, Rs. 2 L 519/09, BeckRS 2010, 50036; LSG Niedersachsen v. 23.09.2010, Rs. L 12 SB 34/09, BeckRS 2011, 68929 (II.); VG Berlin v. 20.11.2012, Rs. VG 3 L 899.12, BeckRS 2013, 46000 (II.).

930 VG Freiburg v. 25.03.2009, Rs. 2 K 1638/08, BeckRS 2009, 33362 (II.2.b)aa)); LSG Bayern v. 23.05.2012, Rs. L 10 AL 207/10, BeckRS 2012, 73684; VG Minden v. 07.12.2012, Rs. 8 K 1792/12, BeckRS 2013, 47216; LSG Niedersachsen v. 23.09.2014, Rs. L 7 AL 56/12, BeckRS 2014, 72875 (D.); VG Würzburg v. 26.11.2014, Rs. W 2 K 14.1, BeckRS 2015, 40202 (II.2.1).

931 VG Köln v. 18.08.2009, Rs. 10 L 942/09, BeckRS 2011, 49398; VG Düsseldorf v. 11.11.2011, Rs. 18 K 3661/11, BeckRS 2011, 56068; SG Dortmund v. 26.03.2012, Rs. S 52 SO 5/10, BeckRS 2012, 68880 (2.b).

932 OVG Hamburg v. 21.12.2004, Rs. 1 Bs 535/04, NVwZ-RR 2005, S. 258.

933 OVG Hamburg v. 26.01.1995, Rs. Bs VII 126/94, BeckRS 1995, 12971 (Rn. 8); OVG Münster v. 22.08.2006, Rs. 18 B 1209/06, BeckRS 2006, 25180.

934 LSG Baden-Württemberg v. 27.10.2011, Rs. L 7 AY 3998/11, BeckRS 2011, 77637.

935 OVG Berlin v. 28.10.1982, Rs. 6 S 10182, BeckRS 1982, 31208466; VG Berlin v. 20.01.1999, Rs. 12 A 551/98, NVwZ-RR 1999, S. 748 (754); VG Karlsruhe v. 18.10.2000, Rs. 10 K 2791/99, BeckRS 2005, 24158.

cc. Notwendigkeit der Prüfung der unmittelbaren Anwendbarkeit

Die Formulierung des VG Minden kann nur dahingehend verstanden werden, dass es eine unmittelbare Anwendung der Behindertenrechtskonvention ablehnt. Eine Norm eines Menschenrechtsvertrages kann unmittelbar anwendbar sein, wenn sie nach ihrem Wortlaut, Ziel und Zweck so konkret und hinreichend bestimmt ist, dass es keiner weiteren Durchführungsvorschriften bedarf.[936] Allerdings kann diese auch nicht vorschnell abgelehnt werden, ohne überhaupt das Fehlen der Voraussetzungen zu untersuchen. In dem vorliegenden Fall könnte Art. 24 CRPD einschlägig sein. Nach Art. 24 Abs. 2 lit. b CRPD stellen die Vertragsstaaten sicher, dass Menschen mit Behinderung Zugang zu einem integrativen Unterricht haben. Dies zeigt deutlich, dass behinderte Kinder einen Anspruch auf Unterricht an einer Regelschule haben sollen und es ist gerade keine genauere Ausformulierung dieses Rechts nötig.[937] Allerdings kann dieses Recht eingeschränkt werden, wobei es den Gerichten obliegt, in dem konkreten Fall detailliert auszuführen, warum das Kindeswohl anderer Kinder eine integrative Beschulung ausschließt.[938]

Dies zeigt deutlich, dass eine eingehende Untersuchung der Voraussetzungen der unmittelbaren Anwendbarkeit zu anderen Ergebnissen führen kann. Daher ist es nicht vertretbar die unmittelbare Anwendbarkeit ohne jegliche Begründung abzulehnen.

c. Pauschale Ablehnung der unmittelbaren Anwendbarkeit

In mehreren Fällen wird die unmittelbare Anwendbarkeit eines Menschenrechtsvertrages in seiner Gesamtheit geprüft und nicht die unmittelbare Anwendbarkeit der konkreten Norm des Menschenrechtsvertrages. Hierbei kommen einige Gerichte zu dem Ergebnis, dass der gesamte Vertrag nicht unmittelbar anwendbar sei, da es eine oder mehrere Bestimmungen gibt, die nicht konkret genug formuliert sind.

aa. LSG Sachsen-Anhalt vom 03.12.2009

In seinem Urteil vom 03.12.2009 entschied das LSG Sachsen-Anhalt über einen möglichen Sonderbedarf für Schul- und Arbeitsmaterial.[939]

---

936 Amrhein-Hofmann, S. 304; Bleckmann, GG und Völkerrecht, S. 284; s.o. Kapitel 2 B.II.1.d.

937 Krajewski/Bernhard, in: Welke (Hrsg.), Art. 24 (Rn. 24).

938 Krajewski/Bernhard, in: Welke (Hrsg.), Art. 24 (Rn. 26).

939 LSG Sachsen-Anhalt v. 03.12.2009, Rs. L 5 AS 103/07, BeckRS 2011, 65345.

(1) Sachverhalt

Die Kläger beziehen von der Beklagten Sozialgeld. Im Juni 2006 beantragten sie die Kosten für den Schulbedarf zu übernehmen, da sie keine Rücklagen hätten bilden können.[940] Für die drei Kinder fallen diverse Kosten für die Einschulung, die Sekundarstufe und die Grundschule an.[941] Die Beklagte lehnte den Antrag ab. Der Bedarf für den Schulbesuch sei aus der Regelleistung zu decken, da eine gesetzliche Regelung für Sonderbedarf fehle.[942] Hiergegen legten die Kläger Widerspruch ein, da sie die Regelleistungen bereits für Lebensmittel und Kleidung benötigten.[943] Der Widerspruch wurde zurückgewiesen.

Sie legten Klage beim SG Magdeburg ein und dieses verpflichtete im einstweiligen Rechtsschutzverfahren die Beklagte, den Klägern einen Betrag für den Erwerb von Schulmitteln vorläufig als Darlehen zu gewähren, wobei nicht alle geltend gemachten Kosten zu übernehmen seien.[944] Daraufhin gewährte die Beklagte das Darlehen und verrechnete die Rückzahlung mit den monatlichen Leistungen.[945] Das SG verurteilte die Beklagte zur endgültigen Gewährung eines Sonderbedarfs für Schul- und Arbeitsmaterialien.[946] Da es um die Bildung der Kläger gehe, dürfe in verfassungskonformer Weise der Betrag hierfür nicht zurückgefordert werden.[947] Hiergegen legte die Beklagte Berufung ein.

(2) Urteilsgründe

Das LSG Sachsen-Anhalt entschied, dass die Berufung begründet ist, da die Kläger keinen Anspruch auf Bewilligung einer einmaligen Beihilfe hätten.

Ein Grundbedarf für Lernmittel und Schulbedarf sei in der Regelleistung enthalten.[948] Das Schulgesetz bestimme zwar, dass die Eltern von den Kosten für Lernmittel entlastet werden sollen, allerdings würden die beantragten Lernmittel gerade nicht unter die Lernmittelkostenentlastungsverordnung fallen.[949] Möglich allein sei die Gewährung eines Darlehens, welches nach dem Wortlaut zurückzuzahlen ist. Die Rückzahlungsverpflichtung führe nicht zu verfassungswidrigen

940 LSG Sachsen-Anhalt v. 03.12.2009, Rs. L 5 AS 103/07, BeckRS 2011, 65345.
941 LSG Sachsen-Anhalt v. 03.12.2009, Rs. L 5 AS 103/07, BeckRS 2011, 65345.
942 LSG Sachsen-Anhalt v. 03.12.2009, Rs. L 5 AS 103/07, BeckRS 2011, 65345.
943 LSG Sachsen-Anhalt v. 03.12.2009, Rs. L 5 AS 103/07, BeckRS 2011, 65345.
944 LSG Sachsen-Anhalt v. 03.12.2009, Rs. L 5 AS 103/07, BeckRS 2011, 65345.
945 LSG Sachsen-Anhalt v. 03.12.2009, Rs. L 5 AS 103/07, BeckRS 2011, 65345.
946 LSG Sachsen-Anhalt v. 03.12.2009, Rs. L 5 AS 103/07, BeckRS 2011, 65345.
947 LSG Sachsen-Anhalt v. 03.12.2009, Rs. L 5 AS 103/07, BeckRS 2011, 65345.
948 LSG Sachsen-Anhalt v. 03.12.2009, Rs. L 5 AS 103/07, BeckRS 2011, 65345 (A.I.).
949 LSG Sachsen-Anhalt v. 03.12.2009, Rs. L 5 AS 103/07, BeckRS 2011, 65345 (A.I.).

Auswirkungen. Die Kosten würden nur einmal im Jahr anfallen und so können Härten durch den Ermessensspielraum bei der Höhe der Rückzahlungsraten vermieden werden.[950] Der Anspruch ergebe sich auch nicht aus anderen Vorschriften des SGB, die insoweit abschließende Regelungen enthalten würden.[951]

Auch aus der Kinderrechtskonvention könne ein Anspruch nicht hergeleitet werden. Das Völkerrecht verstehe den Einzelnen nicht als Völkerrechtssubjekt.[952] Die Konvention normiere daher allein Pflichten der Vertragsstaaten und bilde keine individuelle Anspruchsgrundlage.[953] In Art. 3 Abs. 2 CRC verpflichtete sie allein den Staat, nicht aber andere, dem Kind Schutz und Fürsorge zu gewähren.[954] Auch Art. 28 CRC normiere allein die Pflicht des Vertragsstaates das Recht des Kindes auf Bildung zu verwirklichen.[955] Angesichts der allgemeinen Formulierung lasse sich kein Recht auf Lern- und Arbeitsmittel aus der CRC ableiten.[956]

bb. Weitere Beispiele

Das VG Augsburg führt zur Kinderrechtskonvention ganz deutlich aus, dass diese nicht unmittelbar anwendbar sei, da aus Wortlaut, Zweck und Systematik der gesamten Konvention abzuleiten sei, dass sie allenfalls zwischenstaatliche Pflichten begründe.[957]

Auch bei der Behindertenrechtskonvention wurde nach einer ganz pauschalen Prüfung die Konvention als im Gesamten nicht unmittelbar anwendbar angesehen. Die Inklusion sei nur ganz programmatisch verankert und die mangelnde Anwendbarkeit zeige sich auch an der Einrichtung von Monitoring-Stellen.[958] Die Behindertenrechtskonvention enthalte nur die Verpflichtung nach Art. 4 Abs. 2 CRPD, die in ihr enthaltenen Rechte lediglich nach und nach zu verwirklichen.[959] Außerdem enthalte die Behindertenrechtskonvention nur Staatenverpflichtungen und keine Individualrechte, was auch an dem Individualschutz über den Ausschuss erkennbar sei.[960]

---

950 LSG Sachsen-Anhalt v. 03.12.2009, Rs. L 5 AS 103/07, BeckRS 2011, 65345 (A.I.aa.).
951 LSG Sachsen-Anhalt v. 03.12.2009, Rs. L 5 AS 103/07, BeckRS 2011, 65345 (A.III.).
952 LSG Sachsen-Anhalt v. 03.12.2009, Rs. L 5 AS 103/07, BeckRS 2011, 65345 (D.).
953 LSG Sachsen-Anhalt v. 03.12.2009, Rs. L 5 AS 103/07, BeckRS 2011, 65345 (D.).
954 LSG Sachsen-Anhalt v. 03.12.2009, Rs. L 5 AS 103/07, BeckRS 2011, 65345 (D.).
955 LSG Sachsen-Anhalt v. 03.12.2009, Rs. L 5 AS 103/07, BeckRS 2011, 65345 (D.).
956 LSG Sachsen-Anhalt v. 03.12.2009, Rs. L 5 AS 103/07, BeckRS 2011, 65345 (D.).
957 VG Augsburg v. 31.10.2001, Rs. Au 1 S01.1223, BeckRS 2001, 19127 (Rn. 32).
958 LSG Bayern v. 07.09.2011, Rs. L 8 SO 164/11 B ER, BeckRS 2011, 77639 (II.); LSG Bayern v. 02.11.2011, Rs. L 8 SO 165/11 B ER, BeckRS 2011, 77641 (II.).
959 BSG v. 18.05.2011, Rs. B 3 KR 10/10 R, BeckRS 2011, 74603 (Rn. 19).
960 LSG Sachsen-Anhalt v. 03.03.2011, Rs. L 8 SO 24/09 B ER, BeckRS 2011, 70741 (II.).

cc. Unmittelbare Anwendbarkeit einer konkreten Norm entscheidend

Die angeführten Gründe für eine Nicht-Anwendung eines Menschenrechtsvertrages kann nur im Kontext der Verneinung einer unmittelbaren Anwendbarkeit verstanden werden. Allerdings verkennen die Gerichte, dass es bei der Prüfung der unmittelbaren Anwendbarkeit auf die konkrete Norm ankommt, welche für den Fall entscheidend ist.[961] Die Menschenrechtsverträge enthalten naturgemäß einige Bestimmungen, die sehr generell formuliert sind. Allerdings kommt es nur auf entscheidungserheblichen Bestimmungen an und ob genau diese Normen konkret genug formuliert sind, um unmittelbar anwendbar zu sein. Daher muss die unmittelbare Anwendbarkeit einer konkreten Vertragsbestimmung geprüft werden und es kann gerade nicht auf den Vertrag in seiner Gesamtheit abgestellt werden.[962]

b. Ablehnung der unmittelbaren Anwendbarkeit bei konkreter Prüfung

Andere Gerichte hingegen prüfen die einschlägige Norm eines Menschenrechtspaktes auf ihre unmittelbare Anwendbarkeit hin, kommen aber dennoch zu einer Ablehnung der unmittelbaren Anwendbarkeit.

aa. VGH Kassel vom 12.11.2009

In seinem Urteil vom 12.11.2009 prüfte der VGH Kassel[963] die Zuweisung der Antragstellerin an eine Schule für praktisch Bildbare.

(1) Sachverhalt

Die Antragstellerin wurde aufgrund einer globalen Entwicklungsstörung an eine Schule für praktisch Bildbare zugewiesen, wogegen sie sich wendet.[964]

(2) Urteilsgründe

Die Beschwerde vor dem VGH Kassel hat keinen Erfolg. Er argumentiert einerseits mit der mangelnden Umsetzung der Behindertenrechtskonvention[965] und andererseits mit einer fehlenden unmittelbaren Anwendbarkeit. Weiterhin wird ein Verstoß gegen Art. 3 Abs. 2 GG geprüft.[966]

---

961 Kunig, in: Graf Vitzthum (Hrsg.), S. 61 (81).

962 Kunig, in: Graf Vitzthum (Hrsg.), S. 61 (81).

963 VGH Kassel v. 12.11.2009, Rs. 7 B 2763/09, NVwZ-RR 2010, S. 602; ähnlich auch VGH Kassel v. 18.11.2009, Rs. 7 B 2763/09, BeckRS 2010, 45233.

964 Zum Sachverhalt s.o. Kapitel 3 C.I.2.c.aa.(1).

965 S.o. Kapitel 3 C.I.2.c.aa.(2).(a). und (b).

966 S.o. Kapitel 3 C.I.2.c.aa.(2).(d).

(a) Keine unmittelbare Anwendbarkeit von Art. 24 CRPD

Art. 24 CRPD erfülle nicht die Voraussetzungen für eine unmittelbare Anwendbarkeit. Eine Norm sei dann unmittelbar anwendbar, wenn sie nach Wortlaut, Zweck und Inhalt geeignet sei, rechtliche Wirkungen auszulösen, und hinreichend bestimmt sei.[967] Eine unmittelbare Anwendbarkeit bestehe zumindest dann nicht, wenn die Norm zu ihrer Ausführung noch einer weiteren normativen Ausfüllung bedürfe.[968] Nach Art. 31, 32 WVK seien völkerrechtliche Verträge nach Treu und Glauben in Übereinstimmung mit dem Wortlaut und im Lichte des Ziels und Zwecks auszulegen, wobei die authentische, hier die englische, Sprachfassung maßgeblich sei.[969] Art. 24 CRPD ist allerdings nicht bestimmt genug, da der Wortlaut vielmehr auf ein vereinbartes Ziel ausgerichtet sei, als eine bestimmte Art und Weise der Zielerreichung festzulegen.[970]

Des Weiteren ergebe sich aus der Systematik der Behindertenrechtskonvention, insbesondere aus Art. 4 Abs. 2 CRPD, dass eine unmittelbare Anwendbarkeit nicht vorgesehen sei.[971] Die in Art. 4 Abs. 2 CRPD angelegte mittelfristige Entwicklung der Rechte zeige, dass in Art. 24 CRPD proklamationsartig bestimmte Ziele aufgestellt würden, welche durch die Vertragsstaaten erreicht werden sollten, aber nicht unmittelbar und zwingend eintreten sollten.[972]

Auch die Art. 31, 33 und 35 CRPD würden zeigen, dass die CRPD nicht auf unmittelbare Anwendbarkeit angelegt sei, da die Durchsetzungssysteme vor allem auf Berichterstattung gestützt seien und ein Vertragsstaat lediglich dazu verpflichtet sei, Verwaltungsstrukturen zu schaffen.[973]

(b) Unmittelbare Anwendbarkeit von Art. 5 Abs. 2 CRPD

Der Wortlaut von Art. 5 Abs. 2 CRPD, nach dem die Staaten Menschen mit Behinderungen gleichen rechtlichen Schutz vor Diskriminierungen garantieren sollen, zeige, dass dieser Diskriminierungsschutz ausnahmslos gelten solle.[974] Allerdings liege bei der Zuweisung an eine Förderschule keine Diskriminierung vor.[975] Außerdem enthalte Art. 24 CRPD eine Sonderbestimmung für Bildungseinrichtungen,

---

967 VGH Kassel v. 12.11.2009, Rs. 7 B 2763/09, NVwZ-RR 2010, S. 602 (604).
968 VGH Kassel v. 12.11.2009, Rs. 7 B 2763/09, NVwZ-RR 2010, S. 602 (604).
969 VGH Kassel v. 12.11.2009, Rs. 7 B 2763/09, NVwZ-RR 2010, S. 602 (604).
970 VGH Kassel v. 12.11.2009, Rs. 7 B 2763/09, NVwZ-RR 2010, S. 602 (604).
971 VGH Kassel v. 12.11.2009, Rs. 7 B 2763/09, NVwZ-RR 2010, S. 602 (604).
972 VGH Kassel v. 12.11.2009, Rs. 7 B 2763/09, NVwZ-RR 2010, S. 602 (604).
973 VGH Kassel v. 12.11.2009, Rs. 7 B 2763/09, NVwZ-RR 2010, S. 602 (604).
974 VGH Kassel v. 12.11.2009, Rs. 7 B 2763/09, NVwZ-RR 2010, S. 602 (605).
975 VGH Kassel v. 12.11.2009, Rs. 7 B 2763/09, NVwZ-RR 2010, S. 602 (605).

wodurch ein Rückgriff auf allgemeine Bestimmungen der Behindertenrechtskonvention nicht möglich sei, da ansonsten die Systematik ausgeblendet werden würde.[976]

bb. Weitere Beispiele

In Bezug auf Art. 24 CRPD wurde von mehreren Gerichten in ähnlicher Weise argumentiert, dass diese Norm nicht unmittelbar anwendbar sei.[977]

Das OVG Lüneburg hat nach einer ausführlichen Prüfung der unmittelbaren Anwendbarkeit, bei der es dem Dualismus und der Vollzugstheorie folgte, festgestellt, dass Art. 3, 6 und 22 CRC nicht unmittelbar anwendbar seien, da sie sich nur an die Vertragsstaaten richten würden und keinen Anhaltspunkt dafür liefern würden, dass sie auch subjektive Rechte einräumen.[978] Das OLG Karlsruhe kam zu einem ähnlichen Ergebnis, sah hierbei aber die deutsche Sprachfassung als maßgeblich an.[979]

cc. Prüfung einer konkreten Norm zutreffend

Bei einer konkreten Prüfung einer Norm eines Menschenrechtspaktes anhand der Auslegungsgrundsätze aus der WVK, kann ein Gericht bei entsprechender Argumentation zu einer mangelnden unmittelbaren Anwendbarkeit gelangen. Der VGH Kassel hat in dem Urteil sehr gut zwischen den verschiedenen Normen der Behindertenrechtskonvention differenziert. Art. 24 CRPD überlässt den Vertragsstaaten einen großen Umsetzungsspielraum für die Errichtung eines inklusiven Schulsystems und legt gerade keine konkreten Maßnahmen fest.[980] Damit ist diese Norm nicht konkret genug gefasst, um unmittelbar anwendbar zu sein.

Allerdings müssen bei der Untersuchung der unmittelbaren Anwendbarkeit die Auslegungsgrundsätze der WVK beachtet werden und insbesondere nach Art. 33 WVK auf die authentische Sprachfassung abgestellt werden. Damit geht

---

976 VGH Kassel v. 12.11.2009, Rs. 7 B 2763/09, NVwZ-RR 2010, S. 602 (605).

977 OVG Münster v. 16.06.2010, Rs. 13 B 653/10, BeckRS 2010, 49944; VG Arnsberg v. 17.08.2010, Rs. 10 l 397/10, BeckRS 2010, 52796; OVG Lüneburg v. 16.09.2010, Rs. 2 ME 278/10, BeckRS 2010, 53110 (II.4.); LSG Baden-Württemberg v. 09.12.2010, Rs. L 13 AL 4629/10, BeckRS 2011, 65237 (II.); VGH Mannheim v. 21.11.2012, Rs. 9 S 1833/12, BeckRS 2012, 60565 (II.1.d); SG Karlsruhe v. 21.03.2013, Rs. S 4 SO 937/13 ER, BeckRS 2013, 67552 (II.1.b).

978 OVG Lüneburg v. 02.10.2012, Rs. 8 LA 209/11, BeckRS 2012, 57834 (2.).

979 OLG Karlsruhe v. 02.12.2010, Rs. 2 UF 172/10, NJW-RR 2011, S. 733 (734).

980 Krajewski/Bernhard, in: Welke (Hrsg.), Art. 24 (Rn. 22).

das OLG Karlsruhe mit seiner Annahme fehl, dass es auf die deutsche Sprachfassung, welche für die Kinderrechtskonvention nicht authentisch ist, ankommt.

2. Annahme der unmittelbaren Anwendbarkeit

In einigen Urteilen wurde aber auch die unmittelbare Anwendbarkeit von Menschenrechtsverträgen oder einzelnen Normen bejaht.

a. VG Frankfurt vom 09.11.1998

Das VG Frankfurt hatte in seinem Urteil vom 09.11.1998 über die Teilzeitbeschäftigung von Beamten zu entscheiden.[981]

aa. Sachverhalt

Der Kläger hält seine Einstellung in ein Beamtenverhältnis mit einer Verpflichtung zur Teilzeitbeschäftigung für rechtswidrig und erhob Klage zum VG Frankfurt, das der Klage stattgab.[982]

bb. Urteilsgründe

Die Teilzeitbeschäftigung des Klägers stütze sich auf § 85c HessBG, dessen Voraussetzungen zwar vorliegen würden, der aber unvereinbar mit höherrangigem Recht sei.

(1) Keine Vereinbarkeit mit dem GG

Die zwangsweise Teilzeitbeschäftigung, welche eine Teilzeitarbeitslosigkeit nach sich ziehe, sei nicht mit dem Bild des Berufsbeamtentums nach Art. 33 Abs. 5 GG zu vereinbaren.[983]

(2) Keine Vereinbarkeit mit höherrangigem Recht

Des Weiteren lasse sich § 85c HessBG nicht mit der Europäischen Sozialcharta, dem Sozialpakt sowie mit der Hessischen Verfassung vereinbaren.[984] In Art. 6 und 7 ICESCR würden die Vertragsstaaten das Recht eines jeden auf Arbeit und gerechte und günstige Arbeitsbedingungen anerkennen.[985] Allerdings ergebe sich

---

981 VG Frankfurt a.M. v. 09.11.1998, Rs. 9 E 1570-98, NVwZ-RR 1999, S. 325.

982 Zum Sachverhalt s. BVerwG v. 02.02.2000, Rs. 2 C 1/99, NJW 2000, 2521; s.o. Kapitel 3 C.I.1.c.

983 VG Frankfurt a.M. v. 09.11.1998, Rs. 9 E 1570-98, NVwZ-RR 1999, S. 325 (326).

984 VG Frankfurt a.M. v. 09.11.1998, Rs. 9 E 1570-98, NVwZ-RR 1999, S. 325 (327).

985 VG Frankfurt a.M. v. 09.11.1998, Rs. 9 E 1570-98, NVwZ-RR 1999, S. 325 (327).

daraus nicht das Recht auf Zurverfügungstellung eines Arbeitsplatzes, sondern die Möglichkeit einer Arbeit für jedermann zur Sicherung des Lebensunterhalts.[986]

(a) Vereinbarkeit mit der Hessischen Verfassung

Art. 28 Hessische Verfassung knüpfe an das allen Grundrechten innewohnende Prinzip der Freiheit, Gleichheit und Brüderlichkeit an.[987] Das Recht auf Arbeit sei auf jeden Fall dann erfüllt, wenn die allgemein gültige Wochen- bzw. Jahresarbeitszeit erfüllt werde.[988] § 85c HessBG versperre für alle die Möglichkeit eine vollwertige Arbeit zu bekommen und führe damit zu einer Segmentierung des Arbeitsmarktes.[989] Diese Beschränkung laufe der allgemeinen Chancengleichheit des Rechts auf Arbeit zuwider, da sie nur neu eingestellte Beamte berühre und diese dauerhaft eine Einschränkung hinnehmen müssten.[990] Damit enthalte § 85c HessBG eine unzulässige Diskriminierung.

(b) Vereinbarkeit mit dem ICESCR

Aus den gleichen Überlegungen sei diese Regelung auch nicht mit dem Gerechtigkeitsgebot aus Art. 7 ICESCR vereinbar.[991] Eine Beschränkung der Rechte des Paktes auf privatrechtliche Arbeitsverhältnisse lasse sich dem Sozialpakt nicht entnehmen.[992]

In der Denkschrift des Bundestages[993] zum Sozialpakt werde zwar davon ausgegangen, dass dieser nur völkerrechtliche zwischenstaatliche Verpflichtungen begründe. Allerdings bezwecke diese Auffassung nur die Einklagbarkeit der einzelnen Rechte und ihre Relevanz im Hinblick auf Art. 19 Abs. 4 GG in Abrede zu stellen.[994]

Das Zustimmungsgesetz ordne nämlich die innerstaatliche Geltung als einfaches Bundesgesetz an, was auch als Transformation bezeichnet werde.[995] Davon ausgeschlossen seien nur solche Normen, die nach ihrer Art, Inhalt oder

---

986 VG Frankfurt a.M. v. 09.11.1998, Rs. 9 E 1570–98, NVwZ-RR 1999, S. 325 (327).
987 VG Frankfurt a.M. v. 09.11.1998, Rs. 9 E 1570–98, NVwZ-RR 1999, S. 325 (327).
988 VG Frankfurt a.M. v. 09.11.1998, Rs. 9 E 1570–98, NVwZ-RR 1999, S. 325 (327).
989 VG Frankfurt a.M. v. 09.11.1998, Rs. 9 E 1570–98, NVwZ-RR 1999, S. 325 (328).
990 VG Frankfurt a.M. v. 09.11.1998, Rs. 9 E 1570–98, NVwZ-RR 1999, S. 325 (328).
991 VG Frankfurt a.M. v. 09.11.1998, Rs. 9 E 1570–98, NVwZ-RR 1999, S. 325 (328).
992 VG Frankfurt a.M. v. 09.11.1998, Rs. 9 E 1570–98, NVwZ-RR 1999, S. 325 (329).
993 Denkschrift zum Internationalen Pakt über wirtschaftliche, soziale und kulturelle Rechte v. 19.12.1966, BT-Drs. 7–658, S. 18 (23).
994 VG Frankfurt a.M. v. 09.11.1998, Rs. 9 E 1570–98, NVwZ-RR 1999, S. 325 (330).
995 VG Frankfurt a.M. v. 09.11.1998, Rs. 9 E 1570–98, NVwZ-RR 1999, S. 325 (330).

Zweck ungeeignet seien, innerstaatliche Wirkung zu entfalten.[996] Der Sozialpakt sei gerade darauf ausgelegt, individuelle Rechte zu verleihen, und beschränke sich nicht auf rein völkerrechtliche Gegenstände.[997] Daher sei davon auszugehen, dass die dafür nicht ungeeigneten Teile mit Inkrafttreten des Sozialpakts auch innerstaatliche Wirksamkeit erlangt hätten, damit für die Bürger wie ein Bundesgesetz gelten würden und in Anspruch genommen werden könnten.[998] Diese Auslegung stelle zudem sicher, dass alle Staatsorgane einschließlich der Länder zur Erfüllung der vertraglichen Pflichten angehalten seien.[999]

Für den Landesgesetzgeber ergebe sich die Verbindlichkeit der Vorschriften des Sozialpakts bereits aus der Qualität als Bundesrecht.[1000] Des Weiteren bestimme Art. 67 S. 2 Hessische Verfassung, dass Landesrecht, welches in Widerspruch zu einem Staatsvertrag, also auch einem universellen Menschenrechtsvertrag, stehe, ungültig sei.[1001] Zudem bestimme Art. 28 ICESCR ausdrücklich, dass die Bestimmungen des Paktes für alle Teile eines Bundesstaates gelten würden.[1002] Da sich die Ungültigkeit von § 85c HessBG bereits aus der Hessischen Verfassung ergebe, bedürfe es keines Rückgriffs auf die Kollision mit Bundesrecht und eine Vorlage an das Bundesverfassungsgericht sei nicht nötig.[1003]

b. *Weitere Beispiele*

In einzelnen Fällen wurde eine pauschale unmittelbare Anwendbarkeit für die Anti-Rassismus-Konvention,[1004] für die Behindertenrechtskonvention[1005] sowie nach Rücknahme des Vorbehalts für die Kinderrechtskonvention[1006] angenommen.

Eine unmittelbare Anwendbarkeit einer konkreten Norm eines Menschenrechtsvertrages wurde in wenigen Fällen festgestellt. So wurde zwar ohne Prüfung für Art. 15 CAT eine unmittelbare Anwendbarkeit festgestellt, während das Vorliegen von Folter nicht nachgewiesen werden konnte.[1007] Für die Meinungsfreiheit

---

996 VG Frankfurt a.M. v. 09.11.1998, Rs. 9 E 1570–98, NVwZ-RR 1999, S. 325 (330).
997 VG Frankfurt a.M. v. 09.11.1998, Rs. 9 E 1570–98, NVwZ-RR 1999, S. 325 (330).
998 VG Frankfurt a.M. v. 09.11.1998, Rs. 9 E 1570–98, NVwZ-RR 1999, S. 325 (330).
999 VG Frankfurt a.M. v. 09.11.1998, Rs. 9 E 1570–98, NVwZ-RR 1999, S. 325 (330).
1000 VG Frankfurt a.M. v. 09.11.1998, Rs. 9 E 1570–98, NVwZ-RR 1999, S. 325 (330).
1001 VG Frankfurt a.M. v. 09.11.1998, Rs. 9 E 1570–98, NVwZ-RR 1999, S. 325 (330).
1002 VG Frankfurt a.M. v. 09.11.1998, Rs. 9 E 1570–98, NVwZ-RR 1999, S. 325 (330).
1003 VG Frankfurt a.M. v. 09.11.1998, Rs. 9 E 1570–98, NVwZ-RR 1999, S. 325 (330).
1004 VG Frankfurt v. 22.02.1993, Rs. 9 G 300/93, NJW 1993, S. 2067 (2068).
1005 LSG Berlin-Brandenburg v. 03.12.2009, Rs. L 13 235/07, BeckRS 2010, 68052.
1006 BVerwG v. 29.11.2012, Rs. 10 C 4/12 u.a., BeckRS 2013, 45539 (Rn. 9 f.).
1007 OLG Hamburg v. 14.06.2005, Rs. 2 StE 4/02–5, NStZ-RR 2005, S. 380 (381 f.).

aus Art. 19 Abs. 1 und Abs. 2 ICCPR wurde ebenfalls angenommen, dass ein Bürger sich direkt auf diese berufen könne.[1008] Auch wurde die unmittelbare Anwendbarkeit für das allgemeine Diskriminierungsverbot aus Art. 5 Abs. 2 CRPD nach einer kurzen Prüfung bejaht.[1009] Des Weiteren wurde nach einer eingehenderen Prüfung die unmittelbare Anwendbarkeit von Art. 19 CRPD bejaht.[1010]

c. *Konkrete Prüfung entscheidend*

Die Argumentation des VG Frankfurt in dem vorgestellten Urteil kann nur dahingehend verstanden werden, dass es zu einer generellen unmittelbaren Anwendbarkeit des Sozialpakts gelangt.

Dabei prüft es zunächst die Denkschrift der Bundesregierung, nach der eine unmittelbare Anwendbarkeit ausgeschlossen wäre. Die Denkschrift hat keine völkerrechtliche Wirkung und kann daher höchstens als innerstaatliche Leitlinie für die Interpretation des Sozialpakts dienen. Das VG Frankfurt hat dabei richtig erkannt, dass es sich aufgrund des Grundsatzes der Gewaltenteilung eine eigene Meinung über die Anwendbarkeit des Sozialpakts bilden kann und nicht an die Denkschrift gebunden ist. Es hat richtig erkannt, dass die pauschale Ablehnung einer unmittelbaren Anwendbarkeit des Sozialpakts in der Denkschrift nicht mit dem Sozialpakt zu vereinbaren ist und die Denkschrift zu Recht verworfen.

Bei der Prüfung der unmittelbaren Anwendbarkeit dreht das VG Frankfurt allerdings die klassische Argumentation um. Es argumentiert, dass Menschenrechtsverträge, die auf individuelle Rechte gerichtet sind grundsätzlich unmittelbar anwendbar seien, außer die Norm sei dafür ungeeignet. Dieses Vorgehen verhilft zwar den Menschenrechtsverträgen zu einer größtmöglichen Wirksamkeit im innerstaatlichen Recht, widerspricht aber den Kriterien für eine unmittelbare Anwendbarkeit.[1011] Es kommt dabei nämlich auf den Zweck, Wortlaut und Inhalt einer Norm und ihre Konkretheit an. Entscheidend ist die Frage, ob sie klar und hinreichend bestimmt ist. Es ist also gerade nicht von einer generellen unmittelbaren Anwendbarkeit auszugehen und erst in einem zweiten Schritt zu überprüfen, ob die Norm ungeeignet ist. Die Prüfung, ob die Vorschriften eventuell ungeeignet sein könnten, hat das VG Frankfurt im Übrigen unterlassen.

1008 OLG München v. 28.01.2013, Rs. 4 Ws 202/12, BeckRS 2013, 02421 (II.2.b).

1009 VGH Kassel v. 12.11.2009, Rs. 7 B 2763/09, NVwZ-RR 2010, S. 602 (605); VGH Kassel v. 18.11.2009, Rs. 7 B 2763/09, BeckRS 2010, 45233 (A.I.b).

1010 SG Düsseldorf v. 07.10.2013, Rs. S 22 SO 319/13 ER, BeckRS 2013, 74949 (II.).

1011 S.o. Kapitel 2 B.II.d.

Die pauschale Annahme der unmittelbaren Anwendbarkeit verhilft zwar zu einer größtmöglichen Geltung der Normen aus Menschenrechtsverträgen im innerstaatlichen Recht, ist aber ohne konkrete Prüfung genauso wenig haltbar, wie eine pauschale Ablehnung. Es kommt bei der Frage nach der unmittelbaren Anwendbarkeit allein auf die hinreichende Bestimmtheit der konkreten Norm an und diese muss auch überprüft werden.

IV. Menschenrechtsverträge als Auslegungshilfe

Eine Vielzahl von Urteilen beschäftigt sich mit der Qualität von Menschenrechtsverträgen als Auslegungshilfe für verschiedene Normen. Während der Großteil der Urteile die Menschenrechtsverträge als Auslegungshilfe verstehen, wurde dies in einem Fall auch abgelehnt.

1. Ablehnung als Auslegungshilfe

In einem Urteil wurde der Zivilpakt als Auslegungshilfe abgelehnt, da es nach Ansicht des Gerichts allein auf das Grundgesetz ankomme.

a. BSG vom 24.03.1998

Das BSG entschied in seinem Urteil vom 24.03.1998 über die Rechtmäßigkeit der Aberkennung von Entschädigungsrente.[1012] Hierbei prüfte es § 5 Abs. 1 EntschRG[1013] nach dem Entschädigungsrenten zu kürzen oder abzuerkennen sind, wenn der Berechtigte oder derjenige, von dem sich das Recht ableitet, gegen Grundsätze der Menschlichkeit und Rechtsstaatlichkeit verstoßen hat. Für das BSG gilt es als erwiesen, dass der verstorbene Ehemann der Klägerin als Vollmitglied des Politbüros Entscheidungen über den Einsatz von Minen im Rahmen des Grenzregimes der DDR getroffen habe, was gegen die Grundsätze der Menschlichkeit und Rechtsstaatlichkeit verstoße.[1014]

§ 5 Abs. 1 EntschRG sei mit Art. 14 und 3 GG vereinbar.[1015] Auch genüge die Norm dem Bestimmtheitsgebot aus Art. 20 Abs. 3 GG.[1016] Der Begriff des Verstoßes gegen die Grundsätze der Menschlichkeit und Rechtsstaatlichkeit sei durch die langjährige Rechtsprechung des BVerwG und BVerfG konkretisiert

---

1012 BSG v. 24.03.1998, Rs. B 4 RA 78/96 R, BeckRS 1998, 30010519.

1013 Gesetz über Entschädigungen für Opfer des Nationalsozialismus im Beitrittsgebiet v. 22.04.1992, BGBl. 1992 I, S. 906.

1014 BSG v. 24.03.1998, Rs. B 4 RA 78/96 R, BeckRS 1998, 30010519 (II.C.2.b, c).

1015 BSG v. 24.03.1998, Rs. B 4 RA 78/96 R, BeckRS 1998, 30010519 (II.C.3.a, b).

1016 BSG v. 24.03.1998, Rs. B 4 RA 78/96 R, BeckRS 1998, 30010519 (II.C.3.b).

worden.[1017] Eines Rückgriffs auf die Europäische Menschenrechtskonvention, die Allgemeine Erklärung der Menschenrechte oder den Zivilpakt bedürfe es zur Ausfüllung des Begriffs nicht.[1018] Es gelte allein das mit den genannten Abkommen in Übereinstimmung stehende innerstaatliche Recht der Bundesrepublik Deutschland, also das Grundgesetz.[1019]

b. Widerspruch zur Völkerrechtsfreundlichkeit des deutschen Rechts

Das Urteil des BSG steht in deutlichem Widerspruch zu der Völkerrechtsfreundlichkeit des deutschen Rechts bzw. des Grundgesetzes aus der der Grundsatz der völkerrechtskonformen Auslegung folgt.[1020] Die völkerrechtskonforme Auslegung von deutschem Recht und die Anwendung von internationalen Abkommen zur Ausfüllung von Tatbeständen des deutschen Rechts sind in der Rechtsprechung deutlich verankert. Daher hätte das BSG zur Konkretisierung der Grundsätze der Rechtsstaatlichkeit und Menschlichkeit auf den Zivilpakt zurückgreifen können, so wie es von anderen Gerichten gerade in Fällen mit DDR-Bezug getan wurde.[1021] Auch wenn mittlerweile die Grundsätze der Rechtsstaatlichkeit und Menschlichkeit ein feststehender Begriff in der deutschen Rechtsprechung sind, so stellt die pauschale Ablehnung der internationalen Abkommen als Auslegungshilfe einen deutlichen Verstoß gegen das Prinzip der völkerrechtskonformen Auslegung dar.

2. Anwendung als Auslegungshilfe

In einer Vielzahl von Fällen wurden die internationalen Menschenrechtspakte zur Auslegung von Grundrechten, sonstigem deutschen Recht, Europarecht und natürlich auch von Völkerrecht herangezogen.

a. Auslegung des Grundgesetzes

Die internationalen Menschenrechtsverträge wurden vielfach zur Auslegung von Grundrechten und grundrechtsgleichen Rechten verwendet. Neben der Auslegung verschiedener Grundrechte spielt die Auslegung der Menschenwürde eine besonders große Rolle.

1017 BSG v. 24.03.1998, Rs. B 4 RA 78/96 R, BeckRS 1998, 30010519 (II.C.3.c).
1018 BSG v. 24.03.1998, Rs. B 4 RA 78/96 R, BeckRS 1998, 30010519 (II.C.3.c).
1019 BSG v. 24.03.1998, Rs. B 4 RA 78/96 R, BeckRS 1998, 30010519 (II.C.3.c).
1020 S.o. Kapitel 2 B. II.2.c.
1021 S.u. Kapitel 3 C.V.1.a.aa.

aa. Menschenwürde

Die Menschenwürde wurde mithilfe der internationalen Menschenrechtsabkommen unter unterschiedlichen Gesichtspunkten konkretisiert. Einige Urteile beschäftigen sich mit der Festlegung eines menschenwürdigen Existenzminimums, der Unschuldsvermutung, dem Schweigerecht, dem Schutz der Sprache oder der Definition der Folter, welche als Verletzung der Menschenwürde gilt.

(1) Menschenwürdiges Existenzminimum

Das BVerfG hat in seinem Urteil vom 18.07.2012 den Inhalt des menschenwürdigen Existenzminimums mit Hilfe internationaler Menschenrechtsverträge näher bestimmt. In der Sache ging es bei dem Normenkontrollantrag um die Vereinbarkeit der Leistungssätze aus dem AsylblLG[1022] mit dem Grundgesetz.[1023]

Das BVerfG hat entschieden, dass die Leistungen mit dem Grundrecht auf Gewährleistung eines menschenwürdigen Existenzminimums aus Art. 1 Abs. 1 GG i.V.m. Art. 20 Abs. 1 GG unvereinbar seien.[1024] Das Grundrecht sei zwar dem Grunde nach verfügbar, müsse aber durch einen Leistungsanspruch eingelöst werden und bedürfe einer Konkretisierung durch den Gesetzgeber, dem ein Gestaltungsspielraum zustehe[1025] Es stehe deutschen und ausländischen Staatsangehörigen, welche sich in Deutschland befänden, zu.[1026]

Das menschenwürdige Existenzminimum umfasse die Sicherung der physischen Existenz des Menschen, die Sicherung der Pflege zwischenmenschlicher Beziehungen und ein Mindestmaß an Teilhabe am gesellschaftlichen, kulturellen sowie politischen Leben.[1027] Des Weiteren müsse das menschenwürdige Existenzminimum durch einen gesetzlichen Anspruch gesichert sein.[1028] Der Gesetzgeber müsse die soziale Wirklichkeit zeit- und realitätsgerecht erfassen. Dabei sei die Ausrichtung am konkreten Bedarf der Bedürftigen entscheidend.[1029]

Außerdem müssten bei der Gewährleistung des menschenwürdigen Existenzminimums europarechtliche und völkerrechtliche Vorgaben beachtet werden.[1030]

1022 Asylbewerberleistungsgesetz v. 05.08.1997, BGBl. 1997 I, S. 2022, i.d.F. der Änderung v. 22.12.2011.

1023 BVerfG v. 18.07.2012, Rs. 1 BvL 10/10 u. 1 BvL 2/11, NVwZ 2012, S. 1024.

1024 BVerfG v. 18.07.2012, Rs. 1 BvL 10/10 u. 1 BvL 2/11, NVwZ 2012, S. 1024 (Rn. 87).

1025 BVerfG v. 18.07.2012, Rs. 1 BvL 10/10 u. 1 BvL 2/11, NVwZ 2012, S. 1024 (Rn. 88).

1026 BVerfG v. 18.07.2012, Rs. 1 BvL 10/10 u. 1 BvL 2/11, NVwZ 2012, S. 1024 (Rn. 89).

1027 BVerfG v. 18.07.2012, Rs. 1 BvL 10/10 u. 1 BvL 2/11, NVwZ 2012, S. 1024 (Rn. 90).

1028 BVerfG v. 18.07.2012, Rs. 1 BvL 10/10 u. 1 BvL 2/11, NVwZ 2012, S. 1024 (Rn. 91).

1029 BVerfG v. 18.07.2012, Rs. 1 BvL 10/10 u. 1 BvL 2/11, NVwZ 2012, S. 1024 (Rn. 93).

1030 BVerfG v. 18.07.2012, Rs. 1 BvL 10/10 u. 1 BvL 2/11, NVwZ 2012, S. 1024 (Rn. 94).

Zu den Regeln über das Existenzminimum gehöre der Sozialpakt, in welchem das Recht auf soziale Sicherheit und das Recht auf Teilhabe am kulturellen Leben statuiert würden.[1031] Zudem sei die Kinderrechtskonvention zu beachten, nach der das Kindeswohl vorrangig zu berücksichtigen sei, Flüchtlingskinder nicht benachteiligt werden dürften und ein Recht auf Bildung zu gewähren sei.[1032]

Die Leistungen nach dem AsylblLG seien schon 1993 bei Erlass des Gesetzes am Existenzminimum ausgerichtet gewesen und aufgrund von Preissteigerungen von über 30 Prozent seien die nicht angepassten Leistungen nicht mit dem Grundgesetz vereinbar.[1033]

(2) Schutz der Sprache

Das VG Berlin legte in seinem Urteil vom 16.11.1982 den Begriff politische Verfolgung i.S.d. Art. 16 Abs. 2 S. 2 GG mit Hilfe der Menschenwürde aus.[1034] Hierbei legte es ein besonderes Augenmerk auf den Schutz der Muttersprache als Bestandteil der Menschenwürde aus Art. 27 ICCPR.[1035] Aufgrund des Verbots der Türkei, die kurdische Sprache zu sprechen, wurde der Asylantrag des kurdischen Klägers angenommen.[1036]

Auch das Urteil des VG Hannover vom 02.03.1998, welches sich mit der Rechtschreibreform beschäftigte, stützte sich bei der Urteilsfindung darauf, dass in Art. 27 ICCPR das Recht auf Sprache als elementares Menschenrecht völkerrechtlich anerkannt sei.[1037] Auch werde der Gebrauch der Sprache von Minderheiten geschützt und eine Ungleichbehandlung wegen ihrer Sprache würde verwehrt.[1038] Aufgrund dieser herausgearbeiteten besonderen Bedeutung der Sprache und der mangelnden Offenheit des Verfahrens zur Erstellung der Rechtschreibreform kam das VG Hannover zu einer Unzulässigkeit dieser Reform.[1039]

(3) Schweigerecht und Unschuldsvermutung

In verschiedenen Urteilen wurde darauf hingewiesen, dass das Schweigerecht ein anerkannter fundamentaler Grundsatz des Strafverfahrens sei, welcher in

---

1031 BVerfG v. 18.07.2012, Rs. 1 BvL 10/10 u. 1 BvL 2/11, NVwZ 2012, S. 1024 (Rn. 94).
1032 BVerfG v. 18.07.2012, Rs. 1 BvL 10/10 u. 1 BvL 2/11, NVwZ 2012, S. 1024 (Rn. 94).
1033 BVerfG v. 18.07.2012, Rs. 1 BvL 10/10 u. 1 BvL 2/11, NVwZ 2012, S. 1024 (Rn. 107 ff.).
1034 VG Berlin v. 16.11.1982, Rs. 19 A 61181, BeckRS 1982, 31345551.
1035 VG Berlin v. 16.11.1982, Rs. 19 A 61181, BeckRS 1982, 31345551 (B.II.1.).
1036 VG Berlin v. 16.11.1982, Rs. 19 A 61181, BeckRS 1982, 31345551 (B.III.).
1037 VG Hannover v. 02.03.1998, Rs. 6 A 4317-97, NJW 1998, S. 1250 (1251).
1038 VG Hannover v. 02.03.1998, Rs. 6 A 4317-97, NJW 1998, S. 1250 (1251).
1039 VG Hannover v. 02.03.1998, Rs. 6 A 4317-97, NJW 1998, S. 1250 (1253).

Art. 14 Abs. 3 lit. g ICCPR ausdrücklich gewährleistet werde.[1040] Es habe zwar in mehreren Vorschriften der Strafprozessordnung Niederschlag gefunden, sei aber nach der Kernaussage i.S.d. Zivilpakts so zu verstehen, dass im Strafverfahren niemand gezwungen werden dürfe, sich selbst einer Straftat zu bezichtigen.[1041] Dieses Recht sei weltweit so verbreitet, dass es sich von selbst verstehe.[1042] Es entspreche als wichtiger Grundsatz des Strafverfahrens der Achtung der Menschenwürde.[1043]

Das OLG Braunschweig hat in seinem Beschluss vom 29.09.1980 bereits festgestellt, dass die Unschuldsvermutung besondere Bedeutung habe.[1044] Sie habe zwar keinen Grundrechtscharakter, aber Verfassungsrang und leite sich aus dem Zivilpakt sowie aus Art. 1 Abs.1 GG und Art. 20 GG ab.[1045]

(4) Folterverbot

Eine Vielzahl von Urteilen beschäftigt sich, zumeist aufgrund von Asylanträgen, mit dem Folterverbot. Die Gerichte greifen bei der Auslegung des Begriffs „Folter" einhellig auf die Definition der Folter aus der Anti-Folter-Konvention zurück, wobei das Verbot der Folter von ihnen als grundlegendes Menschenrecht gesehen wird, welches ebenfalls aus der Menschenwürde folge.[1046]

1040 BVerfG v. 13.01.1981, Rs. 1 BvR 116/77, NJW 1981, S. 1431; BGH v. 01.04.1992, Rs. 5 StR 457/91, NJW 1992, S. 1637 (1638); BayObLG v. 25.10.1994, Rs. 1 ObOWi 446/94, BayObLGSt 1994, S. 208 (212); BVerfG v. 07.07.1995, Rs. 2 BvR 326/92, NStZ 1995, S. 555; BGH v. 26.07. 2007, Rs. 3 StR 104/07, NJW 2007, S. 3138 (3140); LG Göttingen v. 11.12.2007, Rs. 8 KLs 1/07, BeckRS 2008, 03494 (C.I.1.); OVG Münster v. 12.01.2010, Rs. 16 B 1413/09, BeckRS 2010, 45532.

1041 BGH v. 13.05.1996, Rs. GSSt 1/96, NStZ 1996, S. 502 (504).

1042 BGH v. 15.09.1999, Rs. 1 StR 286–99, NJW 1999, S. 3788, (3789).

1043 BGH v. 27.02.1992, Rs. 5 StR 190/91, NZV 1992, S. 242 (243).

1044 OLG Braunschweig v. 29.09.1980, Rs. 1 W 44/80, BeckRS 1980, 31331667.

1045 OLG Braunschweig v. 29.09.1980, Rs. 1 W 44/80, BeckRS 1980, 31331667.

1046 OVG Saarland v. 05.05.1993, Rs. 9 R 84/92, BeckRS 1993, 10144 (Rn. 40); OVG Saarland v. 15.06.1994, Rs. 9 R 135/93, BeckRS 1994, 14210 (Rn. 50); OVG Saarland v. 07.09.1994, Rs. 9 R 141/93, BeckRS 1994, 14211 (Rn. 33); OVG Saarland v. 14.06.1995, Rs. 9 R 1219/94, BeckRS 1995, 13122 (Rn. 64); OVG Saarland v. 28.06.1995, Rs. 9 R 892/94, BeckRS 1995, 13126 (Rn. 109); OVG Saarland v. 08.05.1996, Rs. 9 R 80/93, BeckRS 1996, 13880 (Rn. 39); OVG Saarland v. 30.07.1997, Rs. 9 R 951/94, BeckRS 1997, 16746 (Rn. 116); OVG Saarland v. 21.01.1998, Rs. 9 R 1377/94, BeckRS 1998, 17030 (Rn. 131); OVG Saarland v. 30.07.1999, Rs. 9 R 5/96, BeckRS 1999, 17765 (Rn. 84); BGH v. 21.02.2001, Rs. 3 StR 372/00, BeckRS 2001, 30163207 (4.d)aa)); OVG Saarland v. 21.11.2001, Rs. 9 R 16/99, BeckRS 2001, 18158 (Rn. 58); OVG Münster v. 12.07.2005, Rs. 8 A 780/04, BeckRS 2005, 28761 (B.); VG Frankfurt a.M.

bb. Auslegung verschiedener Grundrechte

Die internationalen Menschenrechtspakte wurden weiterhin zur Auslegung verschiedener Grundrechte genutzt, insbesondere des Gleichheitsrechts aus Art. 3 GG. Daneben wurden noch das Recht auf persönliche Freiheit, die Glaubens- und Gewissensfreiheit, Ehe und Familie aus Art. 6 GG und die Privatschulfreiheit aus Art. 7 GG mithilfe der internationalen Menschenrechtsverträge näher bestimmt.

(1) Gleichheitsrechte aus Art. 3 GG

Die Gleichheitsrechte aus Art. 3 GG wurden auf verschiedene Weise unter Zuhilfenahme der internationalen Menschenrechtsverträge ausgelegt.

(a) Art. 3 Abs. 3 S. 2 GG

Insbesondere das Benachteiligungsverbot aus Art. 3 Abs. 3 S. 2 GG wurde mithilfe der Behindertenrechtskonvention ausgelegt. Die Behindertenrechtskonvention verbiete in ihrem Art. 5 Abs. 2 jede Diskriminierung aufgrund einer

---

v. 13.02.2007, Rs. 7 E 3577/04, BeckRS 2007, 27232; VG Saarlouis v. 07.03.2007, Rs. 10 K 4/07, BeckRS 2008, 30939; OVG Münster v. 17.04.2007, Rs. 8 A 2771/06, BeckRS 2008, 38890; VG Saarlouis v. 19.06.2007, Rs. 10 K 5/07, BeckRS 2008, 30940; VG Düsseldorf v. 16.01.2009, Rs. 21 K 3263/07, BeckRS 2009, 31466 (II.); VG Düsseldorf v. 21.07.2011, Rs. 21 K 8505/10.A, BeckRS 2011, 53332; VG Aachen v. 30.05.2011, Rs. 6 K 364/08.A, BeckRS 2011, 51552; VG Arnsberg v. 21.02.2011, Rs. 9 K 4078/08.A, BeckRS 2011, 50474; VG Arnsberg v. 31.01.2011, Rs. 9 K 242/09.A, BeckRS 2011, 51657; VGH Mannheim v. 27.04.2012, Rs. A 11 S 3079/11, BeckRS 2012, 50694 (II.1.a); VGH Mannheim v. 06.03.2012, Rs. A 11 S 3070/11, BeckRS 2012, 48611 (II.1.); VG München v. 04.07.2013, Rs. M 23 K 11.30329, BeckRS 2013, 55592; VG München v. 01.07.2013, Rs. M 1 K 13.30257, BeckRS 2013, 56299 (2.1.); VG München v. 21.05.2013, Rs. M 23 K 11.30292, BeckRS 2013, 55590; VG München v. 24.04.2013, Rs. M 23 K 11.30148, BeckRS 2013, 55587; VG München v. 27.03.2013, Rs. M 23 K 12.30565, BeckRS 2013, 55443; VG München v. 15.02.2013, Rs. M 23 K 12.30471, BeckRS 2013, 50027; VG München v. 06.06.2013, Rs. M 23 K 12.30665, BeckRS 2014, 48876; VG Frankfurt (Oder) v. 28.06.2013, Rs. VG 3 K452/13.A, BeckRS 2013, 59088 (B.I.2.); VG München v. 10.10.2013, Rs. M 23 K 11.30474, BeckRS 2014, 47525; VG München v. 15.11.2013, Rs. M 23 K 11.30243, BeckRS 2014, 47285; VG Magdeburg v. 26.11.2013, Rs. 5 A 97/13, BeckRS 2014, 45895; VG München v. 08.04.2014, Rs. M 23 K 11.30431, BeckRS 2014, 52432; VG München v. 09.04.2014, Rs. M 23 K 11.30325, BeckRS 2014, 5563; VG München v. 15.04.2014, Rs. M 23 K 11.30455, BeckRS 2014, 52456; VG München v. 06.05.2014, Rs. M 23 K 11.30517, BeckRS 2014, 55593; OLG Dresden v. 10.07.2014, Rs. OLGAusl 53/14, NStZ-RR 2015, S. 26 (27); VG Frankfurt (Oder) v. 26.09.2014, Rs. VG 3 K 1489/13.A, BeckRS 2014, 57939 (I.2.).

Behinderung, fordere dabei aber keine unverhältnismäßigen oder unbilligen Belastungen oder höhere Rechtfertigungsanforderungen, als das Grundgesetz selbst und vermittle keine weitergehenden Leistungsansprüche.[1047]

Andere Gerichte sehen allerdings Art. 3 Abs. 3 S. 2 GG eher als ein Fördergebot, welches durch die Teilhaberechte im Bereich Bildung, Rehabilitation und sozialem Schutz aus der Behindertenrechtskonvention ausgefüllt werde. Damit würde ein intendierter Leistungsausschluss tendenziell dem Fördergebot zuwiderlaufen.[1048] Das SG Stralsund geht dabei sogar soweit, dass es einen Leistungsanspruch für Hilfsmittel, die zur Teilhabe z.B. an ärztlich verordnetem Rehabilitationssport erforderlich sind, aus Art. 3 Abs. 3 S. 2 GG i.V.m. der Behindertenrechtskonvention zugesteht.[1049]

Teilweise wird ein Anspruch bereits aus dem deutschen Recht und dem deutschen Diskriminierungsverbot hergeleitet, welcher zwar durch die Behindertenrechtskonvention gestützt werde, sich aber nicht aus dieser ergebe.[1050]

(b) Schranken des Benachteiligungsverbots

In seinem Urteil vom 21.11.2012 entschied der VGH Mannheim über die Zuweisung eines behinderten Kindes zu einer Sonderschule.[1051] Der VGH Mannheim argumentierte zunächst mit einer mangelnden innerstaatlichen Umsetzung und der nicht unmittelbaren Anwendbarkeit der Behindertenrechtskonvention. Allerdings erkennt es die Behindertenrechtskonvention als grundrechtsrelevantes Völkerrecht an, nutzt sie als Auslegungshilfe für Art. 3 Abs. 3 S. 2 GG und leitet insbesondere aus Art. 24 Abs. 2 S. 1 lit. a CRPD ein Diskriminierungsverbot ab.[1052] Allerdings gelte auch bei der Auslegung des Benachteiligungsverbotes aus Art. 3 Abs. 3 S. 2 GG, dass die Regeln zur integrativen bzw. inklusiven Beschulung nicht schrankenlos gelten würden.[1053] Als Schranke komme das Wohl

---

1047 LSG Berlin-Brandenburg v. 17.12.2012, Rs. L 29 AL 337/09, BeckRS 2013, 66316 (III.).

1048 LSG Hessen v. 15.04.2008, Rs. L 6 AS 168/08, BeckRS 2011, 71119; LSG Hessen v. 24.11.2010, Rs. L 6 AS 168/08, BeckRS 2011, 72452; LSG Nordrhein-Westfalen v. 28.11.2011, Rs. L 20 AS 1663/10, BeckRS 2012, 65590.

1049 SG Stralsund v. 17.11.2012, Rs. S KR 12/10, BeckRS 2013, 66382 (4.).

1050 SG Düsseldorf v. 20.04.2010, Rs. S 17 SO 138/10 ER, BeckRS 2010, 68756; ähnlich auch BSG v. 29.04.2010, Rs. B 9 SB 2/09 R, BSGE 106, S. 101 (Rn. 43).

1051 VGH Mannheim v. 21.11.2012, Rs. 9 S 1833/12, BeckRS 2012, 60565. Das Urteil ähnelt in weiten Teilen VGH Kassel v. 12.11.2009, Rs. 7 B 2763/09, NVwZ-RR 2010, S. 602, s.o. Kapitel 3 C.III.1.d.aa.

1052 VGH Mannheim v. 21.11.2012, Rs. 9 S 1833/12, BeckRS 2012, 60565 (II.1.d).

1053 VGH Mannheim v. 21.11.2012, Rs. 9 S 1833/12, BeckRS 2012, 60565 (II.1.d).

des behinderten Kindes selbst aus Art. 7 Abs. 2 CRPD sowie die Rechte anderer Kinder aus Art. 13 ICESCR und aus der Kinderrechtskonvention in Betracht.[1054]

Durch diese Vorgehensweise konnte der VGH Mannheim Rechte aus der gleichen Ebene und aus der gleichen Rechtsquelle gegeneinander abwägen. Dies entspricht gerade den normativen Grenzen der Behindertenrechtskonvention, die nicht nur aus ihrem Zweck selbst folgen, sondern auch aus dem entgegenstehenden Recht der anderen Schüler auf Bildung.[1055]

(2) Recht auf körperliche Unversehrtheit, Art. 2 Abs. 2 GG

In seinem Beschluss vom 23.03.2011 entschied das BVerfG über die Verfassungsbeschwerde wegen einer Zwangsbehandlung eines psychisch kranken Patienten.[1056] Es entschied dabei, dass eine Zwangsbehandlung in das Recht auf körperliche Unversehrtheit eingreife, aber im Einzelfall gerechtfertigt sein könne.[1057]

Wenn der Patient krankheitsbedingt die Chancen der Heilung durch die Zwangsbehandlung nicht verstehen könne, könne ein Eingriff, der auf die Wiederherstellung der freien Selbstbestimmung gerichtet sei, zulässig sein.[1058] Ein gleiches Ergebnis folge aus der Behindertenrechtskonvention. Psychisch Kranke würden auch unter den Anwendungsbereich der Behindertenrechtskonvention fallen, wenn ihre Beeinträchtigungen langfristiger Natur seien.[1059] Die CRPD ziele mit einem Großteil ihrer Regelungen darauf ab, dass Menschen mit Behinderungen in allen Lebensbereichen die gleichen Rechts- und Handlungsfähigkeiten haben sollten und sei damit auf Sicherung und Stärkung der Autonomie behinderter Menschen gerichtet.[1060] Die Konvention verbiete Zwangsbehandlungen zur Stärkung der Selbstbestimmung nicht, halte die Vertragsstaaten aber an, geeignete Sicherungen bei Interessenkonflikten, Missbrauch und Missachtung

1054 VGH Mannheim v. 21.11.2012, Rs. 9 S 1833/12, BeckRS 2012, 60565 (II.2.b); ähnlich argumentierte auch das SG Karlsruhe in seinem Beschluss v. 21.03.2013, Rs. S 4 SO 937/13 ER, BeckRS 2013, 67552.

1055 Faber/Roth, DVBl. 2010, S. 1193 (1198); Poscher/Rux/Langer, S. 35 f.

1056 BVerfG v. 23.03.2011, Rs. 2 BvR 882/09, BeckRS 2011, 49744; Ähnlich auch AG Offenbach v. 26.06.2012, Rs. 14 XVII 990/08, BeckRS 2012, 15345 (A.1.2.1.2.); AG Offenbach v. 26.10.2012, Rs. 14 XVII 1250/12, BeckRS 2012, 22314 (A.3.).

1057 BVerfG v. 23.03.2011, Rs. 2 BvR 882/09, BeckRS 2011, 49744 (Rn. 45).

1058 BVerfG v. 23.03.2011, Rs. 2 BvR 882/09, BeckRS 2011, 49744 (Rn. 51).

1059 BVerfG v. 23.03.2011, Rs. 2 BvR 882/09, BeckRS 2011, 49744 (Rn. 53).

1060 BVerfG v. 23.03.2011, Rs. 2 BvR 882/09, BeckRS 2011, 49744 (Rn. 53).

sowie zur Wahrung der Verhältnismäßigkeit zu ergreifen.[1061] Des Weiteren ergebe sich aus der Behindertenrechtskonvention ein bestimmtes Verfahren zur Wahrung der Interessen des Betroffenen.[1062]

Die Rechtsgrundlage für eine Zwangsbehandlung müsse daher so konkret formuliert sein, dass sie das Verfahren für die Zwangsbehandlung festlege und damit bestimmt genug sei, um einen solch schweren Grundrechtseingriff zu legitimieren. Dies sei bei der streitigen Vorschrift nicht der Fall gewesen.[1063]

(3) Glaubens- und Gewissensfreiheit

Ein Wehrdienstverweigerer aus der DDR beantragte vor dem LG Berlin seine Rehabilitierung.[1064] Das LG Berlin nutzte zur Auslegung der Glaubens- und Gewissensfreiheit aus der Verfassung der DDR[1065], in welcher ein Wehrdienstverweigerungsrecht nicht vorgesehen war, den Zivilpakt. Auch dieser normiere in seinem Art. 18 ebenfalls kein Wehrdienstverweigerungsrecht. Vielmehr folge aus Art. 8 Abs. 3 lit. c Ziff. ii ICCPR, dass der Wehrdienst gerade nicht als Zwangsarbeit gesehen werde und sich damit auch kein Recht auf Verweigerung ergebe.[1066] Auch ein Vergleich mit anderen demokratischen Rechtsordnungen ergebe, dass aus der Glaubens- und Gewissensfreiheit kein Wehrdienstverweigerungsrecht abgeleitet werden könne.[1067]

(4) Ehe und Familie, Art. 6 GG

Das BVerfG entschied in seinem Beschluss v. 14.11.1973[1068] über die Verfassungswidrigkeit des Eheverbots wegen Geschlechtsgemeinschaft aus § 4 Abs. 2 EheG[1069]. Das BVerfG argumentierte hierbei, dass Art. 6 GG die Freiheit mit

---

1061 BVerfG v. 23.03.2011, Rs. 2 BvR 882/09, BeckRS 2011, 49744 (Rn. 53).

1062 BVerfG v. 23.03.2011, Rs. 2 BvR 882/09, BeckRS 2011, 49744 (Rn. 69 ff.).

1063 BVerfG v. 23.03.2011, Rs. 2 BvR 882/09, BeckRS 2011, 49744 (Rn. 72 ff.).

1064 LG Berlin v. 24.10.1991, Rs. (551 Rh) 3 Js 676/90 (1150/91), VIZ 1992, S. 245.

1065 Verfassung der Deutschen Demokratischen Republik v. 06.04.1968, GBl. DDR 1968 I, S. 199.

1066 LG Berlin v. 24.10.1991, Rs. (551 Rh) 3 Js 676/90 (1150/91), VIZ 1992, S. 245.

1067 LG Berlin v. 24.10.1991, Rs. (551 Rh) 3 Js 676/90 (1150/91), VIZ 1992, S. 245.

1068 BVerfG v. 14.11.1973, Rs. 1 BvR 719/69, NJW 1974, S. 545.

1069 Ehegesetz v. 20.02.1946, BGBl. 1946 III, S. 404-1, aufgehoben durch Art. 14 des Gesetzes zur Neuordnung des Eheschließungsrechts vom 4. Mai 1998, BGBl. 1998 I, S. 833; § 4 Abs. 2 EheG lautete: „Eine Ehe darf nicht geschlossen werden zwischen Personen, von denen die eine mit Eltern, Voreltern oder Abkömmlingen der anderen Geschlechtsgemeinschaft gepflogen hat."

dem selbstgewählten Partner eine Ehe einzugehen umfasse.[1070] Diese Freiheit sei ebenfalls im Zivilpakt international anerkannt worden und bildet damit einen elementaren Bestandteil der freien persönlichen Existenz des Menschen.[1071] Das BVerfG sieht daher das Eheverbot wegen Geschlechtsgemeinschaft als nicht mehr nachvollziehbar und als Verstoß gegen Art. 6 GG an.[1072]

In anderen Urteilen wurde über die alte Regelung des Sorgerechts[1073] entschieden, nach der die elterliche Sorge bei Kindern, deren Eltern nicht verheiratet sind, allein der Mutter oblag. Manche Gerichte legten hierbei das Grundgesetz und die Vorschriften der Kinderrechtskonvention dahingehend aus, dass eine Einschränkung der grundsätzlichen gemeinsamen Sorge möglich sei, wenn diese gesetzlich vorgesehen sei und sachliche Gründe vorlägen.[1074] Allerdings wurde auch vertreten, dass die alleinige elterliche Sorge der Mutter gegen Art. 6 GG in völkerrechtskonformer Auslegung am Maßstab der Kinderrechtskonvention verstoße und daher als verfassungswidrig anzusehen sei.[1075]

(5) Schulwesen, Art. 7 GG

In einem Urteil über die Genehmigung einer monoedukativen Privatschule für Jungen hat das OVG Berlin-Brandenburg die Zulässigkeit einer solchen Schule anhand der Privatschulfreiheit aus Art. 7 Abs. 4 GG in völkerrechtskonformer Auslegung abgeleitet.[1076] Aus dem Zivilpakt folge, dass die Freiheit von Personen, Bildungsstätten einzurichten, nicht eingeschränkt werden dürfe, solange diese mit den staatlichen Mindestanforderungen übereinstimme.[1077] Auch nach der Frauenrechtskonvention seien lediglich geeignete Maßnahmen zu treffen, um stereotype Auffassungen auf allen Bildungsebenen zu beseitigen.[1078] Zwar nenne

---

1070 BVerfG v. 14.11.1973, Rs. 1 BvR 719/69, NJW 1974, S. 545 (546).

1071 BVerfG v. 14.11.1973, Rs. 1 BvR 719/69, NJW 1974, S. 545 (546).

1072 BVerfG v. 14.11.1973, Rs. 1 BvR 719/69, NJW 1974, S. 545 (546).

1073 § 1705 S. 1 BGB lautete i.d.F. v. 24.03.1981: „Das nichteheliche Kind steht, solange es minderjährig ist, unter der elterlichen Sorge der Mutter." Die Vorschrift ist am 01.07.1998 außer Kraft getreten.

1074 BGH v. 04.04.2001, Rs. X II ZB 3/00, NJW 2001, S. 2472 (2475); OLG Naumburg v. 16.01.2003, Rs. 3 WF 3/03, BeckRS 2003, 30301774 (c)(2)).

1075 AG Kamen v. 04.08.1995, Rs. 10 X I 451, NJW-RR 1996, S. 199 (202).

1076 OVG Berlin-Brandenburg v. 08.09.2011, Rs. OVG 3 B 24.09, BeckRS 2011, 54118 (I.3.); Ähnlich auch BVerwG v. 30.01.2013, Rs. 5 C 6.12, BeckRS 2013, 47172 (Rn. 36 ff.).

1077 OVG Berlin-Brandenburg v. 08.09.2011, Rs. OVG 3 B 24.09, BeckRS 2011, 54118 (I.3.b).

1078 OVG Berlin-Brandenburg v. 08.09.2011, Rs. OVG 3 B 24.09, BeckRS 2011, 54118 (I.3.b).

die Frauenrechtskonvention die Förderung der Koedukation, allerdings sei diese nicht das einzige Mittel zur Beseitigung von Stereotypen und dies könne auch durch ein entsprechendes pädagogisches Konzept erreicht werden.[1079] Auch aus der Kinderrechtskonvention, welche ähnlich wie der Zivilpakt formuliert sei, folge keine Verpflichtung zur Koedukation.[1080]

cc. Pflicht zur völkerrechtskonformen Auslegung des GG

Die völkerrechtskonforme Auslegung des Grundgesetzes, insbesondere von Grundrechten, wurde bereits vom Bundesverfassungsgericht in mehreren Urteilen als Pflicht aller Staatsorgane angesehen[1081] und von anderen Gerichten aufgegriffen.[1082] Dies ergibt sich für das Grundgesetz schon aus dem Verweis in Art. 1 Abs. 2 GG auf die Menschenrechte, welcher auch die universellen Menschenrechte, insbesondere die Menschenrechtsverträge umfasst.[1083] Die Heranziehung von universellen Menschenrechtsverträgen zur Auslegung von Grundrechten durch die deutschen Gerichte ist auch unter dem Aspekt bedeutend, dass so auch nicht unmittelbar anwendbaren Vorschriften eine effektive Geltung in der deutschen Rechtsordnung verliehen werden kann. Ob die Gerichte dabei immer zu dem wünschenswerten Auslegungsergebnis gelangen, ist eine andere Frage, wie die unterschiedliche Bewertung der alleinigen elterlichen Sorge durch die Mutter zeigt. Dennoch ist es systematisch richtig und nötig die Menschenrechtsverträge bei der Auslegung von Grundrechten heranzuziehen.

b. Auslegung von sonstigem deutschem Recht

Neben dem sehr relevanten Bereich der Auslegung von Grundrechten wurden auch andere einfachgesetzliche Vorschriften durch die deutschen Gerichte mithilfe der internationalen Menschenrechtspakte ausgelegt.

1079 OVG Berlin-Brandenburg v. 08.09.2011, Rs. OVG 3 B 24.09, BeckRS 2011, 54118 (I.3.b).

1080 OVG Berlin-Brandenburg v. 08.09.2011, Rs. OVG 3 B 24.09, BeckRS 2011, 54118 (I.3.b).

1081 BVerfG v. 26.03.1987, Rs. 2 BvR 589/79 u.a., BVerfGE 74, S. 358 (370); BVerfG v. 29.06.1990, Rs. 2 BvR 254, 1343/88, BVerfGE 82, S. 106 (120); BVerfG v. 14.10.2004, Rs. 2 BvR 1481/04, BVerfGE 111, S. 307 (317).

1082 LSG Berlin-Brandenburg v. 31.01.2013, Rs. L 22 R 57/11, BeckRS 2013, 67248; LSG Berlin-Brandeburg v. 14.11.2013, Rs. L 22 R 645/11, BeckRS 2014, 65404.

1083 Sommermann, AöR 1989, S. 391 (416).

aa. Auslegung des *ordre public*, Art. 6 EGBGB

In dem Urteil vom 29.09.2010 hat das OVG Berlin-Brandenburg über die Visumserteilung zum Kindernachzug entschieden.[1084] Dem in Deutschland lebenden Vater wurde durch die türkischen Behörden das alleinige Sorgerecht für den Kläger übertragen, ohne dass hierzu der Kläger angehört wurde.[1085] Der Kläger stellte darauf einen Visumsantrag, welcher durch die deutsche Botschaft abgelehnt wurde.[1086] Das VG Berlin hat der Klage stattgegeben und die Beklagte zur Visumserteilung verpflichtet.[1087] Hiergegen wendet sich die Berufung der Beklagten.

Das OVG hat das Urteil des VG aufgehoben. Der Kläger erfülle zwar die Altersgrenze aber die Sorgerechtsentscheidung des türkischen Gerichts müsse gem. Art. 6 EGBGB nicht von den deutschen Behörden anerkannt werden, wenn sie gegen den *ordre public* verstoße.[1088] Neben anderen Abkommen enthalte insbesondere Art. 12 Abs. 2 CRC ein Recht des Kindes, zu allen es betreffende Gerichts- oder Verwaltungsverfahren gehört zu werden.[1089] Hierbei handle es sich um eine Spezialvorschrift des verfahrensrechtlichen *ordre public*, deren Bedeutung sich gerade aus der völkerrechtlichen Verankerung ergebe.[1090] Da bei der Sorgerechtsentscheidung des türkischen Gerichts gegen diese Vorschrift verstoßen worden sei, müsse die Entscheidung nicht anerkannt werden und die Versagung des Visums sei zulässig gewesen.[1091]

Ähnlich argumentierte das OVG Berlin-Brandenburg in zwei weiteren Fällen zur Visumserteilung zum Kindernachzug.[1092]

1084 OVG Berlin-Brandenburg v. 29.09.2010, Rs. OVG 12 B 21/09, BeckRS 2010, 56669.

1085 OVG Berlin-Brandenburg v. 29.09.2010, Rs. OVG 12 B 21/09, BeckRS 2010, 56669.

1086 OVG Berlin-Brandenburg v. 29.09.2010, Rs. OVG 12 B 21/09, BeckRS 2010, 56669.

1087 OVG Berlin-Brandenburg v. 29.09.2010, Rs. OVG 12 B 21/09, BeckRS 2010, 56669.

1088 OVG Berlin-Brandenburg v. 29.09.2010, Rs. OVG 12 B 21/09, BeckRS 2010, 56669 (1.).

1089 OVG Berlin-Brandenburg v. 29.09.2010, Rs. OVG 12 B 21/09, BeckRS 2010, 56669 (1.).

1090 OVG Berlin-Brandenburg v. 29.09.2010, Rs. OVG 12 B 21/09, BeckRS 2010, 56669 (1.).

1091 OVG Berlin-Brandenburg v. 29.09.2010, Rs. OVG 12 B 21/09, BeckRS 2010, 56669 (1.).

1092 OVG Berlin-Brandenburg v. 31.03.2011, Rs. OVG 3 B 8/08, BeckRs 2011, 51217 (1.b) cc)); OVG Berlin-Brandenburg v. 23.02.2012, Rs. OVG 2 B 6/11, BeckRS 2012, 49580 (2.a)bb)).

bb. Auslegung der StPO

Die besondere Bedeutung der Belehrungspflicht aus § 55 Abs. 2 StPO wurde einerseits aus dem Persönlichkeitsrecht des Zeugen, der Menschenwürde und aus dem Zivilpakt abgeleitet.[1093]

Auch der Grundsatz, dass der ungehinderte Verkehr mit dem Verteidiger zum Zwecke der Verteidigung gewährleistet sein muss, folgt aus § 148 Abs. 1 StPO und Art. 14 Abs. 3 lit. b ICCPR.[1094]

cc. Auslegung des AGG

Das Merkmal der ethnischen Herkunft im AGG[1095] sei völkerrechtlich auszulegen und umfasse die Kriterien, die von der Anti-Rassismus-Konvention aufgestellt werden, nämlich die Diskriminierung aufgrund der Rasse, Hautfarbe, Abstammung und des nationalen Ursprungs.[1096]

dd. Auslegung des SGB V, SGB IX und SGB XII

Im Sozialrecht wurden verschiedene Vorschriften mit Hilfe der Behindertenrechtskonvention ausgelegt. Für die Hilfsmittelversorgung nach dem SGB V wurde mit der Behindertenrechtskonvention bestimmt, dass eine Leistungspflicht dann bestehe, wenn das Hilfsmittel zur zumindest teilweisen Befähigung eines selbständigeren Lebens des Betroffenen führe.[1097]

Des Weiteren wurde der Ausgleichsanspruch für eine Behinderung nach SGB IX unter Beachtung der Behindertenrechtskonvention konkretisiert.[1098] Auch die Angemessenheit eines Berufes wurde an ihr gemessen.[1099] Zudem wurden die Anrechnungszeiten für die Rentenversicherung für Menschen mit Behinderung unter den Gesichtspunkten der Behindertenrechtskonvention und der besonderen Situation der Betroffenen bestimmt.[1100]

1093 OLG Celle v. 07.02.2001, Rs. 32 Ss 101/00, NStZ 2002, S. 386 (Rn. 4).

1094 OLG Hamm v. 10.06.1997, Rs. 1 Ws 173/97, NStZ 1997, S. 566 (568).

1095 Allgemeines Gleichbehandlungsgesetz v. 14.08.2006, BGBl. 2006 I, S. 1897, i.d.F. der Änderung v. 05.02.2009.

1096 BAG v. 21.06.2012, Rs. 8 AZR 364/11, BeckRS 2012, 73047 (Rn. 31).

1097 BSG v. 10.03.2011, Rs. B 3 KR 9/10 R, BeckRS 2011, 71122 (Rn. 22).

1098 LSG Baden-Württemberg v. 26.09.2012, Rs. L 2 SO 1378/11, BeckRS 2012, 75252 (II.).

1099 SG Düsseldorf v. 28.07.2011, Rs. S 17 SO 123/10, BeckRS 2011, 75070.

1100 LSG Niedersachsen v. 24.10.2002, Rs. L 10 RJ 175/01, NZS 2003, S. 324 (325 f.).

Im Rahmen des SGB XII[1101] wurde die Zumutbarkeit einer stationären Behandlung anhand der Behindertenrechtskonvention gemessen und dahingehend konkretisiert, dass die selbst gewählte Wohn- und Lebensform eines Menschen mit Behinderung uneingeschränkt zu berücksichtigen sei.[1102]

ee. Auslegung AsylblLG

Im Rahmen der Auslegung des AsylblLG wurde mit Hilfe der Kinderrechtskonvention entschieden, dass Kinder einen Anspruch auf Leistungen hätten, welche zur Sicherung des Schulbesuchs notwendig seien[1103] und eine Isolierung von den Klassenkameraden verhindern sollen, z.B. bei einer Klassenfahrt.[1104] Des Weiteren würden die Leistungen nach dem AsylblLG nach der Kinderrechtskonvention auch besondere Leistungen umfassen, die zur Eingliederung behinderter Kinder dienen.[1105]

ff. Auslegung UrhG

Das BVerfG hat des Weiteren Art. 15 Abs. 1 lit. c ICCPR genutzt um die Bedeutung des Vergütungsanspruchs aus § 11 S. 2 UrhG[1106] herauszustellen und um die Frage nach der angemessenen Vergütung zu klären.[1107] Nachdem Art. 15 lit. c ICCPR nach seinem Wortlaut keinen Vergütungsanspruch enthält, hat das BVerfG die Auslegung des Ausschusses für wirtschaftliche, soziale und kulturelle Rechte in dem General Comment Nr. 17[1108] herangezogen, um einen Vergütungsanspruch im Urheberrecht auch völkerrechtlich zu begründen.[1109]

1101 Sozialgesetzbuch Zwölftes Buch – Sozialhilfe v. 27.12.2003, BGBl. 2003 I, S. 3022, i.d.F. der Änderung v. 29.08.2013.

1102 SG Düsseldorf v. 07.10.2013, Rs. S 22 SO 319/13 ER, BeckRS 2013, 74949 (II.a).

1103 OVG Lüneburg v. 25.02.1999, Rs. 12 L 3799/98, NVwZ-Beil. 1999, S. 54 (55).

1104 VG Aachen v. 23.08.1999, Rs. 6 L 789/99, NVwZ-Beil. 2000, S. 72.

1105 VG Sigmaringen v. 02.04.2003, Rs. 5 K 781/02, BeckRS 2004, 24541; SG Hildesheim v. 30.08.2012, Rs. S 42 AY 140/12 ER, BeckRS 2012, 74127 (II.1.b)cc)).

1106 Gesetz über Urheberrecht und verwandte Schutzrechte v. 09.09.1965, BGBl. 1965 I, S. 1273, i.d.F. der Änderung v. 23.07.2013.

1107 BVerfG v. 23.10.2013, Rs. 1 BvR 1842/11 u. 1843/11, GRUR 2014, S. 169 (Rn. 83 ff.).

1108 Human Rights Committee, General Comment No. 17. The Right of Everyone to Benefit from the Protection of the Moral and Material Interests Resulting from any Scientific, Literary or Artistic Production of Which He or She is the Author (Art. 15, Para. 1 (c) of the Covenant), UN-Doc. E/C.12/GC/17 v. 12.01.2006.

1109 BVerfG v. 23.10.2013, Rs. 1 BvR 1842/11 u. 1843/11, GRUR 2014, S. 169 (Rn. 88).

gg. Notwendigkeit völkerrechtskonformer Auslegung einfachgesetzlichen Rechts

Genauso wie das Grundgesetz sind auch einfachgesetzliche Regelungen menschenrechtskonform auszulegen. Als geltendes Recht sind die Menschenrechtsverträge bei jeder Anwendung von innerstaatlichem Recht zu beachten und zur Auslegung des innerstaatlichen Rechts heranzuziehen, um den Menschenrechtsverträgen innerstaatlich zur Geltung zu verhelfen. Dem entspricht das aufgezeigte Vorgehen der deutschen Gerichte bei der Auslegung von nationalem Recht. Besonders aufschlussreich kann hierbei die Beachtung der Auslegung eines Menschenrechtsvertrages durch den jeweiligen Menschenrechtsausschuss sein, was anhand des Urteils des BVerfG zum Vergütungsanspruch im Urheberrecht illustriert wird.

c. Auslegung von europarechtlichen Vorschriften

Eine größere Anzahl von Urteilen beschäftigt sich mit der Auslegung der europäischen Qualifikationsrichtlinie[1110], welche Mindestnormen für die Anerkennung und den Status von Drittstaatsangehörigen oder Staatenlosen als Flüchtlinge festlegt.

aa. OVG Saarlouis vom 26.06.2007

Das erste Urteil zur Auslegung der Qualifikationsrichtlinie erging von dem OVG Saarlouis am 26.06.2007.[1111]

(1) Sachverhalt

Der 1978 geborene iranische Kläger war bis 24.10.2002 muslimischer Religionszugehöriger.[1112] Er interessierte sich bereits vor seiner Ausreise aus dem Iran für den christlichen Glauben, wurde verschiedenen Repressalien, wie der Exmatrikulation von einer Universität sowie der Ladung zu gerichtlichen Anhörungen, unterworfen und erlebte auch in der Familie Feindseligkeiten.[1113] Daher reiste er

1110 Richtlinie 2004/83/EG des Rates v. 29.04.2004 über Mindestnormen für die Anerkennung und den Status von Drittstaatsangehörigen oder Staatenlosen als Flüchtlinge oder als Personen, die anderweitig internationalen Schutz benötigen, und über den Inhalt des zu gewährenden Schutzes, ABl. 2004 L 304/12.

1111 OVG Saarlouis v. 26.06.2007, Rs. 1 A 222/07, BeckRS 2007, 27502.

1112 OVG Saarlouis v. 26.06.2007, Rs. 1 A 222/07, BeckRS 2007, 27502.

1113 OVG Saarlouis v. 26.06.2007, Rs. 1 A 222/07, BeckRS 2007, 27502.

über den Landweg nach Deutschland ein.[1114] Da er eine Verfolgung wegen seiner Zuneigung zum christlichen Glauben befürchtete, beantragte er am 12.09.2002 Asyl.[1115] Am 24.10.2002 ließ er sich taufen und konvertierte zum Christentum.[1116] Der Asylantrag wurde abgelehnt und die hiergegen gerichtete Klage abgewiesen, da das Gericht der Auffassung war, dass dem Kläger bei rein privater Ausübung seines Glaubens im Iran keine Repressalien drohen würden.[1117] Das OVG Saarland hat die Berufung als unbegründet zurückgewiesen.

(2) Urteilsgründe

Für die Anwendung des § 60 Abs. 1 AufenthG sei für die Auslegung des Begriffs der Verfolgung die Qualifikationsrichtlinie zu beachten, welche mangels fristgerechter Umsetzung durch die Bundesrepublik Deutschland unmittelbare Anwendung finde.[1118] Danach sei ein Flüchtling jemand, der sich unter anderem aus Furcht vor Verfolgung aufgrund seiner Religion in einem anderen Land befinde.[1119]

Nach der Qualifikationsrichtlinie umfasse der Begriff der Religion jede theistische, nichttheistische und atheistische Glaubensüberzeugung, die Teilnahme beziehungsweise die Nichtteilnahme an religiösen Riten im öffentlichen und privaten Bereich, allein oder in Gemeinschaft mit anderen, sowie sonstige religiöse Betätigungen.[1120] Das bisherige religiöse Existenzminimum umfasse nur die Betätigung im privaten Bereich.[1121] Der Schutz des öffentlichen Bereichs durch die Qualifikationsrichtlinie folge aus den historischen Wurzeln, welche sich insbesondere im Zivilpakt fänden.[1122] Während die Qualifikationsrichtlinie die Religionsfreiheit schrankenlos gewähre, unterscheide der Zivilpakt zwischen der uneinschränkbaren Wahlfreiheit und der einschränkbaren Religionsausübungsfreiheit.[1123] Nach Art. 18 ICCPR dürfe die Religionsausübung zum Schutze der öffentlichen Sicherheit oder Ordnung, der Gesundheit, der Sittlichkeit und der Rechte und Freiheiten anderer verboten oder eingeschränkt werden. Halten sich

1114 OVG Saarlouis v. 26.06.2007, Rs. 1 A 222/07, BeckRS 2007, 27502.
1115 OVG Saarlouis v. 26.06.2007, Rs. 1 A 222/07, BeckRS 2007, 27502.
1116 OVG Saarlouis v. 26.06.2007, Rs. 1 A 222/07, BeckRS 2007, 27502.
1117 OVG Saarlouis v. 26.06.2007, Rs. 1 A 222/07, BeckRS 2007, 27502.
1118 OVG Saarlouis v. 26.06.2007, Rs. 1 A 222/07, BeckRS 2007, 27502 (I.).
1119 OVG Saarlouis v. 26.06.2007, Rs. 1 A 222/07, BeckRS 2007, 27502 (I.).
1120 OVG Saarlouis v. 26.06.2007, Rs. 1 A 222/07, BeckRS 2007, 27502 (I.).
1121 OVG Saarlouis v. 26.06.2007, Rs. 1 A 222/07, BeckRS 2007, 27502 (I.).
1122 OVG Saarlouis v. 26.06.2007, Rs. 1 A 222/07, BeckRS 2007, 27502 (I.).
1123 OVG Saarlouis v. 26.06.2007, Rs. 1 A 222/07, BeckRS 2007, 27502 (I.).

die einschränkenden Gesetze nicht an die Vorgaben des Art. 18 ICCPR, müsse geprüft werden, ob sie eine Verfolgungshandlung i.S.d. Qualifikationsrichtlinie darstellen würden.[1124]

Konvertierte würden allerdings nur dann unter den Schutz der Qualifikationsrichtlinie fallen, wenn die Konversion aufgrund einer Glaubensüberzeugung erfolge und nicht nur rein formal.[1125] Im vorliegenden Fall verstricke sich der Kläger allerdings in verschiedene Widersprüche und könne kaum Gründe für eine Entscheidung für das Christentum nennen.[1126] Daher kam das OVG Saarlouis zu dem Schluss, dass die Konversion rein formal erfolgt sei und es erwartet auch keine Verfolgungsmaßnahmen von Seiten des iranischen Staates gegen den Kläger.[1127]

bb. Weitere Urteile

In ähnlicher Weise bedienten sich auch andere Gerichte bei der Auslegung der Qualifikationsrichtlinie des Art. 18 ICCPR und legten so als Schranken für die Religionsfreiheit die Öffentliche Ordnung, die Gesundheit, die Sittlichkeit und die Rechte und Freiheiten anderer fest.[1128]

1124 OVG Saarlouis v. 26.06.2007, Rs. 1 A 222/07, BeckRS 2007, 27502 (I.).

1125 OVG Saarlouis v. 26.06.2007, Rs. 1 A 222/07, BeckRS 2007, 27502 (I.).

1126 OVG Saarlouis v. 26.06.2007, Rs. 1 A 222/07, BeckRS 2007, 27502 (I.).

1127 OVG Saarlouis v. 26.06.2007, Rs. 1 A 222/07, BeckRS 2007, 27502 (I.).

1128 VGH Mannheim v. 20.11.2007, Rs. A 10 S 70/06, BeckRS 2007, 28319 (II.); VGH Mannheim v. 20.05.2008, Rs. 10 S 3032/07, BeckRS 2008, 39226 (II.1.); VGH Mannheim v. 20.05.2008, Rs. 10 S 72/08, BeckRS 2008, 36226 (I.2.b); VG Würzburg v. 03.11.2008, Rs. W 7 K 07.30158, BeckRS 2008, 46556; VG Würzburg v. 04.11.2008, Rs. W 7 K 07.30017, BeckRS 2008, 34670; VG Würzburg v. 04.11.2008, Rs. W 7 K 07.30016, BeckRS 2008, 34668; VG Würzburg v. 12.10.2009, Rs. W 7 K 09.30014, BeckRS 2009, 45020; VG Würzburg v. 12.10.2009, Rs. W 7 K09.30142, BeckRS 2009, 45021; VG Regensburg v. 17.12.2009, Rs. RO 5 K 07.30098, BeckRS 2009, 44896; VG Regensburg v. 17.12.2009, Rs. RO 5 K 07.30093, BeckRS 2009, 44893; VG Regensburg v. 17.12.2009, Rs. RO 5 K 07.30095, BeckRS 2009, 44894; VG Düsseldorf v. 24.09.2010, Rs. 21 K 4217/09.A, BeckRS 2010, 55582; VGH Mannheim v. 27.09.2010, Rs. A 10 S 689/08, BeckRs 2010, 55345 (3.1. 2.b); OVG Münster v. 14.12.2010, Rs. 19 A 2999/0.A, BeckRS 2011, 46165 (1.a); VGH Mannheim v. 13.12.2011, Rs. A 10 S 69/11, BeckRS 2013, 49275 (3.1. 2.b); VG Düsseldorf v. 03.07.2012, Rs. 14 K 457/12.A, BeckRS 2012, 54008; VG Köln v. 05.12.2012, Rs. 25 K 4738/11.A, BeckRS 2013, 55535; VG Köln v. 28.01.2013, Rs. 25 K 5124/11.A, BeckRS 2013, 55536; VG Düsseldorf v. 21.03.2013, Rs. 14 K 6699/12.A, BeckRS 2013, 51035; VG Düsseldorf v. 18.04.2013, Rs. 14 K 5850/12.A, BeckRS 2013, 51714; VG Düsseldorf v. 14.10.2013, Rs. 14 K 5679/12.A, BeckRS 2013, 59125.

cc. Notwendigkeit menschenrechtskonformer Auslegung von europarechtlichen Vorschriften

Verschiedene europarechtliche Vorschriften stellen Menschenrechtsnormen auf, die zu einem großen Teil auf den Menschenrechtsnormen des Völkerrechts beruhen. Insbesondere im Verhältnis zu Drittstaaten können daher universelle Menschenrechtsabkommen als Auslegungshilfe der europarechtlichen Vorschriften genutzt werden, um einen gemeinsamen menschenrechtlichen Maßstab zu finden.

Obwohl die Qualifikationsrichtlinie die Religionsausübung schrankenlos gewährt, ist dies insbesondere in Drittstaaten oft nicht die Realität. Damit nicht schon die kleinste Einschränkung der Religionsfreiheit in einem Drittstaat die Flüchtlingseigenschaft begründet, ist es notwendig gewisse Einschränkungen zuzulassen. Zur Festlegung eines internationalen Mindeststandards der Religionsfreiheit konnte Art. 18 ICCPR aufgrund seiner internationalen Akzeptanz, sowie der Tatsache, dass er die historische Grundlage der Qualifikationsrichtlinie bildet, genutzt werden. So konnten die Gerichte eine sinnvolle Einschränkbarkeit der Religionsfreiheit festlegen.

d. Bestimmung von Völkergewohnheitsrecht

In verschiedenen Fällen wurden die Menschenrechtsverträge von deutschen Gerichten dazu genutzt, festzustellen, ob eine menschenrechtliche Regelung zu dem nach Art. 25 GG vorrangig zu beachtenden Völkergewohnheitsrecht gehört.

aa. Bejahung von Völkergewohnheitsrecht

Teilweise wurde mithilfe der universellen Menschenrechtsverträge einer menschenrechtlichen Regelung der Status von, nach Art. 25 GG vorrangig zu beachtendem, Völkergewohnheitsrecht zuerkannt. Dies war der Fall für einen zu gewährleistenden menschenrechtlichen Mindeststandard, die Ächtung der Folter und das Recht auf einen Dolmetscher.

(1) Völkerrechtlicher menschenrechtlicher Mindeststandard

In Urteilen, welche sich mit Auslieferungsersuchen zur Vollstreckung von Strafurteilen in anderen Staaten oder mit der Übernahme der Vollstreckung eines ausländischen Strafurteils durch Deutschland beschäftigen, wurde von den Gerichten überprüft, ob die ausländischen Strafverfahren gegen den gem. Art. 25 GG verbindlichen völkerrechtlichen Mindeststandard verstoßen. Die Gerichte gehen dabei davon aus, dass sich der menschenrechtliche völkerrechtliche

Mindeststandard aus dem Zivilpakt ergebe und dieser gem. Art. 25 GG vorrangig zu beachten sei.[1129]

(2) Ächtung der Folter als Völkergewohnheitsrecht

In seinem Urteil vom 08.04.2004 hatte das BVerfG über eine Verfassungsbeschwerde zu entscheiden, welche sich gegen die Feststellung der Zulässigkeit einer Auslieferung an Weißrussland wendete.[1130] Es hielt die Verfassungsbeschwerde für begründet, da zu erwarten sei, dass die Strafe nicht in Konformität mit dem völkerrechtlichem Mindeststandard vollstreckt werden würde.[1131] Zu dem völkerrechtlichen Mindeststandard gehöre die Ächtung der Folter und unmenschlicher oder erniedrigender Behandlung als festem Bestandteil des völkerrechtlichen Menschenrechtsschutz, der durch Art. 7 ICCPR und die Anti-Folterkonvention festgelegt sei.[1132]

Diese Argumentation wurde von anderen Gerichten ebenfalls bei Auslieferungsersuchen der Republik Belarus[1133], der russischen Föderation[1134] und der Türkei[1135] angewendet. Allerdings wurde den Auslieferungsersuchen zumeist stattgegeben, wenn die ersuchenden Staaten versicherten, dass keine Folter oder andere erniedrigende Behandlung oder Bestrafung durchgeführt werde.[1136]

(3) Recht auf Dolmetscher als Völkergewohnheitsrecht

Das BVerfG hat in seinem Beschluss vom 21.05.1987 bereits festgestellt, dass der Anspruch eines, der jeweiligen Gerichtssprache nicht ausreichend mächtigen, Angeklagten auf einen Dolmetscher zumindest in der mündlichen Verhandlung

---

1129 KG v. 16.07.2007, Rs. 1 AR 105/06-2/5 Ws 53/06, NJW 2008, S. 673 (675); OLG Koblenz v. 30.11.2010, Rs. 1 Ws 541/10, BeckRS 2010, 30476 (II.2.b).

1130 BVerfG v. 08.04.2004, Rs. 2 BvR 253/04, BeckRS 2004, 21967.

1131 BVerfG v. 08.04.2004, Rs. 2 BvR 253/04, BeckRS 2004, 21967 (II.2.b).

1132 BVerfG v. 08.04.2004, Rs. 2 BvR 253/04, BeckRS 2004, 21967 (II.2.a).

1133 OLG Hamm v. 12.07.2004, Rs. (2) 4 Ausl A 29/03, BeckRS 2007, 17072 (II.); OLG Dresden v. 17.04.2008, Rs. 12 Ausl. 33/08, BeckRS 2008, 08111 (II.2.); OLG Dresden v. 29.09.2008, Rs. Ausl 33/08, BeckRS 2008, 23955 (II.4.).

1134 OLG Dresden v. 25.08.2008, Rs. Ausl 108/07, BeckRS 2009, 08568 (II.4.).

1135 BGH v. 15.03.1984, Rs. 4 ARs 23/83, NJW 1984, S. 2046 (2048); BVerfG v. 15.10.2007, Rs. 2 BvR 1680/07, NVwZ 2008, S. 71 (72); OLG Hamm v. 14.12.2010, Rs. III-2 Ausl 50/10, BeckRS 2011, 25880 (II.1.b).

1136 BVerfG v. 08.04.2004, Rs. 2 BvR 253/04, BeckRS 2004, 21967 (II.2.b); OLG Dresden v. 17.04.2008, Rs. 12 Ausl. 33/08, BeckRS 2008, 08111 (II.2., 3.); OLG Dresden v. 29.09.2008, Rs. Ausl 33/08, BeckRS 2008, 23955 (II.4.); OLG Dresden v. 25.08.2008, Rs. Ausl 108/07, BeckRS 2009, 08568 (II.4.).

zu dem vom Völkergewohnheitsrecht umfassten menschenrechtlichen Mindeststandard gehöre und als allgemeine Regel des Völkerrechts i.S.d. Art. 25 GG anzuerkennen sei.[1137] Die Anerkennung dieses Rechts als Völkergewohnheitsrecht folge aus der Tatsache, dass es in allen einschlägigen internationalen und regionalen Menschenrechtsabkommen, wie dem Zivilpakt und der Europäischen Menschenrechtskonvention, festgeschrieben sei.[1138] Soweit gegen dieses Recht verstoßen worden sei, könne ein Auslieferungsersuchen abgelehnt werden.[1139]

(4) Menschenrechtlicher Mindeststandard durch Menschenrechtsabkommen

Auf völkerrechtlicher Ebene sind Menschenrechte in großem Umfang in den verschiedenen Menschenrechtsabkommen kodifiziert worden. Allerdings gehören nicht alle Rechte, welche in den Verträgen aufgenommen wurden, zu dem menschenrechtlichen Mindeststandard, der als Völkergewohnheitsrecht nach Art. 25 GG zu beachten ist. In dem Zivilpakt sind die wichtigsten Menschenrechte festgelegt und er gehört zu den ersten umfangreichen Menschenrechtspakten. Er ist zudem von sehr vielen Staaten anerkannt. Dass manche Gerichte den Zivilpakt in seiner Gesamtheit als menschenrechtlichen Mindeststandard sehen, ist eine positive Entwicklung, bedürfte aber einer eingehenderen Begründung. Ein solcher Status wurde bisher nur noch der Ächtung der Folter und dem Recht auf einen Dolmetscher zuerkannt. Dies zeigt bereits, dass nur wenigen universellen Menschenrechten der Status von Völkergewohnheitsrecht innewohnt.

bb. Ablehnung von Völkergewohnheitsrecht

Oftmals wurde aber auch unter Heranziehung der universellen Menschenrechtsverträge der Status einer menschenrechtlichen Regelung als allgemeine Regel des Völkerrechts i.S.d. Art. 25 GG verneint.

(1) Doppelbestrafung durch anderen Staat

Einige Urteile beschäftigen sich mit dem Problem einer möglichen Doppelbestrafung für die gleiche Tat durch einen anderen Staat und der Frage, ob es hierzu eine völkergewohnheitsrechtliche Regel gibt.

1137 BVerfG v. 21.05.1987, Rs. 2 BvR 1170/83, NJW 1988, S. 1462 (1464).

1138 BVerfG v. 21.05.1987, Rs. 2 BvR 1170/83, NJW 1988, S. 1462 (1464); Ähnlich auch KG v. 21.05.1993, Rs. 5 Ws 137/93 REHA, VIZ 1993, S. 464.

1139 BVerfG v. 21.05.1987, Rs. 2 BvR 1170/83, NJW 1988, S. 1462 (1464).

(a) Drohende Doppelbestrafung kein Auslieferungshindernis

Das BVerfG hat in seinem Beschluss vom 31.03.1987 über die Vorlagefrage, ob eine mögliche Doppelbestrafung ein Auslieferungshindernis darstellt, entschieden.[1140]

Der Verfolgte handelte mit Betäubungsmitteln über die türkisch-griechische Grenze hinweg und wurde von einem griechischen Gericht zu 3 Jahren Freiheitsstrafe verurteilt, welche er in Griechenland verbüßte.[1141] Wegen derselben Tat wurde er von einem türkischen Gericht zu einer Freiheitsstrafe von 18 Jahren verurteilt, ohne dass die Zeit in Griechenland angerechnet wurde.[1142] Zur Vollstreckung der Freiheitsstrafe begehren die türkischen Behörden die Auslieferung.[1143] Das mit der Sache befasste OLG hat an das BVerfG die Vorlagefrage gestellt, ob es eine allgemeine Regel des Völkerrechts i.S.d. Art. 25 GG gebe, nach der die Auslieferung, wegen der möglichen Doppelbestrafung durch einen anderen Staat, zu verweigern sei.[1144]

Das BVerfG kam zu dem Schluss, dass es im Völkerrecht eine solche Regel nicht gebe. In einer Vielzahl von Rechtsordnungen sei der Grundsatz *ne bis in idem* im Hinblick auf im selben Staat durchgeführte Strafverfahren im Verfassungsrecht verankert.[1145] Auch der Zivilpakt kenne in seinem Art. 14 Abs. 4 ein solches Verbot, wobei auch dieser auf das Recht des jeweiligen Landes abstelle.[1146] Zu diesem seien keine Vorbehalte in nennenswertem Umfang abgegeben worden.[1147] Das 7. Zusatzprotokoll zur EMRK sehe ebenfalls ein solches Verbot vor, wobei auch dieses auf eine Bestrafung unter dem Recht des jeweiligen Staates abstelle.[1148] Damit stelle der Grundsatz *ne bis in idem* zwar eine allgemeine Regel des Völkerrechts dar und sei nach Art. 25 GG bei der Entscheidung über ein Auslieferungsersuchen zu beachten.[1149]

Allerdings beziehe sich diese allgemeine Regel des Völkerrechts nur auf eine Doppelbestrafung durch den gleichen Staat, nicht aber auf die Bestrafung einer

1140 BVerfG v. 31.03.1987, Rs. 2 BvM 2/86, NJW 1987, S. 2155.
1141 BVerfG v. 31.03.1987, Rs. 2 BvM 2/86, NJW 1987, S. 2155.
1142 BVerfG v. 31.03.1987, Rs. 2 BvM 2/86, NJW 1987, S. 2155.
1143 BVerfG v. 31.03.1987, Rs. 2 BvM 2/86, NJW 1987, S. 2155.
1144 BVerfG v. 31.03.1987, Rs. 2 BvM 2/86, NJW 1987, S. 2155 (2156).
1145 BVerfG v. 31.03.1987, Rs. 2 BvM 2/86, NJW 1987, S. 2155 (2158).
1146 BVerfG v. 31.03.1987, Rs. 2 BvM 2/86, NJW 1987, S. 2155 (2158).
1147 BVerfG v. 31.03.1987, Rs. 2 BvM 2/86, NJW 1987, S. 2155 (2158).
1148 BVerfG v. 31.03.1987, Rs. 2 BvM 2/86, NJW 1987, S. 2155 (2158).
1149 BVerfG v. 31.03.1987, Rs. 2 BvM 2/86, NJW 1987, S. 2155 (2158).

Tat durch einen Staat und später durch einen anderen Staat.[1150] Die Entwicklung neuerer Zeit, ausländische Strafurteile oder verbüßte Freiheitsstrafen als Verfahrenshindernisse zu beachten, habe noch nicht eine solche Verbreitung erreicht, dass von einer allgemeinen Regel des Völkerrechts ausgegangen werden könne.[1151]

(b) Übertragung auf den Strafklageverbrauch

In der Folge wurde die Argumentation des BVerfG auf den Strafklageverbrauch übertragen. Bei verschiedenen Fällen, in denen eine Verurteilung bereits durch ein Gericht eines anderen Staates erfolgte, wurde dies nicht als Hindernis für ein erneutes Verfahren vor deutschen Gerichten gesehen.[1152]

(2) Eigentumsschutz

Das BVerfG hat in seinem Beschluss zu Enteignungen während 1945 bis 1949 auf dem Gebiet der ehemaligen DDR entschieden, dass es keine Pflicht zur Rückgabe gebe.[1153] Da die Verfassungsbeschwerden nicht auf Art. 14 Abs. 1 GG gestützt werden könnten, könne ein Anspruch nur aus völkerrechtlichen Normen folgen.[1154] Zunächst müsse eine völkerrechtliche Norm, welche den Eigentumsschutz enthalte, verletzt worden sein.[1155] Allerdings würden große Meinungsverschiedenheiten über den Umfang des Eigentumsschutzes zwischen West und Ost herrschen und daher sei dieser nicht in den Zivilpakt aufgenommen worden.[1156] Aufgrund dieses Umstandes könne nicht von einer weltweit anerkannten Norm des Eigentumsschutzes ausgegangen werden.[1157] Die Bedeutung des Eigentumsschutzes für den menschenrechtlichen Mindestschutz sei zwar später erkannt worden, aber immer noch umstritten.[1158] Daher gehöre der Eigentumsschutz nicht zu den allgemeinen Regel des Völkerrechts i.S.d. Art. 25 GG.

1150 BVerfG v. 31.03.1987, Rs. 2 BvM 2/86, NJW 1987, S. 2155 (2158).
1151 BVerfG v. 31.03.1987, Rs. 2 BvM 2/86, NJW 1987, S. 2155 (2159).
1152 BGH v. 13.05.1997, Rs. 5 StR 596/96, NStZ 1998, S. 149 (150); BVerfG v. 04.12.2007, Rs. 2 BvR 38/06, BeckRS 2007, 32414 (Rn. 27 f.); BVerfG v. 15.12.2011, Rs. 2 BvR 148/11, NJW 2012, S. 1202 (Rn. 33).
1153 BVerfG v. 26.10.2004, Rs. 2 BvR 955/00 u.a., NVwZ 2005, S. 560.
1154 BVerfG v. 26.10.2004, Rs. 2 BvR 955/00 u.a., NVwZ 2005, S. 560 (561).
1155 BVerfG v. 26.10.2004, Rs. 2 BvR 955/00 u.a., NVwZ 2005, S. 560 (564).
1156 BVerfG v. 26.10.2004, Rs. 2 BvR 955/00 u.a., NVwZ 2005, S. 560 (564).
1157 BVerfG v. 26.10.2004, Rs. 2 BvR 955/00 u.a., NVwZ 2005, S. 560 (564).
1158 BVerfG v. 26.10.2004, Rs. 2 BvR 955/00 u.a., NVwZ 2005, S. 560 (564).

Selbst wenn man von einem zwingenden Eigentumsschutz auf völkerrechtlicher Ebene ausgehe, habe die Bundesrepublik Deutschland durch das Ausgleichsleistungsgesetz und dem Flächenerwerbsprogramm seine Verpflichtungen zur Wiedergutmachung aus den ILC-Artikeln zur Staatenverantwortlichkeit erfüllt.[1159]

(3) Einzelne Menschenrechte als Völkergewohnheitsrecht

Während auf der einen Seite der Zivilpakt in seiner Gesamtheit zu dem menschenrechtlichen Mindeststandard gezählt wird, werden manche wichtigen Menschenrechte noch nicht als allgemeine Regeln des Völkerrechts gesehen. Die Anrechnung einer bereits vollstreckten Verurteilung durch ein ausländisches Urteil nach § 51 Abs. 3 StGB sowie Abkommen[1160], die den Strafklageverbrauch durch ein ausländisches Urteil enthalten, zeigen eine gewisse Tendenz zur Vermeidung einer grenzüberschreitenden Doppelbestrafung. Auch der Eigentumsschutz wird auf internationaler Ebene immer mehr anerkannt.[1161]

Völkergewohnheitsrecht lässt sich an dem Verhalten der Staaten, insbesondere an dem Abschluss internationaler Verträge, und der jeweiligen Rechtsauffassung ablesen.[1162] Daher war es zutreffend die Menschenrechtsabkommen bei der Feststellung einer allgemeinen Regel des Völkerrechts zu Rate zu ziehen. Allerdings ist das Völkerrecht kein starres Recht und befindet sich immer in der Entwicklung. Daher müssen, neben dem hier genutzten Zivilpakt, der aus den 60er Jahren stammt und so kaum noch vollständig das heutige Völkerrecht wiederspiegeln kann, auch andere Quellen des Völkerrechts herangezogen werden. Aufgrund der stetigen Entwicklung des Völkergewohnheitsrechts können auch Urteile immer nur den Stand des Rechts zum Zeitpunkt der Entscheidung abbilden.

1159 BVerfG v. 26.10.2004, Rs. 2 BvR 955/00 u.a., NVwZ 2005, S. 560 (565).

1160 Art. 54 Übereinkommen zur Durchführung des Übereinkommens von Schengen v. 14.06.1985 zwischen den Regierungen der Staaten der BENELUX-Wirtschaftsunion, der Bundesrepublik Deutschland und der Französischen Republik betreffend den schrittweisen Abbau der Kontrollen an den gemeinsamen Grenzen v. 19.06.1990, BGBl. 1993 II, S. 1013; Art. 53 Europäisches Übereinkommen über die internationale Geltung von Strafurteilen v. 28.07.1970, SEV-Nr. 070.

1161 Kälin/Künzli, S. 509 ff. Der Eigentumsschutz war bereits in Art. 17 Allgemeine Erklärung der Menschenrechte enthalten.

1162 Heintschel von Heinegg, Quellen des Völkerrechts, in: Ipsen (Hrsg.), S. 471 (473 f.).

V. Besondere Rechtsbereiche

In 3 Rechtsbereichen haben bestimmte Menschenrechtsabkommen eine herausragende Bedeutung erlangt und es ergingen zu diesen Bereichen jeweils eine Vielzahl von Entscheidungen. Bei der Aufarbeitung des DDR-Unrechts wurde von den Gerichten oft der Zivilpakt genutzt, während bei den Studiengebührenfällen vor allem der Sozialpakt relevant wurde. In Auslieferungs- und Asylfällen wurden häufig die verschiedenen Menschenrechtspakte als Argument verwendet.

1. DDR-Unrecht

Zur Aufarbeitung des DDR-Unrechts wurde von den Gerichten der Zivilpakt zur Bewertung der Taten angewendet. Er wurde einerseits als Auslegungshilfe und zur Begründung von Handlungspflichten oder dem Ausschluss von Rechtfertigungsgründen angewendet.

a. ICCPR als Auslegungshilfe

Bei der Bewertung von Handlungen ehemaliger DDR-Beamten, insbesondere Richtern, wurden die Verstöße gegen die Rechtsstaatlichkeit und Menschlichkeit sowie der Tatbestand der Rechtsbeugung mit Hilfe des ICCPR ausgelegt.

aa. Grundsätze der Rechtsstaatlichkeit und Menschlichkeit

In einem Urteil des VG Weimar vom 31.01.1995 ging es um die Entlassung eines Probebeamten.[1163] Hierbei hat das VG Weimar die Rechtmäßigkeit der Entlassung unter anderem anhand des Einigungsvertrages[1164] überprüft. Nach diesem sei ein wichtiger Grund für eine außerordentliche Kündigung dann gegeben, wenn der Arbeitnehmer gegen die Grundsätze der Menschlichkeit oder Rechtsstaatlichkeit verstoßen habe, zu denen insbesondere die Menschenrechte aus dem Zivilpakt zählen würden.[1165] Allerdings könne dies nicht allein aus der Tätigkeit für die Abteilung für „innere Angelegenheiten“ abgelesen werden, sondern es bedürfe einer konkreten Einzelfallprüfung, welche vorliegend nicht erfolgt sei.[1166]

Auch bei einer Abgeordnetenanklage hat der SächsVerfGH einen möglichen Verstoß gegen die Grundsätze der Rechtsstaatlichkeit und Menschlichkeit

1163 VG Weimar v. 31.01.1995, Rs. 4 E 9/95, LKV 1995, S. 329.

1164 Vertrag zwischen der Bundesrepublik Deutschland und der Deutschen Demokratischen Republik über die Herstellung der Einheit Deutschlands v. 31.08.1990, BGBl. 1990 II, S. 889.

1165 VG Weimar v. 31.01.1995, Rs. 4 E 9/95, LKV 1995, S. 329 (331).

1166 VG Weimar v. 31.01.1995, Rs. 4 E 9/95, LKV 1995, S. 329 (331).

untersucht.[1167] Er führt hierbei aus, dass noch nicht jeder Verstoß gegen Menschenrechte des Zivilpakts einen Verstoß gegen die Grundsätze der Rechtsstaatlichkeit und Menschlichkeit darstelle, aber auf den Zivilpakt zurückgegriffen werden müsse, um Anhaltspunkte für die Reichweite der Grundsätze der Rechtsstaatlichkeit und Menschlichkeit zu gewinnen.[1168] Allerdings seien diese im vorliegenden Fall noch nicht verletzt worden.[1169]

bb. Rechtsbeugung

In mehreren Fällen wurde ehemaligen DDR-Richtern Rechtsbeugung vorgeworfen, da sie teilweise Urteile fällten, welche das Todesurteil oder sehr hohe Strafen enthielten. Hierbei wurde auf die Offensichtlichkeit der Verstöße gegen Menschenrechte abgestellt, wie sie in der DDR durch ihren Beitritt zum Zivilpakt anerkannt worden seien.[1170] Das BVerfG hat hierzu ausgeführt, dass die Fallgruppe der Überdehnung von Straftatbeständen unter Ausnutzung ihrer Unbestimmtheit, welche sich auf Art. 15 Abs. 1 ICCPR stütze, und die Fallgruppe des unerträglichen Missverhältnisses zwischen der verhängten Strafe und der abgeurteilten Tat, was sich an Art. 7 S. 1 ICCPR orientiere, besonders bedeutend seien.[1171] Beide Fallgruppen seien auf ihre Offensichtlichkeit und die Schwere der durch die Rechtsbeugung erfolgten Menschenrechtsverletzungen hin zu untersuchen.[1172] Insbesondere das DDR-Strafrecht mit politischen Straftaten und offenen Rechtsbegriffen habe die Überdehnung von Straftatbeständen ermöglicht und sehr hohe Strafen festgesetzt, bei denen sich selbst einem politisch indoktrinierten Richter das Missverhältnis von Strafe und Tat hätte aufdrängen müssen.[1173] Diese Rechtsprechung wurde von dem BVerfG später auch auf Urteile von DDR-Richtern vor dem Beitritt der DDR zum Zivilpakt ausgedehnt, da sich diese Grundsätze bereits in der Allgemeinen Erklärung der Menschenrechte finden würden, welche den Willen der Völkergemeinschaft, Menschenrechte zu schützen, wiedergebe.[1174]

1167 VerfGH Sachsen v. 06.11.1998, Rs. Vf. 16-IX-98, LKV 1999, S. 183.

1168 VerfGH Sachsen v. 06.11.1998, Rs. Vf. 16-IX-98, LKV 1999, S. 183 (185 f.).

1169 VerfGH Sachsen v. 06.11.1998, Rs. Vf. 16-IX-98, LKV 1999, S. 183 (186).

1170 BGH v. 13.12.1993, Rs. 5 StR 76/93, NJW 1994, S. 529 (532); BGH v. 16.11.1995, Rs. 5 StR 747/94, NJW 1996, S. 857 (859).

1171 BVerfG v. 07.04.1998, Rs. 2 BvR 2560–95, NJW 1998, S. 2585 (2586).

1172 BVerfG v. 07.04.1998, Rs. 2 BvR 2560–95, NJW 1998, S. 2585 (2586).

1173 BVerfG v. 07.04.1998, Rs. 2 BvR 2560–95, NJW 1998, S. 2585 (2586); BGH v. 22.04.1998, Rs. 3 StR 644–97, NStZ-RR 1999, S. 43.

1174 BVerfG v. 12.05.1998, Rs. 2 BvR 61–96, NJW 1998, S. 2587 (2589).

cc. Anwalts- / Richterzulassung und Notaramtsenthebung

Mehrere Fälle beschäftigen sich mit der Zulassung von ehemaligen DDR-Richtern als Anwälte oder ihrer erneuten Einstellung als Richter.

Nach § 7 Nr. 5 BRAO[1175] ist die Zulassung zur Rechtsanwaltschaft zu versagen, wenn sich der Bewerber eines Verhaltens schuldig gemacht hat, das ihn als ungeeignet erscheinen lässt. Nach dem BGH gehöre hierzu die exzessive Anwendung des DDR-Rechts zum Nachteil der Angeklagten, nicht aber jegliche Mitwirkung an der DDR-Rechtsprechung.[1176] Es komme damit entscheidend auf die Urteile an, die der Antragssteller selbst gefällt habe oder an denen er entscheidend mitgewirkt habe.[1177] Ihn treffe bei exzessiver Anwendung der Strafrahmen auch subjektives Verschulden, da durch den Beitritt der DDR zum Zivilpakt die in diesem Pakt geregelten Menschenrechte gegolten hätten und der Antragssteller so hätte erkennen konnte, dass er durch seine Urteile gegen diese verstoßen habe.[1178]

Diese Rechtsprechung wurde auf die Übernahme eines ehemaligen DDR-Richters in das Richterverhältnis übertragen.[1179]

Genauso wurde bei der Amtsenthebung von Notaren ihre Tätigkeit als DDR-Richter bewertet und Urteile, welche die Menschenrechte des ICCPR verletzten, als Verstoß gegen die Grundsätze der Menschlichkeit und Rechtsstaatlichkeit gesehen.[1180]

b. Handlungspflichten und Ausschluss von Rechtfertigungsgründen

In den Fällen, die sich mit der Aufarbeitung der Tötungen an der damaligen Grenze nach Berlin (West) befassten, wurde der Zivilpakt genutzt, um eine Handlungspflicht zu begründen und um zu einer Strafbarkeit von Mitgliedern des Politbüros

1175 Bundesrechtsanwaltsordnung v. 01.08.1959, BGBl. 1959 I, S. 565.

1176 BGH v. 21.11.1994, Rs. AnwZ(B) 54/94, DtZ 1995, S. 294; BGH v. 18.11.1996, Rs. AnwZ(B) 19/96, BeckRS 1996, 31171392 (II.2.a); BGH v. 04.02.1997, Rs. Anw(Z) 18/96, BeckRS 1997, 31168569 (II.2.b).

1177 BGH v. 21.11.1994, Rs. AnwZ(B) 54/94, DtZ 1995, S. 294; BGH v. 18.11.1996, Rs. AnwZ(B) 19/96, BeckRS 1996, 31171392 (II.2.a); BGH v. 04.02.1997, Rs. Anw(Z) 18/96, BeckRS 1997, 31168569 (II.2.b).

1178 BGH v. 21.11.1994, Rs. AnwZ(B) 54/94, DtZ 1995, S. 294 (295); BGH v. 18.11.1996, Rs. AnwZ(B) 19/96, BeckRS 1996, 31171392 (II.2.c); BGH v. 04.02.1997, Rs. Anw(Z) 18/96, BeckRS 1997, 31168569 (II.3.).

1179 OVG Berlin v. 06.12.1994, Rs. 4 B 22.93, BeckRS 1995, 22179 (Rn. 17).

1180 BGH v. 05.02.1996, Rs. NotZ 42/94, DtZ 1996, S. 272 (274); BGH v. 16.03.1998, Rs. NotZ 18–17, VIZ 1999, S. 54 (56).

wegen Unterlassen zu gelangen. Auf der anderen Seite wurden Rechtfertigungsgründe des DDR-Rechts mit Hilfe des Zivilpakts ausgeschlossen.

aa. Begründung einer Handlungspflicht

Der BGH hat in seinem Urteil vom 06.11.2002 entschieden, dass die Mitglieder des Politbüros wegen Totschlag durch Unterlassen strafbar seien.[1181] Eine Handlungspflicht der Mitglieder des Politbüros darauf hinzuwirken, dass das Grenzregime der DDR geändert werde, ergebe sich dabei einerseits aus der Verfassung der DDR und andererseits aus dem Zivilpakt, der die DDR binden würde, obwohl sie ihn nur ratifiziert habe und nicht durch die Volkskammer innerstaatlich bestätigen hat lassen.[1182] Danach hätten die Mitglieder des Politbüros Maßnahmen ergreifen müssen, das Grenzregime der DDR dahingehend zu ändern, dass die Tötung von Menschen, welche vorhatten unbewaffnet die DDR zu verlassen, unterblieben wäre.[1183]

bb. Ausschluss von Rechtfertigungsgründen und Straffreistellung

Der BGH hat in seinem ersten Mauerschützenurteil vom 03.11.1992 die Verurteilung der Mauerschützen wegen Totschlags aufrechterhalten.[1184] Die Angeklagten hatten als Angehörige der Grenztruppen der DDR auf eine Person geschossen, welche versuchte über die Mauer zu Klettern, um die DDR zu verlassen.[1185] Die Schüsse führten zum Tod der Person. Die Angeklagten hätten zwar den Tatbestand des Totschlags erfüllt, allerdings könne der Rechtfertigungsgrund des DDR-Grenzgesetzes[1186] eingreifen, nach dem die Tötung von flüchtigen Personen zur Durchsetzung des Verbots, die DDR zu verlassen, möglich gewesen sei.[1187]

Der BGH verfolgte zum Ausschluss dieses Rechtfertigungsgrundes 2 Argumentationslinien. Einerseits war er der Ansicht, dass das DDR- Grenzgesetz auslegungsfähig sei und eine menschenrechtskonforme Auslegung tödliche Schüsse untersage.[1188] Auf der anderen Seite könne der Rechtfertigungsgrund ausgeschlossen sein, wenn er gegen den *ordre public* verstoße, weil in ihm ein offensichtlich

---

1181 BGH v. 06.11.2002, Rs. 5 StR 281/01, NJW 2003, S. 522.
1182 BGH v. 06.11.2002, Rs. 5 StR 281/01, NJW 2003, S. 522 (523 f.).
1183 BGH v. 06.11.2002, Rs. 5 StR 281/01, NJW 2003, S. 522 (524).
1184 BGH v. 03.11.1992, Rs. 5 StR 370/92, NJW 1993, S. 141.
1185 BGH v. 03.11.1992, Rs. 5 StR 370/92, NJW 1993, S. 141.
1186 Gesetz über die Staatsgrenze der Deutschen Demokratischen Republik v. 25.03.1982, GBl. DDR 1982 I, S. 197.
1187 BGH v. 03.11.1992, Rs. 5 StR 370/92, NJW 1993, S. 141 (143).
1188 BGH v. 03.11.1992, Rs. 5 StR 370/92, NJW 1993, S. 141 (143).

grober Verstoß gegen Grundgedanken der Gerechtigkeit und Menschlichkeit zum Ausdruck komme.[1189] Anhaltspunkte für konkrete Prüfungsmaßstäbe würden die internationalen Menschenrechtsverträge, insbesondere der Zivilpakt, welcher die DDR durch ihren Beitritt völkerrechtlich binden würde, bieten.[1190] Das Grenzregime verstoße jedoch nicht nur gegen Art. 12 ICCPR sondern auch gegen Art. 6 ICCPR, was die besondere Härte des Grenzregimes deutlich kennzeichne.[1191] Daher könne in diesem Fall die Rechtfertigung der Tötung mit Hilfe des DDR-Grenzgesetzes wegen des schweren Verstoßes gegen die Grundsätze der Gerechtigkeit und Menschlichkeit ausgeschlossen werden.[1192] Damit liege kein Rechtfertigungsgrund vor.

Diese Rechtsprechung wurde vom BGH in weiteren Mauerschützenfällen aufgegriffen.[1193]

Ähnlich wurde bereits bei dem Ausschluss der Straffreistellung für Denunzianten argumentiert. Die Denunziation von Fluchtabsichten wurde in der DDR als Pflicht angesehen und damit von Strafe frei gestellt, obwohl diese zu einer Freiheitsberaubung der denunzierten Personen führte.[1194] Dies sei mit internationalen Grundsätzen, wie sie sich insbesondere aus dem Zivilpakt ergeben würden, unvereinbar.[1195] Zwar könne gegenüber dem Denunzianten nicht generell Schadenersatz geltend gemacht werden, aber gegenüber demjenigen Denunzianten, der sich als Lockspitzel den DDR-Behörden zur Verfügung gestellt habe.[1196]

1189 BGH v. 03.11.1992, Rs. 5 StR 370/92, NJW 1993, S. 141 (144).

1190 BGH v. 03.11.1992, Rs. 5 StR 370/92, NJW 1993, S. 141 (145).

1191 BGH v. 03.11.1992, Rs. 5 StR 370/92, NJW 1993, S. 141 (146).

1192 BGH v. 03.11.1992, Rs. 5 StR 370/92, NJW 1993, S. 141 (146).

1193 BGH v. 25.03.1993, Rs. 5 StR 418/92, NJW 1993, S. 1932 (1935); BGH v. 26.07.1994, Rs. 5 StR 167/94, NJW 1994, S. 2708 (2709); BGH v. 20.03.1995, Rs. 5 StR 111/94, NJW 1995, S. 2728 (2731).

1194 OLG Düsseldorf v. 21.08.1978, Rs. 5 Ws 76/78, NJW 1979, S. 59; OLG Düsseldorf v. 03.11.1982, Rs. V 15/82, NJW 1983, S. 1277; OLG Dresden v. 13.07.1993, Rs. 7 U 172/93, DtZ 1993, S. 345 (346).

1195 OLG Düsseldorf v. 21.08.1978, Rs. 5 Ws 76/78, NJW 1979, S. 59 (63); OLG Düsseldorf v. 03.11.1982, Rs. V 15/82, NJW 1983, S. 1277 (1278); OLG Dresden v. 13.07.1993, Rs. 7 U 172/93, DtZ 1993, S. 345 (347).

1196 BGH v. 11.10.1994, Rs. VI ZR 234/93, NJW 1995, S. 256 (257).

c. Notwendigkeit eines gewissen menschenrechtlichen Minimalstandards

Die Nutzung des Zivilpakts zur Lösung von Sachverhalten, bei denen verschiedene Rechtsordnungen aufeinandertreffen, hier DDR-Recht und bundesrepublikanisches Recht, entspricht der generellen Funktion des Völkerrechts als Koordinationsrecht. Insbesondere der Zivilpakt, der lange zwischen West und Ost ausgehandelt wurde und sozusagen den Konsens der verschiedenen Lager darstellt, stellt grundlegende Menschenrechte auf, denen die DDR durch ihre Ratifikation auch zugestimmt hat. Daher konnte er als Minimalstandard von Menschenrechten genutzt werden, um die Handlungen der DDR bzw. das DDR-Recht zu bewerten.

Allerdings ist die Argumentation des BGH bei der Bewertung der Mauerschützenfälle nicht vollständig überzeugend. Einerseits war das DDR-Grenzgesetz so genau bestimmt, dass es kaum mit Hilfe des Zivilpakts restriktiv ausgelegt werden konnte, und andererseits hat der Ansatz über den *ordre public* teilweise naturrechtliche Züge, da es nicht um die Frage ging, ob der Rechtfertigungsgrund des DDR- Rechts gegen innerstaatliches Recht verstößt, sondern vielmehr um die Frage, ob es eine innerstaatlich zu beachtende völkerrechtliche Regel gibt, gegen die der Rechtfertigungsgrund verstößt.[1197] Allerdings ist dem BGH darin zuzustimmen, dass es gewisse menschenrechtliche Minimalstandards geben muss, an denen sich eine Rechtsordnung orientieren muss,[1198] um unmenschliche Unrechtstaten zu vermeiden. Dieser Minimalstandard mag von Rechtsordnung zu Rechtsordnung variieren und kann als *ordre public* oder Grundsätze der Rechtsstaatlichkeit und Menschlichkeit bezeichnet werden. Zu einer genaueren Ausfüllung ist es nötig, auf international anerkannte Menschenrechtsverträge, allen voran der Zivilpakt, zurückzugreifen.

Zur zukünftigen Vermeidung von Verstößen gegen diesen nötigen Minimalstandard, ist es zudem nötig, Personen, welche bereits wissentlich gegen diesen Minimalstandard verstoßen haben, von Positionen fernzuhalten, in denen sie ihn erneut missachten könnten. Daher war auch die Beurteilung der Urteile von DDR-Richtern anhand des Zivilpakts folgerichtig.

2. Asyl- und Ausländerrecht

Viele Urteile beschäftigen sich mit Fällen, die einen ausländerrechtlichen Kontext haben und so auch das Recht eines anderen Staates mit in Betracht ziehen müssen. In diesen Fällen haben die deutschen Gerichte zu weiten Teilen die

1197 Simma/Khan/Zöckler/Geiger, in: Conforti (Hrsg.), S. 71 (106 f).
1198 Simma/Khan/Zöckler/Geiger, in: Conforti (Hrsg.), S. 71 (107).

Rechtsrealität der Herkunftsstaaten bewertet und dabei auch auf die universellen Menschenrechtsverträge geachtet, um zu vermeiden, dass durch eine Auslieferung, Abschiebung oder Ablehnung von Asyl die Bundesrepublik selbst ihre menschenrechtlichen Verpflichtungen verletzt.

a. Auslieferungsfälle

Bei Auslieferungsersuchen muss geprüft werden, ob der ersuchende Staat Menschenrechte verletzt, weil sonst im Falle einer Auslieferung die Menschenrechtsverletzung der Bundesrepublik so zugerechnet wird, als ob sie selbst die Verletzung begangen hat, sofern die Menschenrechtsverletzung durch den ersuchenden Staat absehbar war.

Die Republik Belarus hat in mehreren Fällen Auslieferungsersuchen an die Bundesrepublik Deutschland gestellt.[1199] Diese Auslieferungsersuchen waren mit einer Zusicherung versehen, dass eine eventuelle Todesstrafe nicht vollstreckt werde.[1200] Die Gerichte argumentierten, dass die Republik Belarus Konventionsstaat des Zivilpakts und des Anti-Folterübereinkommens sei und sich damit auch gegenüber der Bundesrepublik verpflichtet habe, die Menschenrechte aus diesen Verträgen zu achten.[1201] Es bestünden darüber hinaus keine Anhaltspunkte, dass in Belarus tatsächlich dagegen verstoßen werde.[1202] Daher wurde den Auslieferungsersuchen jeweils stattgegeben.

Auch Auslieferungsersuchen der Russischen Föderation, als Mitglied des Zivilpakts und der Anti-Folterkonvention, wurden mit gleicher Argumentation stattgegeben.[1203]

1199 BVerfG v. 20.12.2007, Rs. 2 BvQ 51/07, BeckRS 2008, 30828; BVerfG v. 09.12.2008, Rs. 2 BvR 2368/08, BeckRS 2011, 48310; OLG Rostock v. 30.08.2011, Rs. 1 Ausl 28/11 I 21/11, BeckRS 2011, 22279.

1200 BVerfG v. 20.12.2007, Rs. 2 BvQ 51/07, BeckRS 2008, 30828 (III.); BVerfG v. 09.12.2008, Rs. 2 BvR 2368/08, BeckRS 2011, 48310 (Rn. 17); OLG Rostock v. 30.08.2011, Rs. 1 Ausl 28/11 I 21/11, BeckRS 2011, 22279 (II.2.).

1201 BVerfG v. 20.12.2007, Rs. 2 BvQ 51/07, BeckRS 2008, 30828 (III.); BVerfG v. 09.12.2008, Rs. 2 BvR 2368/08, BeckRS 2011, 48310 (Rn. 17); OLG Rostock v. 30.08.2011, Rs. 1 Ausl 28/11 I 21/11, BeckRS 2011, 22279 (II.2.).

1202 BVerfG v. 20.12.2007, Rs. 2 BvQ 51/07, BeckRS 2008, 30828 (III.); BVerfG v. 09.12.2008, Rs. 2 BvR 2368/08, BeckRS 2011, 48310 (Rn. 17); OLG Rostock v. 30.08.2011, Rs. 1 Ausl 28/11 I 21/11, BeckRS 2011, 22279 (II.2.).

1203 BVerfG v. 20.12.2007, Rs. 2 BvR 1996/07, BeckRS 2008, 30833 (2.b); OLG Dresden v. 25.08.2008, Rs. Ausl 108/07, NStZ 2009, S. 462 (463).

b. Asylfälle

In vielen Fällen, in denen Asylanträge gestellt wurden, wurde die innere Lage des Heimatstaates bewertet und auch die Mitgliedschaft bei einem Menschenrechtsvertrag beachtet, da die Verweigerung von Asyl bei schweren Menschenrechtsverletzungen als Menschenrechtsverletzung der Bundesrepublik gesehen werden kann.

aa. Ablehnung von Asylanträgen

In allen Asylfällen wird überprüft, ob eine tatsächliche Gefahr für den Kläger in seinem Heimatstaat besteht, wozu zu weiten Teilen der Lagebericht des Auswärtigen Amtes hinzugezogen wird. Ein besonderes Augenmerk wird auf den Menschenrechtsschutz und auf die Frage gelegt, ob er internationalen Standards entspricht, die aber bereits durch die Mitgliedschaft bei internationalen Menschenrechtsverträgen als gewahrt angesehen werden. Im Anschluss wird geprüft, ob diese rechtliche Situation auch mit der Wirklichkeit übereinstimmt, und auch, ob dem Kläger im konkreten Einzelfall eine Verfolgung im Heimatstaat droht. In den meisten Fällen wurde der Asylantrag abgelehnt, da der Menschenrechtsschutz des Heimatstaates auch tatsächlich den internationalen Standards entspreche oder im konkreten Fall keine Gefahren drohen würden.[1204]

1204 Für Afghanistan als Mitglied des ICCPR, CERD und CEDAW: VG Augsburg v. 20.02.2004, Rs. Au 6 K03.30561, BeckRS 2004, 28168 (Rn. 17); VG Augsburg v. 20.02.2004, Rs. Au 6 K03.30553, BeckRS 2004, 28167 (Rn. 17); VG Augsburg v. 23.02.2004, Rs. Au 6 K03.30510, BeckRS 2004, 28165 (Rn. 18); VG Augsburg v. 23.02.2004, Rs. Au 6 K03.30528, BeckRS 2004, 28166 (Rn. 19); VG Augsburg v. 22.04.2004, Rs. Au 6 K03.30619, BeckRS 2004, 28170 (Rn. 17); VG Augsburg v. 14.06.2004, Rs. Au 6 K03.30566, BeckRS 2004, 28169 (Rn. 15); VG Augsburg v. 06.04.2005, Rs. Au 6 K03.30519 (zitiert nach juris) (Rn. 25); VG Augsburg v. 07.04.2005, Rs. Au 6 K04.30185 (zitiert nach juris) (Rn. 23); VG Augsburg v. 07.04.2005, Rs. Au 6 K03.30509 (zitiert nach juris) (Rn. 24). Für Äthiopien als Mitglied des ICCPR, ICESCR und CAT: OVG Weimar v. 13.04.2000, Rs. 3 KO 265/98, BeckRS 2000, 22268 (Rn. 81); VGH Kassel v. 11.12.2000, Rs. 9 UE 2200/98 A, BeckRS 2005, 23706; VGH Kassel v. 29.10.2001, Rs. 9 UE 1702/98 A, BeckRS 2005, 23693; VGH Kassel v. 28.02.2002, Rs. 9 UE 1653/98 A, BeckRS 2005, 26747; VGH Kassel v. 23.01.2003, Rs. 9 UE 1735/98 A, BeckRS 2005, 23696. Für Georgien als Mitglied des ICCPR, CRC und CEDAW: OVG Münster v. 27.01.1999, Rs. 23 A 7287/95.A, BeckRS 1999, 17680 (Rn. 19); VG Gießen v. 14.04.2005, Rs. 7 E 398/02.A (zitiert nach juris) (Rn. 27); VG Gießen v. 28.04.2005, Rs. 7 E 1504/02.A, BeckRS 2005, 35288. Für Ghana als Mitglied der CAT: BVerfG v. 14.05.1996, Rs. 2 BvR 1507, 2 BvR 1508/93, NVwZ 1996, S. 691 (697). Für Sri Lanka als Mitglied des ICCPR, CERD, CRC, CEDAW und CAT: VGH Mannheim v. 20.03.1998, Rs. A 16 S 60/97 (zitiert nach juris) (Rn. 119); OVG

bb. Annahme von Asylanträgen

In manchen Fällen wurde aber auch der Asylantrag angenommen. Dabei wurde darauf abgestellt, dass trotz der Mitgliedschaft des Heimatstaates bei internationalen Menschenrechtsverträgen bestimmte Menschenrechte, insbesondere das Folterverbot, missachtet werden würden und auch eine Gefahr für den Kläger im konkreten Fall bestehe.[1205] Die konkrete Einzelfallprüfung wird dabei als entscheidendes Kriterium gesehen.

c. Abschiebungshindernisse

In mehreren Abschiebungsfällen wurde von den deutschen Gerichten geprüft, ob sich aus einem internationalen Menschenrechtspakt ein Abschiebungshindernis ergibt. Eine Abschiebung bei Bestehen eines Abschiebungshindernisses würde eine Menschenrechtsverletzung der Bundesrepublik darstellen.

aa. Verneinung von Abschiebungshindernissen

In verschiedenen Fällen, in denen zwar der Asylantrag gescheitert ist, wurde von den deutschen Gerichten geprüft, ob ein Abschiebungshindernis vorliegt. Bei Fällen, die Minderjährige betrafen, wurde insbesondere erwogen, ob sich ein Abschiebungshindernis aus der Kinderrechtskonvention ergebe. Allerdings kamen die Gerichte ohne weitere Begründung zu dem Schluss, dass sich ein Abschiebungshindernis schon nach dem Wortlaut und dem Regelungszweck nicht aus

---

Bautzen v. 25.01.2000, Rs. A 4 B 4114/97, BeckRS 2001, 20635 (Rn. 44); VGH Kassel v. 03.05.2000, Rs. 5 UE 4657/96 A, BeckRS 2005, 26986; OVG Berlin v. 23.08.2000, Rs. 3 B 47/95, BeckRS 2000, 17180 (Rn. 46); VGH Kassel v. 29.08.2000, Rs. 10 UE 3556/96 A, BeckRS 2005, 23049. Für Togo als Mitglied des ICCPR, ICESCR und CAT: OVG Weimar v. 05.12.1996, Rs. 3 KO 847/96, BeckRS 1997, 20220 (Rn. 185); OVG Weimar v. 05.12.1996, Rs. 3 KO 136/96, BeckRS 1996, 13941 (Rn. 212). Für die Türkei als Mitglied des ICCPR, ICESCR, CAT und CEDAW: OVG Münster v. 27.06.2002, Rs. 8 A 4782/99.A (zitiert nach juris) (Rn. 133); OVG Münster v. 19.04.2005, Rs. 8 A 273/04.A (zitiert nach juris) (Rn. 217); OVG Schleswig v. 01.12.2011, Rs. 4 LB 8/11, BeckRs 2012, 51035 (Rn. 34).

1205 Für Afghanistan: VGH Kassel v. 19.12.1985, Rs. 10 UE 1647/84, NVwZ 1986, S. 501 (502). Für Indien: VG Mainz v. 27.04.2005, Rs. 7 K 755/04, BeckRS 2005, 29288 (2). Für Pakistan: VG Stuttgart v. 11.04.2013, Rs. A 12 K 2435/12, BeckRS 2013, 50183 (I.4. 2.b). Für Syrien: OVG Magdeburg v. 18.07.2012, Rs. 3 L 147/12, BeckRS 2012, 59627; VG Hannover v. 08.05.2013, Rs. 1 A 5409/12, BeckRS 2013, 51351; VG Saarlouis v. 22.08.2013, Rs. 3 K 16/13, BeckRS 2013, 55559. Für die Türkei: VG Aachen v. 04.08.2004, Rs. 6 K 1000/02.A, BeckRS 2004, 19341 (Rn. 55).

der Kinderrechtskonvention ergebe[1206] oder ein solches nicht ersichtlich sei[1207]. Die Kinderrechtskonvention verlange nur eine Einzelfallabwägung zwischen den Belangen des Kindes und den öffentlichen Belangen, welche in den konkreten Fällen allerdings zu Gunsten der öffentlichen Belange ausfiel.[1208]

Zur Behindertenrechtskonvention hat das VG Oldenburg in einem Abschiebungsfall ausgeführt, dass sie alleine den Umgang mit Behinderten innerhalb Deutschlands regele, aber nicht verlange, die Einhaltung der Behindertenrechtskonvention durch andere Staaten zu überprüfen und auch nicht verlange, dass Versäumnisse anderer Staaten durch die Bundesrepublik kompensiert werden.[1209] Somit ergibt sich nach dieser Ansicht auch kein Abschiebungshindernis aus der Behindertenrechtskonvention.

bb. Bejahung von Abschiebungshindernissen

Auf der anderen Seite wurde aber auch ein Abschiebungshindernis aus der Kinderrechtskonvention bejaht. Nach einer konkreten Einzelfallprüfung wurde ein Abschiebungshindernis unter anderem auf Art. 16 CRC gestützt, welcher willkürliche Eingriffe in das Privatleben und die Familie des Kindes verbiete, und auf Art. 20 CRC, welcher den besonderen Schutz und Beistand des Staates festlege, wenn ein Kind aus seiner familiären Umgebung herausgelöst werde.[1210] Das VG Frankfurt a.M. argumentierte so schon vor der Rücknahme der Erklärungen, da es die Erklärungen als völkerrechtlich unbeachtlich erachtete.[1211] Andere Gerichte stellten darauf ab, dass das Kindeswohl über Art. 25 GG zu berücksichtigen sei.[1212] Bei einer Gefahrenlage, die im konkreten Fall im Heimatland zu erwarten sei, wurde auf die besondere Schutzbedürftigkeit Minderjähriger aus Art. 3 CRC abgestellt und somit von einer extremen Gefahrenlage ausgegangen, welche ein Abschiebungshindernis darstelle.[1213]

1206 VG Braunschweig v. 17.03.2004, Rs. 6 B 177/04, BeckRS 2004, 22432 (I.1.).

1207 VG München v. 27.06.2011, Rs. M 4 K 11.30316, BeckRS 2011, 31292 (II.).

1208 VGH München v. 08.07.2011, Rs. 10 ZB 10.3028, NVwZ-RR 2012, S. 161 (162); VG München v. 08.05.2013, Rs. M 15 K 12.30877, BeckRS 2013, 53126 (3.b)bb)); VG Göttingen v. 10.09.2013, Rs. 2 A 192/11, BeckRS 2013, 58826; OVG Berlin-Brandeburg v. 09.05.2014, Rs. OVG 11 M 36.14, BeckRS 2014, 51953.

1209 VG Oldenburg v. 10.09.2012, Rs. 5 A 1482/11, BeckRS 2012, 57463.

1210 VG Frankfurt a.M. v. 24.11.1993, Rs. 5 E 11833/93, NVwZ 1994, S. 1137 (1138).

1211 VG Frankfurt a.M. v. 24.11.1993, Rs. 5 E 11833/93, NVwZ 1994, S. 1137 (1138).

1212 VG Stuttgart v. 11.10.2005, Rs. 11 K 5363/03, BeckRS 2005, 30372.

1213 VG München v. 05.07.2012, Rs. M 15 K 12.30117, M 15 K 12.30118, BeckRS 2012, 59733 (3.b)bb)); VGH Mannheim v. 27.04.2012, Rs. A 11 S 3392/11, BeckRS 2012, 50695 (Rn. 30).

Das VG Berlin hat darüber hinaus in einem Fall ein Abschiebungshindernis aus der Behindertenrechtskonvention bejaht, da die in ihr verankerten Grundsätze und die zu erwartende Behandlung des Klägers im Iran zu einer besonderen Härte i.S.d. § 25 Abs. 4 S. 2 AufenthG und so zu einer Ermessensreduktion auf Null führen.[1214]

d. Notwendigkeit der Prüfung der Menschenrechtspakte im Ausländerrecht

Mehrere Vorschriften im Bereich des Ausländerrechts gebieten die Prüfung von Menschenrechten, welche ihren Ursprung in einem internationalen Menschenrechtsvertrag haben. Bei der Betrachtung der Situation in einem Heimatstaat wird als erstes Indiz für die Einhaltung eines gewissen Menschenrechtsstandards die Mitgliedschaft bei Menschenrechtsverträgen gesehen. Diese Vermutung ist wohl dem Grundsatz *pacta sunt servanda* und der Staatensouveränität geschuldet. Allerdings kommt es für das Ausländerrecht auch auf die tatsächliche Lage und nicht nur auf die Indizwirkung der Mitgliedschaft bei einem Menschenrechtsvertrag an. Daher muss eine konkrete Überprüfung der tatsächlichen Lage erfolgen. Diese ist im Hinblick auf eine möglichst effektive Durchsetzung der Menschenrechte durch deutsche Gerichte und im Hinblick auf eine Vermeidung von Menschenrechtsverstößen der Bundesrepublik selbst auch im Bereich des Ausländerrechts geboten.

Bei der Frage nach Abschiebungshindernissen, welche sich vor allem mit Abschiebungshindernissen aus der Kinderrechtskonvention und der Behindertenrechtskonvention beschäftigt, sieht man deutlich, dass die Gerichte unterschiedlicher Meinung sind. Allerdings begründen die Gerichte eine Ablehnung von Abschiebungshindernissen gar nicht oder nur sehr oberflächlich, während eine Bejahung eines Abschiebungshindernis auf eine konkrete Einzelfallabwägung und eine Auseinandersetzung mit der CRC oder CRPD gestützt wird. Die Annahme eines möglichen Abschiebungshindernisses aus der CRC oder CRPD, welches dann im konkreten Einzelfall geprüft wird, gewährleistet einen effektiven Menschenrechtsschutz.

3. Studienbeiträge

Für großes Aufsehen haben in den letzten Jahren die Urteile um den Komplex der Studienbeiträge gesorgt. Hierbei wurde vielfach geprüft, ob diese eventuell gegen Art. 13 Abs. 2 lit. c ICESCR verstoßen, welcher bestimmt, dass der Hochschulunterricht auf jede geeignete Weise, insbesondere durch allmähliche Einführung der

1214 VG Berlin v. 15.12.2011, Rs. VG 35 A 313.08, BeckRS 2012, 46993.

Unentgeltlichkeit, jedermann gleichermaßen, entsprechend seinen Fähigkeiten, zugänglich gemacht werden muss. Ältere Fälle beschäftigen sich mit den Verwaltungskosten, Senioren-, Zweit- und Langzeitstudiengebühren. Hierbei wurde argumentiert, dass Verwaltungskosten keine Gegenleistung für das Studium darstellen würden. Bei Senioren-, Zweit- und Langzeitstudiengebühren sei das Studium grundsätzlich kostenlos und diese stünden damit im Einklang mit dem Sozialpakt. Bei den klassischen Studienbeiträgen wird mit verschiedenen Ansätzen ebenfalls argumentiert, dass diese nicht gegen Art. 13 Abs. 2 lit. c ICESCR verstoßen.

a. Verwaltungskosten

Verschiedene Klagen beschäftigen sich mit der Rechtmäßigkeit von Verwaltungsgebühren, welche den Verwaltungsaufwand der Rückmeldung abgelten sollen.

Die Gerichte haben hierbei vorrangig Art. 13 Abs. 2 lit c ICESCR nach den Vertragsauslegungsgrundsätzen der Wiener Vertragsrechtskonvention ausgelegt und sind dabei zu dem Schluss gekommen, dass der Sozialpakt nach seinem Wortlaut keine Verwaltungsgebühren verbiete, da diese gerade keine Gegenleistung für das Studium darstellen würden.[1215] Es sei vielmehr zwischen der Sphäre des Unterrichts, welche von dem Zivilpakt erfasst werde, und der Sphäre der Verwaltung, in die die reinen Verwaltungsgebühren fallen würden, zu unterscheiden.[1216] Die Verwaltungsgebühren würden auch keine sperrende Wirkung haben, welche den Hochschulzugang konterkarieren würde.[1217]

Die Auslegung des Schutzumfangs und welche Arten von Gebühren von Art. 13 Abs. 2 lit. c ICESCR erfasst sind, entspricht einer Bestimmung des Schutzbereichs der Norm. Die Gerichte sind vorliegend zu dem Schluss gekommen, dass Verwaltungsgebühren nicht von dem Schutzbereich des Art. 13 Abs. 2 lit. c ICESCR erfasst sind.

b. Senioren-, Zweit- und Langzeitstudiengebühren

Langzeitstudiengebühren wurden in mehreren Verfahren angegriffen. Hierbei haben die Gerichte argumentiert, dass durch die Gewährung eines Bildungsguthabens, welches die Regelstudienzeit und weitere vier Semester umfasse, die

1215 BVerwG v. 03.12.2003, Rs. 6 C 13/03, BeckRS 2004, 21306 (II.2.); BVerwG v. 03.12.2003, Rs. 6 C 14/03, BeckRS 2004, 21307 (II.2.); OVG Bremen v. 11.08.2006, Rs. 1 A 49/06, BeckRS 2006, 27143 (B.III.3.).

1216 OVG Hamburg v. 14.10.2008, Rs. 3 Bf 252/06, BeckRS 2009, 30438 (I.2.b)bb)ccc)(1)).

1217 OVG Berlin v. 14.07.1998, Rs. 8 B 186.96, BeckRS 1998, 16681 (Rn. 75); VGH Kassel v. 15.11.2007, Rs. 8 UE 1584/05, BeckRS 2008, 33462; OVG Hamburg v. 14.10.2008, Rs. 3 Bf 252/06, BeckRS 2009, 30438 (I.2.b)bb)ccc)(1)).

Unentgeltlichkeit in einem ausreichenden Umfang aufrechterhalten werde und damit Art. 13 Abs. 2 lit. c ICESCR nicht berührt sei.[1218] Sie würden daher auch keine nachträgliche Begrenzung der Rechte aus dem Sozialpakt darstellen.[1219]

Diese Argumentation wurde auf Gebühren für ein Zweitstudium übertragen. Auch hier wurde die Gewährung eines Studienkontos für ein Erststudium als vereinbar mit Art. 13 Abs. 2 lit. c ICESCR gesehen.[1220] Es wurde argumentiert, dass ein Anspruch aus Art. 13 Abs. 2 lit. c ICESCR, falls ein solcher gewährt werde, nach Abschluss eines berufsqualifizierenden Studiums nicht weiterbestehe und sich damit nicht auf ein weiteres Studium erstrecke.[1221]

Auch die Gebühren für ein Seniorenstudium wurden als mit Art. 13 Abs. 2 lit. c ICESCR vereinbar angesehen.[1222] Hier wurde argumentiert, dass die Gebührenfreiheit durch das Bildungsguthaben bis zum 60. Lebensjahr ausreichend gewahrt werde.[1223]

c. *Allgemeine Studienbeiträge*

Seit dem Sommersemester 2007 wurden in mehreren deutschen Bundesländern allgemeine Studienbeiträge eingeführt. Sie waren Gegenstand mehrerer gerichtlicher Verfahren und politischer Diskussion. In der Folge wurden sie in allen Bundesländern, die sie eingeführt hatten, zuletzt in Nordrhein-Westfalen ab dem Wintersemester 2014/2015, abgeschafft. Ein bedeutender Dreh- und Angelpunkt der Diskussion um die Rechtmäßigkeit der Studienbeiträge war Art. 13 Abs. 2 lit. c ICESCR. Hierbei nutzten die Gerichte verschiedene Argumente, um einen Verstoß

1218 VGH Baden-Württemberg v. 06.04.2000, Rs. 2 S 1860/99, DVBl. 2000, S. 1782 (1790 f.); BVerwG v. 25.07.2001, Rs. 6 C 8/00, NVwZ 2002, S. 206 (210); BVerwG v. 23.01.2002, Rs. 6 C 16/01, BeckRS 2002, 21337 (II.1.f)aa)); VG Hannover v. 02.05.2003, Rs. 5 B 1526/03, BeckRS 2003, 22113 (II.1.f)aa)); VG Düsseldorf v. 15.03.2006, Rs. 20 K 5773/04, BeckRS 2006, 23367; BVerwG v. 05.10.2006, Rs. 6 B 33/06, BeckRS 2006, 26699 (Rn. 4); VGH Kassel v. 15.11.2007, Rs. 8 UE 1109/07, BeckRS 2008, 33461; OVG Hamburg v. 14.02.2011, Rs. 3 Bf 102/09, NJOZ 2011, S. 2062 (2063); OVG Bremen v. 28.09.2011, Rs. 2 A 56/09, BeckRS 2012, 45745 (2.a).

1219 OVG Hamburg v. 28.10.2008, Rs. 3 Bf 260/07, BeckRS 2009, 30121 (II.1.a).

1220 VG Gelsenkirchen v. 29.01.2006, Rs. 4 K 5216/04, BeckRS 2007, 20228 (I.1.b)aa)).

1221 VGH München v. 24.04.2008, Rs. 7 ZB 07.1068, BeckRS 2008, 38037 (Rn. 16).

1222 VG Gelsenkirchen v. 29.11.2006, Rs. 4 K 2911/06, NVwZ 2007, S. 612 (613); VG Gelsenkirchen v. 29.11.2006, Rs. 4 K 36/06, BeckRS 2007, 20227 (1.b)dd)); VG Gelsenkirchen v. 29.11.2006, Rs. 4 K 1462/06, BeckRS 2007, 20225 (1.b)dd)).

1223 VG Gelsenkirchen v. 29.11.2006, Rs. 4 K 2911/06, NVwZ 2007, S. 612 (613); VG Gelsenkirchen v. 29.11.2006, Rs. 4 K 36/06, BeckRS 2007, 20227 (1.b)dd)); VG Gelsenkirchen v. 29.11.2006, Rs. 4 K 1462/06, BeckRS 2007, 20225 (1.b)dd)).

gegen den Sozialpakt abzulehnen. Einige hielten Art. 13 Abs. 2 lit. c ICESCR nicht für unmittelbar anwendbar, andere schon. Des Weiteren wurde teilweise eine Notwendigkeit für eine teleologische Reduktion gesehen. Als letztes Argument wurden die Studienbeiträge nach Art. 4 ICESCR als gerechtfertigt erachtet.

aa. Unmittelbaren Anwendbarkeit von Art. 13 Abs. 2 lit. c ICESCR

Eine Hauptfrage bei der Diskussion um die Rechtmäßigkeit der Studienbeiträge war, ob Art. 13 Abs. 2 lit. c ICESCR unmittelbar anwendbar ist. Hierbei haben die Gerichte unterschiedliche Argumente für und gegen eine unmittelbare Anwendbarkeit angeführt.

(1) Art. 13 Abs. 2 lit. c ICESCR nicht unmittelbar anwendbar

Einige Gerichte lehnten eine unmittelbare Anwendbarkeit ab, weil Art. 13 Abs. 2 lit. c ICESCR dem Gesetzgeber einen erheblichen Gestaltungsspielraum hinsichtlich der Frage lasse, wie der Zweck, jedermann den Hochschulunterricht zugänglich zu machen, erreicht werden soll.[1224] Des Weiteren hätten die Vorschriften des Sozialpakts nur programmatischen Charakter, da sie sich, anders als die Vorschriften des Zivilpakts, welche sich an den Einzelnen richten würde, nur an den Gesetzgeber richten würde, der sie lediglich als Richtlinie zu beachten habe.[1225] Als weiteres Argument für die fehlende unmittelbare Anwendbarkeit wird außerdem ausgeführt, dass die Rechte des Sozialpakts nur nach und nach durch den Gesetzgeber zu verwirklichen seien, der sie normativ ausfüllen müsse und außerdem nur ein Berichtssystem installiert worden sei.[1226] Sie werden teilweise als reine Bemühensverpflichtungen gesehen.[1227]

Das OVG Münster hat bei der Bestimmung der unmittelbaren Anwendbarkeit die deutsche, nicht authentische, Textfassung des Sozialpakts genutzt, welche

---

1224 VG Hannover v. 08.06.2007, Rs. 6 B 8296/06, BeckRS 2007, 25388; VGH Mannheim v. 16.02.2009, Rs. 2 S 1855/07, BeckRS 2009, 31491 (II.3.); VGH Mannheim v. 16.02.2009, Rs. 2 S 2554/07, BeckRS 2009, 31980 (II.3.); VGH Mannheim v. 16.02.2009, Rs. 2 S 2833/07, BeckRS 2009, 31979 (I.3.).

1225 VG Hannover v. 08.06.2007, Rs. 6 B 8296/06, BeckRS 2007, 25388; VGH Mannheim v. 16.02.2009, Rs. 2 S 1855/07, BeckRS 2009, 31491 (II.3.); VGH Mannheim v. 16.02.2009, Rs. 2 S 2554/07, BeckRS 2009, 31980 (II.3.); VGH Mannheim v. 16.02.2009, Rs. 2 S 2833/07, BeckRS 2009, 31979 (I.3.).

1226 VG Arnsberg v. 21.09.2007, Rs. 12 K 4001/06, BeckRS 2007, 27743 (3.); OVG Münster v. 09.10.2007, Rs. 15 A 1596/07, BeckRS 2007, 27349; VG Münster v. 19.10.2007, Rs. 1 K 2077/06, BeckRS 2008, 31305.

1227 OVG Münster v. 09.10.2007, Rs. 15 A 1596/07, BeckRS 2007, 27349.

dem deutschen Vertragsgesetz beigefügt war, da es davon ausging, dass der deutsche Gesetzgeber gerade diese dem Zustimmungsgesetz zugrunde gelegt habe.[1228] Es argumentiert, dass zwar in den authentischen englischen und französischen Sprachfassungen die Ausdrücke „and in particular" bzw. „et notamment" verwendet worden seien, was auf eine Pflicht zur Abschaffung der Studienbeiträge hindeute, aber in der deutschen Sprachfassung explizit auf das Bindewort „und" verzichtet worden sei.[1229] Damit sei der ICESCR nach Ansicht des OVG Münster nicht unmittelbar anwendbar.[1230]

Manche Gerichte prüften trotz der Ablehnung der unmittelbaren Anwendbarkeit weiter und argumentierten, dass Art. 13 Abs. 2 lit. c ICESCR teleologisch reduziert werden müsse.[1231]

(2) Art. 13 Abs. 2 lit. c ICESCR unmittelbar anwendbar

Andere Gerichte hielten Art. 13 Abs. 2 lit. c ICESCR für unmittelbar anwendbar. Es handle sich hierbei aufgrund der Formulierung „Recht auf Bildung" und dem „Müssens"-Charakter der Norm um eine bestimmte und verbindliche Rechtsnorm.[1232] Des Weiteren sei sie inhaltlich konkret genug bestimmt und bedürfe keines weiteren Ausfüllungsaktes, sondern sei deutlich als Normbefehl formuliert.[1233] Zum Teil wird dies auch durch einen Verweis auf die Ausführungen des Ausschusses für wirtschaftliche, soziale und kulturelle Rechte begründet.[1234]

1228 OVG Münster v. 09.10.2007, Rs. 15 A 1596/07, BeckRS 2007, 27349.

1229 OVG Münster v. 09.10.2007, Rs. 15 A 1596/07, BeckRS 2007, 27349.

1230 Diesem Ergebnis folgten: VG Düsseldorf v. 20.02.2008, Rs. 20 K 1978/07, BeckRS 2008, 34088; VG Düsseldorf v. 20.02.2008, Rs. 20 K 1803/07, BeckRS 2008, 34173; VG Düsseldorf v. 20.02.2008, Rs. 20 K 1715/07, BeckRS 2008, 33836; VGH Kassel v. 26.03.2008. Rs. 8 TG 2493/07, BeckRS 2008, 34344 (II.); VG Düsseldorf v. 16.04.2008, Rs. 20 K 1323/07, BeckRS 2008, 36100.

1231 VG Hannover v. 08.06.2007, Rs. 6 B 8296/06, BeckRS 2007, 25388; VG Arnsberg v. 21.09.2007, Rs. 12 K 4001/06, BeckRS 2007, 27743 (3.); VG Münster v. 19.10.2007, Rs. 1 K 2077/06, BeckRS 2008, 31305.

1232 VG Minden v. 26.03.2007, Rs. 9 K 3614/06, BeckRS 2007, 25001 (1.); VG Karlsruhe v. 11.07.2007, Rs. 7 K 2966/06, BeckRS 2007, 27409 (B.I.2.a); VG Karlsruhe v. 11.07.2007, Rs. 7 K 3075/06, BeckRS 2007, 27651 (A.II.2.a); VG Karlsruhe v. 11.07.2007, Rs. 7 K 444/07, BeckRS 2007, 27008 (II.2.a).

1233 VG Minden v. 26.03.2007, Rs. 9 K 3614/06, BeckRS 2007, 25001 (1.); VG Freiburg v. 20.06.2007, Rs. 1 K 121/07, BeckRS 2007, 25411 (I.2.a); VG Freiburg v. 20.06.2007, Rs. 1 K 2274/06, BeckRS 2007, 25412 (II.B.2.a); VG Freiburg v. 20.06.2007, Rs. 1 K 2324/06, BeckRS 2007, 25413 (II.2.a); VG Sigmaringen v. 27.03.2008, Rs. 8 K 1981/06, BeckRS 2008, 36662 (Rn. 40).

1234 VG Minden v. 26.03.2007, Rs. 9 K 3614/06, BeckRS 2007, 25001 (1.).

Allerdings wurde in allen Urteilen, bei denen Art. 13 Abs. 2 lit. c ICESCR für unmittelbar anwendbar gehalten wurde, ein Verstoß abgelehnt, da Art. 13 Abs. 2 lit. c ICESCR nach Ansicht der Gerichte nach seinem Ziel und Zweck teleologisch reduziert werden müsse.

bb. Teleologische Reduktion von Art. 13 Abs. 2 lit. c ICESCR

Das VG Minden hat am 26.03.2007 ein erstes Urteil zu Studiengebühren gefällt, bei dem es Art. 13 Abs. 2 lit. c ICESCR für unmittelbar anwendbar hielt, aber zu dem Schluss gelangte, dass diese Norm teleologisch reduziert werden müsse.[1235] Diesem Urteil folgten in der Grundlinie viele weitere Gerichte.

(1) VG Minden vom 26.03.2007

Das VG Minden hat bei seiner Überprüfung der nordrhein-westfälischen Studienbeiträge anhand des Sozialpakts zunächst argumentiert, dass Art. 13 Abs. 2 lit. c ICESCR nach Inhalt, Zweck und Fassung so bestimmt sei, dass zu seiner Ausführung keine weiteren Akte erforderlich seien.[1236]

In einem zweiten Schritt prüfte es die teleologische Reduktion von Art. 13 Abs. 2 lit. c ICESCR. Eine solche teleologische Reduktion hält das VG Minden für möglich, da mehrere Mitgliedstaaten des Sozialpakts Studiengebühren nachträglich eingeführt hätten.[1237] Bei einer teleologischen Reduktion komme es auf die Bindung des Richters an den Sinn und Zweck einer Norm an, welcher hier in dem chancengleichen Zugang liege.[1238] Dies bestätige auch die Auslegung durch den Ausschuss für wirtschaftliche, soziale und kulturelle Rechte, der in seinen Schlussfolgerungen lediglich fordere, dass bei der Erhebung von Studiengebühren sichergestellt werden müsse, dass Bewerber aus Familien mit niedrigem Einkommen den gleichen Zugang zur Hochschulbildung haben.[1239]

Bei dem nordrhein-westfälischen Modell für Studienbeiträge werde die Chancengleichheit durch die Gewährung von günstigen Studien-Darlehen ohne Beachtung der Bonität, welche frühestens 2 Jahre nach Abschluss des Studiums zurückgezahlt werden müssten, gewährleistet.[1240] Des Weiteren seien umfangreiche Ausnahme- und Härtefallregelungen geschaffen worden. Wie der Gesetzgeber

1235 VG Minden v. 26.03.2007, Rs. 9 K 3614/06, BeckRS 2007, 25001 (1.).
1236 VG Minden v. 26.03.2007, Rs. 9 K 3614/06, BeckRS 2007, 25001 (1.).
1237 VG Minden v. 26.03.2007, Rs. 9 K 3614/06, BeckRS 2007, 25001 (1.).
1238 VG Minden v. 26.03.2007, Rs. 9 K 3614/06, BeckRS 2007, 25001 (1.).
1239 VG Minden v. 26.03.2007, Rs. 9 K 3614/06, BeckRS 2007, 25001 (1.).
1240 VG Minden v. 26.03.2007, Rs. 9 K 3614/06, BeckRS 2007, 25001 (2.).

den chancengleichen Zugang sicherstelle, liege in seiner Einschätzungs- und Entscheidungsprärogative.[1241]

Diesem Urteil stimmten viele Gerichte in der Begründung zu oder argumentierten auf ähnliche Weise.[1242] Andere folgen ohne weitere Begründung dem Ergebnis, dass der Zivilpakt Studienbeiträgen nicht entgegenstehe, wenn das Ziel des gleichen Zugangs auf andere Weise erreicht werden könne.[1243]

(2) Weitere Argumente für eine teleologische Reduktion

Andere Gerichte legen bei ihrer Begründung einer teleologischen Reduktion von Art. 13 Abs. 2 lit. c ICESCR mehr Wert auf eine Auslegung nach der Wiener Vertragsrechtskonvention. Nach deren Art. 31 sei der Inhalt eines völkerrechtlichen Vertrags durch Auslegung nach Treu und Glauben in Übereinstimmung mit der gewöhnlichen Bedeutung und im Lichte des Ziels und Zwecks auszulegen, welcher bei Art. 13 Abs. 2 lit. c ICESCR der chancengleiche Zugang sei.[1244] Hierbei sei auch die anerkannte und nachfolgende Übung heranzuziehen, welche auch in den Schlussfolgerungen des Ausschusses für wirtschaftliche, soziale und kulturelle Rechte gesehen werden könne.[1245] Allein aus dem Wortlaut

---

1241 VG Minden v. 26.03.2007, Rs. 9 K 3614/06, BeckRS 2007, 25001 (2.).

1242 VG Hannover v. 08.06.2007, Rs. 6 B 8296/06, BeckRS 2007, 25388; VG Freiburg v. 20.06.2007, Rs. 1 K 121/07, BeckRS 2007, 25411 (II.2.b)aa)); VG Freiburg v. 20.06.2007, Rs. 1 K 2274/06, BeckRS 2007, 25412 (II.B.2.b)aa)); VG Freiburg v. 20.06.2007, Rs. 1 K 2324/06, BeckRS 2007, 25413 (II.2.b)aa)); VG Karlsruhe v. 11.07.2007, Rs. 7 K 2966/06, BeckRS 2007, 27409 (B.I.2.b)aa)); VG Karlsruhe v. 11.07.2007, Rs. 7 K3075/06, BeckRS 2007, 27651 (II.2.b)aa)); VG Karlsruhe v. 11.07.2007, Rs. 7 K 444/07, BeckRS 2007, 27008 (II.2.b)aa)); VG Arnsberg v. 21.09.2007, Rs. 12 K 4001/06, BeckRS 2007, 27743 (3.b); VG Münster v. 19.10.2007, Rs. 1 K 2077/06, BeckRS 2008, 31305; BVerwG v. 29.04.2009, Rs. 6 C 16/08, NVwZ 2009, S. 1562 (1567f.); VG Köln v. 25.11.2010, Rs. 6 K 2405/07, BeckRS 2011, 48629 (III.2.f)bb)).

1243 VG München v. 06.05.2008, Rs. M 3 K 07 283, BeckRS 2008, 45432 (3.); VG München v. 06.05.2008, Rs. M 3 K 07.1044, BeckRS 2008, 45434 (3.); VGH München v. 29.10.2008, Rs. 7 C 08.1838, BeckRS 2009, 32599 (Rn. 11); VGH München v. 10.11.2009, Rs. 7 N 09.2428, BeckRS 2011, 46066 (Rn. 2); OVG Hamburg v. 30.03.2010, Rs. 3 Bf 280/09, BeckRS 2010, 48572 (A.V.2.).

1244 VG Freiburg v. 20.06.2007, Rs. 1 K 121/07, BeckRS 2007, 25411 (II.2.b)aa)); VG Freiburg v. 20.06.2007, Rs. 1 K 2274/06, BeckRS 2007, 25412 (II.B.2.b)aa)); VG Freiburg v. 20.06.2007, Rs. 1 K 2324/06, BeckRS 2007, 25413 (II.2.b)aa)); BVerwG v. 29.04.2009, Rs. 6 C 16/08, NVwZ 2009, S. 1562 (1568); VG Köln v. 25.11.2010, Rs. 6 K 2405/07, BeckRS 2011, 48629 (III.2.f)aa)).

1245 VG Freiburg v. 20.06.2007, Rs. 1 K 121/07, BeckRS 2007, 25411 (II.2.b)aa)); VG Freiburg v. 20.06.2007, Rs. 1 K 2274/06, BeckRS 2007, 25412 (II.B.2.b)aa)); VG Freiburg v.

lasse sich noch nicht ablesen, ob die Formulierung „insbesondere" zwingend Studienbeiträge verbiete.[1246] Da Deutsch keine authentische Sprachfassung sei, komme es hierbei auf die authentischen Sprachfassungen an, welche zum Teil zwar einen obligatorischen Charakter haben würden, aber zum Teil auch eher eine Möglichkeit zur Zielerreichung aufzeigen würden.[1247] Aus der Systematik des Art. 13 Abs. 2 ICESCR folge, dass Studiengebühren nicht vollständig ausgeschlossen seien, da z.B. bei dem Grundschulunterricht zwingend die Unentgeltlichkeit gefordert werde, während bei dem Hochschulunterricht nur eine Möglichkeit aufgezeigt werden solle.[1248] Daher habe die Unentgeltlichkeit in Art. 13 Abs. 2 lit. c ICESCR keinen Selbstzweck, sondern nur eine dienende Funktion für die Chancengleichheit.[1249]

cc. Rechtfertigung nach Art. 4 ICESCR

Einige Gerichte argumentieren, dass die Einführung von Studiengebühren nach Art. 4 ICESCR gerechtfertigt sei. Nach Art. 4 ICESCR können die Vertragsstaaten Rechte aus dem Sozialpakt durch Gesetz einschränken, wenn dies mit der Natur der Rechte vereinbar ist und die Maßnahme der Förderung des allgemeinen Wohls in einer demokratischen Gesellschaft dient.

20.06.2007, Rs. 1 K 2324/06, BeckRS 2007, 25413 (II.2.b)aa)); BVerwG v. 29.04.2009, Rs. 6 C 16/08, NVwZ 2009, S. 1562 (1568); VG Köln v. 25.11.2010, Rs. 6 K 2405/07, BeckRS 2011, 48629 (III.2.f)a)).

1246 BVerwG v. 29.04.2009, Rs. 6 C 16/08, NVwZ 2009, S. 1562 (1568); VG Köln v. 25.11.2010, Rs. 6 K 2405/07, BeckRS 2011, 48629 (III.2.f)aa)).

1247 BVerwG v. 29.04.2009, Rs. 6 C 16/08, NVwZ 2009, S. 1562 (1568); VG Köln v. 25.11.2010, Rs. 6 K 2405/07, BeckRS 2011, 48629 (III.2.f)aa)).

1248 VG Karlsruhe v. 11.07.2007, Rs. 7 K 2966/06, BeckRS 2007, 27409 (B.I.2.b); VG Karlsruhe v. 11.07.2007, Rs. 7 K3075/06, BeckRS 2007, 27651 (A.II.2.b); VG Sigmaringen v. 27.03.2008, Rs. 8 K 1981/06, BeckRS 2008, 36662 (Rn. 40); BVerwG v. 29.04.2009, Rs. 6 C 16/08, NVwZ 2009, S. 1562 (1568); VG Köln v. 25.11.2010, Rs. 6 K 2405/07, BeckRS 2011, 48629 (III.2.f)aa)); VGH München v. 09.02.2010, Rs. 7 N 09.2482, BeckRS 2010, 49111 (Rn. 21).

1249 BVerwG v. 29.04.2009, Rs. 6 C 16/08, NVwZ 2009, S. 1562 (1568 f.); OVG Magdeburg v. 21.10.2009, Rs. 3 L 282/07, BeckRS 2010, 48751; VG Köln v. 25.11.2010, Rs. 6 K 2405/07, BeckRS 2011, 48629 (III.2.f)aa)); VGH München v. 09.02.2010, Rs. 7 N 09.2482, BeckRS 2010, 49111 (Rn. 21); OVG Hamburg v. 23.02.2010, Rs. 3 Bf 70/09, BeckRS 2010, 48264 (A.II.7.); OVG Hamburg v. 23.02.2010, Rs. 3 Bf 4/09, BeckRS 2011, 48361 (B.III.7.).

(1) VG Hamburg vom 17.11.2008

Der VG Hamburg hat in seinem Urteil vom 17.11.2008 argumentiert, dass er aufgrund der Konkretheit des Art. 13 Abs. 2 lit. c ICESCR diesen für unmittelbar anwendbar hält.[1250] In Verbindung mit Art. 2 Abs. 1 ICESCR ergebe sich aus der Pflicht zur Einführung der Unentgeltlichkeit des Hochschulstudiums im Umkehrschluss das Verbot der Einführung allgemeiner Studiengebühren.[1251] Dieses Verbot sei aber nicht absolut, da es gem. Art. 4 ICESCR unter einem Gesetzesvorbehalt stehe.[1252] Eine Einschränkung dürfe aber nicht gegen das Diskriminierungsverbot verstoßen, müsse mit der Natur des Rechts vereinbar sein, die Förderung des Allgemeinwohls zum Ziel haben sowie verhältnismäßig sein.[1253] Diesen Voraussetzungen entspreche das hamburgische Hochschulgesetz. Die Studienbeiträge würden nicht in die Natur des Rechts auf Bildung eingreifen, weil diese nicht strikt verboten seien und es lediglich auf die Sicherung eines diskriminierungsfreien Zugangs ankomme.[1254] Die Studienbeiträge würden dazu dienen, die Studienbedingungen entscheidend zu verbessern und damit auch dem Allgemeinwohl dienen.[1255] Der vergleichsweise geringe Betrag von 500 € pro Semester sei auch verhältnismäßig.[1256] Dem Diskriminierungsverbot sei durch den Anspruch auf Darlehensgewährung Rechnung getragen worden.[1257]

(2) Weitere Argumente

Schon der VGH Baden-Württemberg hat in Bezug auf Langzeitstudiengebühren entschieden, dass diese aufgrund des Bildungsguthabens mit der Natur des Rechts auf Bildung vereinbar seien und ausschließlich dem Zweck dienen würden, das allgemeine Wohl zu fördern.[1258]

Der VGH Mannheim hat in mehreren Urteilen neben dem Argument, dass der Sozialpakt nicht unmittelbar anwendbar sei, Art. 4 ICESCR ins Feld geführt und

---

1250 VG Hamburg v. 17.11.2008, Rs. 15 K 3128/07, BeckRS 2009, 30021 (I.2.e.).
1251 VG Hamburg v. 17.11.2008, Rs. 15 K 3128/07, BeckRS 2009, 30021 (I.2.e.).
1252 VG Hamburg v. 17.11.2008, Rs. 15 K 3128/07, BeckRS 2009, 30021 (I.2.e.).
1253 VG Hamburg v. 17.11.2008, Rs. 15 K 3128/07, BeckRS 2009, 30021 (I.2.e.).
1254 VG Hamburg v. 17.11.2008, Rs. 15 K 3128/07, BeckRS 2009, 30021 (I.2.e.).
1255 VG Hamburg v. 17.11.2008, Rs. 15 K 3128/07, BeckRS 2009, 30021 (I.2.e.).
1256 VG Hamburg v. 17.11.2008, Rs. 15 K 3128/07, BeckRS 2009, 30021 (I.2.e.).
1257 VG Hamburg v. 17.11.2008, Rs. 15 K 3128/07, BeckRS 2009, 30021 (I.2.e.).
1258 VGH Baden-Württemberg v. 06.04.2000, Rs. 2 S 1860/99, DVBl. 2000, S. 1782 (1790 f.).

diesen dahingehend ausgelegt, dass Studienbeiträge zulässig seien, solange sie den freien Zugang zum Hochschulunterricht nicht ver- oder behindern würden.[1259]

dd. Größere Bedeutung des innerstaatlichen Rechts

Der Bayerische VerfGH und das BVerwG haben in einigen Urteilen dem innerstaatlichen Recht bei der Frage nach der Vereinbarkeit von Studienbeiträgen mit dem Sozialpakt größere Bedeutung beigemessen.

Der Bayerische VerfGH geht bei der Beurteilung der bayerischen Studienbeiträge an die Frage der Vereinbarkeit mit dem Sozialpakt anders heran. Nach seinen Ausführungen sei ein Verstoß gegen das Rechtsstaatsprinzip der bayerischen Verfassung aus einem Verstoß gegen den Sozialpakt abzuleiten, wenn dieser offensichtlich und nach Inhalt und Gewicht schwerwiegend und besonders krass sei.[1260] Er führt aus, dass die Meinungsverschiedenheiten in Rechtsprechung und Literatur bezüglich der unmittelbaren Anwendbarkeit und dem konkreten Norminhalt, welcher sich wohl nur auf den diskriminierungsfreien, gleichen Zugang beziehe, deutlich zeigen würde, dass die Studienbeiträge nicht offensichtlich gegen den Sozialpakt verstoßen würden.[1261] Mangels dieser Offensichtlichkeit komme auch ein Verstoß gegen das Rechtsstaatsprinzip der bayerischen Verfassung nicht in Betracht.[1262]

Das BVerwG hat entgegen seinem ersten Urteil zu den Studienbeiträgen vom 29.04.2009, bei dem es die Vereinbarkeit über eine teleologische Reduktion von Art. 13 Abs. 2 lit. c ICESCR löste,[1263] in späteren Urteilen den Sozialpakt nicht mehr explizit geprüft. Es hat lediglich festgestellt, dass aus Art. 13 Abs. 2 lit. c ICESCR keine Rechte hergeleitet werden könnten, die nicht bereits durch das verfassungsrechtlich gewährte Recht auf Teilhabe an den staatlichen Ausbildungsressourcen gewährleistet werden würden.[1264]

1259 VGH Mannheim v. 16.02.2009, Rs. 2 S 1855/07, BeckRs 2009, 31491 (II.3.); VGH Mannheim v. 16.02.2009, Rs. 2 S 2554/07, BeckRS 2009, 31980 (II.3.); VGH Mannheim v. 16.02.2009, Rs. 2 S 2833/07, BeckRS 2009, 31979 (I.3.).

1260 BayVerfGH v. 28.05.2009, Rs. Vf. 4 –VII-07, BeckRS 2010, 48905 (VI.A.1.b).

1261 BayVerfGH v. 28.05.2009, Rs. Vf. 4 –VII-07, BeckRS 2010, 48905 (VI.A.1.b).

1262 BayVerfGH v. 28.05.2009, Rs. Vf. 4 –VII-07, BeckRS 2010, 48905 (VI.A.1.b).

1263 BVerwG v. 29.04.2009, Rs. 6 C 16/08, NVwZ 2009, S. 1562 (1568).

1264 BVerwG v. 15.12.2010, Rs. 6 C 11/09, BeckRS 2011, 46845 (Rn. 30); BVerwG v. 15.12.2010, Rs. 6 C 8/09, BeckRS 2011, 46846 (Rn. 30); BVerwG v. 15.12.2010, Rs. 6 C 9/09, BeckRS 2011, 46817 (Rn. 32); BVerwG v. 15.12.2010, Rs. 6 C 10/09, BeckRS 2011, 46816 (Rn. 30).

d. Kritische Würdigung

Während sich bei Verwaltungskosten eine Vereinbarkeit mit Art. 13 Abs. 2 lit c. ICESCR noch recht leicht damit begründen lässt, dass die Unentgeltlichkeit des Hochschulunterrichts nur Gebühren verbietet, welche eine Gegenleistung für den Unterricht darstellen, gestaltet sich die Begründung einer Vereinbarkeit von Studiengebühren schwieriger.

Langzeit-, Zweit- und Seniorenstudiengebühren können mit dem Argument eines grundsätzlich unentgeltlichen Hochschulunterrichts noch recht gut begründet werden, da hier das Recht auf Bildung aus Art. 13 Abs. 2 lit. c ICESCR in ausreichend großem Umfang aufrechterhalten wird. Allerdings hätten die Gerichte hierbei eine Rechtfertigung über Art. 4 ICESCR in Betracht ziehen können, welche nicht so streng begründet werden müsste, wie eine Rechtfertigung von allgemeinen Studiengebühren, da die Vermeidung von überlangen Studienzeiten und mehrfacher Studienabschlüsse sowie die Förderung von Studien in jüngeren Jahren zum Wohl der Allgemeinheit beitragen können.

Bei den allgemeinen Studienbeiträgen gestaltet sich die Begründung einer Vereinbarkeit mit Art. 13 Abs. 2 lit. c ICESCR wesentlich schwieriger, was deutlich an den teilweise konfusen und schwer haltbaren Begründungsansätzen der Gerichte zu sehen ist.

aa. Art. 13 Abs. 2 lit. c ICESCR konkret gefasst

Das Recht auf unentgeltliche Hochschulbildung wird von vielen Gerichten als unmittelbar anwendbar angesehen. Dies steht in besonderer Weise mit der Völkerrechtsfreundlichkeit des Grundgesetzes und der Öffnung der deutschen Rechtsordnung für internationale Menschenrechte im Einklang.[1265] Außerdem handelt es sich bei dem Recht aus Art. 13 Abs. 2 lit. c ICESCR um ein Leistungsrecht, bei dem geringere Anforderungen an die Bestimmtheit zu stellen sind als bei einem Abwehrrecht und dessen Umfang von dem Rechtsanwender durch Auslegung zu ermitteln ist.[1266]

Die Verpflichtung der schrittweisen Umsetzung der Paktrechte richtete sich vor allem an die Entwicklungsländer und Länder, in denen die Rechte des Sozialpakts noch nicht verwirklicht waren, da eine sofortige Umsetzung aller Rechte nicht nur bei Entwicklungsländern zu einer wirtschaftlichen Überforderung führen kann.[1267]

1265 Deppner/Heck, NVwZ 2008, S. 45 (46).

1266 Deppner/Heck, NVwZ 2008, S. 45 (47); Lorenzmeier, HFR 2008, S. 129 (141).

1267 Lorenzmeier, HFR 2008, S. 192 (132); Riedel/Söllner, JZ 2006, S. 270 (271).

Auch das Argument, dass lediglich ein Berichtssystem installiert wurde und daher eine unmittelbare Anwendbarkeit der Paktrechte von vornherein nicht gewollt war, geht fehl. Wie weiter oben[1268] dargestellt, sind gerade die innerstaatlichen Gerichte als Durchsetzungsinstanz für Menschenrechte berufen. Damit ist dem Großteil der Gerichte zu folgen, welche Art. 13 Abs. 2 lit c ICESCR für unmittelbar anwendbar halten.

bb. Teleologische Reduktion systemwidrig

Zunächst ist fraglich, ob eine Tatbestandreduktion überhaupt von dem Wortlaut des Art. 13 Abs. 2 lit. c ICESCR getragen wird. Es ist zwar richtig, dass die Norm nur von der Einführung der Unentgeltlichkeit spricht, allerdings wird die Erlaubnis einer Wiedereinführung von Studiengebühren dem Sinn und Zweck der Norm nicht gerecht, weil sich sofort wieder die Verpflichtung zum Abbau der Studiengebühren ergäbe und sich die teleologische Reduktion so über den Wortlaut hinwegsetzen würde.[1269]

Das Argument der Gerichte, dass in anderen Staaten Studiengebühren wieder eingeführt wurden, stellt eine dynamische Vertragsinterpretation unter Heranziehung der Entwicklung seit Vertragsschluss dar, welche nicht ohne besondere Anhaltspunkte vorgenommen werden kann und auch nur, wenn der auszulegende Begriff für Bedeutungswandlungen offen ist, da sich die Parteien auf den geschriebenen Vertragstext geeinigt hatten.[1270] Eine solche dynamische Interpretation muss dort enden, wo gegen den Wortlaut der Norm und gegen den Grundsatz des *effet utile* verstoßen wird, der besagt, dass Menschenrechtsverträge möglichst effektiv auszulegen sind.[1271] Der Verweis auf die Schlussfolgerungen des Ausschusses für wirtschaftliche, soziale und kulturelle Rechte als spätere Übung vermag aus den gleichen Gründen und in Anbetracht des Umstandes, dass nicht alle Vertragsparteien Mitglied des Ausschusses sind, nicht zu überzeugen.[1272]

Des Weiteren bietet Art. 4 ICESCR gerade eine systemgerechte Möglichkeit Einschränkungen des Rechts auf Bildung zu rechtfertigen, ohne dass eine systemwidrige Tatbestandsreduktion des Rechts auf Bildung vorgenommen werden muss.[1273]

1268 S.o. Kapitel 3. A.

1269 Lorenzmeier, HFR 2008, S. 129 (132); Söllner, S. 205.

1270 Heintschel von Heinegg, völkerrechtliche Verträge, in: Ipsen (Hrsg.), S. 390 (414 f.); Lorenzmeier, HFR 2008, S. 129 (133).

1271 Söllner, S. 206.

1272 Lorenzmeier, HFR 2008, S. 129 (133).

1273 Lorenzmeier, HFR 2008, S. 129 (133); Riedel/Söllner, JZ 2006, S. 270 (272).

cc. Rechtfertigung kaum möglich

Um die Erhebung von Studiengebühren zu rechtfertigen, müssten diese gem. Art. 4 ICESCR gesetzlich vorgesehen sein, mit der Natur des Rechts auf Bildung vereinbar sein und den ausschließlichen Zweck verfolgen, das Wohl in einer demokratischen Gesellschaft zu fördern.

Bei den Hochschulgesetzen der Länder, welche Studiengebühren zum Gegenstand haben, handelt es sich zweifelsohne um Gesetze i.S.d. Art. 4 ICESCR, da durch Art. 28 ICESCR gerade auch die Länder in den Geltungsbereich des Paktes einbezogen werden, wodurch auch deren Gesetze zu beachten sind.[1274]

Es ist richtig, dass ein Kernelement des Art. 13 Abs. 2 lit. c ICESCR der chancengleiche Zugang zum Hochschulunterricht ist, der auch auf andere Weise als durch die Unentgeltlichkeit erreicht werden kann. Wenn Studiengebühren erhoben werden, ist aber im Umkehrschluss von dem Staat nachzuweisen, dass weiterhin der chancengleiche Zugang gewahrt wird und die Gebühren sozialverträglich ausgestaltet sind,[1275] damit sie mit der Natur des Rechts aus Art. 13 Abs. 2 lit. c ICESCR vereinbar sind. Diese Vereinbarkeit lässt sich schwer durch das Darlehensmodell begründen, da hierbei die Studierenden zusätzlich durch die Zinsen belastet werden.[1276] Allerdings spricht die Schaffung von verschiedenen Ausnahme- und Härtefallregelungen für eine sozialverträgliche Ausgestaltung. Dies muss allerdings der Gesetzgeber nachweisen, da ein umfassender Einschätzungsspielraum, welcher durch das Gericht nur auf seine Plausibilität hin überprüft wird, das Recht aushöhlen würde.[1277] Diese Kontrolle wurde von den Gerichten zum großen Teil nicht vorgenommen.

Das größte Problem stellt allerdings die Förderung des Allgemeinwohls durch Studiengebühren dar. Die Gesetze werden zumeist damit begründet, dass die Studiengebühren der Qualität des Hochschulunterrichts dienen sollen. Allerdings müssten dann die Länder nachweisen, dass ohne Studienbeiträge eine angemessene Qualität der Hochschulbildung nicht mehr durch staatliche Finanzierung möglich ist.[1278] Des Weiteren müssten Studiengebühren nach Abwägung aller Alternativen zur Finanzierung des Hochschulunterrichts die beste

---

1274 Lorenzmeier, HFR 2008, S. 129 (134).

1275 VG Freiburg v. 20.06.2007, Rs. 1 K 121/07, BeckRS 2007, 25411 (II.2.b)aa)); VG Freiburg v. 20.06.2007, Rs. 1 K 2274/06, BeckRS 2007, 25412 (II.B.2.b)aa)); VG Freiburg v. 20.06.2007, Rs. 1 K 2324/06, BeckRS 2007, 25413 (II.2.b)aa)).

1276 Lorenzmeier, NVwZ 2006, S. 759 (760).

1277 Deppner/Heck, NVwZ 2008, S. 45 (47).

1278 Lorenzmeier, HFR 2008, S. 129 (134).

Möglichkeit darstellen.[1279] Diese Voraussetzung wurde von keinem der Gerichte geprüft. Allein der Hinweis darauf, dass Studiengebühren das Allgemeinwohl fördern können, genügt hierfür nicht.

An den Urteilen zu den Studiengebühren sieht man deutlich, dass sich die deutschen Gerichte zwar mit dem Sozialpakt auseinandergesetzt haben, aber teilweise die Regelungssystematik nicht vollständig beachtet haben. Dies wird auch bei den Urteilen deutlich, welche dem deutschen Recht eine größere Bedeutung als dem Sozialpakt beigemessen haben.

VI. Verbesserungsbedarf bei der Anwendung universeller Menschenrechtsverträge

Die vorstehende Untersuchung des Umgangs der deutschen Gerichte mit den universellen Menschenrechtsverträgen zeigt, dass eine sehr uneinheitliche Praxis in Bezug auf die Anwendung dieser Verträge herrscht. Die Gerichte tendieren dazu, sich nicht intensiv mit den universellen Menschenrechtsverträgen zu beschäftigen.

1. Tendenz zur Vermeidung der Prüfung universeller Menschenrechtsverträge

Die Gerichte versuchen Argumente zur Vermeidung einer Prüfung dieser Rechte zu finden oder versuchen schnellstmöglich einen Anspruch oder einen Verstoß gegen einen universellen Menschenrechtsvertrag abzulehnen, ohne sich mit der Stellung dieser Rechtsnormen im deutschen Recht vertraut zu machen. Besonders beliebte Argumente zur Vermeidung einer Prüfung der universellen Menschenrechtsverträge sind die Annahme, dass diese keine weitergehenden Rechte als das deutsche Recht oder die EMRK enthalten[1280] und die Verneinung der unmittelbaren Anwendbarkeit.[1281] Ein ebenfalls gern angeführtes Argument ist das Abstellen auf den innerstaatlichen Rang der universellen Menschenrechtsverträge als Bundesrecht, was im Falle der Behindertenrechtskonvention sogar soweit führt, dass aufgrund angeblich fehlender Gesetzgebungskompetenz des Bundes einige Gerichte davon ausgehen, dass die Behindertenrechtskonvention in den Ländern nicht richtig umgesetzt wurde.[1282]

1279 Lorenzmeier, HFR 2008, S. 129 (134).
1280 S.o. Kapitel 3 C.I.3.
1281 S.o. Kapitel 3 C.III.1.
1282 S.o. Kapitel 3 C.I.2.b. und c.

Die vorrangige Anwendung des Grundgesetzes scheint aus der Annahme der Gerichte zu resultieren, dass die deutsche Rechtsordnung bereits einen sehr hohen Menschenrechtsstandard aufstellt.[1283] Allerdings können bei einem Vergleich zwischen dem Inhalt der universellen Menschenrechtspakte und der deutschen Rechtsordnung einige Lücken im deutschen Recht identifiziert werden.[1284] Die Tendenz der Gerichte lieber deutsches Recht anzuwenden, kann wohl auch auf die leichte Zugänglichkeit von Sekundärquellen, die Schwerpunktsetzung in der Juristenausbildung und die Breite der gefestigten Rechtsprechung geschoben werden.[1285] Die Europäische Menschenrechtskonvention scheint dagegen den meisten Juristen bewusst zu sein und in ihre Rechtspraxis einzufließen. Die oft weniger verbreitete Kenntnis über die zum Teil unmittelbar anwendbaren universellen Menschenrechtsverträge resultiert dagegen in einer gewissen Wahrscheinlichkeit, dass diese nicht vorgebracht oder nicht *ex officio* geprüft werden, obwohl diese teilweise über den Inhalt des Grundgesetzes und der Europäischen Menschenrechtskonvention hinausgehen.[1286]

2. *Pauschale Untersuchung der unmittelbaren Anwendbarkeit*

Mit diesem vermuteten Mangel an Kenntnis lassen sich auch einige andere Phänomene in der Rechtsprechung der deutschen Gerichte im Umgang mit universellen Menschenrechtsverträgen erklären. Die Frage nach der unmittelbaren Anwendbarkeit wird oft pauschal für den ganzen Vertrag abgelehnt, wenn eine Bestimmung enthalten ist, die nicht konkret genug bestimmt ist, obwohl es bei dieser Frage nur auf die konkrete entscheidungserhebliche Norm ankommt.[1287]

Das Vorgehen einiger Gerichte, den gesamten Menschenrechtsverträge pauschal als unmittelbar anwendbar zu erachten, ist zwar für die effektive Durchsetzung der universellen Menschenrechtspakte gut gemeint und kann zu einer höheren Effektivität der internationalen Menschenrechte führen, verkennt aber die in Rechtsprechung und Lehre entwickelten Grundsätze zur unmittelbaren Anwendbarkeit und greift der derzeitigen Akzeptanz der internationalen Menschenrechte im deutschen Recht vor.[1288] Dennoch können solche Urteile zu

---

1283 Simma/Khan/Zöckler/Geiger, in: Conforti (Hrsg.), S. 71 (108).
1284 S.o. Kapitel 3 B.
1285 Simma/Khan/Zöckler/Geiger, in: Conforti (Hrsg.), S. 71 (107 f.).
1286 Klein E., LKV 2003, S. 74 (76).
1287 S.o. Kapitel 3 C.III.1.b. und c.
1288 S.o. Kapitel 3 C.III.2.

einem Bewusstmachen und zu einer stärkeren Präsenz der universellen Menschenrechte führen.

3. *Prüfung eines Anspruchs oder Verstoßes*

Die Frage nach der unmittelbaren Anwendbarkeit, welche für die Anwendung von universellen Menschenrechtsverträgen im deutschen Recht die entscheidende ist,[1289] wird allerdings von vielen Gerichten übersprungen und sie prüfen gleich, ob ein Verstoß gegen einen universellen Menschenrechtsvertrag vorliegt oder ob aus einem solchen Recht ein Anspruch resultiert.[1290] Allerdings kann dieses Vorgehen auch nicht so interpretiert werden, dass diese Gerichte von einer unmittelbaren Anwendbarkeit ausgehen, sondern vielmehr können diese Urteile so gesehen werden, dass sich die Gerichte keine Gedanken über die unmittelbare Anwendbarkeit gemacht haben. Nachdem die meisten Gerichte bei ihrer Prüfung ohnehin zu einer Ablehnung eines Verstoßes oder Anspruchs gelangen,[1291] ist die Frage nach der unmittelbaren Anwendbarkeit im Ergebnis hinfällig. Zwar kann hierbei durch die teilweise recht ausdifferenzierte Prüfung eine mehr oder weniger tiefgehende Beschäftigung mit den Menschenrechtsverträgen beobachtet werden. Dennoch sollten sich die Gerichte bewusst machen, unter welchem Blickwinkel sie die Rechte gerade betrachten, als Auslegungshilfe oder als unmittelbar und direkt anwendbare Individualrechte, und in welchem Rang diese stehen.

4. *Anwendung als Auslegungshilfe*

Eine besondere Rolle spielen die universellen Menschenrechtsverträge aber bei der Auslegung von deutschem Recht, insbesondere Verfassungsrecht sowie bei der Bestimmung von Völkergewohnheitsrecht.[1292] So hat das BVerfG in verschiedenen Urteilen das Existenzminimum,[1293] das Schweigerecht,[1294] die körperliche Unversehrtheit[1295] und den Schutz von Ehe und Familie[1296] mit Hilfe

1289 S.o. Kapitel 2 B.II.1.d.
1290 S.o. Kapitel 3 C.III.
1291 S.o. Kapitel 3 C.II.1.
1292 S.o. Kapitel 3 C.IV.2.
1293 BVerfG v. 18.07.2012, Rs. 1 BvL 10/10 u. 1 BvL 2/11, NVwZ 2012, S. 1024 (Rn. 94).
1294 BVerfG v. 13.01.1981, Rs. 1 BvR 116/77, NJW 1981, S. 1431; BVerfG v. 07.07.1995, Rs. 2 BvR 326/92, NStZ 1995, S. 555.
1295 BVerfG v. 23.03.2011, Rs. 2 BvR 882/09, BeckRS 2011, 49744 (Rn. 53).
1296 BVerfG v. 14.11.1973, Rs. 1 BvR 719/69, NJW 1974, S. 545 (546).

der universellen Menschenrechtsverträge näher bestimmt. Auch wurden verschiedene Definitionen unter Zugrundelegung der universellen Menschenrechtsverträge näher bestimmt, insbesondere die Definition der Folter oder die Grundsätze der Rechtsstaatlichkeit.[1297] Die Anwendung der universellen Menschenrechtsverträge als Auslegungshilfe und ihre Beachtung, insbesondere bei der Auslegung des Grundgesetzes, entspricht der Völkerrechts- und Menschenrechtsfreundlichkeit des Grundgesetzes.[1298]

5. *Möglichkeit einer stringenten Prüfung von universellen Menschenrechtsverträgen*

Um den Rechten aus universellen Menschenrechtsverträgen eine höchstmögliche Geltung zu verschaffen, sollten sich die Gerichte zunächst bewusst machen, welchen Rang und welche Bedeutung diese Verträge für das deutsche Recht haben.[1299] Dabei sollten sie sich auch verdeutlichen, welche Rolle sie selbst bei der Durchsetzung und Umsetzung der universellen Menschenrechtsverträge spielen.[1300] In einem nächsten Schritt ist die unmittelbare Anwendbarkeit der für die Entscheidung erheblichen Norm anhand ihres Wortlauts, Ziels und Zwecks sowie ihrer Konkretheit zu prüfen.[1301] Ist die Norm unmittelbar anwendbar, kann sie, ähnlich wie ein deutsches Grundrecht, auf die Schutzbereichseröffnung, einen Eingriff und eine mögliche Rechtfertigung hin überprüft werden. Ist die Norm nicht unmittelbar anwendbar, muss geprüft werden, ob sie bei der Auslegung von relevantem deutschem Recht zu einem anderen Ergebnis führen kann.

6. *EMRK als Vorbild*

Eine solch ausführliche und dogmatisch logische Prüfung von universellen Menschenrechtsverträgen führt zu einem stärkeren Bewusstsein über die Existenz dieser Rechte und verhilft ihnen Schrittweise zu einer immer effektiveren Geltung im deutschen Recht. Betrachtet man die neuere Rechtsprechung des Bundesverfassungsgerichts, kann man beobachten, dass die Europäische

1297 S.o. Kapitel 3 C.IV.a.aa.(4). und V.1.a.aa.
1298 Bleckmann, GG und Völkerrecht, S. 298 ff.
1299 S.o. Kapitel 2 B.
1300 S.o. Kapitel 3 A.
1301 S.o. Kapitel 2 B.1.d.

Menschenrechtskonvention bereits eine derartige Entwicklung durchlaufen hat und mittlerweile teilweise als Recht mit Überverfassungsrang gesehen wird.[1302] Damit kann die innerstaatliche Behandlung und hohe Akzeptanz der Europäischen Menschenrechtskonvention als Vorbild für die künftige Behandlung der universellen Menschenrechtspakte dienen.

1302 Giegerich, in : Grote/Marauhn, S. 61 (Rn. 74 f.).

Kapitel 4: Vergleich mit dem Umgang mit der EMRK

Die europäische Menschenrechtskonvention hat mittlerweile eine wesentlich größere Reichweite und Effektivität erreicht, als bei ihrer Schaffung von den Mitgliedstaaten beabsichtigt war und unterscheidet sich damit deutlich von den universellen Menschenrechtsverträgen.[1303] Ihre Bedeutung im innerstaatlichen Recht kann wegweisend für den Umgang der universellen Menschenrechtsverträge im innerstaatlichen Recht sein, wenn die EMRK und die universellen Menschenrechtsverträge viele Übereinstimmungen aufweisen. Dieser Frage wird im ersten Teil dieses Kapitels nachgegangen. Daraufhin wird ein Vergleich der Rechtsprechung der deutschen Gerichte, insbesondere des BVerfG, zur Europäischen Menschenrechtskonvention mit der oben untersuchten Rechtsprechung zu den universellen Menschenrechtspakten gezogen.

A. Vergleich von universellen Menschenrechtsverträgen und EMRK

Die Europäische Menschenrechtskonvention weist viele Gemeinsamkeiten mit den universellen Menschenrechtsverträgen auf. Zunächst handelt es sich bei ihr in formaler Hinsicht ebenfalls um einen völkerrechtlichen Vertrag. In materieller Hinsicht enthält die Europäische Menschenrechtskonvention Rechte, die auch in universellen Menschenrechtsverträgen festgelegt sind. Allerdings gibt es einen deutlichen Unterschied bei den Durchsetzungsmechanismen.

I. Formaler Vergleich: EMRK als völkerrechtlicher Vertrag

Bei der Europäischen Menschenrechtskonvention handelt es sich um einen völkerrechtlichen Vertrag,[1304] der nach den gleichen Regeln wie die universellen Menschenrechtsverträge Eingang in die deutsche Rechtsordnung gefunden hat.

1303 Simma, in: Karl (Hrsg.), S. 33 (34).
1304 Meyer-Ladewig, Einleitung (Rn.1).

1. *Entwicklung der EMRK*

Die EMRK wurde als europäisches System zum Schutz von Menschenrechten und Grundfreiheiten geschaffen und stellt das Ergebnis einer Kodifikation von Menschenrechten in Europa dar.[1305] Allerdings wurde sie im Laufe der Jahre vielfach durch Zusatzprotokolle erweitert.

a. *Ausarbeitung der EMRK*

Bei der Ausarbeitung der Konvention im Rahmen des Europarates war eine Hauptbestrebung, die Menschenrechte aus der Allgemeinen Erklärung der Menschenrechte in ein effektives regionales Kontroll- und Schutzsystem umzugießen.[1306] Allerdings zeichneten sich schon vor Verabschiedung der Allgemeinen Erklärung der Menschenrechte Bestrebungen zur Schaffung eines regionalen verbindlichen Vertragswerkes ab.[1307] Eine Hauptantriebskraft zur schnellen Entwicklung eines europäischen Menschenrechtskatalogs scheint, neben den Eindrücken des zweiten Weltkrieges, wohl die Angst des Westens vor dem sowjetischen Imperialismus gewesen zu sein.[1308] Außerdem drohte sich der Konflikt zwischen West und Ost zu verschärfen und ein umfassendes Menschenrechtsübereinkommen unter den Vereinten Nationen erschien vorerst aussichtslos.[1309]

Die beratende Versammlung des Europarates nahm am 09.09.1949 den ersten Entwurf an und das Ministerkomitee bestellte einen Sachverständigenausschuss.[1310] Bereits am 04.11.1950 wurde die europäische Menschenrechtskonvention nach Beschlussfassung im Ministerkomitee des Europarates in Rom unterzeichnet und trat am 03.09.1953 in Kraft.[1311] Deutschland hat sie bereits am 05.12.1953 mit einem Vorbehalt hinsichtlich Art. 7 Abs. 2 EMRK[1312] ratifiziert, der aber 2001 zurückgenommen wurde.

1305 Meyer-Ladewig, Einleitung (Rn.1).

1306 Meyer-Ladewig, Einleitung (Rn. 1); Gerards, S. 83.

1307 Frowein, in: Frowein/Peukert (Hrsg.), Einführung (Rn. 1).

1308 Madsen, in: Hoffmann (Hrsg.), S. 62 (80).

1309 Grote, in: Grote/Marauhn (Hrsg.), S. 9 (Rn. 10).

1310 Meyer-Ladewig, Einleitung (Rn. 1).

1311 Mayer, in: Karpenstein/Mayer (Hrsg.), Einleitung (Rn. 6 f.). Zur ausführlichen Entwicklung der EMRK s. Grote, in: Grote/Marauhn (Hrsg.), S. 9 (Rn. 13 ff.); Greer, S. 20.

1312 Hierzu s. u. Kapitel 4 A. I. 2. a.

b. Änderungen durch Zusatzprotokolle

Es wurden insgesamt 14 Zusatzprotokolle zur EMRK angenommen, die sich nach ihrem Inhalt in zwei Gruppen unterscheiden lassen.[1313] Auf der einen Seite wurden durch sie weitere Rechte aufgenommen und auf der anderen Seite wurde der Kontrollmechanismus mehrfach geändert und verbessert.

aa. Aufnahme neuer Rechte

Verschiedene Rechte, wie der Eigentumsschutz, das Recht auf Bildung und das Wahlrecht wurden nicht gleich in die Konvention aufgenommen, sondern erst später durch das 1. Zusatzprotokoll eingeführt.[1314] Weitere materielle Rechte wurden durch das 4. Zusatzprotokoll[1315] mit dem Verbot der Freiheitsentziehung wegen Schulden, der Freizügigkeit, dem Verbot der Ausweisung eigener Staatsangehöriger und dem Verbot der Kollektivausweisung von Ausländern aufgenommen. Mit dem 6. Zusatzprotokoll[1316] wurde die Todesstrafe weitestgehend abgeschafft, was mit dem 13. Zusatzprotokoll[1317] durch eine vollständige Abschaffung bekräftigt wurde. Durch das 7. Zusatzprotokoll[1318], welches von Deutschland bisher nicht ratifiziert wurde, wurden verfahrensrechtliche Schutzvorschriften zur Ausweisung von Ausländern, das Recht auf Rechtsmittel in Strafsachen, das Recht auf Entschädigung bei Fehlurteilen, das Verbot der Doppelbestrafung und die Gleichberechtigung der Ehegatten aufgenommen. Das 12. Zusatzprotokoll[1319], dem Deutschland ebenfalls nicht beigetreten ist, stellt ein allgemeines Diskriminierungsverbot auf.

1313 Gerards, S. 85.

1314 Frowein, in: Frowein/Peukert (Hrsg.), Einführung (Rn. 1).

1315 Protokoll Nr. 4 zur Konvention zum Schutze der Menschenrechte und Grundfreiheiten, durch das gewisse Rechte und Freiheiten gewährleistet werden, die nicht bereits in der Konvention oder im ersten Zusatzprotokoll enthalten sind v. 16.09.1963, BGBl. 1968 II, S. 423, in Kraft getreten am 02.05.1968 (für Deutschland am 01.06.1968), (ZP-EMRK IV).

1316 Protokoll Nr. 6 zur Konvention zum Schutze der Menschenrechte und Grundfreiheiten über die Abschaffung der Todesstrafe v. 28.04.1983, BGBl. 1988 II, S. 623, in Kraft getreten am 01.03.1985 (für Deutschland am 01.08.1989), (ZP-EMRK VI).

1317 Protokoll Nr. 13 zur Konvention zum Schutze der Menschenrechte und Grundfreiheiten über die vollständige Abschaffung der Todesstrafe v. 03.05.2002, BGBl. 2004 II, S. 983, in Kraft getreten am 01.07.2003 (für Deutschland am 01.02.2005), (ZP-EMRK XIII).

1318 Protokoll Nr. 7 zur Konvention zum Schutze der Menschenrechte und Grundfreiheiten v. 22.11.1984, SEV-Nr. 117, in Kraft getreten am 01.11.1988.

1319 Protokoll Nr. 12 zur Konvention zum Schutze der Menschenrechte und Grundfreiheiten v. 04.11.2000, SEV-Nr. 177, in Kraft getreten am 01.04.2005.

bb. Änderung des Kontrollmechanismus

Andere Zusatzprotokolle beschäftigten sich vor allem mit Änderungen und Verbesserungen der Kontrollmechanismen und sind als Änderungsprotokolle konzipiert.[1320] So wurde mit dem 2. Zusatzprotokoll[1321] dem europäischen Gerichtshof für Menschenrechte die Zuständigkeit für Gutachten übertragen und durch das 3. Zusatzprotokoll[1322] Art. 29, 30 und 34 EMRK geändert. Das 5. Fakultativprotokoll[1323] änderte die Modalitäten zur Wahl der Mitglieder des EGMR und der Europäischen Kommission für Menschenrechte. Das 8.[1324] und 9. Zusatzprotokoll[1325] enthalten weitere Verfahrensverbesserungen. Die Europäische Kommission für Menschenrechte wurde durch das 11. Zusatzprotokoll[1326] zu Gunsten des EGMR abgeschafft, womit auch das 10. Zusatzprotokoll[1327] gegenstandslos wurde. Das 14. Zusatzprotokoll[1328] änderte den Kontrollmechanismus ein weiteres Mal und bereitete den Weg für einen Beitritt der EU zur

---

1320 Peters/Altwickler, S. 6.

1321 Protokoll Nr. 2 zur Konvention zum Schutze der Menschenrechte und Grundfreiheiten, durch das dem Europäischen Gerichtshof für Menschenrechte die Zuständigkeit zur Erstattung von Gutachten übertragen wird v. 06.05.1963, BGBl. 1968 II, S. 1112, in Kraft getreten am 21.09.1970 (für Deutschland am 21.09.1970), (ZP-EMRK II).

1322 Protokoll Nr. 3 zur Konvention zum Schutze der Menschenrechte und Grundfreiheiten, durch das die Artikel 29, 30 und 34 der Konvention geändert werden v. 06.05.1963, BGBl. 1968 II, S. 1116, in Kraft getreten am 21.09.1970 (für Deutschland am 21.09.1970), (ZP-EMRK III).

1323 Protokoll Nr. 5 zur Konvention zum Schutze der Menschenrechte und Grundfreiheiten, durch das die Artikel 22 und 40 der Konvention geändert werden v. 20.01.1966, BGBl. 1968 II, S. 1120, in Kraft getreten am 20.12.1971 (für Deutschland am 20.12.1971), (ZP-EMRK V).

1324 Protokoll Nr. 8 zur Änderung der Konvention zum Schutze der Menschenrechte und Grundfreiheiten v. 19.03.1985, BGBl. 1989 II, S. 547, in Kraft getreten am 01.01.1990 (für Deutschland am 01.01.1990), (ZP-EMRK VIII).

1325 Protokoll Nr. 9 zur Konvention zum Schutz der Menschenrechte und Grundfreiheiten v. 06.11.1990, BGBl. 1994 II, S. 491, in Kraft getreten am 01.10.1994 (für Deutschland am 01.11.1994), (ZP-EMRK IX).

1326 Protokoll Nr. 11 zur Konvention zum Schutz der Menschenrechte und Grundfreiheiten über die Umgestaltung des durch die Konvention eingeführten Kontrollmechanismus v. 11.05.1994, BGBl. 1995 II, S. 579, in Kraft getreten am 01.11.1998 (für Deutschland am 01.11.1998), (ZP-EMRK XI).

1327 Protokoll Nr. 10 zur Konvention zum Schutz der Menschenrechte und Grundfreiheiten v. 25.03.1992, BGBl. 1994 II, S. 491, nicht in Kraft getreten, (ZP-EMRK X).

1328 Protokoll Nr. 14 zur Konvention zum Schutz der Menschenrechte und Grundfreiheiten über die Änderung des Kontrollsystems der Konvention v. 13.05.2004, BGBl.

europäischen Menschenrechtskonvention. Weitere Verfahrensänderungen sieht das 15. Zusatzprotokoll[1329] vor. Eine Änderung des Verfahrens zur Gutachtenerstellung durch den EGMR sieht das 16. Zusatzprotokoll[1330] vor.

c. *Parallelen zu den universellen Menschenrechtsverträgen*

Die europäische Menschenrechtskonvention wurde damit genauso wie die universellen Menschenrechtsverträge von einer Kommission ausgearbeitet und durch eine internationale Organisation angenommen.[1331] Die Annahme von Zusatzprotokollen zur Änderung oder Erweiterung, welche bei den universellen Menschenrechtsverträgen oft Fakultativprotokolle genannt werden, ist für völkerrechtliche Verträge typisch. Änderungen völkerrechtlicher Verträge erfordern gem. Art. 39 WVK bzw. Art. 39 Abs. 1 WVKIO die Zustimmung aller Signatarstaaten bzw. Mitglieder.[1332] Die Zusatzprotokolle zur EMRK, die sich mit der Änderung der Kontrollmechanismen beschäftigen, stellen solche Änderungsprotokolle dar und treten daher erst in Kraft, wenn sie von allen Signatarstaaten ratifiziert wurden.[1333] Die Fakultativprotokolle der universellen Menschenrechtsverträge sind dagegen als reine Fakultativprotokolle konzipiert und nicht als Änderungsprotokolle, genauso wie die Zusatzprotokolle zur EMRK, die weitere Rechte aufnehmen.[1334] Diese treten bereits bei einer gewissen Anzahl an erforderlichen Ratifikationsurkunden in Kraft und nicht erst, wenn alle Signatarstaaten des Hauptvertrages zugestimmt haben. Sie binden konsequenterweise auch nur die Staaten, die sie ratifiziert haben.[1335]

Diese formalen Gesichtspunkte zur Entstehung und zur Erweiterung der europäischen Menschenrechtskonvention zeigen deutliche Parallelen zu den universellen Menschenrechtsverträgen. Erstaunlich ist allein die im Vergleich sehr kurze Ausarbeitungsdauer.

2006 II, S. 138, in Kraft getreten am 01.06.2010 (für Deutschland am 01.06.2010), (ZP-EMRK XIV).

1329 Protokoll Nr. 15 zur Änderung der Konvention zum Schutz der Menschenrechte und Grundfreiheiten v. 24.06.2013, SEV-Nr. 213, noch nicht in Kraft getreten, (ZP-EMRK XV).

1330 Protokoll Nr. 16 zur Konvention zum Schutz der Menschenrechte und Grundfreiheiten v. 02.10.2013, SEV-Nr. 214, noch nicht in Kraft getreten, (ZP-EMRK XVI).

1331 Zur Ausarbeitung und Annahme der universellen Menschenrechtspakte s.o. Kapitel 2 A.II.

1332 Heintschel von Heinegg, völkerrechtliche Verträge, in: Ipsen (Hrsg.), S. 390 (427).

1333 Peters/Altwickler, S. 6.

1334 Peters/Altwickler, S. 6.

1335 Peters/Altwickler, S. 6.

2. Die EMRK im deutschen Recht

Bei der EMRK handelt es sich also um einen multilateralen völkerrechtlichen Vertrag,[1336] der von Deutschland zunächst mit einem Vorbehalt ratifiziert wurde und zu deren Zusatzprotokollen Deutschland verschiedene Erklärungen abgab. Die EMRK fand auf dem gleichen Weg Eingang in das deutsche Recht, wie die universellen Menschenrechtspakte.[1337]

a. Vorbehalt zur EMRK

Bei Ratifikation der europäischen Menschenrechtskonvention gab Deutschland im Einklang mit Art. 57 EMRK folgenden Vorbehalt ab:

> „Gemäß Artikel 64 der Konvention macht die Bundesrepublik Deutschland den Vorbehalt, daß sie die Bestimmung des Artikels 7 Abs. 2 der Konvention nur in den Grenzen des Artikels 103 Abs. 2 des Grundgesetzes der Bundesrepublik anwenden wird. Die letztgenannte Vorschrift lautet wie folgt:
>
>> >>Eine Tat kann nur bestraft werden, wenn die Strafbarkeit gesetzlich bestimmt war, bevor die Tat begangen wurde.<<“[1338]

Dieser Vorbehalt bezieht sich auf die Ausnahme vom Rückwirkungsverbot aus Art. 7 Abs. 2 EMRK, nach dem eine Strafbarkeit auch dann vorliegt, wenn eine solche nach einem von den Völkern anerkannten allgemeinen Rechtsgrundsatz gegeben ist. Der Vorbehalt Deutschlands zielt dabei auf eine Nichtanwendung des Art. 7 Abs. 2 EMRK und ist damit auch als Vorbehalt zu klassifizieren.[1339]

Der Vorbehalt war gem. Art. 57 Abs. 1 EMRK zulässig, da Art. 103 Abs. 2 GG mit Art. 7 Abs. 2 EMRK nicht im Einklang stand. Weiterhin hat Deutschland mit der Aufnahme des Wortlauts von Art. 103 GG den formalen Anforderungen des Art. 57 Abs. 2 EMRK genügt.

Inhaltlich ist der Vorbehalt Ausdruck eines strikten Positivismus, der sich aus den historischen Erfahrungen Deutschlands, insbesondere der Nürnberger Prozesse, entwickelte.[1340] Obwohl Art. 103 Abs. 2 GG nicht geändert wurde, wurde der Vorbehalt im Jahre 2001 zurückgenommen.[1341]

1336 Mayer, in: Karpenstein/Mayer (Hrsg.), Einleitung (Rn. 12); Gerards, S. 107.

1337 S.o. Kapitel 2 B.

1338 BGBl. 1954 II S. 14.

1339 Hierzu s. o. Kapitel 2 A.IV.

1340 Kenntner, NJW 1997, S. 2298 (2298 f.).

1341 Sinner, in: Karpenstein/Mayer (Hrsg.), Art. 7 (Rn. 28).

b. *Erklärungen zur EMRK und den Zusatzprotokollen*

Weiterhin hat Deutschland verschiedene Erklärungen[1342] zu dem 1., 6. und 7. Zusatzprotokoll abgegeben.

Zu Art. 2 S. 2 ZP-EMRK I hat Deutschland erklärt, dass sie diesen so verstehe, dass hieraus keine Pflicht zur Finanzierung religiöser oder philosophischer Bekenntnisschulen folge.[1343]

In Bezug auf das ZP-EMRK VI zur Abschaffung der Todesstrafe erklärte Deutschland, dass sie ihrer Pflicht bereits durch Art. 102 GG nachgekommen sei und dass sie das ZP-EMRK VI so verstehe, dass nationales Recht ohne strafrechtlichen Charakter nicht berührt werde.[1344]

Diese Erklärungen sind als reine Interpretationserklärungen zu verstehen, da sie alleine zur Klarstellung des Umfangs einer Verpflichtung dienen.

Die Einstufung der Erklärung Deutschlands zum ZP-EMRK VII ist allerdings strittig. Hier hatte Deutschland erklärt, dass sie den Begriff „Straftat" als Straftat im Sinne des deutschen Rechts verstehe.[1345] Weiterhin wurden aufgrund der deutschen Regelungen bezüglich der Rechtsmittel und des Wiederaufnahmeverfahrens entsprechende Erklärungen abgegeben.[1346] Durch die Auslegung des Begriffs „Straftat" nach dem deutschen Recht ist dessen Reichweite aber dem deutschen Gesetzgeber unterworfen und kann von diesem geändert werden.[1347]

Solche Erklärungen, die darauf zielen eine Norm oder deren Reichweite der Disposition des nationalen Gesetzgebers zu unterstellen, werden aber oft als Vorbehalte gesehen, da so die Wirkung zum Teil ausgeschlossen werden kann.[1348] Allerdings kann die Erklärung auch noch als Interpretationserklärung verstanden werden, da es allein um die Reichweite des Begriffs „Straftat" geht und dieser gerade festgelegt werden soll. Jedoch ist die Frage nach der Qualifizierung der Erklärung zum ZP-EMRK VII rein theoretischer Natur, da Deutschland dieses zwar unterzeichnet, aber immer noch nicht ratifiziert hat.[1349]

1342 Eine Übersicht der verschiedenen Erklärungen findet sich unter: http://conventions.coe.int/Treaty/Commun/ListeDeclarations.asp?PO=GER&NT=&MA=3&CV=1&NA=&CN=999&VL=1&CM=5&CL=GER.

1343 Behnsen, in: Karpenstein/Mayer (Hrsg.), Art. 57 (Rn. 4).

1344 Behnsen, in: Karpenstein/Mayer (Hrsg.), Art. 57 (Rn. 4).

1345 Behnsen, in: Karpenstein/Mayer (Hrsg.), Art. 57 (Rn. 4 f.).

1346 Behnsen, in: Karpenstein/Mayer (Hrsg.), Art. 57 (Rn. 4).

1347 Behnsen, in: Karpenstein/Mayer (Hrsg.), Art. 57 (Rn. 5).

1348 Behnsen, in: Karpenstein/Mayer (Hrsg.), Art. 57 (Rn. 5); Behnsen, S. 65 ff.

1349 Behnsen, in: Karpenstein/Mayer (Hrsg.), Art. 57 (Rn. 5).

c. Übernahme der EMRK ins deutsche Recht

Die Übernahme der EMRK ins deutsche Recht erfolgte genauso, wie die Übernahme der universellen Menschenrechtsverträge, da sie ein völkerrechtlicher Vertrag ist und damit im Rang eines einfachen Bundesgesetzes steht.[1350] Fraglich ist, ob sich dieser Rang durch den Beitritt der EU zur EMRK ändern könnte.

aa. Rechtslage vor dem Beitritt der EU

Die EMRK enthält genauso, wie die universellen Menschenrechtsverträge, keine Vorschrift, die zu einer innerstaatlichen Geltung verpflichtet und einen Vorrang vor den nationalen Gesetzen begründet.[1351] Allerdings werden ihre Bestimmungen unter anderem im Hinblick auf die Rechtsprechung des EGMR als genügend bestimmt angesehen, um unmittelbar anwendbar zu sein und um Individualrechte zu begründen.[1352]

Trotz der Kompetenzen des EGMR bleiben die nationalen Gerichte für die hauptsächliche Durchsetzung der Rechte aus der europäischen Menschenrechtskonvention zuständig, zumal so auch der EGMR entlastet wird.[1353] Nach Art. 13 EMRK haben die Mitgliedstaaten auch die Pflicht einen innerstaatlichen Beschwerdemechanismus einzurichten. Das Fehlen eines Vorabentscheidungsverfahren vor dem EGMR kann als Indiz gesehen werden, dass zunächst die nationalen Gerichte über Verletzungen der europäischen Menschenrechtskonvention zu entscheiden haben und damit auch hier zur Durchsetzung der enthaltenen Rechte berufen sind.[1354]

Da die europäische Menschenrechtskonvention ebenfalls im Rang eines einfachen Bundesgesetzes steht, gilt für ihre Durchführung im deutschen Recht das zu den universellen Menschenrechtspakten Dargestellte.[1355] Allerdings wurde von Anfang an ein höherer Rang der EMRK diskutiert.[1356] Teilweise wurde auf verschiedene Weise versucht einen Verfassungsrang zu begründen.[1357] Nach

---

1350 S.o. Kapitel 2 B.; Pache, EuR 2004, S. 393 (398); Schaller, EuR 2006, S. 656 (657 f.).

1351 Bernhardt, in: MacDonald/Matscher/Petzold (Hrsg.), S. 25; Schmidt C., S. 39.

1352 Giegerich, in: Grote/Marauhn (Hrsg.), S. 61 (Rn. 3); Helland, S. 220.

1353 Giegerich, in: Grote/Marauhn (Hrsg.), S. 61 (Rn. 9).

1354 Giegerich, in: Grote/Marauhn (Hrsg.), S. 61 (Rn. 10). Zu der Pflicht zur Durchsetzung der Rechte aus universellen Menschenrechtsverträgen s.o. Kapitel 3 A.

1355 S. o. Kapitel 2 B.II.2.

1356 Pache, EuR 2004, S. 393 (399); Helland, S. 177 ff.

1357 Echterhölter, JZ 1955, S. 689 (691 f.); Echterhölter, JZ 1956, S. 142; Grabenwarter, in: Merten/Papier (Hrsg.), S. 41 (41 ff.); Helland, S. 180 f.; Ruffert, EuGRZ 2007, S. 245 (246 f.).

anderer Ansicht sollte die EMRK als Auslegungshilfe für das Grundgesetz dienen und so mittelbaren Verfassungsrang erhalten.[1358] Schließlich wurde die EMRK als europäisches Völkergewohnheitsrecht gesehen und versucht, so eine Inkorporation über Art. 25 GG begründet.[1359] Jedoch haben sich diese Ansichten aufgrund des Zusammenspiels der verschiedenen Rechtsordnungen nicht durchgesetzt und die EMRK nimmt den Rang eines einfachen Bundesgesetzes ein.[1360] Generell lässt sich bei der Anwendung der EMRK in Deutschland eine Tendenz zur völkerrechtskonformen Auslegung, auch von Vorschriften des Grundgesetzes, erkennen.[1361]

bb. Rechtslage nach dem Beitritt der EU

Seit einigen Jahren wird ein Beitritt der Union zur EMRK diskutiert. Aufgrund der Änderungen des Unionsrechts durch den Vertrag von Lissabon, der am 01.12.2009 in Kraft trat, wurde mit Art. 6 Abs. 2 S. 1 EUV eine Rechtsgrundlage für den Beitritt der Union zur EMRK geschaffen. Durch das 14. Zusatzprotokoll wurde gleichermaßen die Beitrittsmöglichkeit von Seiten der EMRK geschaffen.[1362]

Durch den Beitritt der EU zur EMRK wird die EMRK integrierender Bestandteil des Unionsrechts[1363] und damit geltendes Recht in der Unionsrechtsordnung. Als völkerrechtlicher Vertrag der Union ist sie eine Handlung der Unionsorgane und damit sekundäres Unionsrecht, steht aber im Rang höher als das autonom gesetzte Recht der Union und daher in einem Zwischen- bzw. Sonderrang

---

1358 Ress, in: Maier (Hrsg.), S. 227 (284); Frowein, ZaöRV 1986, S. 286 (286 f.).

1359 Giegerich, in: Grabenwarter/Hammer/Pelzl/Schulev-Steindl/Wiedrin (Hrsg.), S. 101 (113); Grabenwarter, in: Merten/Papier (Hrsg.), S. 33 (43 f.); Hilf, in: Mahrenholz (Hrsg.), S. 19 (38 f.).

1360 Frowein, in: Isensee/Kirchhof (Hrsg.), S. 731 (736); Helland, S. 188 f.; Pache, EuR 2004, S. 393 (400).

1361 BVerfG v. 26.03.1987, Rs. 2 BvR 589/79, u.a., BVerfGE 74, S. 358 (370); BVerfG v. 29.06.1990, Rs. 2 BvR 254, 1343/88, BVerfGE 82, S. 106 (114 f.); BVerfG v. 14.10.2004, Rs. 2 BvR 1481/04, BVerfGE 111, S. 307 (317); Bernhard, in: Isensee/Kirchhof (Hrsg.), S. 571 (590); Frowein, in: Isensee/Kirchhoff (Hrsg.), S. 731; Giegerich, in: Grote/Marauhn (Hrsg.), S. 61 (Rn. 20); Pache, EuR 2004, S. 393 (400).

1362 Zu dem Beitritt der EU zur EMRK im Detail siehe: Engel, S. 9; Schmidt C., S. 63 ff. Allerdings müssen die Modalitäten für einen Beitritt nach dem Gutachten des EuGH v. 06.12.2014, Rs. 2/13 (EMRK Beitritt), EuGRZ 2015, S. 56, neu ausgearbeitet werden.

1363 EuGH v. 30.04.1974, Rs. 181/73 (Haegemann II), Slg. 1974, S. 449 (Rn. 5); EuGH v. 26.10.1982, Rs. 104/81 (Kupferberg I), Slg. 1982, S. 3641 (Rn. 13); EuGH v. 30.09.1987, Rs. 12/86 (Demirel), Slg. 1987, S. 3719 (Rn. 7).

zwischen Primär- und Sekundärrecht.[1364] Nach ständiger Rechtsprechung des EuGH hat das Unionsrecht Anwendungsvorrang[1365] vor dem nationalen Recht, an dem auch völkerrechtliche Verträge der Union teilnehmen.[1366] Damit würde die EMRK grundsätzlich Vorrang vor jeglichem nationalem Recht, insbesondere auch dem Grundgesetz, genießen.[1367]

Allerdings handelt es sich nach Beitritt der EU zur EMRK aufgrund der fehlenden ausschließlichen Kompetenz der Union um ein, wenn auch atypisches, gemischtes Abkommen.[1368] Als solches werden nur die Teile der EMRK zu Unionsrecht, welche in die Kompetenzbereiche der Union fallen[1369] und nur für diese gilt der Vorrang des Unionsrechts. Damit bezieht sich der Vorrang der EMRK ausschließlich auf die Sphäre des mitgliedstaatlichen Handelns im Bereich des Unionsrechts, also bei der Durchführung von Unionsrechtsakten.[1370] Damit gilt der Anwendungsvorrang für die EMRK nicht, soweit Bereiche betroffen sind, die außerhalb der Kompetenzen der Union liegen.[1371] In diesen Bereichen behält die EMRK ihren Rang als einfaches Bundesgesetz und hätte damit eine Doppelstellung im deutschen Recht, welche wohl in der Zukunft noch bewertet werden muss.[1372]

II. Materieller Vergleich

Die EMRK durchlief eine ähnliche Entwicklung wie die universellen Menschenrechtsverträge und hat grundsätzlich den gleichen Rang in der deutschen Rechtsordnung inne, der sich erst durch den Beitritt der EU zur EMRK ändern könnte. Damit ist die EMRK mit den universellen Menschenrechtsverträgen formal vergleichbar. Für die Frage, ob die EMRK als Vorbild für die Behandlung der

---

1364 Engel, BayRVR, Net-Dokument BayRVR2014031801; Obwexer, EuR 2012, S. 115 (143); Schaller, EuR 2006, S. 656 (665); Vedder, EuR 2007, Beiheft 3, S. 57 (87).

1365 EuGH v. 15.06.1964, Rs. 6/64 (Costa/ENEL), Slg. 1964, S. 1251 (Rn. 11); EuGH v. 17.12.1970, Rs. 11/70 (Internationale Handelsgesellschaft), Slg. 1970, S. 1125 (Rn. 3); EuGH v. 09.03.1978, Rs. 106/77 (Simmenthal II), Slg. 1978, S. 629 (Rn. 17 f.); Kruis, S. 44 ff.

1366 17. Erklärung zum Vorrang, Schlussakte der Regierungskonferenz, ABl. 2007 C 306, S. 231; EuGH v. 26.10.1982, Rs. 104/81 (Kupferberg I), Slg. 1982, S. 3641 (Rn. 9 ff.); Kruis, S. 51; Schaller, EuR 2006, S. 656 (665 f.).

1367 Engel, BayRVR, Net-Dokument BayRVR2014031801.

1368 Obwexer, EuR 2012, S. 115 (145 f.); Uerpmann-Wittzack, EuR Beiheft 2012, S. 167 (183); Stock, S. 191 ff.

1369 Vedder, EuR 2007, Beiheft 3, S. 57 (87).

1370 Engel, BayRVR, Net-Dokument BayRVR2014031801; Schaller, EuR 2006, S. 656 (666).

1371 Schaller, S. 656 (666).

1372 Engel, BayRVR, Net-Dokument BayRVR2014031801.

universellen Menschenrechtspakte dienen kann, müsste sie auch inhaltliche, also materielle, Gemeinsamkeiten mit diesen haben. Dabei kann man zunächst eine Übereinstimmung verschiedener Regelungsbereiche beobachten. Allerdings gibt es deutliche Unterschiede zu dem Durchsetzungsmechanismus der EMRK.

1. Regelungsbereiche

Die EMRK gliedert sich in 3 Abschnitte, wobei sich der erste Abschnitt mit den Rechten und Freiheiten beschäftigt, der Zweite die Regelungen zu dem europäischen Gerichtshof für Menschenrechte enthält und in dem dritten Abschnitt verschiedene Bestimmungen aufgenommen wurden. Ein Vergleich der materiellen Regelungen zeigt, dass viele Rechte der EMRK auch in universellen Menschenrechtsverträgen zu finden sind.

a. Inhalt der EMRK

Umklammert wird die EMRK inhaltlich von der an exponierter Stelle stehenden Verpflichtung zur Achtung der Menschenrechte gem. Art. 1 EMRK. Die Pflicht zur Achtung der Menschenwürde wurde nicht in die EMRK aufgenommen und gehört daher nicht zu dem Katalog der Rechte, auf die sich Art. 1 EMRK bezieht. Sie kann daher zwar nicht unmittelbar geltend gemacht werden, wird aber oftmals als Kern der EMRK gesehen,[1373] woraus auch eine Verpflichtung zur Achtung der Menschenwürde abgeleitet wird.

Als materielle Rechte enthält die EMRK das Recht auf Leben (Art. 2), das Verbot der Folter (Art. 3), das Verbot der Sklaverei und Zwangsarbeit (Art. 4), das Recht auf Freiheit und Sicherheit (Art. 5), das Recht auf ein faires Verfahren (Art. 6), den Grundsatz keine Strafe ohne Gesetz (Art. 7), das Recht auf Achtung des Privat- und Familienlebens (Art. 8), die Gedankens-, Gewissens- und Religionsfreiheit (Art. 9), Meinungsfreiheit (Art. 10), Versammlungs- und Vereinigungsfreiheit (Art. 11), das Recht auf Eheschließung (Art. 12), das Recht auf wirksame Beschwerde (Art. 13) und ein Diskriminierungsverbot (Art. 14). In Art. 15 EMRK wurde eine Notstandsklausel eingeführt und Art. 16 EMRK ermöglicht die Beschränkung der politischen Tätigkeit ausländischer Personen. Art. 17 EMRK stellt ein Missbrauchsverbot der Rechte auf, das durch eine Begrenzung der Rechtseinschränkung aus Art. 18 EMRK flankiert wird.[1374]

1373 Bröhmer, in: Merten/Papier (Hrsg.), S. 125 (135 f.).

1374 Ausführliche Darstellungen zu den einzelnen Rechten der EMRK und ihrer Zusatzprotokolle finden sich in: Frowein/Peukert, S. 28 ff.; Grabenwarter/Pabel, S. 145 ff.; Karpenstein/Mayer, S. 52 ff.; Meyer-Ladewig, S. 47 ff.; Pabel/Schmahl, Art. 2 ff.

Weitere materielle Rechte sind in den Zusatzprotokollen enthalten. Das ZP-EMRK I enthält den Schutz des Eigentums (Art. 1), das Recht auf Bildung (Art. 2) und das Recht auf freie Wahlen (Art. 3). Im ZP-EMRK IV ist das Verbot der Freiheitsentziehung wegen Schulden (Art. 1), die Freizügigkeit (Art. 2), das Verbot der Ausweisung eigener Staatsangehöriger (Art. 3) und das Verbot der Kollektivausweisung ausländischer Personen (Art. 4) geregelt. Das ZP-EMRK VI befasst sich mit der Abschaffung der Todesstrafe und wird von dem ZP-EMRK XIII flankiert.

Das ZP-EMRK VII, welches von Deutschland nicht ratifiziert wurde, enthält verfahrensrechtliche Schutzvorschriften in Bezug auf die Ausweisung von Ausländern (Art. 1), das Recht auf Rechtsmittel in Strafsachen (Art. 2), das Recht auf Entschädigung bei Fehlurteilen (Art. 3), das Verbot der Doppelbestrafung (Art. 4) und die Gleichberechtigung der Ehegatten (Art. 5). Das von Deutschland ebenfalls nicht ratifizierte ZP-EMRK XII stellt ein allgemeines Diskriminierungsverbot (Art. 1) auf.

b. Vergleich mit den Rechten der universellen Menschenrechtsverträge

Die meisten Rechte der EMRK und ihrer Zusatzprotokolle finden sich in den universellen Menschenrechtspakten wieder.[1375] Ohne allerdings einen detaillierten Vergleich der Wortlaute der einzelnen Rechte vorzunehmen, wird im Folgenden nur auf die Gemeinsamkeiten hingewiesen und Unterschiede zwischen den jeweils geschützten Rechten deutlich gemacht.[1376]

aa. Weitgehende Übereinstimmungen der Rechte aus der EMRK und den universellen Menschenrechtsverträgen

Die Würde des Menschen als Kern des Menschenrechtsschutzes wurde nicht nur in der EMRK nicht ausdrücklich aufgenommen, sondern auch im ICCPR nur in der Präambel, während die Achtensverpflichtung in Art. 2 Abs. 1 ICCPR als universelle Pflicht festgelegt wurde.[1377] Auch bei den anderen Rechtsbereichen zeigen sich deutliche Übereinstimmungen.

1375 Ein Vergleich der Rechte aus EMRK und ICCPR findet sich bei Schilling, S. 50 ff.; Gollwitzer, S. 95 ff. Punktuelle Vergleiche der EMRK zu anderen Pakten finden sich bei den einzelnen Kommentierungen in Pabel/Schmahl.

1376 Übersichten zu den Rechten aus den universellen Menschenrechtsverträgen s.o. Kapitel 3 B.

1377 Fastenrath in: Pabel/Schmahl (Hrsg.), Art. 1 (Rn. 13).

(1) Recht auf Leben und Verbot der Folter

So findet sich das Recht auf Leben neben Art. 2 EMRK in Art. 6 Abs. 1 ICCPR, Art. 6 CRC und Art. 10 CRPD. Die Todesstrafe wurde auf universeller Ebene durch das OP-ICCPR über die Abschaffung der Todesstrafe, wenn auch nicht ausnahmslos, abgeschafft.[1378] Art. 37 lit. a CRC verbietet darüber hinaus die Anwendung der Todesstrafe bei Kindern.

Auch das Verbot der Folter wurde in verschiedenen Menschenrechtsverträgen aufgenommen,[1379] wobei teilweise der Schutz vor medizinischen oder wissenschaftlichen Versuchen hervorgehoben wird. Die CAT als Spezialkonvention gegen Folter enthält allerdings deutlich detailliertere Regelungen bezüglich der Verfahrens- und Schutzpflichten als die EMRK. Solche wurden erst durch den EGMR in seiner Rechtsprechung entwickelt.[1380]

(2) Diskriminierungsschutz

Weiterhin sind akzessorische Diskriminierungsverbote wie in Art. 15 EMRK auch in Art. 2 Abs. 1 ICCPR, Art. 3 ICCPR, Art. 2 Abs. 2 ICESCR, Art. 3 ICESCR und Art. 2 CRC enthalten. Allgemeine Diskriminierungsverbote sind in Art. 26 ICCPR und Art. 1 ZP-EMRK XII vorgesehen.

(3) Verfahrensgarantien und Rechte Angeklagter

Die Freiheit und Sicherheit der Person wird nicht nur von Art. 5 EMRK, sondern auch von Art. 9 ICCPR und von Art. 14 CRPD geschützt. Einen besonderen Schutz bietet die CPED durch das Verbot des Verschwindenlassens, was auch von dem EGMR als schwerer Verstoß gegen Art. 5 EMRK gewertet wird.[1381]

Die verschiedenen Verfahrensgarantien der EMRK, wie das Recht auf ein faires Verfahren,[1382] Überprüfung eines Urteils durch ein höherinstanzliches Gericht,[1383] Entschädigung bei Fehlurteilen,[1384] Verbot der Freiheitsentziehung wegen

---

1378 Schilling, S. 64 f.

1379 Art. 3 EMRK; Art. 7 ICCPR, Art. 37 lit. a CRC; Art. 15 CRPD.

1380 Eine Gegenüberstellung der EGMR-Rechtsprechung und den Regelungen der CAT findet sich in Schilling, S. 74 ff.

1381 EGMR v. 20.06.2013, Rs. 63638/09 (Turluyeva./.Russia), (zitier nach: HUDOC) (Rn. 120 ff.); Schilling, S. 89.

1382 Art. 6 EMRK; Art. 14 Abs. 1 bis 3 ICCPR; Art. 40 Abs. 2 lit. b CRC.

1383 Art. 2 ZP-EMRK VII; Art. 14 Abs. 5 ICCPR.

1384 Art. 3 ZP-EMRK VII; Art. 14 Abs. 6 ICCPR.

vertraglicher Schulden[1385] sowie die Grundsätze *ne bis in idem*[1386] und *nulla poena sine lege*[1387], der in Art. 15 Abs. 1 S. 3 ICCPR um den Vorrang des milderen Gesetzes erweitert wird,[1388] finden sich nicht nur in der EMRK sondern auch in verschiedenen universellen Menschenrechtspakten.

Das Recht auf wirksame Beschwerde ist in Art. 12 EMRK als definitives Recht ausgestaltet, während Art. 2 Abs. 3 ICCPR, Art. 6 CERD und Art. 13 CAT nur eine Staatenverpflichtung dahingehend enthalten, dass ein wirksamer Rechtsbehelf eingerichtet wird. Dies ist wohl der wenig homogenen Staatengemeinschaft geschuldet, die zum Großteil eine andere Vorstellung von Rechtsbehelfen als die europäischen Länder haben.[1389]

(4) Bürgerrechte

In Art. 3 ZP-EMRK I,[1390] Art. 25 ICCPR und Art. 29 lit. a CRPD ist das aktive und passive Wahlrecht aufgenommen. Art. 25 ICCPR ist allerdings etwas weiter und erfasst entgegen Art. 3 ZP-EMRK I nicht nur die Wahl zu den gesetzgebenden Körperschaften, sondern jegliche öffentlichen Wahlen.[1391]

(5) Freiheitsrechte

Die recht große Anzahl der in der EMRK gewährten Freiheitsrechte findet sich bis auf kleinere Abweichungen[1392] auch in verschiedenen universellen Verträgen wieder. Hierzu zählen zunächst die klassischen Freiheitsrechte mit der Gedanken-, Gewissens- und Religionsfreiheit,[1393] die Meinungsfreiheit[1394] sowie die Versammlungs- und Vereinigungsfreiheit.[1395] Als großer Unterschied zu den universellen Menschenrechtsverträgen erlaubt die EMRK in Art. 16 die Beschränkung der

1385 Art. 1 ZP-EMRK IV; Art. 11 ICCPR.

1386 Art. 4 ZP-EMRK VII; Art. 14 Abs. 7 ICCPR.

1387 Art. 7 EMRK; Art. 15 ICCPR; Art. 40 Abs. 2 lit. a CRC.

1388 Renzikowski, in: Pabel/Schmahl (Hrsg.), Art. 7 (Rn. 14).

1389 Gollwitzer, Art. 13 MRK (Art. 2 Abs. 3 IPBPR) (Rn. 2); Schweizer, in: Pabel/Schmahl (Hrsg.), Art. 13 (Rn. 29).

1390 Art. 3 ZP-EMRK I umfasst nach der Auslegung durch den EGMR das aktive und passive Wahlrecht. Wildhaber, in: Pabel/Schmahl (Hrsg.). Art. 3 EMRK/1.ZP (Rn. 21).

1391 Schilling, S. 202.

1392 Zu den Abweichungen im Detail, s. Schilling, S. 80 ff.; Gollwitzer, S. 95 ff.; sowie bei den einzelnen Kommentierungen in Pabel/Schmahl (Hrsg.).

1393 Art. 9 EMRK; Art. 18 ICCPR; Art. 14 CRC.

1394 Art. 10 EMRK; Art. 19 ICCPR; Art. 13 CRC; Art. 21 CRPD.

1395 Art. 11 EMRK; Art. 21 und 22 ICCPR; Art. 15 CRC; Art. 8 ICESCR.

politischen Tätigkeit von Ausländern, was sich vor allem auf die Meinungs-, Versammlungs- und Vereinigungsfreiheit auswirkt.[1396]

Daneben umfasst diese Gruppe an Rechten das Sklavereiverbot,[1397] zu dem auch der Frauen- und Kinderhandel[1398] als sklavereiähnliche Praktiken gehören,[1399] die Achtung der Privatsphäre,[1400] der Schutz der Familie[1401] und das Recht auf Eheschließung,[1402] welche durch eine Gleichberechtigung der Ehepartner[1403] bei allem was die Ehe betrifft gestützt wird.[1404]

Auch das Recht auf Freizügigkeit ist sowohl in Art. 2 ZP-EMRK IV enthalten, als auch in Art. 12 ICCPR, der durch das Kriterium des „eigenen Landes" weiter gefasst ist.[1405] Gestützt wird das Recht durch ein Verbot der Kollektivausweisung von Ausländern[1406], welches sich bei Art. 13 ICCPR erst aus einem Umkehrschluss ergibt.[1407] Verfahrensrechte bei der Ausweisung sind sehr ähnlich in Art. 1 ZP-EMRK VII und Art. 13 ICCPR geregelt.[1408]

bb. Höherer Regelungsgehalt der EMRK

Trotz der weitgehenden Übereinstimmung der Rechte aus der EMRK mit verschiedenen Rechten aus universellen Menschenrechtsverträgen, gibt es Menschenrechte, die sich nicht in den universellen Menschenrechtsverträgen wiederfinden.

(1) Eigentumsschutz

Der Eigentumsschutz aus Art. 1 ZP-EMRK I findet sich nicht in den universellen Menschenrechtsverträgen wieder. Er ist zwar in Art. 17 der Allgemeinen Erklärung der Menschenrechte aufgenommen worden, aber bei Ausarbeitung des

1396 Gollwitzer, Art. 10 MRK (Art. 19 IPBPR) (Rn. 3), Art. 11 MRK (Art. 21, 22 IPBPR) (Rn. 2).

1397 Art. 4 EMRK; Art. 8 ICCPR.

1398 Art. 6 CEDAW; Fakultativprotokoll zur CRC betreffend den Verkauf von Kindern, die Kinderprostitution und die Kinderpornographie.

1399 Schilling, S. 80.

1400 Art. 8 EMRK; Art. 17 ICCPR; Art. 16 CRC; Art. 22 und 23 CRPD.

1401 Art. 8 EMRK; Art. 23 ICCPR; Art. 10 ICESCR; Art. 9 und 10 CRC; Art. 23 CRPD.

1402 Art. 12 EMRK; Art. 23 Abs. 2 bis 4 ICCPR; Art. 23 Abs. 1 lit. a CRPD.

1403 Art. 5 ZP-EMRK VII; Art. 23 Abs. 4 ICCPR.

1404 Gollwitzer, Art. 12 MRK (Art. 23 IPBPR) (Rn. 1).

1405 Schilling, S. 111.

1406 Art. 4 ZP-EMRK IV; Art. 13 ICCPR.

1407 Brandl, in: Pabel/Schmahl (Hrsg.), Art. 4 EMRK/Prot 4 (Rn. 25); Gollwitzer, 4. ZP MRK Art. 4 (Art. 13 IPBPR) (Rn. 1).

1408 Brandl, in: Pabel/Schmahl (Hrsg.), Art. 1 EMRK/Prot 7 (Rn. 46).

ICESCR und des ICCPR konnten die Staaten keine Einigung über den Schutzumfang finden.[1409] Selbst bei Ausarbeitung der EMRK war er umstritten und wurde erst durch das 1. Zusatzprotokoll aufgenommen.[1410]

(2) Verbot der Ausweisung eigener Staatsangehöriger

Auch das Verbot der Ausweisung eigener Staatsangehöriger aus Art. 3 ZP-EMRK IV hat in den universellen Menschenrechtsverträgen keinen ausdrücklichen Niederschlag gefunden.[1411] Es kann nur implizit aus dem Recht auf Einreise aus Art. 12 Abs. 4 ICCPR abgeleitet werden.[1412]

(3) Abschaffung der Todesstrafe

Auch wurde auf universeller Ebene trotz Verabschiedung des Fakultativprotokolls zum ICCPR über die Abschaffung der Todesstrafe noch keine ausnahmslose Abschaffung der Todesstrafe wie für den europäischen Raum durch ZP-EMRK XIII erreicht.

cc. Höherer Regelungsgehalt der universellen Menschenrechtsverträge

Trotz der relativ umfassenden Regelungen der EMRK und ihren Zusatzprotokollen enthält sie einige Regelungsbereiche nicht, die in universellen Menschenrechtsverträgen geschützt werden.

(1) Soziale Rechte

Verschiedene soziale Rechte, wie das Recht auf soziale Sicherheit aus Art. 9 ICESCR, das Recht auf einen angemessenen Lebensstandard und Nahrung aus Art. 9 ICESCR sowie das Recht auf Gesundheit aus Art. 11 ICESCR sind nicht in der EMRK aufgenommen worden.

Das Recht auf Bildung ist zwar allgemein in Art. 2 ZP-EMRK I aufgeführt, allerdings wird in Art. 13 ICESCR das Recht wesentlich genauer ausdifferenziert und festgelegt, welchen Modalitäten es unterworfen werden kann, wobei insbesondere die Unentgeltlichkeit des Grundschulunterrichts postuliert wird. Des Weiteren sieht Art. 14 ICESCR eine Grundschulpflicht vor. Ähnlich detaillierte Modalitäten für das Recht auf Bildung werden von Art. 28 CRC aufgestellt. Durch die negative Formulierung des Art. 2 ZP-EMRK I sind die Staaten außerdem

---

1409 Kriebaum, in: Pabel/Schmahl (Hrsg.), Art. 1 EMRK/1.ZP (Rn. 5).
1410 Kaiser, in: Karpenstein/Mayer (Hrsg.), Art. 1 ZP I (Rn. 1).
1411 Brandl, in: Pabel/Schmahl (Hrsg.), Art. 3 EMRK/Prot.4 (Rn. 32).
1412 Gollwitzer, 4. ZP MRK Art. 3 (Art. 13 IPBPR) (Rn. 1).

nicht verpflichtet Bildungseinrichtungen zu schaffen, sondern nur existierende zugänglich zu machen.[1413]

(2) Wirtschaftliche Rechte

Auch verschiedene wirtschaftliche Rechte, wie das Recht auf Arbeit aus Art. 6 ICESCR und das Recht auf gerechte und günstige Arbeitsbedingungen aus Art. 7 ICESCR wurden nicht in die EMRK aufgenommen. Zudem bietet die EMRK entgegen Art. 32 CRC keinen besonderen Schutz vor wirtschaftlicher Ausbeutung.

(3) Besondere Verfahrensrechte und Recht auf Rechtsfähigkeit

Die besondere Regelung der Rechte Inhaftierter in Art. 10 ICCPR hat in der EMRK keine eigene Regelung erfahren. Vielmehr wird ab einer gewissen Erheblichkeit ein Verstoß gegen das Verbot einer erniedrigenden Behandlung angenommen, um ein mögliches Rechtsschutzdefizit auszugleichen.[1414]

Das Recht auf Rechtsfähigkeit aus Art. 15 ICCPR wurde in der EMRK nicht aufgenommen, da es als überflüssig betrachtet wurde.[1415]

(4) Selbstbestimmungsrecht der Völker und Minderheitenschutz

Das Selbstbestimmungsrecht der Völker aus Art. 1 ICCPR und Art. 1 ICESCR findet sich an keiner Stelle der EMRK und ihrer Zusatzprotokolle wieder. Dieses Menschenrecht der dritten Generation kann allerdings auch nicht im Wege einer Individualbeschwerde geltend gemacht werden[1416] und passte daher wohl nicht in das von der EMRK aufgestellte Individualschutzsystem.

Auch der Minderheitenschutz aus Art. 27 ICCPR wird von der EMRK nicht gesondert angesprochen. Vielmehr ergibt er sich aus den in Art. 14 EMRK und Art. 1 ZP-EMRK XII festgelegten Diskriminierungsverboten sowie aus den jeweiligen Rechten.[1417]

(5) Spezielle Diskriminierungsverbote und Schutz bestimmter Gruppen

Die EMRK ist weiterhin nicht wie die CRC oder Art. 24 ICCPR auf den besonderen Schutz von Kindern bzw. den Schutz von Kindern gegen Diskriminierungen ausgelegt. Ein solcher Schutz ergibt sich für die in der EMRK gewährten Rechte

1413 Schilling, S. 141.
1414 Gollwitzer, MRK nach Art. 5 (Art. 10 IPBPR) (Rn. 4).
1415 Schilling, S. 82.
1416 Schilling, S. 268.
1417 Gollwitzer, Art. 14 MRK (Art. 2 Abs. 1. Art. 3, 16, 26, 27 IPBPR) (Rn. 7).

nur aus Art. 14 EMRK und aus dem allgemeinen Diskriminierungsverbot aus Art. 1 ZP-EMRK XII. Der besonderen Schutzbedürftigkeit von Kindern trägt sie im Gegensatz zur CRC als Spezialkonvention aber nicht Rechnung.

Ein Verbot des Rassenhasses, welcher zu Diskriminierungen aufstachelt, gem. Art. 20 ICCPR, ergibt sich aus der EMRK nicht direkt, sondern erst durch die Eingriffsvorbehalte der garantierten Rechte.[1418] Ein ausdifferenziertes Diskriminierungsverbot aufgrund der Rasse, wie es durch die CERD garantiert wird, bietet die EMRK ebenfalls nicht. Auch hier ergibt sich ein Schutz nur durch die Diskriminierungsverbote des Art. 14 EMRK und Art. 1 ZP-EMRK XII.

Auch ein Diskriminierungsverbot von Frauen ergibt sich entgegen der CEDAW nur aus dem Verbot der Diskriminierung aufgrund des Geschlechts aus Art. 14 EMRK und Art. 1 ZP-EMRK XII.

Des Weiteren trägt die EMRK nicht den besonderen Problemen behinderter Menschen Rechnung. Selbst bei den Diskriminierungsverboten aus Art. 14 EMRK und Art. 1 ZP-EMRK XII wurde die Behinderung nicht als Merkmal der verbotenen Diskriminierungsgründe aufgeführt. Ein solches Verbot kann nur aus der Generalklausel des „sonstigen Status" abgeleitet werden.[1419] Einen besonderen Schutz wie die CRPD sieht die EMRK aber nicht vor.

2. Vergleich des Durchsetzungsmechanismus

Die Durchsetzung der Rechte aus der EMRK ist in Abschnitt 2 der EMRK geregelt und findet vorrangig durch den EGMR statt. Das Verfahren vor dem EGMR weist deutliche Unterschiede, aber auch einige Gemeinsamkeiten zu den Durchsetzungsmechanismen der universellen Menschenrechtsverträge auf.[1420]

a. Gemeinsamkeiten

Eine wichtige Voraussetzung für ein Verfahren vor dem EGMR ist ebenfalls die Erschöpfung des innerstaatlichen Rechtsweges gem. Art. 35 Abs. 1 EMRK. Dies dient zwar einerseits der Entlastung des EGMR,[1421] kann aber auch als Hinweis darauf gesehen werden, dass die nationalen Gerichte ebenfalls vorrangig zur Durchsetzung der Rechte aus der EMRK berufen sind.[1422]

1418 Gollwitzer, MRK nach Art. 10 (Art. 20 IPBPR) (Rn. 7).

1419 Peters/Altwickler, S. 245; Sauer, in: Karpenstein/Mayer (Hrsg.), Art. 14 (Rn. 28).

1420 Zu den Durchsetzungsmechanismen der universellen Menschenrechtsverträge vgl. Kapitel 3 A.

1421 Giegerich, in: Grote/Marauhn (Hrsg.), S. 61 (Rn. 9).

1422 Giegerich, in: Grote/Marauhn (Hrsg.), S. 61 (Rn. 10); Zu der Pflicht zur Durchsetzung der Rechte aus universellen Menschenrechtsverträgen s.o. Kapitel 3 A.

b. Unterschiede

Einen deutlichen Unterschied zu den meist fakultativen Beschwerdeverfahren vor den jeweiligen Ausschüssen der universellen Menschenrechtsverträge bildet das obligatorische Verfahren vor dem EGMR,[1423] welcher gem. Art. 47 EMRK Gutachten erstellt und gem. Art. 33 und 34 EMRK Individual- sowie Staatenbeschwerden entgegennimmt. Gerade bei den Individual- und Staatenbeschwerden wird schon durch die Wortwahl „Urteil" deutlich, dass es sich bei den Entscheidungen des EGMR um verbindliche Endurteile i.S.d. Art. 44 EMRK handelt.

Weiterhin sieht die EMRK in Art. 46 Abs. 1 eine Pflicht zur Beachtung der Urteile des EGMR vor. Darüber hinaus wird in den Abs. 2 bis 5 von Art. 46 EMRK ein Überwachungsmechanismus zur Befolgung der Urteile des EGMR eingerichtet. Befolgt ein Staat ein Urteil des EGMR nicht, löst dies seine völkerrechtliche Verantwortlichkeit aus.[1424] Nach dem Überwachungssystem des Art. 46 EMRK kann das Ministerkomitee den EGMR anrufen und die Befolgung eines Urteils überprüfen lassen. Allerdings sind keine Repressalien, wie eine zusätzliche Entschädigung bei Feststellung der Nichtbefolgung vorgesehen, sondern es wird auf die Wirksamkeit des politischen Drucks eines solchen Urteils vertraut.[1425] So kann das Ministerkomitee zwar keine Vollstreckungsmaßnahmen ergreifen, aber durch Vorschläge, Ermutigungen oder dem Ausdruck seiner Besorgnis in Jahresberichten durch politischen Druck eine Befolgung des Urteils erzielen.[1426] Als letztes Mittel kann der Europarat das Stimmrecht des Mitgliedstaats gem. Art. 8 des Statuts des Europarates suspendieren oder ihn sogar ausschließen, was aber wohl nur bei massiven Menschenrechtsverletzungen eine Mehrheit findet.[1427] Trotz dieser relativ schwachen Durchsetzbarkeit der Urteile des EGMR, werden sie zum Großteil problemlos befolgt.[1428] Eine Pflicht zur Beachtung und Befolgung der Urteile wird für Deutschland auch vom Bundesverfassungsgericht anerkannt.[1429]

Das subsidiäre Gutachtenverfahren gem. Art. 47 ff. EMRK dient zur Klärung von Fragen über die Auslegung der EMRK und kann daher mit den allgemeinen Bemerkungen der Ausschüsse der universellen Menschenrechtspakte verglichen werden. Allerdings behandeln diese allgemeinen Bemerkungen auch vielschichtige

---

1423 Schilling, S. 329.

1424 Gerards, S. 94 f.; Schilling, S. 335.

1425 Grabenwarter/Pabel, S. 108; Peters/Altwickler, S. 295.

1426 Meyer-Ladewig, Art. 46 (Rn. 43); Schilling, S. 338.

1427 Grabenwarter/Pabel, S. 108; Greer, S. 155; Meyer-Ladewig, Art. 46 (Rn. 55).

1428 Peters/Altwickler, S. 295.

1429 BVerfG v. 14.10.2004, Rs. 2 BvR 1481/04, BVerfGE 111, S. 307 (S. 322 f.); Grabenwarter/Pabel, S. 109 ff.

materielle Fragen,[1430] während die Gutachten des EGMR durch inhaltliche und verfahrensrechtliche Beschränkungen so stark eingeschränkt sind, dass bisher nur Gutachten über die Wahl der Richter des EGMR erstellt wurden.[1431]

III. Viele Gemeinsamkeiten trotz einiger Unterschiede

Bis auf wenige Ausnahmen finden sich fast alle Rechte der EMRK in den universellen Menschenrechtsverträgen wieder, insbesondere im ICCPR. Im Unterschied zu den universellen Menschenrechtspakten enthält die EMRK nahezu keine Regelungen der sozialen Menschenrechte. Solche Rechte finden sich nur in der Europäischen Sozialcharta, welche die EMRK zwar insoweit flankiert, aber einen eigenständigen Vertrag darstellt.[1432] Darüber hinaus hat der EGMR aus den bürgerlichen Rechten, welche in der EMRK festgelegt sind, teilweise soziale Rechte entwickelt, da er die Ansicht vertritt, dass sich bürgerliche und soziale Rechte gegenseitig bedingen.[1433] Die Vorschriften der Spezialkonventionen gegen Diskriminierung finden sich zwar ebenfalls nicht in dem Wortlaut der EMRK wieder, doch hat der EGMR durch eine immer weitere Auslegung der „sonstigen persönlichen Eigenschaften" das Diskriminierungsverbot zu einem Gleichheitsgebot weiterentwickelt, welches auf alle Konventionsrechte Einfluss nimmt.[1434]

Den bedeutendsten Unterschied zwischen EMRK und universellen Menschenrechtsverträgen stellt der verbindliche Wortlaut der EMRK hinsichtlich des Individualbeschwerdeverfahrens vor dem EGMR dar. Allerdings geht dieses inhaltlich nicht viel weiter als jenes vor den Ausschüssen der universellen Menschenrechtsverträge. Trotz der Befolgungs- und Beachtungspflicht der Urteile des EGMR können diese Urteile letztendlich ebenfalls nur durch politischen Druck durchgesetzt werden.[1435] Gleichwohl ist die Befolgungs- und Beachtungspflicht ein wichtiger Unterschied zu den universellen Menschenrechtsverträgen und begründet einen starken Anreiz für die Staaten zur Einhaltung der EMRK und

1430 Klein E., in: Merten/Papier (Hrsg.), S. 395 (405).

1431 Peters/Altwickler, S. 285; EGMR v. 12.02.2008, (Gutachten), NJW 2009, S. 2109; EGMR v. 22.02.2010, (Gutachten No. 2), (zitiert nach: HUDOC).

1432 Buergenthal/Shelton/Stewart, S. 213; Dröge, S. 269.

1433 EGMR v. 06.02.1981, Rs. 6289/73 (Airey./.Irland), EGMR-E 1, S. 414 (Rn. 26); Eichenhofer, S. 149 f.; Iliopoulus-Strangas, in: Merten/Papier (Hrsg.), S. 299 (313 f.); Schmidt A., S. 27 f.

1434 EGMR v. 07.04.2009, Rs. 26652/02 (Žičkus./.Litauen) (zitiert nach: HUDOC) (Rn. 78); Grabenwarter/Pabel, S. 526.

1435 S.o. Kapitel 3 A.II.3.

zur Umsetzung der Urteile des EGMR. Diese Beachtung der Urteile des EGMR kann man auch an der Entwicklung der Rechtsprechung des BVerfG ablesen.

B. Die EMRK in der Rechtsprechung deutscher Gerichte

Die Rechtsprechung deutscher Gerichte zur EMRK unterscheidet sich deutlich von der Rechtsprechung zu den universellen Menschenrechtspakten, obwohl sich diese inhaltlich nicht wesentlich von der EMRK unterscheiden. Da eine umfassende Auswertung aller Urteile, welche die EMRK heranziehen, den Rahmen dieser Arbeit sprengen würde, werden im Folgenden 3 bedeutende Fallkomplexe untersucht, um anhand dieser den Hauptanwendungsbereich der EMRK zu identifizieren.

I. Betrachtung dreier Fallkomplexe

Wichtige Urteile, in denen die EMRK und Urteile des EGMR eine große Rolle spielten, waren die Urteile zu dem Persönlichkeitsrecht von Caroline von Monaco / Hannover, der Sorgerechtsstreit Görgülü und die Frage nach der Rechtmäßigkeit der Sicherungsverwahrung.

1. Caroline von Monaco / Hannover

Die Prinzessin Caroline von Monaco ging in verschiedenen Prozessen durch mehrere Instanzen gegen die Berichterstattung der Boulevardpresse über sie vor. Eines ihrer Hauptanliegen war die Verletzung ihres Persönlichkeitsrechts durch die Veröffentlichung von Bildern, die sie bei verschiedenen privaten Tätigkeiten zeigten. Der Fall ging durch mehrere Instanzen bis zum BGH, dann zum BVerfG und schließlich zum EGMR. Das Urteil des EGMR hatte Auswirkungen auf die spätere Rechtsprechung des BGH und des BVerfG.

a. Sachverhalt

Caroline von Monaco wendet sich wegen einer Verletzung ihres Persönlichkeitsrechts gegen den Burda-Verlag, der im Laufe des Jahres 1993 Fotos abdruckte, die sie zusammen mit dem Schauspieler Vincent Lindon in einem Café zeigten, Bilder von ihr beim Reiten, Radfahren, Einkaufen auf einem Markt sowie Bilder von ihr mit ihren Kindern.[1436] Das LG hat der Klage bezüglich des Vertriebs in

1436 BGH v. 19.12.1995, Rs. VI ZR 15/95, NJW 1996, S. 1128.

Frankreich stattgegeben, bezüglich des Vertriebs in Deutschland die Klage aber abgewiesen.[1437] Das OLG hat die Klage ganz abgewiesen.

b. BGH vom 19.12.1995

Der BGH hält nur die Veröffentlichung der Bilder, auf denen Caroline von Monaco mit Vincent Lindon abgebildet ist, für unzulässig. Er führt zunächst aus, dass Bildnisse einer Person grundsätzlich nur mit deren Einwilligung veröffentlicht werden dürften.[1438] Bilder von Personen der absoluten Zeitgeschichte, zu denen Caroline von Monaco als älteste Tochter des regierenden Fürsten von Monaco zähle, hingegen dürften veröffentlicht werden, wobei eine Person als absolut zeitgeschichtlich zu qualifizieren sei, wenn die öffentliche Meinung Bildwerke über sie als bedeutsam ansehe und ein Informationsbedürfnis bestehe.[1439]

Allerdings dürften auch solche Bilder nicht schrankenlos veröffentlich werden und Personen der Zeitgeschichte könnten sich auf ihr Persönlichkeitsrecht berufen.[1440] Zu den von der Privatsphäre geschützten Orten zähle nicht nur der häusliche Bereich, sondern auch jede andere örtliche Abgeschiedenheit, an der jemand erkennbar für sich alleine sein wolle und sich so verhalten könne, wie er es in der Öffentlichkeit nicht tun würde.[1441] Nach dieser Abwägung würden die Fotografien von Caroline von Monaco mit Vincent Lindon in einem nur teilweise beleuchteten Gartencafé einen unzulässigen Eingriff in die Privatsphäre darstellen.[1442] Bei den anderen Bildern hätte sich Caroline von Monaco allerdings nicht in eine Abgeschiedenheit zurückgezogen und die Veröffentlichung der Bilder sei somit zulässig.[1443]

c. BVerfG vom 15.12.1999

Gegen das Urteil des BGH legte Caroline von Monaco Verfassungsbeschwerde ein.

Das BVerfG untersucht in seinen Ausführungen ebenfalls zunächst das Recht am eigenen Bild und das Recht auf Privatsphäre. Es bestätigt, dass der Rückzugsbereich mindestens der häusliche Bereich sei, er aber nicht auf ihn beschränkt

---

1437 BGH v. 19.12.1995, Rs. VI ZR 15/95, NJW 1996, S. 1128.
1438 BGH v. 19.12.1995, Rs. VI ZR 15/95, NJW 1996, S. 1128 (1129).
1439 BGH v. 19.12.1995, Rs. VI ZR 15/95, NJW 1996, S. 1128 (1129).
1440 BGH v. 19.12.1995, Rs. VI ZR 15/95, NJW 1996, S. 1128 (1129).
1441 BGH v. 19.12.1995, Rs. VI ZR 15/95, NJW 1996, S. 1128 (1129).
1442 BGH v. 19.12.1995, Rs. VI ZR 15/95, NJW 1996, S. 1128 (1130).
1443 BGH v. 19.12.1995, Rs. VI ZR 15/95, NJW 1996, S. 1128 (1120).

werden dürfe.[1444] Bei der Beurteilung, ob sich der Betroffene in eine Abgeschiedenheit zurückgezogen habe und ob deren Voraussetzungen erfüllt seien, komme es auf den Einzelfall an.[1445] Ob und wann jemand den Schutz seiner Privatsphäre aufgebe, entscheide dieser durch sein Verhalten selbst.[1446] Allerdings würden Kinder einen höheren Schutz genießen.[1447]

Das allgemeine Persönlichkeitsrecht sei aber mit der Pressefreiheit in Einklang zu bringen.[1448] Trotz der meinungsbildenden Funktion der Presse, schließe die Pressefreiheit Beiträge zur reinen Unterhaltung nicht aus dem Schutzbereich aus.[1449] Das Urteil des BGH trage den widerstreitenden Interessen der Pressefreiheit und dem Persönlichkeitsrecht von Caroline von Monaco angemessen Rechnung.[1450] Allerdings komme es für den Schutz der Privatsphäre nicht auf das Verhalten an, sondern auf den Raum der Abgeschiedenheit.[1451] Jedoch habe der BGH den besonderen Schutz durch Art. 6 GG nicht beachtet und es bedürfe daher einer erneuten Überprüfung der Bilder, auf denen auch die Kinder zu sehen sind.[1452]

d. EGMR vom 24.06.2004

Caroline von Monaco wandte sich daraufhin an den EGMR und berief sich auf eine Verletzung von Art. 8 EMRK.

Auch der EGMR wägt den Schutz des Privatlebens gegen die Freiheit der Meinungsäußerung ab, welche auch die Veröffentlichung von Fotos umfasse.[1453] Der EGMR sieht den Schutz des Privatlebens als von grundlegender Bedeutung für die Entfaltung der Persönlichkeit an, wobei der Schutz über den Kreis der Familie hinaus gehe und eine soziale Dimension besitze.[1454] Auch Personen, die der Öffentlichkeit bekannt seien, müssten einen Schutz ihres Privatlebens erwarten

---

1444 BVerfG v. 15.12.1999, Rs. 1 BvR 653/96, BVerfGE 101, S. 361 (S. 383 f.).
1445 BVerfG v. 15.12.1999, Rs. 1 BvR 653/96, BVerfGE 101, S. 361 (S. 384).
1446 BVerfG v. 15.12.1999, Rs. 1 BvR 653/96, BVerfGE 101, S. 361 (S. 384 f.).
1447 BVerfG v. 15.12.1999, Rs. 1 BvR 653/96, BVerfGE 101, S. 361 (S. 385).
1448 BVerfG v. 15.12.1999, Rs. 1 BvR 653/96, BVerfGE 101, S. 361 (S. 388 f,).
1449 BVerfG v. 15.12.1999, Rs. 1 BvR 653/96, BVerfGE 101, S. 361 (S. 389 f.).
1450 BVerfG v. 15.12.1999, Rs. 1 BvR 653/96, BVerfGE 101, S. 361 (S. 392).
1451 BVerfG v. 15.12.1999, Rs. 1 BvR 653/96, BVerfGE 101, S. 361 (S. 394 f.).
1452 BVerfG v. 15.12.1999, Rs. 1 BvR 653/96, BVerfGE 101, S. 361 (S. 395 f.).
1453 EGMR v. 24.06.2004, Rs. 59320/00 (von Hannover./.Deutschland), GRUR 2004, S. 1051 (Rn. 59).
1454 EGMR v. 24.06.2004, Rs. 59320/00 (von Hannover./.Deutschland), GRUR 2004, S. 1051 (Rn. 69).

können.[1455] Die Einordnung als absolute Person der Zeitgeschichte mit sehr beschränktem Schutz der Privatsphäre sei nur für Personen des politischen Lebens nachvollziehbar, nicht aber für Personen die kein Amt innehaben würden, wie Caroline von Hannover (vormals von Monaco).[1456] Auch sei das Kriterium der „Abgeschiedenheit“ zu unbestimmt, um eine deutliche Abgrenzung zu ermöglichen.[1457]

Das entscheidende Kriterium für einen Ausgleich zwischen den beiden Rechten ist damit der Beitrag, den die Fotoaufnahmen zu einer Diskussion von allgemeinem Interesse leisten würden, der im vorliegenden Fall fehle.[1458] Ein berechtigtes Interesse der Öffentlichkeit ergebe sich auch nicht aus der allgemeinen Bekanntheit von Caroline von Hannover.[1459] Die von den deutschen Gerichten entwickelten Kriterien zum Schutz des Privatlebens von Caroline von Hannover würden nicht ausreichen und Art. 8 EMRK sei verletzt worden.[1460]

e. *Auswirkungen in der Rechtsprechung*

Die Ansicht des EGMR zu der Privatsphäre von Prominenten hat in der Folgezeit Niederschlag in der Rechtsprechung, zunächst des BGH und später des BVerfG gefunden.

aa. BGH vom 06.03.2007

In einem erneuten Verfahren hat Caroline von Hannover die Veröffentlichung von Bildern angegriffen, die sie zusammen mit ihrem Ehemann im Skiurlaub zeigen.

Das LG hatte der Klage stattgegeben und das OLG hatte das Urteil des LG aufgehoben, in dem es sich auf das Urteil des BVerfG vom 15.12.1999 stützte, da sich die Klägerin an öffentlichen Orten aufgehalten habe.[1461]

1455 EGMR v. 24.06.2004, Rs. 59320/00 (von Hannover./.Deutschland), GRUR 2004, S. 1051 (Rn. 69).

1456 EGMR v. 24.06.2004, Rs. 59320/00 (von Hannover./.Deutschland), GRUR 2004, S. 1051 (Rn. 72).

1457 EGMR v. 24.06.2004, Rs. 59320/00 (von Hannover./.Deutschland), GRUR 2004, S. 1051 (Rn. 75).

1458 EGMR v. 24.06.2004, Rs. 59320/00 (von Hannover./.Deutschland), GRUR 2004, S. 1051 (Rn. 76).

1459 EGMR v. 24.06.2004, Rs. 59320/00 (von Hannover./.Deutschland), GRUR 2004, S. 1051 (Rn. 77).

1460 EGMR v. 24.06.2004, Rs. 59320/00 (von Hannover./.Deutschland), GRUR 2004, S. 1051 (Rn. 78, 80).

1461 BGH v. 06.03.2007, Rs. VI ZR 51/06, NJW 2007, S. 1977 (Rn. 3).

Der BGH folgt den pauschalen Ausführungen des OLG aber nicht, da sie nicht dem Schutzkonzept gerecht würden, die durch die Rechtsprechung und den EGMR entwickelt worden seien.[1462] Durch die widerstreitenden Interessen sei der Begriff der absoluten Person der Zeitgeschichte so zu bestimmen, dass er beiden Rechten Rechnung trage.[1463] Allerdings könne auch bei diesen Personen ein Schutz der Privatsphäre nicht ohne weiteres verneint werden und sie müssten grundsätzlich einer Veröffentlichung zustimmen.[1464] Einer Einwilligung bedürfe es allerdings dann nicht, wenn die Bilder ein Ereignis von zeitgeschichtlicher Bedeutung betreffen würden, das in Anbetracht der Pressefreiheit nicht zu eng ausgelegt werden dürfe.[1465] Bei einer Abwägung der Pressefreiheit gegen den Schutz der Privatsphäre komme es auf den Informationswert an, was mit der Rechtsprechung des EGMR in Einklang stehe.[1466]

Bei der Beurteilung der Berichterstattung über den Skiurlaub der Klägerin lasse sich allerdings kein Vorgang allgemeinen Interesses erkennen.[1467] Allerdings bestehe ein Interesse an den Aufnahmen, die das Verhalten von Familienangehörigen während der Krankheit des Fürsten zeigen würden, da es sich bei der Krankheit um ein zeitgeschichtliches Ereignis handle.[1468]

bb. BVerfG vom 26.02.2008

Gegen diese Entscheidung legte Caroline von Hannover wiederum Verfassungsbeschwerde ein.

Bei seinen Ausführungen verweist das BVerfG zunächst auf die bisherige Rechtsprechung und die innerstaatlichen Vorschriften, um dann auf die EMRK als einfaches Bundesgesetz zu verweisen, die aber zusammen mit den Entscheidungen des EGMR zur Auslegung von Verfassungsrecht diene.[1469] Auch das BVerfG stellte entscheidend auf den Informationswert der Abbildung und ihren Beitrag für den Prozess der öffentlichen Meinungsbildung ab.[1470] Insofern sei das Urteil des BGH nicht zu beanstanden und die Verfassungsbeschwerde habe

---

1462 BGH v. 06.03.2007, Rs. VI ZR 51/06, NJW 2007, S. 1977 (Rn. 9).
1463 BGH v. 06.03.2007, Rs. VI ZR 51/06, NJW 2007, S. 1977 (Rn. 14).
1464 BGH v. 06.03.2007, Rs. VI ZR 51/06, NJW 2007, S. 1977 (Rn. 16).
1465 BGH v. 06.03.2007, Rs. VI ZR 51/06, NJW 2007, S. 1977 (Rn. 17).
1466 BGH v. 06.03.2007, Rs. VI ZR 51/06, NJW 2007, S. 1977 (Rn. 20, 22).
1467 BGH v. 06.03.2007, Rs. VI ZR 51/06, NJW 2007, S. 1977 (Rn. 27).
1468 BGH v. 06.03.2007, Rs. VI ZR 51/06, NJW 2007, S. 1977 (Rn. 33).
1469 BVerfG v. 26.02.2008, Rs. 1 BvR 1602/07 u.a., NJW 2008, S. 1793 (Rn. 52).
1470 BVerfG v. 26.02.2008, Rs. 1 BvR 1602/07 u.a., NJW 2008, S. 1793 (Rn. 67).

keinen Erfolg.[1471] Auch das Urteil des EGMR sei ausreichend beachtet worden, da der EGMR eine Veröffentlichung von Bildern nicht ausgeschlossen habe, die einen Beitrag zur Behandlung von für die Öffentlichkeit bedeutsamen Sachfragen leisten würden, und damit Raum für eine differenzierende Beurteilung gelassen.[1472]

2. *Görgülü*

In dem Sorgerechtsverfahren Görgülü ergingen eine Vielzahl von Urteilen durch alle Instanzen.[1473] Der Fall zeigt deutlich welche Probleme bei der Umsetzung von Urteilen des EGMR auftreten können. Allerdings hat sich im Rahmen dieses Fallkomplexes das BVerfG auch deutlich zur EMRK und den Entscheidungen des EGMR geäußert.

a. *Sachverhalt und Verfahren bis zur Entscheidung des EGMR*

Görgülü ist türkischer Staatsangehöriger und nahm 1997 eine nichteheliche Beziehung auf, welche Anfang 1999 endete.[1474] Sein Sohn Christofer wurde am 25.08.1999 als nichteheliches Kind geboren und die Kindesmutter gab ihn ohne das Wissen Görgülüs zur Adoption frei. Das Jugendamt Wittenberg als Amtsvormund gab Christofer zu Pflegeeltern. Görgülü erfuhr erst im Oktober 1999 von der Geburt seines Sohnes und von der Adoption. Er wandte sich an das Jugendamt, um das Sorgerecht für seinen Sohn zu erhalten, wurde aber abgewiesen, weil die Mutter keine Angaben zum Vater gemacht hatte.

Am 12.01.2000 wurde das Vaterschaftsfeststellungsverfahren vor dem AG Wittenberg eingeleitet, welches am 20.06.2000 die Vaterschaft Görgülüs bestätigte. Seither laufen 2 Verfahren um Christofer nebeneinander. Auf der einen Seite das Adoptionsverfahren der Pflegeltern und auf der anderen Seite das Sorge- und Umgangsrechtsverfahren Görgülüs.

1471 BVerfG v. 26.02.2008, Rs. 1 BvR 1602/07 u.a., NJW 2008, S. 1793 (Rn. 89 ff.).

1472 BVerfG v. 26.02.2008, Rs. 1 BvR 1602/07 u.a., NJW 2008, S. 1793 (Rn. 98, 101).

1473 Eine umfassende Bearbeitung des Fallkomplexes findet sich bei Klein K., S. 55 ff.

1474 Zum Sachverhalt s. EGMR v. 26.02.2004, Rs. 74969/10 (Görgülü./.Deutschland), NJW 2004, S. 3397.

aa. Sorge- und Umgangsrechtsverfahren

Am 10.01.2000 beantragte Görgülü beim AG Wittenberg das alleinige Sorgerecht, welches ihm am 09.03.2001 übertragen wurde.[1475] Das OLG Naumburg hob den Beschluss am 20.06.2001 auf und schloss ein Umgangsrecht aus. Eine Verfassungsbeschwerde Görgülüs wurde vom BVerfG mit Beschluss vom 31.07.2001 nicht angenommen. Währenddessen hatte Görgülü ein neues Verfahren zum Sorgerecht anhängig gemacht, welches am 30.09.2003 aufgrund der unklaren Rechtslage vom AG Wittenberg abgewiesen wurde.

bb. Adoptionsverfahren

Am 19.01.2001 haben die Pflegeeltern die Adoption Christofers beantragt.[1476] Das Jugendamt hatte hierzu seine Zustimmung erteilt und am 28.12.2001 ersetzte das AG Wittenberg die Zustimmung des Vaters. Das LG Dessau wies am 30.10.2002 einen Antrag Görgülüs auf Aussetzung des Verfahrens ab. Diese Entscheidung wurde vom OLG Naumburg am 24.07.2003 aufgehoben, wobei dieses eine Aussetzung des Verfahrens bis zur Entscheidung des EGMR ablehnte.

b. EGMR vom 26.02.2004

Am 18.09.2001 strengte Görgülü ein Individualbeschwerdeverfahren beim EGMR an und machte geltend, dass ihn insbesondere die Urteile zum Umgangs- und Sorgerecht in seinem Recht auf Achtung des Familienlebens aus Art. 8 EMRK verletzen würden.

Der EGMR argumentierte in seinem Urteil, dass mit der Verweigerung des Sorge- und Umgangsrechts unstreitig ein Eingriff in das Recht auf Achtung des Familienlebens vorliege.[1477] Nachdem die Entscheidung des OLG Naumburg vom 20.06.2001 eine Grundlage im deutschen Recht habe und das OLG das Kindeswohl als berechtigtes Ziel vor Augen hatte, komme es bei der Rechtfertigung des Eingriffs allein darauf an, dass dieser in einer demokratischen Gesellschaft als notwendig angesehen werde.[1478]

1475 Zum Sorge- und Umgangsrechtsverfahrensgang siehe EGMR v. 26.02.2004, Rs. 74969/10 (Görgülü./.Deutschland), NJW 2004, S. 3397.

1476 Zum Adoptionsverfahrensgang siehe EGMR v. 26.02.2004, Rs. Nr. 74969/10 (Görgülü./.Deutschland), NJW 2004, S. 3397.

1477 EGMR v. 26.02.2004, Rs. 74969/10 (Görgülü./.Deutschland), NJW 2004, S. 3397 (Rn. 35).

1478 EGMR v. 26.02.2004, Rs. 74969/10 (Görgülü./.Deutschland), NJW 2004, S. 3397 (Rn. 37 f.).

Der EGMR führte zum Sorgerecht aus, dass eine wirksame Achtung des Familienlebens voraussetze, dass die Staaten auf Zusammenführung von leiblichen Eltern und Kindern hinwirken müssten und dass solche zukünftigen Beziehungen nicht nur von einem Zeitablauf abhängen dürften.[1479] Das OLG habe sich dagegen nur mit den Folgen einer unmittelbaren Trennung Christofers von seiner Pflegefamilie befasst, nicht aber mit der Möglichkeit einer schrittweisen Zusammenführung.[1480] Damit sei Art. 8 EMRK verletzt.[1481]

Auch die Entscheidung des OLG, welche jeden Umgang untersage, stelle einen schweren Eingriff in das Recht aus Art. 8 EMRK dar, der nicht durch außergewöhnliche Umstände gerechtfertigt werden könne.[1482]

Weitere Verletzungen von Art. 8 oder Art. 6 EMRK würden allerdings nicht vorliegen.[1483]

c. *OLG Naumburg vom 30.06.2004 und 09.07.2004*

Das AG Wittenberg hat daraufhin in einem Beschluss vom 19.03.2004 in dem Verfahren zum Sorgerecht dem Vater das alleinige Sorgerecht übertragen.[1484] Zugleich hat es in einem weiteren Beschluss zum Umgangsrecht eine einstweilige Anordnung zur Umgangsgewährung erlassen. Über Beschwerden des Amtsvormundes und der Verfahrenspflegerin gegen diese Beschlüsse entschied das OLG Naumburg.

Das OLG Naumburg hob dabei die einstweilige Anordnung zum Umgang auf, da hierzu kein Antrag erfolgt sei und auch nicht von Amts wegen aufgrund der Entscheidung des EGMR getroffen werden müsse.[1485] Zwar folge aus dem Urteil des EGMR, dass dem Vater das Recht auf Umgang zu ermöglichen sei, „doch bindet dieser Urteilsspruch unmittelbar nur die Bundesrepublik Deutschland

---

1479 EGMR v. 26.02.2004, Rs. 74969/10 (Görgülü./.Deutschland), NJW 2004, S. 3397 (Rn. 45).

1480 EGMR v. 26.02.2004, Rs. 74969/10 (Görgülü./.Deutschland), NJW 2004, S. 3397 (Rn. 46).

1481 EGMR v. 26.02.2004, Rs. 74969/10 (Görgülü./.Deutschland), NJW 2004, S. 3397 (Rn. 47).

1482 EGMR v. 26.02.2004, Rs. 74969/10 (Görgülü./.Deutschland), NJW 2004, S. 3397 (Rn. 48).

1483 EGMR v. 26.02.2004, Rs. 74969/10 (Görgülü./.Deutschland), NJW 2004, S. 3397 (Rn. 55, 60).

1484 OLG Naumburg v. 30.06.2004, Rs. 14 WF 64/04, BeckRS 2004, 9019 (I.); OLG Naumburg v. 09.07.2004, Rs. 14 UF 60/04, BeckRS 2004, 9018 (I.).

1485 OLG Naumburg v. 30.06.2004, Rs. 14 WF 64/04, BeckRS 2004, 9019 (II.2.a, b).

als Völkerrechtssubjekt, nicht aber deren Organe und Behörden und namentlich nicht die Gerichte, als nach Art. 97 Abs. 1 GG unabhängige Organe der Rechtsprechung."[1486] Weder die EMRK noch das GG würde zur Beachtung der Urteile des EGMR verpflichten, welche eine rein feststellende Wirkung hätten.[1487] Da der EMRK der Rang eines einfachen Bundesgesetzes zukomme, nehme der EGMR keinen besonderen Stellenwert bei den Gerichten ein und seine Urteile müssten auch nicht bei der Auslegung der EMRK oder nationalem Recht beachtet werden.[1488] Außerdem sei durch den Zeitablauf von mehr als drei Jahren eine nachhaltige Änderung der Sachlage eingetreten.[1489]

In dem Verfahren zum Sorgerecht argumentierte das OLG Naumburg darüber hinaus, dass der EGMR in seiner Entscheidung zwar von dem Ermessenspielraum der nationalen Behörden und von einer am Kindeswohl orientierten Entscheidung spreche, dabei aber verkenne, dass in Deutschland die Rechte des nichtehelichen Vaters deutlich schwächer ausgeprägt seien, als in der „Rechtsprechung des EGMR mit ihrer hochgradig ideologisch vorbesetzten Interpretation des sehr weit und jedenfalls *in concreto* zu weit gefassten Anspruchs des nichtehelichen Vaters gem. Art. 8 EMRK".[1490] Daher könne das OLG seinen Ermessenspielraum ausüben und mit einer am Kindeswohl orientierten Entscheidung dem Vater das Sorgerecht versagen.

d. BVerfG vom 14.10.2004

Gegen den Beschluss des OLG Naumburg zum Umgangsrecht legte Görgülü Verfassungsbeschwerde ein. Das BVerfG hat den Beschluss des OLG aufgehoben, da es das Urteil des EGMR nicht ausreichend beachtet habe.

Die Stellung der EMRK als einfaches Bundesgesetz führe dazu, dass deutsche Gerichte sie wie anderes Gesetzesrecht bei der Auslegung zu beachten und anzuwenden haben.[1491] Die EMRK und die Rechtsprechung des EGMR würden auf der Ebene des Verfassungsrechts für die Bestimmung von Inhalt und Reichweite

1486 OLG Naumburg v. 30.06.2004, Rs. 14 WF 64/04, BeckRS 2004, 9019 (II.2.d); OLG Naumburg v. 09.07.2004, Rs. 14 UF 60/04, BeckRS 2004, 9018 (II.1.).
1487 OLG Naumburg v. 30.06.2004, Rs. 14 WF 64/04, BeckRS 2004, 9019 (II.2.d); OLG Naumburg v. 09.07.2004, Rs. 14 UF 60/04, BeckRS 2004, 9018 (II.1.).
1488 OLG Naumburg v. 30.06.2004, Rs. 14 WF 64/04, BeckRS 2004, 9019 (II.2.d); OLG Naumburg v. 09.07.2004, Rs. 14 UF 60/04, BeckRS 2004, 9018 (II.2.b.1).
1489 OLG Naumburg v. 30.06.2004, Rs. 14 WF 64/04, BeckRS 2004, 9019 (II.2.d).
1490 OLG Naumburg v. 09.07.2004, Rs. 14 UF 60/04, BeckRS 2004, 9018 (II.2.b.2).
1491 BVerfG v. 14.10.2004, Rs. 2 BvR 1481/04, BVerfGE 111, S. 307 (S. 317).

von Grundrechten dienen, sofern es dadurch nicht zu einer Minderung des Grundrechtsschutzes komme.[1492] Diese Bedeutung völkerrechtlicher Verträge entspreche auch der Völkerrechtsfreundlichkeit und der Konzeption des Grundgesetzes.[1493] Die Urteile des EGMR würden eine besondere Bedeutung bei der Auslegung haben, da sie den aktuellen Stand der EMRK widerspiegeln würden und aus Art. 46 EMRK folge, dass die Urteile begrenzte materielle Rechtskraft haben würden.[1494]

Habe der EGMR einen Verstoß gegen die Konvention festgestellt, stelle die Nichtbeendigung des Verstoßes oder seine Wiederholung einen erneuten Konventionsverstoß dar.[1495] Die EMRK richte sich mit ihren Verpflichtungen zwar zunächst an die Vertragspartei als solche, aber durch entsprechende Konventionsbestimmungen und das Zustimmungsgesetz sowie durch rechtsstaatliche Anforderungen seien alle Träger öffentlicher Gewalt an die Urteile des EGMR gebunden.[1496] Zur Bindung der Gerichte an Gesetz und Recht gehöre auch die Beachtung von Urteilen des EGMR bei der Auslegung von nationalem Recht.[1497] Sei ein Verstoß gegen die EMRK, welche am Vorrang des Gesetzes teilnehme,[1498] durch ein Gerichtsurteil festgestellt worden, komme es darauf an, ob das deutsche Gericht im Rahmen des Verfahrensrechts die Möglichkeit zu einer neuen Entscheidung in dem Verfahren habe.[1499]

Das BVerfG überprüfe die Sachverhalte auch anhand der völkerrechtlichen Verpflichtungen Deutschlands, um eine völkerrechtliche Verantwortlichkeit Deutschlands zu vermeiden und träge damit zur Durchsetzung des Völkerrechts bei.[1500] Dies gelte insbesondere bei der EMRK und deutsche Gerichte müssten bei der Rechtsanwendung einer konventionsgemäßen Auslegung den Vorzug einräumen, soweit dieser nicht gegen Verfassungsrecht verstoße.[1501]

1492 BVerfG v. 14.10.2004, Rs. 2 BvR 1481/04, BVerfGE 111, S. 307 (S. 317).
1493 BVerfG v. 14.10.2004, Rs. 2 BvR 1481/04, BVerfGE 111, S. 307 (S. 317 f.).
1494 BVerfG v. 14.10.2004, Rs. 2 BvR 1481/04, BVerfGE 111, S. 307 (S. 319 f.).
1495 BVerfG v. 14.10.2004, Rs. 2 BvR 1481/04, BVerfGE 111, S. 307 (S. 321).
1496 BVerfG v. 14.10.2004, Rs. 2 BvR 1481/04, BVerfGE 111, S. 307 (S. 322).
1497 BVerfG v. 14.10.2004, Rs. 2 BvR 1481/04, BVerfGE 111, S. 307 (S. 323 f.).
1498 BVerfG v. 14.10.2004, Rs. 2 BvR 1481/04, BVerfGE 111, S. 307 (S. 325 f.).
1499 BVerfG v. 14.10.2004, Rs. 2 BvR 1481/04, BVerfGE 111, S. 307 (S. 326 f.).
1500 BVerfG v. 14.10.2004, Rs. 2 BvR 1481/04, BVerfGE 111, S. 307 (S. 328).
1501 BVerfG v. 14.10.2004, Rs. 2 BvR 1481/04, BVerfGE 111, S. 307 (S. 328 f.).

e. *Weiterer Verfahrensfortgang*

Das OLG Naumburg erklärte, dass die Beschwerden gegen das Urteil des AG Wittenberg unzulässig seien und diese wurden zurückgenommen.[1502] Das AG regelte den Umgang am 02.12.2004 in einem einstweiligen Anordnungsverfahren neu und das OLG Naumburg setzte die Vollziehung des Beschlusses aus. Görgülü erhob hiergegen Verfassungsbeschwerde. Das OLG Naumburg hob seinen Beschluss aufgrund von Entscheidungsreife auf und wies am 20.12.2004 das AG an, das Hauptsacheverfahren mit äußerster Beschleunigung zum Abschluss zu bringen, wobei es abermals den Umgang Görgülüs mit seinem Sohn ausschloss.

aa. BVerfG vom 28.12.2004

Gegen diesen Beschluss des OLG Naumburg legte Görgülü abermals Verfassungsbeschwerde ein, verbunden mit einem Antrag auf einstweilige Anordnung, welcher nach dem BVerfG Aussicht auf Erfolg hatte, da das Urteil des OLG gegen Art. 101 Abs. 1 S. 2 GG verstoße und willkürlich zu sein scheine.[1503] Außerdem habe das OLG wiederum das Urteil des EGMR nicht beachtet und es liege eine Verletzung von Art. 6 Abs. 2 GG i.V.m Art. 20 Abs. 3 GG vor.[1504]

bb. BVerfG vom 10.06.2005

In dem Urteil zur Hauptsache hat das BVerfG im Wesentlichen die einstweilige Anordnung bestätigt.[1505] Auch wiederholt das BVerfG, dass sich die Bindungswirkung von Urteilen des EGMR auf alle staatlichen Organe erstrecke und dass diese bei Feststellung einer Verletzung den Konventionsverstoß zu beenden hätten und konventionsgemäße Zustände herstellen müssten.[1506]

cc. BVerfG vom 05.04.2005 und Abschluss des Verfahrens

In seinem Urteil zum Sorgerechtsverfahren bestätigte das BVerfG im Wesentlichen die Ausführungen zum Umgangsrecht und wies wieder auf die mangelnde Beachtung des Urteils des EGMR durch das OLG hin.[1507]

1502 Zum weiteren Verfahren s. BVerfG v. 28.12.2004, Rs. 1 BvR 2790/04, BeckRS 2005, 20303 (I.).

1503 BVerfG v. 28.12.2004, Rs. 1 BvR 2790/04, BeckRS 2005, 20303 (II.1.b)aa)).

1504 BVerfG v. 28.12.2004, Rs. 1 BvR 2790/04, BeckRS 2005, 20303 (II.1.b)bb)).

1505 BVerfG v. 10.06.2005, Rs. 1 BvR 2790/04, BeckRS 2005, 27456 (Rn. 22).

1506 BVerfG v. 10.06.2005, Rs. 1 BvR 2790/04, BeckRS 2005, 27456 (Rn. 34).

1507 BVerfG v. 05.04.2005, Rs. 1 BvR 1664/04, NJW 2005, S. 1765.

Es ergingen noch weitere Urteile verschiedener Instanzgerichte zum Umgangs- und Sorgerecht sowie über das Adoptionsverfahren, bis dem Vater schließlich erst am 28.08.2008 nach insgesamt 79 gerichtlichen Beschlüssen und Entscheidungen[1508] das alleinige Sorgerecht gewährt wurde.[1509] Außerdem wurden zwei Richter des OLG Naumburgs wegen Rechtsbeugung angeklagt, jedoch wurde das Hauptverfahren nicht eröffnet und eine Beschwerde hiergegen zurückgewiesen.[1510]

3. *Sicherungsverwahrung*

Im Bereich der Sicherungsverwahrung gab es divergierende Ansichten zwischen BVerfG und EGMR. Auch hier musste sich das BVerfG mit der Wirkung der EMRK und der Urteile des EGMR im deutschen Recht befassen.

a. *BVerfG vom 05.02.2004*

Ausgangspunkt der Entscheidungen des EGMR war die deutsche Rechtslage zur Sicherungsverwahrung, wie sie vom BVerfG in seinem Urteil vom 05.02.2004 bestätigt worden war. Anlass der Entscheidung war die Aufhebung der Höchstfrist von 10 Jahren für eine Sicherungsverwahrung, welche auch für bereits ausgesprochene Sicherungsverwahrungen galt.

Das BVerfG argumentiert, dass aus dem Recht auf Menschenwürde aus Art. 1 Abs. 1 GG nicht das Gebot folge, bei Anordnung der Sicherungsverwahrung oder späterer Überprüfung, eine Höchstdauer festzusetzen, da die Prognose der Gefahr immer von zukünftigen Entwicklungen abhänge.[1511] Weiterhin sei die Sicherungsverwahrung darauf ausgelegt, Haftschäden zu vermeiden, da sie deutlich am Resozialisierungsgedanken ausgerichtet sei und es sich um keinen Verwahrvollzug handle.[1512] Des Weiteren taste sie nicht den Wesensgehalt des Rechts auf Freiheit aus Art. 2 Abs. 2 S. 2 GG an, da durch Abwägung ein gerechter Ausgleich zwischen dem Recht auf Freiheit und dem Sicherungsbedürfnis der Allgemeinheit zu schaffen sei.[1513] Der Wegfall der Höchstdauer für Sicherungsverwahrung verstoße auch nicht gegen das Rückwirkungsverbot, da die Sicherungsverwahrung nicht vom Schutzbereich des Art. 103 Abs. 2 GG umfasst

1508 Eine Übersicht findet sich bei Klein K., S. 544 ff.
1509 Zu dem weiteren Verfahrensgang s. Klein K., S. 217 ff.
1510 Klein K., S. 298, 303.
1511 BVerfG v. 05.02.2004, Rs. 2 BvR 2029/01, BVerfGE 109, S. 133 (S. 52).
1512 BVerfG v. 05.02.2004, Rs. 2 BvR 2029/01, BVerfGE 109, S. 133 (S. 153 f.).
1513 BVerfG v. 05.02.2004, Rs. 2 BvR 2029/01, BVerfGE 109, S. 133 (S. 156, 159).

sei, welcher nur Maßnahmen regle, die einen Unrechtsvorwurf darstellen würden.[1514] Gerade dieser Unrechtsvorwurf fehle bei der Sicherungsverwahrung.[1515]

b. EGMR vom 17.12.2009 und 13.01.2011

In zwei Urteilen hat der EGMR über die Konventionsmäßigkeit der deutschen Sicherungsverwahrung entschieden. Hierbei wurde die rückwirkende Verlängerung und nachträgliche Anordnung der Sicherungsverwahrung überprüft.

aa. Rückwirkende Verlängerung der Sicherungsverwahrung

In seinem ersten Urteil zur deutschen Sicherungsverwahrung prüfte der EGMR die rückwirkende Verlängerung der Sicherungsverwahrung durch die Aufhebung der 10 Jahre Höchstfrist. Der EGMR untersucht zunächst, ob die ursprüngliche Sicherungsverwahrung rechtmäßig war.[1516] Diese ursprüngliche Sicherungsverwahrung sei mit der Freiheitsstrafe ausgesprochen worden und damit als Folge der Verurteilung von Art. 5 Abs. 1 lit. a EMRK gedeckt.[1517]

Bei der Sicherungsverwahrung über 10 Jahre hinaus fehle es an dem nötigen Kausalzusammenhang mit der Verurteilung, da diese erst durch die Gesetzesänderung möglich geworden sei.[1518] Art. 5 Abs. 1 EMRK sei ferner durch die fehlende Voraussehbarkeit der Dauer der Sicherungsverwahrung, insbesondere auch durch die Gesetzesänderung, verletzt.[1519]

Des Weiteren handle es sich bei der Sicherungsverwahrung um eine Strafe i.S.d. Art. 7 Abs. 1 EMRK, da sich bei einer Untersuchung kaum Unterschiede zum Strafvollzug ergeben würden.[1520] Die Verlängerung der Sicherungsverwahrung auf unbestimmte Zeit durch die Aufhebung der Höchstfrist stelle zudem eine zusätzliche Strafe dar, die nachträglich durch ein Gesetz, dass erst nach der Verurteilung in Kraft getreten sei, verhängt worden sei, was eine Verletzung von Art. 7 Abs. 1 EMRK darstelle.[1521]

1514 BVerfG v. 05.02.2004, Rs. 2 BvR 2029/01, BVerfGE 109, S. 133 (S. 167, 169 f., 172).

1515 BVerfG v. 05.02.2004, Rs. 2 BvR 2029/01, BVerfGE 109, S. 133 (S. 172 f.).

1516 EGMR v. 17.12.2009, Rs. 19359/04 (M./.Deutschland), NJW 2010, S. 2495 (Rn. 92).

1517 EGMR v. 17.12.2009, Rs. 19359/04 (M./.Deutschland), NJW 2010, S. 2495 (Rn. 96).

1518 EGMR v. 17.12.2009, Rs. 19359/04 (M./.Deutschland), NJW 2010, S. 2495 (Rn. 100).

1519 EGMR v. 17.12.2009, Rs. 19359/04 (M./.Deutschland), NJW 2010, S. 2495 (Rn. 104).

1520 EGMR v. 17.12.2009, Rs. 19359/04 (M./.Deutschland), NJW 2010, S. 2495 (Rn. 124 ff., 133).

1521 EGMR v. 17.12.2009, Rs. 19359/04 (M./.Deutschland), NJW 2010, S. 2495 (Rn. 135, 137).

bb. Nachträgliche Anordnung der Sicherungsverwahrung

In einem zweiten Urteil prüfte der EGMR die nachträgliche Sicherungsverwahrung, welche nicht bei der Verurteilung, sondern erst später ausgesprochen wurde. Der EGMR kommt bei der nachträglichen Anordnung der Sicherungsverwahrung zu dem Schluss, dass hier der Kausalzusammenhang zwischen der Verurteilung und der Strafe fehle.[1522] Auch die Feststellung einer psychischen Krankheit rechtfertige die nachträgliche Sicherungsverwahrung nicht, da das deutsche Recht den Unterschied zwischen der Unterbringung psychisch Kranker in einer psychiatrischen Anstalt und der Sicherungsverwahrung gefährlicher Straftäter kenne.[1523] Allerdings erreiche die nachträgliche Sicherungsverwahrung nicht das Mindestmaß an Schwere, um eine unmenschliche oder erniedrige Bestrafung darzustellen und Art. 3 EMRK sei nicht verletzt.[1524]

c. Beachtung durch das BVerfG

Das BVerfG hat in der Folgezeit das Urteil des EGMR bei Entscheidungen über die Sicherungsverwahrung über die Höchstfrist von 10 Jahren hinaus, über die nachträgliche Sicherungsverwahrung sowie über die vorbehaltene Sicherungsverwahrung angewendet.

aa. BVerfG vom 04.05.2011

Das BVerfG hatte in ähnlichen Verfassungsbeschwerden über Sicherungsverwahrungen, welche, entgegen der bei Anordnung geltenden Höchstfrist, über 10 Jahre hinaus gingen, und über Sicherungsverwahrungen, welche erst nachträglich angeordnet wurden, zu entscheiden.[1525]

Das BVerfG hat hierbei zunächst darauf abgestellt, dass die einschlägigen Grundrechte völkerrechtskonform auszulegen seien, wobei insbesondere die EMRK als Auslegungshilfe diene, deren Inhalt und Reichweite wiederum durch die Urteile des EGMR ausgelegt werden könne.[1526] Dies bedeute aber nicht, dass eine Harmonisierung stattfinden müsse, sondern vielmehr müssten im Rahmen

---

1522 EGMR v. 13.01.2011, Rs. 6587/04 (Haidn./.Deutschland), NJW 2011, S. 3423 (Rn. 88).

1523 EGMR v. 13.01.2011, Rs. 6587/04 (Haidn./.Deutschland), NJW 2011, S. 3423 (Rn. 92).

1524 EGMR v. 13.01.2011, Rs. 6587/04 (Haidn./.Deutschland), NJW 2011, S. 3423 (Rn. 112).

1525 Zum Sachverhalt s. BVerfG v. 04.05.2011, Rs. 2 BvR 2365/09, u.a., BVerfGE 128, S. 326.

1526 BVerfG v. 04.05.2011, Rs. 2 BvR 2365/09, u.a., BVerfGE 128, S. 326 (S. 367 f.).

eines „aktiven (Rezeptions-)Vorgangs" die Rechte der EMRK in die Ordnung des Grundgesetzes „umgedacht" werden.[1527]

Weiterhin prüft das BVerfG die Regelungen zur Sicherungsverwahrung anhand des Grundgesetzes und kommt zu dem Schluss, dass sie einer Verhältnismäßigkeitsprüfung nicht standhalten würden und dass sie die Mindestanforderungen an die Ausgestaltung des Vollzugs nicht gewährleisten würden.[1528] Insbesondere würden sie nicht dem aus Art. 7 Abs. 1 EMRK folgenden Abstandsgebot entsprechen, welches einen deutlichen qualitativen Unterschied zur Strafe fordere.[1529]

Außerdem greife die Verlängerung der Sicherungsverwahrung über 10 Jahre hinaus in den Vertrauensschutz ein, welcher durch die Wertungen der EMRK noch verstärkt werde.[1530]

bb. BVerfG vom 20.06.2012

In einem weiteren Verfahren prüfte das BVerfG die Rechtmäßigkeit einer im Urteil vorbehaltenen Sicherungsverwahrung.

Es führte dabei aus, dass die vorbehaltene Sicherungsverwahrung nicht gegen das Grundgesetzt verstoße und auch nach den Wertungen der EMRK keinen unverhältnismäßigen Eingriff in das Freiheitsgrundrecht darstelle.[1531] Insbesondere liege bei der vorbehaltenen Sicherungsverwahrung ein Kausalzusammenhang i.S.d. Art. 5 Abs. 1 EMRK vor, da es nicht darauf ankomme, ob die Sicherungsverwahrung gleich mit der Freiheitsentziehung ausgesprochen werde, sondern darauf, dass sie sich innerhalb des gesetzlich gesteckten Rahmens bewege, was auch durch die Rechtsprechung des EGMR in verschiedenen Verfahren deutlich gemacht werde.[1532] Des Weiteren wird der Betroffene bereits bei seiner Verurteilung über eine mögliche Festsetzung einer Sicherungsverwahrung informiert.[1533] Auch ein Verlust des Kausalzusammenhangs sei nicht möglich, da sich die vorbehaltene Sicherungsverwahrung bei ihrer Anordnung nach ihrer Ausgestaltung auf die Gründe der Verurteilung stütze und nicht auf andere Umstände.[1534]

1527 BVerfG v. 04.05.2011, Rs. 2 BvR 2365/09, u.a., BVerfGE 128, S. 326 (S. 369 f.).
1528 BVerfG v. 04.05.2011, Rs. 2 BvR 2365/09, u.a., BVerfGE 128, S. 326 (S. 372).
1529 BVerfG v. 04.05.2011, Rs. 2 BvR 2365/09, u.a., BVerfGE 128, S. 326 (S. 374).
1530 BVerfG v. 04.05.2011, Rs. 2 BvR 2365/09, u.a., BVerfGE 128, S. 326 (S. 388 f., 391).
1531 BVerfG v. 20.06.2012, Rs. 2 BvR 1048/11, BVerfGE 131, S. 268 (S. 295).
1532 BVerfG v. 20.06.2012, Rs. 2 BvR 1048/11, BVerfGE 131, S. 268 (S. 298 ff.).
1533 BVerfG v. 20.06.2012, Rs. 2 BvR 1048/11, BVerfGE 131, S. 268 (S. 302 f.).
1534 BVerfG v. 20.06.2012, Rs. 2 BvR 1048/11, BVerfGE 131, S. 268 (S. 303 f.).

II. EMRK als wichtige Auslegungshilfe

Diese Entwicklung der Rechtsprechung des BVerfG zur EMRK zeigt deutlich, dass die EMRK und die Rechtsprechung des EGMR einen besonderen Stellenwert als Auslegungshilfe für die Auslegung von Grundrechten haben.

So wurde im Fallkomplex um Caroline von Monaco / Hannover vom BVerfG noch argumentiert, dass die bloße Auseinandersetzung des BGH mit dem Urteil des EGMR genügt habe, es aber keine Befolgungspflicht gebe.[1535] So hat auch das OLG Naumburg im Fallkomplex um das Sorgerecht Görgülüs noch angenommen, dass es nicht durch das Urteil des EGMR gebunden sei. Hier ist allerdings deutlich eine Wende in der Rechtsprechung des BVerfG zu erkennen. Das BVerfG stellt nicht nur eine Beachtungspflicht der Urteile des EGMR auf, sondern auch eine Befolgungspflicht, in dem es ausführt, dass wenn eine Konventionsverletzung durch den EGMR festgestellt wurde, diese nach Möglichkeit zu beenden ist, da dies sonst einen erneuten Verstoß gegen die EMRK darstellt.[1536] Allerdings sieht es die Befolgungspflicht schon hier nicht als unbedingte Pflicht an, sondern legt lediglich eine höhere Argumentationslast auf, wenn ein Gericht von der Ansicht des EGMR abweichen will.[1537] Dieser Grundsatz wurde im Urteil des BVerfG zur Sicherungsverwahrung noch verdeutlicht, da die Rechte aus der EMRK erst in die deutsche Rechtsordnung umgedacht werden müssen,[1538] also transformiert und mit der deutschen Rechtsordnung in Einklang gebracht werden müssen.

Die Meinung in der Literatur, dass die EMRK einen Übergesetzes- oder gar Überverfassungsrang einnimmt,[1539] spiegelt sich in der Rechtsprechung des BVerfG nur insoweit wieder, als es die EMRK als bedeutende Auslegungshilfe bei der Auslegung von Grundrechten heranzieht und dabei explizit auch die Normen der EMRK in ihrer Auslegung durch den EGMR prüft.

1535 Heckötter, S. 111.

1536 BVerfG v. 14.10.2004, Rs. 2 BvR 1481/04, BVerfGE 111, S. 307 (S. 321).

1537 Heckötter, S. 133.

1538 BVerfG v. 04.05.2011, Rs. 2 BvR 2365/09, u.a., BVerfGE 128, S. 326 (S. 369 f.)

1539 Echterhölter, JZ 1955, S. 689 (691 f.); Echterhölter, JZ 1956, S. 142; Frowein, ZaöRV 1986, S. 286 (286 f.); Giegerich, in: Grabenwarter/Hammer/Pelzl/Schulev-Steindl/Wiedrin (Hrsg.), S. 101 (113); Grabenwarter, in: Merten/Papier (Hrsg.), S. 41 (41 ff.); Hilf, in: Mahrenholz (Hrsg.), S. 19 (38 f.); Pache, EuR 2004, S. 393 (399); Ress, in: Maier (Hrsg.), S. 227 (284); Ruffert, EuGRZ 2007, S. 245 (246 f.).

C. Unterschiede zu der Anwendung der universellen Menschenrechtsverträge

Vergleicht man nun die Anwendung der EMRK durch das BVerfG mit der Rechtsprechung deutscher Gerichte zu den universellen Menschenrechtspakten, so fällt die wesentlich höhere und detaillierte Beachtung der EMRK und die Befolgung der Urteile des EGMR auf. Im Grundsatz teilen sich aber die universellen Menschenrechtsverträge mit der EMRK den Status als Auslegungshilfen, wobei bei der EMRK die Konkretisierung durch den EGMR beachtet wird.

I. Hauptanwendungsbereich als Auslegungshilfen

Sowohl die universellen Menschenrechtspakte als auch die EMRK werden in besonderem Maße zur Auslegung von Grundrechten und anderem deutschen Recht genutzt.[1540] Der bedeutende Unterschied ist hierbei aber, dass das BVerfG der EMRK eine höhere Bedeutung zukommen lässt, indem es im Rahmen einer Grundrechtsprüfung explizit auch die Artikel der EMRK prüft, um Inhalt und Reichweite des Grundrechts näher zu bestimmen,[1541] während bei Rechten aus universellen Menschenrechtpakten zumeist nur kurz auf diese verwiesen wird, ohne eine ausführlichere Untersuchung vorzunehmen.[1542] Eine Ursache könnte darin liegen, dass die Rechte aus der EMRK zumeist als *self-executing* und damit als unmittelbar anwendbar angesehen werden,[1543] wohingegen die Rechte aus den universellen Menschenrechtsverträgen eher als nicht unmittelbar anwendbar aufgefasst werden.[1544]

II. Beachtung der Urteile des EGMR

Der deutlichste Unterschied bei der Anwendung der EMRK zu der Anwendung der universellen Menschenrechtsverträge ist aber die Beachtung und Befolgung der Urteile des EGMR.

1540 S.o. Kapitel 3 C.IV.1. u. Kapitel 4 B.II.

1541 S.o. Kapitel 4 B.I.2.d. u. Kapitel 4 B I.3.c.aa.

1542 S.o. Kapitel 3.C.IV.1.

1543 Heckötter, S. 113; Giegerich, in: Grote/Marauhn (Hrsg.), S. 61 (Rn. 3); Meyer-Ladewig, Einleitung (Rn. 33); Sauer, ZaöRV 2005, S. 35 (39); Uerpmann-Wittzack, S. 42, 45 ff.; Staebe, JA 1996, S. 75 (76, 79); Frowein, in: Isensee/Kirchhoff (Hrsg.), S. 731 (737); Frowein, JuS 1986, S. 845 (847); Stöcker, NJW 1982, S. 1905 (1907).

1544 S.o. Kapitel 3 C.III.

1. *Vergleich mit der Beachtung der Ansichten der Ausschüsse*

Während Urteile des EGMR nach der Rechtsprechung des BVerfG in hohem Maße beachtet werden müssen,[1545] werden Ansichten und Bemerkungen der Ausschüsse oftmals nicht beachtet. So haben deutsche Gerichte in verschiedenen Fällen entschieden, dass nicht geklärt sei, aus welchen Gründen Bemerkungen oder Ansichten der Ausschüsse Bundesrecht darstellen könnten und warum diese beachtet werden sollten.[1546] Diese pauschale Abwehr einer Auseinandersetzung mit den Ansichten bzw. Bemerkungen der Ausschüsse ohne nähere Begründung zeigt deutlich, dass die deutschen Gerichte kein Interesse an einer Beachtung der Ausschüsse haben. Dies ist insbesondere vor dem Hintergrund zu sehen, dass ein beliebtes Argument zur Ablehnung der unmittelbaren Anwendbarkeit gerade die fehlende Verbindlichkeit der Ansichten der Ausschüsse ist.[1547] Zugespitzt gesagt, setzen sich die Gerichte nicht mit den Ansichten der Ausschüsse auseinander und nutzen dies darüber hinaus als Argument gegen eine unmittelbare Anwendbarkeit der Rechte aus den universellen Menschenrechtsverträgen.

Dies entspricht allerdings nicht dem System der universellen Menschenrechtsverträge, da die Ausschüsse, genauso wie der EGMR für die EMRK,[1548] dazu berufen sind, allgemeingültige Auslegungen der Rechte aus dem jeweiligen universellen Menschenrechtsvertrag in konkreten Fällen zu finden.[1549] Dieser Ansatz wurde vom BVerfG erst in einem zu diesem Punkt bahnbrechenden

---

1545 S.o. Kapitel 4 B.I.2.d. und Kapitel 4 B I.3.c.aa.

1546 BSG v. 17.01.2013, Rs. B 5 RS 27/12 B, BeckRS 2013, 66089 (Rn. 8); LSG Berlin-Brandeburg v. 31.01.2013, Rs. L 22 R 57/11, BeckRS 2013, 67248; LSG Sachsen-Anhalt v. 25.04.2013, Rs. L 1 RS 43/12, BeckRS 2014, 66775; BSG v. 30.04.2013, Rs. B 5 RS 48/12 B, BeckRS 2013, 69026 (Rn. 9); LSG Sachsen-Anhalt v. 30.05.2013, Rs. L 1 RS 44/12, BeckRS 2013, 73916; BSG v. 27.06.2013, Rs. B 5 R 124/13 B, BeckRS 2013, 70681 (Rn. 9); BSG v. 03.07.2013, Rs. B 5 RS 18/13 B, BeckRS 2013, 70775 (Rn. 9); LSG Berlin-Brandenburg v. 08.08.2013, Rs. L 8 R 1064/11, BeckRS 2013, 72440; LSG Berlin-Brandeburg v. 14.11.2013, Rs. L 22 R 645/11, BeckRS 2014, 65404; BSG v. 26.11.2013, Rs. B 5 RS 21/13 B, BeckRS 2013, 75031 (Rn. 9); BSG v. 08.01.2014, Rs. B 5 RS 35/13 B, BeckRS 2014, 66188 (Rn. 9); BSG v. 27.01.2014, Rs. B 5 R 346/13 B, BeckRS 2014, 66322 (Rn. 9); LSG Nordrhein-Westfalen v. 11.03.2014, Rs. L 18 KN 9/12, BeckRS 2014, 70789 (A.III.4.); BSG v. 15.04.2014, Rs. B 5 RS 31/13 B, BeckRS 2014, 69241 (Rn. 9); BSG v. 30.04.2014, Rs. B 5 RS 47/13 B, BeckRS 2014, 69447 (Rn. 9); BSG v. 29.10.2014, Rs. B 5 R 238/14 B, BeckRS 2014, 73769 (Rn. 9); BSG v. 10.11.2014, Rs. B 5 RS4/14 B, BeckRS 2014, 73945 (Rn. 10).

1547 S.o. Kapitel 3 C.III.

1548 Art. 32 Abs. 1 EMRK, Helland, S. 41; Papier, EuGRZ 2006, S. 1.

1549 Klein E. in: Merten/Papier (Hrsg.), S. 395 (412).

Urteil verfolgt, bei dem es zur Auslegung einer Norm des ICESCR die Ansicht des Ausschusses für wirtschaftliche, soziale und kulturelle Rechte heranzog.[1550]

2. *Verbindlichkeit der Urteile des EGMR gem. Art. 46 Abs.1 EMRK*

Bei der Begründung der Verbindlichkeit der Urteile des EGMR wird dagegen ausschlaggebend auf Art. 46 Abs.1 EMRK abgestellt, welcher eine Befolgungspflicht aufstellt.[1551] Gerade diese Verbindlichkeit, welche den Urteilen des EGMR zugesprochen wird, ist der herausragende Unterschied der EMRK zu den universellen Menschenrechtsverträgen[1552] und der Dreh- und Angelpunkt für die unterschiedliche Behandlung der EMRK und der universellen Menschenrechtsverträge durch die deutsche Rechtsprechung.

a. Unmittelbare Anwendbarkeit

Allerdings müsste Art. 46 Abs. 1 EMRK unmittelbar anwendbar sein, um eine umfassende Bindung der innerstaatlichen Organe zu generieren, da sonst eine Beachtungspflicht für die Urteile des EGMR nur gegeben wäre, wenn einzelne innerstaatliche Normen, wie z.B. § 359 Nr. 6 StPO diese ausdrücklich anordnen.[1553]

Gegen eine unmittelbare Anwendbarkeit spricht zunächst die Formulierung des Art. 46 Abs. 1 EMRK als Staatenverpflichtung, was häufig als Indiz für einen dahingehenden Parteiwillen gesehen wird, dass die entsprechende Vorschrift nicht unmittelbar anwendbar sein soll.[1554] Des Weiteren spricht Art. 46 Abs. 1 EMRK nur von „befolgen", legt aber keine expliziten Konsequenzen fest und sieht auch gerade keine Aufhebung des durch den EGMR gerügten Rechtsakts vor.[1555]

Allerdings entspricht eine solche Auslegung des Art. 46 Abs. 1 EMRK nicht dem Sinn und Zweck der EMRK, welche gerade auch durch die verbindliche Formulierung „Urteile" in Art. 44 EMRK eine effektive Durchsetzung der in ihr niedergelegten Rechte zum Ziel hat. Hierfür spricht auch eine systematische Auslegung i.V.m. Art. 41 EMRK, nach dem der Gerichtshof eine gerechte Entschädigung festlegt, wenn diese durch das innerstaatliche Recht nur unvollkommen gewährt werden kann. Um diese Wiedergutmachungspflicht sinnvoll

---

1550 BVerfG v. 23.10.2013, Rs. 1 BvR 1842/11 u. 1843/11, GRUR 2014, S. 169 (Rn. 88); s. o. Kapitel 3 C. IV. 2. B. ff.

1551 Geiger, S. 348; Heckötter, S. 126; Stöcker, NJW 1982, S. 1905 (1907).

1552 Breuer, in: Karpenstein/Mayer (Hrsg.), Art. 46 (Rn. 1).

1553 Heckötter, S. 113 f.; Bergmann, EuR 2006, S. 101 (109).

1554 Uerpmann-Wittzack, S. 44; Heckötter, S. 116.

1555 Uerpmann-Wittzack, S. 198; Heckötter, S. 116.

durchzusetzen, ist eine Verbindlichkeit der Urteile des EGMR nötig, womit eine unmittelbare Anwendbarkeit von Art. 46 EMRK einhergeht.[1556] Des Weiteren kann dem Argument, dass es sich bei Art. 46 Abs. 1 EMRK nur um eine Staatenverpflichtung handelt, entgegengehalten werden, dass das Völkerrecht keine Zuständigkeitsregelungen enthält, sondern dies den Staaten überlässt und sich Art. 46 Abs. 1 EMRK somit an die innerstaatlich zuständigen Organe richtet.[1557] Diese Interpretation passt auch zu der vom BVerfG aufgestellten Beachtungspflicht der Urteile des EGMR.[1558] Damit ist Art. 46 Abs. 1 EMRK als unmittelbar anwendbar anzusehen, womit auch eine Anwendbarkeit der Urteile des EGMR, welche in Verfahren gegen Deutschland ergingen, einhergeht.

b. Beachtung der Urteile gegen andere Staaten

Art. 46 Abs. 1 EMRK bezieht sich aus der Sicht Deutschlands jedoch nur auf die Urteile des EGMR in Verfahren gegen Deutschland, nicht aber auf die Urteile gegen andere Staaten. Es stellt sich daher die Frage, aus welchem Grund diese Urteile ebenfalls von den deutschen Gerichten beachtet werden und zur Auslegung der EMRK herangezogen werden. Da in der EMRK selbst nichts zu der Bindungswirkung von Urteilen gegen andere Staaten angelegt ist, lässt sich eine solche nur erklären, wenn die in ihnen gefundene Auslegung der EMRK durch den EGMR als bindend angesehen wird. Diese Ansicht wird vom BVerfG gestützt, indem es ausführt, dass die Entscheidungen des EGMR den aktuellen Entwicklungsstand der Konvention widerspiegeln.[1559] Allerdings sieht das BVerfG diese Auslegung nicht als absolut verbindlich an und legt dar, dass die Urteile des EGMR nur in den Willensbildungsprozess der Gerichte einfließen müssen.[1560] Damit stellt auch eine Abweichung eines deutschen Gerichts von der Auslegung der EMRK durch den EGMR keinen Verstoß gegen den Grundsatz der Völkerrechtsfreundlichkeit dar, da sich die Rechtskraft der Urteile nur auf die jeweiligen Parteien des Verfahrens, in dem das Urteil des EGMR erging, bezieht.[1561] Damit sollen deutsche Gerichte der Auslegung der EMRK durch den EGMR zwar den Vorzug geben, können aber unter einem gewissen Argumentationsaufwand von dieser abweichen.[1562]

1556 Heckötter, S. 120; Leeb, S. 66.

1557 Heckötter, S. 124; Schaffarzik, DÖV 2005, S. 860 (864).

1558 BVerfG v. 14.10.2004, Rs. 2 BvR 1481/04, BVerfGE 111, S. 307 (322 f.).

1559 BVerfG v. 14.10.2004, Rs. 2 BvR 1481/04, BVerfGE 111, S. 307 (324).

1560 BVerfG v. 14.10.2004, Rs. 2 BvR 1481/04, BVerfGE 111, S. 307 (324).

1561 Bleckmann, EuGRZ 1995, S. 387 (388); Heckötter, S. 132.

1562 Engel, ZJS 2013, S. 339 (342); Heckötter, S. 132 f.

Diese Untersuchung zeigt, dass die höhere Akzeptanz der EMRK eindeutig auf die verbindliche Ausgestaltung der Urteile des EGMR durch Art. 46 Abs. 1 EMRK zurückgeführt werden kann. Diese verbindliche Ausgestaltung scheint auch dazu beigetragen zu haben, dass die Rechtsprechung des EGMR im Generellen als maßgebliche, wenn auch nicht als absolut verbindliche, Auslegung der EMRK angesehen wird.

Schlussbetrachtung und Ausblick

A. Schlussbetrachtung

Universelle Menschenrechtsverträge sind ein wichtiger Bestandteil der deutschen Rechtsordnung. Deutschland ist Vertragspartei der wichtigsten universellen Menschenrechtsverträge und diese gelten innerstaatlich wie deutsches Bundesrecht. Die deutschen Gerichte wurden sowohl von den universellen Menschenrechtsverträgen, als auch von der deutschen Rechtsordnung selbst als das wichtigste Durchsetzungsorgan für die verbürgten materiellen Rechte berufen.

Betrachtet man die Rechtsprechung der deutschen Gerichte zu den universellen Menschenrechtsverträgen, kann man sehr schnell einige gravierende Defizite erkennen. Es zeichnet sich eine gewisse Tendenz zur Vermeidung der Prüfung der universellen Menschenrechtsverträge ab und auch die unmittelbare Anwendbarkeit wird oft nicht richtig geprüft oder sofort durch eine Ablehnung eines Anspruchs oder Verstoßes übersprungen. Allerdings zeigt sich auch ein positives Bild bei der Anwendung der universellen Menschenrechtsverträge als Auslegungshilfe für deutsches Recht, insbesondere für Grundrechte, auch wenn hier eine stringentere und ausführlichere Prüfung der universellen Menschenrechte wünschenswert wäre.

Dagegen genießen die EMRK und die Urteile des EGMR in der deutschen Rechtsprechung einen hohen Stellenwert und werden insbesondere vom BVerfG bei der Auslegung von Grundrechten ausführlich geprüft. Auf den ersten Blick ist diese unterschiedliche Behandlung erstaunlich, da sowohl EMRK als auch universelle Menschenrechtsverträge innerstaatlich den gleichen Rang genießen und oberflächlich betrachtet ähnlich schwache Durchsetzungsmechanismen haben. Bei näherer Betrachtung lässt sich aber als deutlicher Unterschied und Grund für die unterschiedliche Behandlung Art. 46 Abs. 1 EMRK identifizieren, durch welchen die Urteile des EGMR innerstaatlich unmittelbar anwendbar werden. Für die Ausschüsse existiert eine solche Regelung nicht und deren Ansichten werden daher oftmals nicht beachtet.

B. Ausblick: Möglichkeiten zur Stärkung der universellen Menschenrechtsverträge

Möchte man eine höhere Akzeptanz der universellen Menschenrechtsverträge im innerstaatlichen Recht erreichen, legt der Vergleich zu der EMRK vor allem eine Stärkung der Ausschüsse nahe. Hierbei kann man natürlich als erstes an die

Einführung einer Art. 46 Abs.1 EMRK ähnlichen Vorschrift denken. Eine andere Möglichkeit stellt der insbesondere von Nowak vorgeschlagene Weltgerichtshof für Menschenrechte dar[1563]. Eine sanftere Methode könnte das Bewusstmachen der universellen Menschenrechtsverträge durch die deutschen Gerichte darstellen.

I. Art. 46 Abs. 1 EMRK ähnliche Vorschrift einführen

Der Vergleich der Behandlung der EMRK zu den universellen Menschenrechtspakten legt zur Stärkung der universellen Menschenrechtsverträge am deutlichsten die Einführung einer Vorschrift nahe, welche Art. 46 Abs. 1 EMRK ähnlich ist und bestimmt, dass die Vertragsstaaten die Ansichten des jeweiligen Ausschusses befolgen müssen.

Eine solche Vorschrift könnte entweder durch ein Fakultativprotokoll zu dem jeweiligen Menschenrechtsvertrag eingeführt werden oder durch eine Vertragsänderung. Eine Vertragsänderung bedarf allerdings der Übereinkunft aller Mitgliedstaaten.[1564] Eine solche ist allerdings allein schon angesichts der eher zurückhaltenden Ratifikation der Individualbeschwerdemechanismen[1565] sehr unwahrscheinlich.

Eine bessere Möglichkeit zur Einführung einer solchen Vorschrift bietet damit die Schaffung eines Fakultativprotokolls. Ein solches tritt zwar nur für die Signatarstaaten des Fakultativprotokolls in Kraft und auch nur wenn sich genug Mitgliedstaaten finden, die ein solches Fakultativprotokoll annehmen.[1566] Allerdings kann schon die bloße Existenz eines Fakultativprotokolls zur Verbindlichkeit der Ausschüsse eine politische Signalwirkung entfalten und so zu einer stärkeren Beachtung der Rechte aus universellen Menschenrechtsverträgen führen. Auf der anderen Seite könnte jedoch auch eine Nichtunterzeichnung des Fakultativprotokolls durch Deutschland von den deutschen Gerichten als deutliches Anzeichen dafür gedeutet werden, dass Deutschland gerade keine Verbindlichkeit der Ansichten der Ausschüsse unterstützt und somit auch die universellen Menschenrechtsverträge nicht so stark beachtet werden müssen.

1563 Nowak, HRLR 2007, S. 251 (255); Nowak, VN 2008, S. 205 (207).

1564 Art. 39 WVK; Heintschel von Heinegg, völkerrechtliche Verträge in: Ipsen, S. 390 (427).

1565 Bei den Fakultativprotokollen betreffend ein Mitteilungsverfahren sind 115 von 168 Konventionsstaaten beim OP-ICCPR (68%), 85 von 152 beim OP-CRPD (53%), 105 von 188 beim OP-CEDAW (56%), 19 von 163 beim OP-ICESCR (12%) und 16 von 194 beim OP-CRC Mitteilungsverfahren (8%) Mitglied. Darüber hinaus haben 67 von 157 Konventionsstaaten für Art. 22 CAT (43%) eine Unterwerfungserklärung abgegeben, 18 von 45 für Art. 31 CPED (40%) und 56 von 177 für Art. 4 CERD (32%).

1566 Von Arnauld, S. 94.

II. Weltgerichtshof für Menschenrechte

Eine weitere Möglichkeit stellt die Etablierung eines Weltgerichtshofes für Menschenrechte dar. Dies wäre die logische Konsequenz der Schaffung einer völkerrechtlichen Rechtspflicht.[1567] Ein solcher Gerichtshof könnte ähnlich dem Internationalen Strafgerichtshof durch ein eigenes Vertragswerk eingeführt werden, welches die Organisationsstruktur und Kompetenzen des Weltgerichtshofs für Menschenrechte festlegt.[1568] Die Staaten erkennen durch die Ratifizierung dieses Vertrages den Gerichtshof an und legen durch Erklärungen bei Unterzeichnung bzw. Ratifikation fest, welche Verträge der Gerichtshof als materielles Recht für den jeweiligen Staat anwenden kann.[1569] In dem Vertrag zur Schaffung des Weltgerichtshofs sollte dabei besonders herausgestellt werden, dass die Urteile des Weltgerichtshofes für Menschenrechte verbindlich sind.[1570] Des Weiteren sollten dem Gerichtshof Mittel an die Hand gegeben werden, wie insbesondere angemessene Entschädigungen oder vorläufige Maßnahmen, um einen effektiven Rechtsschutz zu ermöglichen.[1571]

Zwar würde damit eine gewisse Parallelität zwischen den Ausschüssen und dem Weltgerichtshof bestehen, allerdings würden die Ausschüsse weiterhin unverbindliche Ansichten verabschieden, insbesondere gegenüber Staaten, die den Weltgerichtshof nicht anerkennen.[1572] Selbst wenn der Weltgerichtshof nach und nach die Entscheidung von Individual- und Staatenbeschwerdeverfahren übernimmt, behalten die Ausschüsse dennoch die Aufgabe die Staatenberichte zu prüfen[1573] und könnten hierbei auch die Implementierung der Urteile des Weltgerichtshofes überprüfen.

Eine andere Variante wäre, dass der Weltgerichtshof nur die Individualbeschwerden übernimmt, während die Menschenrechtsausschüsse weiterhin Staatenbeschwerden prüfen.[1574] Betrachtet man allerdings die Ratifikationszahlen der Fakultativprotokolle für das wesentlich unverbindlichere Individualbeschwerdeverfahren vor den Ausschüssen, so ist es wohl noch ein langer Weg, bis ein solcher Weltgerichtshof überhaupt gegründet werden könnte. Allerdings haben schon

---

1567 Miehsler, in: Karl (Hrsg), S. 233 (239).
1568 Nowak, HRLR 2007, S. 251 (255); Nowak, VN 2008, S. 205 (207).
1569 Nowak, HRLR 2007, S. 251 (255); Nowak, VN 2008, S. 205 (207).
1570 Nowak, HRLR 2007, S. 251 (255).
1571 Nowak, HRLR 2007, S. 251 (257 f.); Nowak, VN 2008, S. 205 (210 f.).
1572 Nowak, HRLR 2007, S. 251 (256).
1573 Nowak, HRLR 2007, S. 251 (256).
1574 Nowak, VN 2008, S. 205 (207).

die drei großen Regionen Europa, Amerika und Afrika, welche regionale Menschenrechtssysteme geschaffen haben, unabhängige regionale Gerichtshöfe für Menschenrechte gegründet und diesen die Entscheidung über Menschenrechtsverletzungen überlassen.[1575] Betrachtet man dieses doch recht weit verbreitete Streben nach einem Gerichtshof für Menschenrechte, erscheint auch ein Weltgerichtshof für Menschenrechte nicht absolut abwegig.

III. Bewusstmachen der universellen Menschenrechtsverträge

Während die Einführung einer Art. 46 Abs. 1 EMRK ähnlichen Vorschrift oder die Errichtung eines Weltgerichtshofes für Menschenrechte erst am Ende eines langen Weges stehen können, ist ein Bewusstmachen der universellen Menschenrechtsverträge durch die Rechtsprechungsorgane und die Rechtsanwender ein Mittel um diesen Weg zu beschreiten. Ein stärkeres Bewusstsein um die Rechte in universellen Menschenrechtsverträgen kann diese innerstaatlich stärken und diese somit nach und nach effektiver gestalten. Das Bewusstmachen der universellen Menschenrechte der Rechtsanwender kann sich durch verschiedene Faktoren äußern, wie Regierungserklärungen, der stärkeren Beachtung der Ausschüsse in der Rechtsprechung und einer konsequenteren Durchsetzung der universellen Menschenrechtsverträge.

1. Regierungserklärungen

Regierungserklärungen können sich auf verschiedene Gegenstände beziehen. Im Falle der Stärkung der Menschenrechte wäre eine Erklärung dahingehend denkbar, dass die Ausschüsse unterstützt werden und ihre Ansichten in der deutschen Rechtsordnung berücksichtigt werden oder dass die materiellen Rechte an sich stärker beachtet werden und von deutschen Gerichten innerstaatlich durchgesetzt werden. Regierungserklärungen haben keinen bindenden Charakter, entfalten aber als *soft law* sowohl international als auch innerstaatlich eine Signalwirkung.[1576] Diese Signalwirkung ist nicht zu unterschätzen, wie man an dem Beispiel des VG Frankfurt[1577] sieht, welches mit einigem Argumentationsaufwand die Denkschrift der Bundesregierung zum ICESCR verworfen hat. Eine den universellen Menschenrechtsverträgen zugeneigte Erklärung kann daher die

---

1575 Nowak, HRLR 2007, S. 251 (253); Nowak, VN 2008, S. 205 (206 f.).

1576 v. Arnauld. S. 117 f.; Heintschel von Heinegg, Quellen des Völkerrechts, in: Ipsen, S. 471 (506).

1577 VG Frankfurt a.M. v. 09.11.1998, Rs. 9 E 1570–98, NVwZ-RR 1999, S. 325; S.o. Kapitel 3 C.III.2.a.

Gerichte zu einer Anwendung internationaler Menschenrechte anleiten. Auch auf internationaler Ebene haben Regierungserklärungen eine große Bedeutung, da an ihnen oftmals die *opinio iuris* zur Bestimmung von Völkergewohnheitsrecht abgelesen wird, wenn genügend ähnliche Erklärungen existieren.[1578] Damit könnte auch die internationale Akzeptanz von universellen Menschenrechten gestärkt werden, was wiederum auch die innerstaatlichen Gerichte zu einer Anwendung dieser Verträge ermuntern würde.

Auf der anderen Seite könnten solche Erklärungen eine formale politische Unterstützung der Ausschüsse ersetzen, wie sie der EGMR bereits durch den Ministerrat erfährt.[1579] Eine stärkere politische Unterstützung der Ausschüsse kann, ähnlich wie bei dem EGMR und seiner Unterstützung durch den Europarat, eine bessere Einhaltung der Ansichten der Ausschüsse bewirken und ihnen einen höheren Stellenwert verschaffen.

2. *Stärkere Beachtung der Ansichten der Ausschüsse*

Ein weiterer Punkt in dem sich ein Bewusstmachen der universellen Menschenrechte äußern könnte, ist die stärkere Beachtung der Ansichten der Ausschüsse durch die Gerichte. Die Ausschüsse veröffentlichen in ihren *General Comments* Auslegungen der Rechte aus dem jeweiligen Pakt. Außerdem enthalten ihre Ansichten in Individual- und Staatenbeschwerdeverfahren sowie ihre abschließenden Bemerkungen allgemeingültige Auslegungen der Paktrechte. Diese Auslegung stellt oft die aktuelle Entwicklung der Menschenrechte dar und kann als wegweisende Auslegung durch den Ausschuss gesehen werden.[1580]

Ähnlich legt der EGMR auch die EMRK in Individualbeschwerdeverfahren aus, welche von deutschen Gerichten beachtet werden, sogar wenn Deutschland selbst nicht Partei des Verfahrens war.[1581] Genauso könnte die durch die Ausschüsse erfolgte Auslegung der universellen Menschenrechtspakte als verbindliche Auslegung gesehen werden. Als solche verbindliche Auslegung könnte sie auch von deutschen Gerichten in ihre Erwägungen mit einbezogen werden. Beispielhaft hat das BVerfG bereits in einem Urteil die Auslegung durch den Ausschuss für wirtschaftliche, soziale und kulturelle Rechte für seine Argumentation

---

1578 Heintschel von Heinegg, Quellen des Völkerrechts, in: Ipsen, S. 471 (483 f); Verdross/Simma, S. 355.

1579 Steiner, in: Alston/Crawford (Hrsg.), S. 15 (37).

1580 Kälin/Künzli S. 251 f., 254.

1581 Grabenwarter/Pabel, S. 107.

herangezogen.[1582] Ein Hauptargument der Gerichte zur Verneinung der unmittelbaren Anwendbarkeit ist gerade die mangelnde Durchsetzungskraft der Ausschüsse.[1583] Eine stärkere Beachtung der Ausschüsse könnte aber der damit aufgeworfenen Frage nach der Justitiabilität internationaler Menschenrechte, welche bisher in der Literatur und Rechtsprechung stark umstritten ist,[1584] entgegenwirken und ein Argument für eine unmittelbare Anwendbarkeit darstellen. Außerdem könnte durch die Beachtung der Auslegung durch die Ausschüsse eine Ausfüllung unbestimmt formulierter Menschenrechte erfolgen, womit auch das Argument der unbestimmten Formulierung fehlginge und eine unmittelbare Anwendung der universellen Menschenrechte nicht mehr so einfach abgelehnt werden kann.

3. *Ernsthafte Wahrnehmung der Pflicht zur Durchsetzung*

Auch die innerstaatlichen Gerichte selbst können zu einer stärkeren Akzeptanz der universellen Menschenrechte beitragen, da sie das von den universellen Menschenrechtsverträgen und von der innerstaatlichen Rechtsordnung ausgewählte Organ zur effektiven Durchsetzung der Menschenrechte sind.[1585] Wenn die Gerichte die materiellen Rechte aus den universellen Menschenrechtspakten als verbindlich und unmittelbar anwendbar betrachten oder diese als Auslegungshilfen in ihre Rechtsprechung mit einbeziehen, führt dies zu einer effektiven Durchsetzung der universellen Menschenrechte. Insbesondere die vertiefte Auseinandersetzung mit den universellen Menschenrechtspakten zur Auslegung von innerstaatlichem Recht, spielt hierbei eine entscheidende Rolle. Im Rahmen einer menschenrechtsfreundlichen Auslegung mit ausführlicher Prüfung der universellen Menschenrechte können Verletzungen dieser aufgedeckt werden und eine Auslegung des deutschen Rechts gefunden werden, die im Einklang mit den universellen Menschenrechtsverträgen steht. Eine derart gestärkte menschenrechtskonforme Auslegung führt zumindest im innerstaatlichen Bereich zu einer effektiven Beachtung der universellen Menschenrechtsverträge.

1582 BVerfG v. 23.10.2013, Rs. 1 BvR 1842/11 u. 1843/11, GRUR 2014, S. 169 (Rn. 88).

1583 S.o. Kapitel 3 C.III.1.c.bb. und Kapitel 3 C.V.3.c.aa.(1).

1584 Klee, S. 88; Schneider, S. 5 f.

1585 S.o. Kapitel 3 A.

IV. Ein langer Weg

Auch wenn die effektivste Methode zur Implementierung von internationalen Menschenrechten die Einrichtung eines verbindlichen Mechanismus ist, welcher auch angemessene Entschädigungen für die Opfer von Menschenrechtsverletzungen gewähren kann,[1586] so ist es noch ein langer Weg dorthin. Auch an der Entwicklung der Beachtung der Urteile des EGMR, welche an sich bereits in Art. 46 Abs.1 EMRK als unmittelbar anwendbares Recht angelegt ist, sieht man deutlich, dass es sich um einen Prozess handelt, der über Jahre oder gar Jahrzehnte wachsen muss. So gab es in den ersten Jahren der EMRK kaum aktive Unterstützung der Rechte[1587] und die heutige starke Beachtung der Urteile des EGMR in Deutschland ist seit der Ratifikation am 05.12.1953 über mehr als 50 Jahre gewachsen. Die universellen Menschenrechtsverträge sind dagegen teilweise jung und ihre Durchsetzungsmechanismen wurden bei weitem nicht so verbindlich ausgestaltet wie der EGMR. Dennoch kann man bereits einen deutlichen Schritt in die richtige Richtung erkennen. Universelle Menschenrechtsverträge werden oftmals zur Auslegung von deutschem Recht und auch Grundrechten herangezogen, auch wenn sie noch ausführlicher geprüft werden könnten. An manchen Stellen, wie bei der Aufarbeitung des DDR-Unrechts, zeigt sich, dass sie auch direkt angewendet werden können, wenn das Gericht keinen anderen Rechtssatz findet, um zu einem adäquaten Ergebnis zu gelangen. Dies zeigt, dass, wenn ein Gericht einen Rechtssatz anwenden will, es Argumentationen oder Wege findet, die dies stützen. Wird der Wille der Gerichte gestärkt universelle Menschenrechte anzuwenden, werden damit auch die universellen Menschenrechte selbst gestärkt und einer effektiveren Durchsetzung Tür und Tor geöffnet.

1586 Nowak, HRLR 2007, S. 251 (254).
1587 Moyn, S. 191.

Literaturverzeichnis

Aichele, Valentin: Ein Meilenstein für die Unteilbarkeit: Das neue Fakultativprotokoll zum UN-Sozialpakt, VN 2009, S. 72.

–: Die UN-Behindertenrechtskonvention in der gerichtlichen Praxis. Eine Aufgabe der Anwaltschaft: Die Rezeption menschenrechtlicher Normen durchsetzen, AnwBl. 2011, S. 727.

–: Die UN-Behindertenrechtskonvention und ihr Fakultativprotokoll. Ein Beitrag zur Ratifikationsdebatte, in: Deutsches Institut für Menschenrechte (Hrsg.), Policy Paper Nr. 9, Berlin 2008.

Aichele, Valentin / Althoff, Nina: Nicht-Diskriminierung und angemessene Vorkehrungen in der UN-Behindertenrechtskonvention, in: Welke, Antje (Hrsg.), UN-Behindertenrechtskonvention mit rechtlichen Erläuterungen, Berlin 2012, S. 104.

Alen, André / Pas, Wouter: The UN Convention on the Rights of the Child's Self-executing Character, in: Verhellen, Eugeen (Hrsg.), Monitoring Children's Rights, London 1996, S. 165.

Alfredsson, Gudmundur / Eide, Asbjørn: Introduction, in: Alfredsson, Gudmundur / Eide, Asbjørn (Hrsg.), The Universal Declaration of Human Rights: A Common Standard of Achievement, Den Haag, London, Boston 1999, S. xxv.

Amnesty International (Hrsg.): Themenbericht: Verhaftet, Verschleppt, Verschwunden; abrufbar unter: http://www2.amnesty.de/internet/deall.nsf/windexde/ TH2004065.

Amrhein-Hofmann, Christine: Monismus und Dualismus in den Völkerrechtslehren, Berlin 2003.

Andreassen, Bård-Anders / Smith, Alan G. / Stokke, Hugo: Compliance with Economic and Social Human Rights: Realistic Evaluations and Monitoring in the Light of Immediate Obligations, in: Eide, Asbjørn / Hagtvet, Bernt (Hrsg.), Human Rights in Perspective. A Global Assessment, Cambridge 1992, S. 252.

Ando, Nisuke: National Implementation and Interpretation, in: Shelton, Dinah (Hrsg.), The Oxford Handbook of International Human Rights Law, Oxford 2013, S. 698.

Anzilotti, Dionisio: Il diritto internazionali nei giudizi interni, Bologna 1905; [zitiert als: Il diritto internazionali].

–: Lehrbuch des Völkerrechts. Band 1: Einführung. Allgemeine Lehren, 3. Aufl. Leipzig 1929; [zitiert als: Lehrbuch des Völkerrechts].

Aristoteles: Politik. Übersetzung von Gigon, Olof, 11. Aufl. München 2011.

von Arnauld, Andreas: Völkerrecht, 2. Aufl. Heidelberg 2014.

Augustinus, Aurelius: De Civitate Dei, Übersetzung von Wilhelm Thimme, München 2007.

Baer, Ingrid: Übereinkommen der Vereinten Nationen über die Rechte des Kindes, NJW 1993, S. 2209.

–: Verabschiedung des UN-Übereinkommens über die Rechte des Kindes im November 1989 in New York. Welche Änderungen des bundesrepublikanischen Rechts wären bei Ratifizierung der Konvention notwendig?, FuR 1990, S. 192.

Baehr, Peter R.: Human Rights. Universality in Practice, New York 2001.

Bauer, Monika: Vorbehalte zu Menschenrechtsverträgen, München 1994.

Becker, Florian: Völkerrechtliche Verträge und parlamentarische Gesetzgebungskompetenz, NVwZ 2005, S. 289.

Behnsen, Alexander: Das Vorbehaltsrecht völkerrechtlicher Verträge. Vorschlag einer Reform, Berlin 2007.

Bergmann, Jan: Diener dreier Herren? – Der Instanzrichter zwischen BVerfG, EuGH und EGMR, EuR 2006, S. 101.

Berner, Georg / Köhler, Michael / Käß, Robert: Polizeiaufgabengesetz. Handkommentar, 20. Aufl. Heidelberg, München, Landsberg, Berlin 2010.

Bernhardt, Rudolf: The Convention and Domestic Law, in: MacDonald, Ronald St. J. / Matscher, Franz / Petzold, Herbert (Hrsg.), The European System for the Protection of Human Rights, Dordrecht, Boston, London 1993, S. 25.

–: Verfassungsrecht und internationale Lagen, DÖV 1977, S. 457.

–: Verfassungsrecht und völkerrechtliche Verträge, in: Isensee, Josef / Kirchhof, Paul (Hrsg.), Handbuch des Staatsrechts der Bundesrepublik Deutschland. Band VII. Normativität und Schutz der Verfassung, Heidelberg 1992, S. 571.

Bielefeldt, Heiner: Zum Innovationspotential der UN-Behindertenrechtskonvention, in: Deutsches Institut für Menschenrechte (Hrsg.), Essay Nr. 5, Berlin 2006.

Blackstone, William, Sir: Commentaries on the Law of England. Book the Fourth. Of Public Wrongs, Oxford 1765–1769.

Bleckmann, Albert: Begriff und Kriterien der innerstaatlichen Anwendbarkeit völkerrechtlicher Verträge. Versuch einer allgemeinen Theorie des self-executing treaty auf rechtsvergleichender Grundlage, Berlin 1970; [zitiert als: innerstaatliche Anwendbarkeit].

–: Bundesverfassungsgericht versus Europäischer Gerichtshof für Menschenrechte. Innerstaatliche Rechtskraft der Urteile des EGMR und Gleichheit von Mann und Frau. Anmerkungen zu den Feuerwehrabgabe-Entscheidungen des EGMR vom 18.7.1994 und des BVerfG vom 24.1.1995, EuGRZ 1995, 387.

–: Grundgesetz und Völkerrecht, Berlin 1975; [zitiert als: GG und Völkerrecht].

–: Der Grundsatz der Völkerrechtsfreundlichkeit der deutschen Rechtsordnung, DÖV 1996, S. 137.

–: Das Verhältnis des Völkerrechts zum Landesrecht im Lichte der „Bedingungstheorie", in: AVR 1978/1980, S. 257.

–: Völkerrecht, Baden-Baden 2001; [zitiert als: Völkerrecht].

–: Die Völkerrechtsfreundlichkeit der deutschen Rechtsordnung, DÖV 1979, S. 309.

Boehmer, Gerhard: Der Völkerrechtliche Vertrag im deutschen Recht, Köln 1965.

Van Boven, Theo: Die Allgemeinen Bemerkungen des Ausschusses gegen Folter, in: Deutsches Institut für Menschenrechte (Hrsg.), Die >>General Comments<< zu den VN-Menschenrechtsverträgen, Baden-Baden 2005, S. 516.

–: 'Political' and 'Legal' Control Mechanisms: Their Competition and Coexistence, in: Eide, Asbjørn / Hagtvet, Bernt (Hrsg.), Human Rights in Perspective. A Global Assessment, Cambridge 1992, S. 36.

von Braun, Leonie / Diehl, David: Die Umsetzung der Konvention gegen das Verschwindenlassen in Deutschland. Zur Erforderlichkeit eines eigenen Straftatbestandes, ZIS 2011, S. 214.

Britz, Gabriele / Müller, Felix: Internationales Übereinkommen zur Beseitigung jeder Form von Rassendiskriminierung (ICERD) – unter besonderer Berücksichtigung der General Recommendations, in: Deutsches Institut für Menschenrechte (Hrsg.), Die >>General Comments<< zu den VN-Menschenrechtsverträgen, Baden-Baden 2005, S. 337.

Bröhmer, Jürgen: Menschenwürde, Freiheit der Person und Freizügigkeit, in: Merten, Detlef / Papier, Hans-Jürgen, Handbuch der Grundrechte. In Deutschland und Europa. Band VI/1. Europäische Grundrechte I, Heidelberg 2010, S. 125.

Bryde, Brun-Otto: Die Tätigkeit des Ausschusses gegen jede Form der Rassendiskriminierung (CERD), in: Klein, Eckart (Hrsg.), Rassische Diskriminierung – Erscheinungsformen und Bekämpfungsmöglichkeiten. Tagung in Potsdam, 29./30. September 2000, Berlin 2002, S. 61.

Buchs, Gaby: Die unmittelbare Anwendbarkeit völkerrechtlicher Vertragsbestimmungen. Am Beispiel der Rechtsprechung der Gerichte Deutschlands, Österreichs, der Schweiz und der Vereinigten Staaten von Amerika, Baden-Baden 1993.

Van Bueren, Geraldine: The International Law on the Rights of the Child, Dordrecht, Boston, London 1995.

Buergenthal, Thomas / Murphy, Sean D.: Public International Law in a nutshell, 4. Aufl. St. Paul 2007.

Buergenthal, Thomas / Shelton, Dinah / Stewart, David: International Human Rights in a Nutshell, 4. Aufl. St. Paul 2009.

Bungert, Hartwin: Einwirkung und Rang von Völkerrecht im innerstaatlichen Rechtsraum. Ein Vergleich des deutschen mit dem US-amerikanischen Recht, DÖV 1994, S. 797.

Byrnes, Andrew: An Effective Complaints Procedure in the Context of International Human Rights Law, in: Anne F. Bayefsky (Hrsg.), The UN Human Rights Treaty System in the 21st Century, The Hague, London, Boston 2000, S. 139.

von Campenhausen, Alexander, Freiherr: Grundrechte als europäische Leitidee, in: Merten, Detlef / Papier, Hans-Jürgen, Handbuch der Grundrechte. In Deutschland und Europa. Band VI/1. Europäische Grundrechte I, Heidelberg 2010, S. 3.

Cassese, Antonio: International Law, 2. Aufl. Oxford 2005.

Chapman, Audrey / Russell, Sage,: Introduction, in: Chapman, Audrey / Russell, Sage (Hrsg.), Core Obligations: Building a Framework for Economic, Social and Cultural Rights, Antwerpen, Oxford, New York 2002, S. 1.

Connors, Jane: An Analysis and Evaluation of the System of State Reporting, in: Anne F. Bayefsky (Hrsg.), The UN Human Rights Treaty System in the 21st Century, The Hague, London, Boston 2000, S. 3.

Craven, Matthew: The International Covenant on Economic, Social and Cultural Rights. A Perspective on its Development, Oxford 1995 (reprinted 2002).

Cremer, Hendrik: Der Anspruch des unbegleiteten Kindes auf Betreuung und Unterbringung nach Art. 20 des Übereinkommens über die Rechte des Kindes. Seine Geltung und Anwendbarkeit in der Bundesrepublik Deutschland, Baden-Baden 2006; [zitiert als: Anspruch des unbegleiteten Kindes].

–: Doch nicht ganz ernst gemeint? Staatenvorbehalte bei der Ratifikation der Kinderrechtskonvention der Vereinten Nationen, in: Bielefeldt, Heiner / Deile, Volkmar / Hamm, Brigitte / Hutter, Franz-Josef / Kurtenbach, Sabine / Tretter, Hannes (Hrsg.), Kinder und Jugendliche. Jahrbuch Menschenrechte 2010, Wien, Köln, Weimar 2009, S. 26.

–: Menschenrechtsverträge als Quelle von individuellen Rechten. Innerstaatliche Geltung und Anwendbarkeit von Menschenrechtsverträgen am Beispiel der UN-Kinderrechtskonvention (KRK), AnwBl 2011, S. 159.

–: Stellungnahme: Aufnahme von Kinderrechten ins Grundgesetz als Maßnahme zur Umsetzung, in: Deutsches Institut für Menschenrechte (Hrsg.), Diskussionsveranstaltung vom 14.02.2011, abrufbar unter: http://www.institut-fuer-menschenrechte.de/fileadmin/user_upload/PDF-Dateien/

Stellungnahmen/stellungnahme_aufnahme_v_kinderrechten_ins_grundge setz _als_ma%C3%9Fnahme_z_umsetzung_der_un_kinderrechtskonvention. pdf; [zitiert als: Stellungnahme].

–: Das Übereinkommen über die Rechte des Kindes, in: Deutsches Institut für Menschenrechte (Hrsg.), Die >>General Comments<< zu den VN-Menschenrechtsverträgen, Baden-Baden 2005, S. 525; [zitiert als: Das Übereinkommen über die Rechte des Kindes].

–: Das Übereinkommen über die Rechte des Kindes: Seine Entstehungsgeschichte, normative Kraft und Bedeutung mit Blick auf Flüchtlingskinder und Bildung, in: Krappmann, Lothar / Lob-Hüdepohl, Andreas / Bohmeyer, Axel / Kurzke-Maasmeier, Stefan (Hrsg.), Bildung für junge Flüchtlinge – ein Menschenrecht. Erfahrungen, Grundlagen und Perspektiven, Bielefeld 2009, S.159.

–: Die UN-Kinderrechtskonvention. Geltung und Anwendbarkeit in Deutschland nach der Rücknahme der Vorbehalte, 2. Aufl. Berlin 2012; [zitiert als: Geltung und Anwendbarkeit].

–: Zum Jubiläum der Kinderrechtskonvention: Der deutsche >>Ausländervorbehalt<< ist nichtig, InfAusIR 2009, S. 436.

Dahm, Georg / Delbrück, Jost / Wolfrum, Rüdiger: Völkerrecht. Die Grundlagen. Die Völkerrechtssubjekte. Band I/1, 2. Aufl., Berlin, New York 1989; [zitiert als: Band I/1].

–: Völkerrecht. Die Formen des völkerrechtlichen Handelns. Die inhaltliche Ordnung der internationalen Gemeinschaft. Band I/3, 2. Aufl. Berlin 2002; [zitiert als: Band I/3].

Dederer, Hans-Georg: Die Durchsetzung der Menschenrechte, in: Merten, Detlef / Papier, Hans-Jürgen (Hrsg.), Handbuch der Grundrechte. In Deutschland und Europa. Band VI/2. Europäische Grundrechte II. Universelle Menschenrechte, Heidelberg 2009, S. 333.

Degener, Theresia: Die UN-Behindertenrechtskonvention als Inklusionsmotor, RdJB 2009, S. 200.

–: Eine UN-Menschenrechtskonvention für Behinderte als Beitrag zur ethischen Globalisierung, APuZ 2003, S. 37.

Deppner, Thorsten / Heck, Daniel: Studiengebühren vor dem Hintergrund der Umsetzung völkerrechtlicher Verpflichtungen im Bundesstaat und der Vorgaben materiellen Verfassungsrechts, NVwZ 2008, S. 45.

Detterbeck, Steffen: Öffentliches Recht. Ein Basislehrbuch mit Übungsfällen für das Staatsrecht, Verwaltungsrecht und Europarecht, 9. Aufl. München 2013.

Deutsche Gesellschaft für die Vereinten Nationen e.V. (DGVN) (Hrsg.): Gleiche Menschenrechte für alle. Dokumente zur Menschenrechtsweltkonferenz der Vereinten Nationen in Wien 1993, Bonn 1994.

Doehring, Karl: Völkerrecht, 2. Aufl., Heidelberg 2004.

Dörr, Oliver / Schmalenbach, Kirsten (Hrsg.): Vienna Convention on the Law of Treaties. A Commentary, Berlin 2012.

Dorsch, Gabriele: Die Konvention der Vereinten Nationen über die Rechte des Kindes, Berlin 1994.

Dreier, Horst (Hrsg.): Grundgesetz Kommentar, Band I. Präambel Artikel 1–19, 3. Aufl. Tübingen 2013; [zitiert als: Band I].

–: Grundgesetz Kommentar, Band II. Artikel 20–82, 3. Aufl. Tübingen 2013; [zitiert als: Band II].

–: Grundgesetz Kommentar, Band III. Artikel 83–146, 3. Aufl. Tübingen 2013; [zitiert als: Band III].

Dröge, Cordula: Positive Verpflichtungen der Staaten in der Europäischen Menschenrechtskonvention, Berlin, Heidelberg, New York, 2003.

Dupuy, Pierre-Marie: International Law and Domestic (Municipal) Law, in: Wolfrum, Rüdiger (Hrsg.), The Max Planck Encyclopedia of Public International Law. Band V, Oxford 2012 S. 836.

Echterhölter, Rudolf: Die Europäische Menschenrechtskonvention im Rahmen der verfassungsmäßigen Ordnung, JZ 1955, S. 689.

–: Die Europäische Menschenrechtskonvention in der juristischen Praxis, JZ 1956, S. 142.

Eichenhofer, Eberhard: Soziale Menschenrechte im Völker-, europäischen und deutschen Recht, Tübingen 2012.

Empell, Hans-Michael: Die Kompetenzen des UN-Menschenrechtsausschusses im Staatenberichtsverfahren. Art. 40 des Internationalen Paktes über bürgerliche und politische Rechte, Frankfurt am Main, Bern, New York, Paris 1987.

Engel, Daniel: Auswirkungen des Beitritts der Union auf die Stellung der EMRK innerhalb der deutschen Rechtsordnung, BayRVR 2014, Net-Dokument BayRVR2014031801.

–: Die Berufungsverwerfung aufgrund Säumnis des Angeklagten im Lichte der jüngsten Rechtsprechung des EGMR sowie des OLG München, ZJS 2013, S. 339.

–: Der Beitritt der Europäischen Union zur EMRK. Vom defizitären Kooperationsverhältnis zum umfassenden EMRK-Rechtsschutz durch den EGMR?, Tübingen 2015.

Ermacora, Felix / Hummer, Waldemar: Völkerrecht, Recht der Europäischen Union und Landesrecht, in: Neuhold, Hanspeter / Hummer, Waldemar / Schreuer, Christoph (Hrsg.), Österreichisches Handbuch des Völkerrechts Band 1: Textteil, 3. Aufl. Wien 1997, S. 113.

Evans, Malcom D.,: International Law, 4. Aufl. Oxford 2014.

Faber, Angela / Roth, Verena: Die Umsetzung der UN-Behindertenrechtskonvention durch die Schulgesetzgebung der Länder, DVBl. 2010, S. 1193.

Fassbender, Bardo: Menschenrechtserklärung. Universal Declaration of Human Rights – Allgemeine Erklärung der Menschenrechte. Neuübersetzung, Synopse, Materialien, München 2009.

Fasselt, Ursula: Verpflichtet die UN-Konvention über die Rechte des Kindes Deutschland zur Einhaltung von Mindeststandards bei der Versorgung von Flüchtlingskindern?, in: Bröhmer, Jürgen / Bieber, Roland / Callies, Christian / Langenfeld, Christine / Wolf, Joachim (Hrsg), Internationale Gemeinschaft und Menschenrechte. Festschrift für Georg Ress zum 70. Geburtstag, Köln, Berlin, München 2005, S. 63.

Fastenrath, Ulrich: Kompetenzverteilung im Bereich der auswärtigen Gewalt, München 1986.

Freeman, Marsha A. / Chinkin, Christine / Rudolf, Beate (Hrsg.): The UN Convention on the Elimination of All Forms of Discrimination against Women, A Commentary, Oxford 2012.

Friesenhahn, Ernst: Menschenrechte, in: Strupp, Karl / Schlochauer, Hans-Jürgen (Hrsg.), Wörterbuch des Völkerrechts. Band 2, Berlin 1961, S. 503.

Frowein, Jochen Abraham: Anmerkung zur Pakelli-Entscheidung des Bundesverfassungsgerichts, ZaöRV 1986, S. 286.

–: Der europäische Rechtsschutz als Beginn einer europäischen Verfassungsrechtsprechung, JuS 1986, S. 845.

–: Übernationale Menschenrechtsgewährleistungen und nationale Staatsgewalt, in: Isensee, Josef / Kirchhof, Paul (Hrsg.), Handbuch des Staatsrechts der Bundesrepublik Deutschland. Band VII. Normativität und Schutz der Verfassung – Internationale Beziehungen, Heidelberg 1992, S. 731.

Frowein, Jochen Abraham / Peukert, Wolfgang: Europäische Menschenrechtskonvention. EMRK-Kommentar, 3. Aufl. Kehl 2009.

Gareis, Sven Bernhard: Sechzig Jahre Allgemeine Erklärung der Menschenrechte – Herausforderungen und Chancen des internationalen Menschenrechtsschutzes, in: Gareis, Sven Bernhard / Geiger, Gunter, Internationaler Schutz der Menschenrechte. Stand und Perspektiven im 21. Jahrhundert, Opladen, Farmington Hills 2009, S. 19.

Geiger, Rudolf: Grundgesetz und Völkerrecht. Mit Europarecht, 6. Aufl. München 2013.

Gerards, Regine: Die Europäische Menschenrechtskonvention im Konstitutionalisierungsprozess einer gemeineuropäischen Grundrechtsordnung, Frankfurt am Main 2007.

Giegerich, Thomas: Verfassungsbeschwerde an der Schnittstelle von deutschem, internationalem und supernationalem Recht, in: Grabenwarter, Christoph / Hammer, Stefan / Pelzl, Alexander / Schulev-Steindl, Eva / Wiedrin, Ewald (Hrsg.), Allgemeinheit der Grundrechte und Vielfalt der Gesellschaft. 34. Tagung der Wissenschaftlichen Mitarbeiterinnen und Mitarbeiter der Fachrichtung „Öffentliches Recht" vom 1. bis 4. März 1994 in Wien, Stuttgart u.a. 1994, S. 101.

–: Vorbehalte zu Menschenrechtsabkommen: Zulässigkeit, Gültigkeit und Prüfungskompetenz von Vertragsgremien, ZaöRV 1995, S. 713.

–: Wirkung und Rang der EMRK in: Grote, Rainer / Marauhn, Thilo (Hrsg.), EMRK/GG. Konkordanzkommentar zum europäischen und deutschen Grundrechtsschutz, Tübingen 2006, S. 61.

Göbel-Zimmermann, Ralph: Die Rechtsstellung unbegleiteter minderjähriger Flüchtlinge unter besonderer Berücksichtigung des Flughafenverfahrens nach § 18a AsylVfG, InfAuslR 1995, S. 172.

Gollwitzer, Walter: Menschenrechte im Strafverfahren. MRK und IPBR. Kommentar, Berlin 2005.

Grabenwarter, Christoph: Nationale Grundrechte und Rechte der Europäischen Menschenrechtskonvention, in: Merten, Detlef / Papier, Hans-Jürgen (Hrsg.), Handbuch der Grundrechte. In Deutschland und Europa. Band VI/2. Europäische Grundrechte II. Universelle Menschenrechte, Heidelberg 2009, S. 33.

–: Völkerrecht, Recht der Europäischen Union und Landesrecht, in: Reinisch, August (Hrsg.), Österreichisches Handbuch des Völkerrechts Band I: Textteil, 5. Aufl. Wien 2013, S. 121.

Grabenwarter, Christoph / Pabel, Katharina: Europäische Menschenrechtskonvention. Ein Studienbuch, 5. Aufl. München, Basel, Wien 2012.

Green, M. Christian / Witte, John: Religion, in: Shelton, Dinah, (Hrsg.), The Oxford Handbook of International Human Rights Law, Oxford 2013, S. 9.

Greer, Steven: The European Convention on Human Rights. Achievments, Problems and Prospects, Cambridge 2006.

Grewe, Wilhelm G.: The Epochs of International Law. Translated and revised by Michael Byers, Berlin, New York 2000.

Grote, Rainer: Vorgeschichte der EMRK, in: Grote, Rainer / Marauhn (Hrsg.), Thilo, EMRK/GG. Konkordanzkommentar zum europäischen und deutschen Grundrechtsschutz, Tübingen 2006, S. 9.

Guggenheim, Paul: Völkerrecht und Landesrecht, in: Strupp, Karl / Schlochauer, Hans-Jürgen (Hrsg.), Wörterbuch des Völkerrechts. Dritter Band, Berlin 1962, S. 651.

Hannum, Hurst: The Status of the Universal Declaration of Human Rights in National and International Law, GJICL 1995/1996, S. 287.

Haratsch, Andreas: Die Geschichte der Menschenrechte, 4. Aufl. Potsdam 2010.

Heckötter, Ulrike: Die Bedeutung der Europäischen Menschenrechtskonvention und der Rechtsprechung des EGMR für die deutschen Gerichte, Köln, Berlin, München 2007.

Heintschel von Heinegg, Wolff: Spezielle Menschenrechtspakte, in: Merten, Detlef / Papier, Hans-Jürgen (Hrsg.), Handbuch der Grundrechte. In Deutschland und Europa. Band VI/2. Europäische Grundrechte II. Universelle Menschenrechte, Heidelberg 2009, S. 303.

–: Die völkerrechtlichen Verträge als Hauptrechtsquelle des Völkerrechts, in: Ipsen, Knut, (Hrsg.) Völkerrecht, 6. Aufl. München 2014, S. 390; [zitiert als: völkerrechtliche Verträge].

–: Weitere Quellen des Völkerrechts, in: Ipsen, Knut, (Hrsg.) Völkerrecht, 6. Aufl. München 2014, S. 471; [zitiert als: Quellen des Völkerrechts].

Heinz, Wolfgang S.: Das neue Übereinkommen zum Schutz aller Personen vor dem Verschwindenlassen, in: Deutsches Institut für Menschenrechte (Hrsg.), Essay Nr. 8, Berlin 2008.

Helland, Ingvill: Rulings of the European Court of Human Rights as a legal Argument. A comparison between German and Norwegian law, Bergen 2012.

Henkin, Louis / Pugh, Richard Crawford / Schachter, Oscar / Smit, Hans: International Law. Cases and Materials, 3. Aufl. St. Paul 1993.

Herrmann, Axel: Idee der Menschenrechte, IpB Nr. 297, 2007, S. 6.

Hesse, Konrad: Grundzüge des Verfassungsrechts der Bundesrepublik Deutschland, 20. Aufl. München 1999.

Hilf, Meinhard: Der Rang der Europäischen Menschenrechtskonvention im deutschen Recht, in: Mahrenholz, Ernst Gottfried (Hrsg.), Entwicklung der Menschenrechte innerhalb der Staaten des Europarates. Arbeitstagung vom 13. bis 15. Juni 1986 in Kiel, 1. Teil der Deutschen Sektion der Internationalen Juristenkommission, Heidelberg 1987, S. 19.

–: Die Auslegung mehrsprachiger Verträge. Eine Untersuchung zum Völkerrecht und zum Staatsrecht der Bundesrepublik Deutschland, Berlin, Heidelberg, New York 1973.

Hobe, Stephan: Einführung in das Völkerrecht, 10. Aufl. Tübingen, Basel 2014.

Hoffmann, Stefan-Ludwig: Introduction: Genealogies of Human Rights, in: Hoffmann, Stefan-Ludwig (Hrsg.), Human Rights in the Twentieth Century, Cambridge 2011, S. 1.

Hofmann, Hasso: Menschenrechte und Demokratie. Oder: Was man von Chrysipp lernen kann, JZ 2001, S. 1.

–: Zur Herkunft der Menschenrechtserklärung, Jus 1988, S. 841.

Hofmann, Rainer / Boldt, Nicki: Internationaler Bürgerrechtepakt, Baden-Baden 2005.

Humphrey, John P.: The Universal Declaration of Human Rights: Its History, Impact and Juridical Character, in: Ramcharan, Bertrand G. (Hrsg.), Human Rights: Thirty Years after the Universal Declaration. Commemorative Volume on the Occasion of the Thirtieth Anniversary of the Universal Declaration of Human Rights, Den Haag 1979, S. 21.

Hufen, Friedhelm: Staatsrecht II. Grundrechte, 4. Aufl. München 2014.

Hunt, Lynn: Inventing Human Rights. A History, New York, London 2008.

Iliopoulus-Strangas, Julia: Soziale Grundrechte, in: Merten, Detlef / Papier, Hans-Jürgen (Hrsg.), Handbuch der Grundrechte. In Deutschland und Europa. Band VI/1. Europäische Grundrechte I, Heidelberg 2010, S. 299.

Joseph, Sarah / Schultz, Jenny / Castan, Melissa: The International Covenant on Civil and Political Rights. Cases, Materials and Commentary, 3. Aufl. Oxford 2013.

Kahl, Wolfgang / Waldhoff, Christian / Walter, Christian (Hrsg.): Bonner Kommentar zum Grundgesetz. Loseblattsammlung, 167. Nlfg. Heidelberg Mai 2014; [zitiert als: BK].

Kälin, Walter / Künzli, Jörg: Universeller Menschenrechtsschutz, 3. Aufl. Basel 2013.

Karpenstein, Ulrich / Mayer, Franz C.: EMRK. Konvention zum Schutz der Menschenrechte und Grundfreiheiten. Kommentar, München 2012.

Kayess, Rosemary / French, Phillip: Out of Darkness into Light? Introducing the Convention on the Rights of Persons with Disabilities, HRLR 2008, S. 1.

Keller, Helen: Rechtsvergleichende Aspekte zur Monismus-Dualismus-Diskussion, SZIER 1999, S. 225.

Kelsen, Hans: Das Problem der Souveränität und die Theorie des Völkerrechts, 2. Aufl. Tübingen 1928, 2. Neudruck Aalen 1981; [zitiert als: Problem der Souveränität].

–: Reine Rechtslehre, Leipzig 1934; [zitiert als: Reine Rechtslehre].

Kenntner, Markus: Der deutsche Sonderweg zum Rückwirkungsverbot, NJW 1997, S. 2298.

Klee, Kristina: Die progressive Verwirklichung wirtschaftlicher, sozialer und kultureller Menschenrechte. Eine Interpretation von Art. 2 Abs. 1 des Internationalen Pakts für wirtschaftliche, soziale und kulturelle Rechte, Stuttgart, München, Hannover, Berlin, Weimar 2000.

Klein, Eckart: „Allgemeine Bemerkungen" der UN-Menschenrechtsausschüsse, in: Merten, Detlef / Papier, Hans-Jürgen (Hrsg.), Handbuch der Grundrechte. In Deutschland und Europa. Band VI/2. Europäische Grundrechte II. Universelle Menschenrechte, Heidelberg 2009, S. 395.

–: Menschenrechte. Stille Revolution des Völkerrechts und Auswirkungen auf die innerstaatliche Rechtsanwendung, Baden-Baden 1997.

–: Schutz der Grund- und Menschenrechte durch die Verwaltungsgerichtsbarkeit, LKV 2003, S. 74.

–: Universeller Menschenrechtsschutz – Realität oder Utopie?, EuGRZ 1999, S. 109.

Klein, Karen: Der Fall Görgülü. Ein Sorgerechtsstreit schreibt Rechtsgeschichte, St. Ingbert 2010.

Kolb, Robert: The Protection of the Individual in Times of War and Peace, in: Fassbender, Bardo / Peters, Anne (Hrsg.), The Oxford Handbook of the History of International Law, Oxford 2012, S. 317.

Krabbe, Hugo: Die Lehre der Rechtssouveränität. Beitrag zur Staatslehre, Groningen 1906.

Krabbe, Hugo: L'idée moderne de l'etat, RdC 1926, S. 508.

Krappmann, Lothar: Anspruch und Kerngehalt der Kinderrechtskonvention der Vereinten Nationen, in: Bielefeldt, Heiner / Deile, Volkmar / Hamm, Brigitte / Hutter, Franz-Josef / Kurtenbach, Sabine / Tretter, Hannes (Hrsg.), Kinder und Jugendliche. Jahrbuch Menschenrechte 2010, Wien 2009, S. 15.

Kreutz, Marcus / Lachwitz, Klaus / Trenk-Hinterberger, Peter: Die UN-Behindertenrechtskonvention in der Praxis. Erläuterungen der Regelungen und Anwendungsgebiete, Köln 2013.

Kruis, Tobias: Der Anwendungsvorrang des EU-Rechts in Theorie und Praxis, Tübingen 2013.

Kunig, Philip: Völkerrecht und staatliches Recht, in: Graf Vitzthum, Wolfgang (Hrsg.), Völkerrecht, 6. Aufl. Berlin, Boston 2013, S. 61.

Leeb, David: Die innerstaatliche Umsetzung der Feststellungsurteile des Europäischen Gerichtshofes für Menschenrechte im entschiedenen Fall, Linz 2001.

Liebenberg, Sandra: The Protection of Economic and Social Rights in Domestic Legal Systems, in: Eide, Asbjørn / Krause, Catarina / Rosas, Allan (Hrsg.),

Economic, Social and Cultural Rights. A Textbook, 2. Aufl. Dordrecht, Boston, London 2001, S. 55.

Lorenzmeier, Stefan: Rechtliche Zulässigkeit von Studienbeiträgen – Verfassungs- und völkerrechtliche Aspekte, HFR 2008, S. 130.

–: Völkerrecht schnell erfasst, 2. Aufl. Berlin, Heidelberg 2012.

–: Völkerrechtswidrigkeit der Einführung von Studienbeiträgen und deren Auswirkung auf die deutsche Rechtsordnung, NVwZ 2006, S. 759.

Lorz, Ralph Alexander: Der Vorrang des Kindeswohls nach Art. 3 der UN-Kinderrechtskonvention in der deutschen Rechtsordnung, Berlin 2003.

Lowe, Vaughan: International Law, Oxford 2007.

Madsen, Mikael Rask: ‚Legal Diplomacy'. Law, Politics and Genesis of Postwar European Human Rights, in: Hoffmann, Stefan-Ludwig (Hrsg.), Human Rights in the Twentieth Century, Cambridge 2011, S. 62.

Malanczuk, Peter: Akehurst's Modern Introduction to International Law, 7. Aufl. New York 1997.

Manetti, Gianozzo: Über die Würde und Erhabenheit des Menschen, übersetzt von Lepping, Hartmut, in: Buck, August (Hrsg.), Philosophische Bibliothek Band 426, Hamburg 1990.

von Mangoldt, Hermann / Klein, Friedrich / Starck, Christian: Kommentar zum Grundgesetz. Band 2. Art. 20 bis 82, 6. Aufl. München 2010.

Von Martens, Georg Friedrich: Nouveau recueil général des traités et autres actes relatif aux rapports de droit international. Band II, 2. Aufl. Göttingen 1877; [zitiert als: Band II].

–: Nouveau recueil général des traités et autres actes relatif aux rapports de droit international. Band X, 2. Aufl. Göttingen 1885/1886; [zitiert als Band X].

Maunz, Theodor / Dürig, Günter (Hrsg.): Grundgesetz. Kommentar, 72. Aufl. München 2014.

Meng, Werner: Anwendung völkerrechtlicher Konventionen über Kinderrechte im deutschen Recht, in: Koeppel, Peter (Hrsg.), Kindschaftsrecht und Völkerrecht im europäischen Kontext, Neuwied 1996, S. 5.

Menzel, Hans-Joachim: Minderjährige Flüchtlinge zwischen völkerrechtlichem Kinderschutz und nationaler Ausländerabwehr, ZAR 1996, S. 22.

Meyer-Ladewig, Jens: Europäische Menschenrechtskonvention. Handkommentar, 3. Aufl. Baden-Baden 2011.

Miehsler, Herbert: Österreich und die Menschenrechte, in: Karl, Wolfram (Hrsg.), In memoriam Herbert Miehsler, Köln 1998, S. 233.

Della Mirandola, Pico Giovanni: Über die Würde des Menschen, übersetzt von Baumgartner, Norbert in: Buck, August (Hrsg.), Philosophische Bibliothek, Band 427, Hamburg 1990.

Mosler, Hermann: Das Völkerrecht in der Praxis der deutschen Gerichte, Karlsruhe 1957.

Moyn, Samuel,: The Last Utopia. Human Rights in History, Cambridge, Massachusetts, London 2010.

Nagan, Winston P. / Haddad M. Aitza: Recognition of Palestinian Statehood: a Clarification of the Interests of the Concerned Parties, GJICL 2012, S. 341.

Nettesheim, Martin: Die Allgemeine Erklärung der Menschenrechte und ihre Rechtsnatur, in: Merten, Detlef / Papier, Hans-Jürgen (Hrsg.), Handbuch der Grundrechte. In Deutschland und Europa. Band VI/2. Europäische Grundrechte II. Universelle Menschenrechte, Heidelberg 2009, S. 191.

–: Rang des Unionsrechts, in: Oppermann, Thomas / Claassen, Dieter / Nettesheim, Martin (Hrsg.), Europarecht, 6. Aufl. München 2014, S. 145.

Normand, Roger / Zaidi, Sarah: Human Rights at the UN. The Political History of Universal Justice, Bloomington 2008.

Nowak, Manfred: Einführung in das internationale Menschenrechtssystem, Wien, Graz 2002; [zitiert als: Einführung].

–: Die Justitiabilität wirtschaftlicher, sozialer und kultureller Rechte, in: Matscher, Franz (Hrsg.), Die Durchsetzung wirtschaftlicher und sozialer Grundrechte. Eine rechtsvergleichende Bestandsaufnahme, Kehl am Rein, Straßburg, Arlington 1991, S. 387.

–: The Need for a World Court of Human Rights, HRLR 2007, S. 251.

–: U.N. Covenant on Civil and Political Rights. CCPR Commentary, 2. Aufl. Kehl 2005; [zitiert als: ICCPR Commentary].

–: Ein Weltgerichtshof für Menschenrechte. Eine utopische Forderung?, VN 2008, S. 205.

Nowak, Manfred / McArthur, Elizabeth: The United Nations Convention Against Torture. A Commentary, Oxford 2008.

Obwexer, Walter: Der Beitritt der EU zur EMRK: Rechtsgrundlagen, Rechtsfragen und Rechtsfolgen, EuR 2012, S. 115.

Oestreich, Gerhard: Geschichte der Menschenrechte und Grundfreiheiten im Umriß, 2. Aufl., Berlin 1978.

Oeter, Stefan: Erga omnes-Menschenrechte, in: Merten, Detlef / Papier, Hans-Jürgen (Hrsg.), Handbuch der Grundrechte. In Deutschland und Europa. Band VI/2. Europäische Grundrechte II. Universelle Menschenrechte, Heidelberg 2009, S. 501.

Orakhelashvili, Alexander: The Interpretation of Acts and Rules in Public International Law, Oxford 2008.

Pache, Eckhard: Die Europäische Menschenrechtskonvention und die deutsche Rechtsordnung, EuR 2004, S. 393.

Pabel, Katharina / Schmahl, Stefanie (Hrsg.): Internationaler Kommentar zur Europäischen Menschenrechtskonvention. Mit einschlägigen Texten und Dokumenten. Ordner 1, 16. Lfg. Köln Okt. 2013.

–: Internationaler Kommentar zur Europäischen Menschenrechtskonvention. Mit einschlägigen Texten und Dokumenten. Ordner 2, 16. Lfg. Köln Okt. 2013.

Papier, Hans-Jürgen: Umsetzung und Wirkung der Entscheidungen des Europäischen Gerichtshofes für Menschenrechte aus der Perspektive der nationalen deutschen Gerichte, EuGRZ 2006, S. 1.

Partsch, Karl Josef: Die Anwendung des Völkerrechts im innerstaatlichen Recht. Berichte der Deutschen Gesellschaft für Völkerrecht. Band 6, München 1964.

Pellet, Alain / Müller, Daniel: Reservations to Human Rights Treaties: Not an Absolute Evil…, in: Fastenrath, Ulrich / Geiger, Rudolf / Khan, Daniel-Erasmus / Paulus, Andreas / von Schorlemer, Sabine / Vedder, Christoph (Hrsg.), From Bilateralism to Community Interest. Essays in Honour of Judge Bruno Simma, Oxford 2011, S. 521.

Peter, Erich: Das Recht der Flüchtlingskinder, Karlsruhe 2001.

Peters, Anne / Altwickler, Tilmann: Europäische Menschenrechtskonvention. Mit rechtsvergleichenden Bezügen zum deutschen Grundgesetz, 2. Aufl. München 2012.

Pieroth, Bodo / Schlink, Bernhard / Kingreen, Thorsten / Poscher, Ralf: Grundrechte. Staatsrecht III, 30. Aufl. Heidelberg 2014.

Pfeffer, Robert: Das Verhältnis von Völkerrecht und Landesrecht. Eine kritische Betrachtung alter und neuer Lehren unter besonderer Berücksichtigung der Europäischen Menschenrechtskonvention, Tübingen 2009.

Poscher, Ralf / Rux, Johannes / Langer, Thomas: Von der Integration zur Inklusion, Baden-Baden 2008.

Proelß, Alexander: Der Grundsatz der völkerrechtsfreundlichen Auslegung im Lichte der Rechtsprechung des BVerfG, in: Rensen, Hartmut / Brink, Stefan (Hrsg.), Linien der Rechtsprechung des Bundesverfassungsgerichts – erörtert von den wissenschaftlichen Mitarbeitern, Berlin 2009, S. 553.

Provost, René: International Human Rights and Humanitarian Law, Cambridge 2005.

Randelzhofer, Albrecht: Incorporation of International Treaties into Municipal Law, in: Tunkin, Grigory I. / Wolfrum, Rüdiger (Hrsg.), International Law and Municipal Law, Berlin 1988, S. 101.

Ress, Georg: Die Europäische Menschenrechtskonvention und die Vertragsstaaten: Die Wirkung der Urteile des Europäischen Gerichtshofes für Menschenrechte im innerstaatlichen Recht und vor innerstaatlichen Gerichten, in: Maier, Irene (Hrsg.), Europäischer Menschenrechtsschutz. Schranken und Wirkungen, Heidelberg 1982, S. 227.

Ress, Georg / Schreuer, Christoph: Wechselwirkungen zwischen Völkerrecht und Verfassung bei der Auslegung völkerrechtlicher Verträge, Heidelberg 1982.

Riedel, Eibe / Söllner, Sven: Studiengebühren im Lichte des UN-Sozialpakts, JZ 2006, S. 270.

Riedl, Ernst: Menschenrechte der dritten Dimension, EuGRZ 1989, S. 9.

Robertson, A.H / Merrills, J.G: Human Rights in the World. An introduction to the study of the international protection of human rights, 4. Aufl., Manchester, New York 1996.

Rojahn, Ondolf: Die Auslegung völkerrechtlicher Verträge in der Entscheidungspraxis des Bundesverwaltungsgerichts, in: Geiger, Rudolf (Hrsg.), Völkerrechtlicher Vertrag und staatliches Recht vor dem Hintergrund zunehmender Verdichtung der internationalen Beziehungen. Symposium vom 28. bis 30. Januar 1999 in Leipzig, Baden-Baden 2000, S. 123.

Rossa, Elisabeth: Kinderrechte. Das Übereinkommen über die Rechte des Kindes im internationalen und nationalen Kontext, Frankfurt am Main 2014.

Rothfritz, Lauri Philipp: Die Konvention der Vereinten Nationen zum Schutz der Rechte von Menschen mit Behinderungen. Eine Analyse unter Bezugnahme auf die deutsche und europäische Rechtsebene, Frankfurt a.M. 2010.

Rudolf, Walter: Recht, innerstaatliches und Völkerrecht, in: Seidl-Hohenveldern, Ignaz (Hrsg.), Lexikon des Rechts. Völkerrecht, 3. Aufl. Neuwied, Kriftel 2001, S. 313.

–: Völkerrecht und deutsches Recht, Tübingen 1967.

Ruffert, Matthias: Die europäische Menschenrechtskonvention und innerstaatliches Recht, EuGRZ 2007, S. 245.

Sachs, Michael (Hrsg.): Grundgesetz. Kommentar, 7. Aufl. München 2014.

Sauer, Heiko: Die neue Schlagkraft der gemeineuropäischen Grundrechtsjudikatur. Zur Bindung deutscher Gerichte an die Entscheidungen des Europäischen Gerichtshofes für Menschenrechte, ZaöRV 2005, S. 35.

Saul, Ben / Kinley, David / Mowbray, Jacqueline: The International Covenant on Economic, Social and Cultural Rights. Commentary, Cases, and Materials, Oxford 2014.

Scelle, Georges: Manuel élémentaire de droit international public, Paris 1943.

–: Règles générales du droit de la paix, RdC 1933 IV, S. 327.

Schaber, Thomas: Internationale Verrechtlichung der Menschenrechte. Eine reflexive institutionentheoretische Analyse des Menschenrechtsregimes der Vereinten Nationen, Baden-Baden 1996.

Schadendorf, Sarah: Die EU und die menschenrechtlichen Verträge ihrer Mitgliedstaaten: Divergierende Schutzniveaus am Beispiel der CEDAW, ZaöRV 2014, S. 245.

Schäfer, Bernhard: Die Individualbeschwerde nach dem Fakultativprotokoll zum Zivilpakt, 2. Aufl. Berlin 2007.

Schaffarzik, Bert: Europäische Menschenrechte unter der Ägide des Bundesverfassungsgerichts, DÖV 2005, S. 860.

Schaller, Werner: Das Verhältnis von EMRK und deutscher Rechtsordnung vor und nach Beitritt der EU zur EMRK, EuR 2006, S. 656.

Scherf, Manfred: Die Umsetzung des Internationalen Paktes über wirtschaftliche, soziale und kulturelle Rechte vom 19. Dezember 1966 in die Rechtsordnung der Bundesrepublik Deutschland, Frankfurt am Main, Bern, New York, Paris 1990.

Schilling, Theodor: Internationaler Menschenrechtsschutz. Das Recht der EMRK und des IPbpR, 2. Aufl. Tübingen 2010.

Schmahl, Stefanie: Kinderrechtskonvention mit Zusatzprotokollen. Handkommentar, Baden-Baden 2013.

–: Menschen mit Behinderungen im Spiegel des Internationalen Menschenrechtsschutzes. Überlegungen zur neuen UN-Behindertenkonvention, AVR 2007, S. 517.

Schmidt, Angelika: Europäische Menschenrechtskonvention und Sozialrecht. Die Bedeutung der Straßburger Rechtsprechung für das europäische und deutsche Sozialrecht, Baden-Baden 2003.

Schmidt, Christopher P.: Grund- und Menschenrechte in Europa. Das neue System des Grund- und Menschenrechtsschutzes in der Europäischen Union nach dem Inkrafttreten des Vertrages von Lissabon und dem Beitritt der Union zur EMRK, Baden-Baden 2012.

Schmidt, Markus G.: Follow-Up Mechanisms Before UN Human Rights Treaty Bodies and the UN Mechanisms Beyond, in: Anne F. Bayefsky (Hrsg.), The UN Human Rights Treaty System in the 21st Century, The Hague, London, Boston 2000, S. 233.

Schneider, Jakob: Die Justiziabilität wirtschaftlicher, sozialer und kultureller Rechte, Berlin 2004.

Schöpp-Schilling, Hanna Beate: Die Allgemeinen Empfehlungen des Ausschusses für die Beseitigung der Diskriminierung der Frau, in: Deutsches Institut für Menschenrechte (Hrsg.), Die >>General Comments<< zu den VN-Menschenrechtsverträgen, Baden-Baden 2005, S. 413.

Schweisfurth, Theodor: Völkerrecht, Tübingen 2006.

Schweitzer, Michael: Staatsrecht III. Staatsrecht, Völkerrecht, Europarecht, 10. Aufl. Heidelberg 2010.

Seidl-Hohenveldern, Ignaz / Stein, Torsten: Völkerrecht, 10. Aufl. Köln, Berlin, Bonn, München 2000.

Senecae, L. Annaei: Ad Lucilium Epistulae Morales. Band 1, 2. Aufl. Rom 1949.

Shaw, Malcom: International Law, 7. Aufl. Cambridge 2014.

Simma, Bruno: Der international Schutz der Menschenrechte: Möglichkeiten und Grenzen, in: Karl, Wolfram (Hrsg.), In memoriam Herbert Miehsler, Köln 1998, S. 33.

–: The implementation of the International Covenant on Economic, Social and Cultural Rights, in: Matscher, Franz (Hrsg.), Die Durchsetzung wirtschaftlicher und sozialer Grundrechte. Eine rechtsvergleichende Bestandsaufnahme, Kehl am Rein, Straßburg, Arlington 1991, S. 75.

–: „Die vergessenen Rechte“: Bemühungen zur Stärkung des VN-Sozialpakts, in: Ruland, Franz / Baron von Maydell, Bernd / Papier, Hans-Jürgen (Hrsg.), Verfassung, Theorie und Praxis des Sozialstaats. Festschrift für Hans F. Zacher zum 70. Geburtstag, Heidelberg 1998, S. 867.

Simma, Bruno / Khan, Daniel-Erasmus / Zöckler, Markus / Geiger, Rudolf: The Role of German Courts in the Enforcement of international Human Rights, in: Conforti, Benedetto / Francioni, Francesco (Hrsg.), Enforcing International Human Rights in Domestic Courts, The Hague, Boston, London 1997, S. 71.

Söllner, Sven: Studiengebühren und das Menschenrecht auf Bildung, Stuttgart, München, Hannover, Berlin, Weimar, Dresden 2007.

Sommermann, Karl-Peter: Völkerrechtlich garantierte Menschenrechte als Maßstab der Verfassungskonkretisierung. Die Menschenrechtsfreundlichkeit des Grundgesetzes, AöR 1989, S. 391.

Staebe, Erik: Die Europäische Menschenrechtskonvention und ihre Bedeutung für die Rechtsordnung der Bundesrepublik Deutschland, JA 1996, S. 75.

Stein, Alexander: Das Verbot der Folter im internationalen und nationalen Recht. Unter Betrachtung seiner Durchsetzungsinstrumente und seines absoluten Charakters, Hamburg 2007.

Stein, Torsten / von Buttlar, Christian: Völkerrecht, 13. Aufl. München 2012.

Steinberger, Helmut: Entwicklungslinien in der neueren Rechtsprechung des Bundesverfassungsgerichts zu völkerrechtlichen Fragen, ZaöRV 1988, S. 1.

Steiner, Henry J.: Individual Claims in a world of massive violations: What role for the Human Rights Committee?, in: Alston, Philip / Crawford, James (Hrsg.), The Future of UN Human Rights Treaty Monitoring, Cambridge 2000, S. 15.

Steiner, Henry J. / Alston, Philip / Goodman, Ryan: International Human Rights in Context. Law, Politics, Morals, 3. Aufl. Oxford 2008.

Stock, Susanne: Der Beitritt der Europäischen Union zur Europäischen Menschenrechtskonvention als Gemischtes Abkommen?, Hamburg 2009.

Stöcker, Hans: Wirkungen der Urteile des Europäischen Gerichtshos für Menschenrechte in der Bundesrepublik Deutschland, NJW 1982, S. 1905.

Streinz, Rudolf: Europarecht, 9. Aufl. Heidelberg, München, Landsberg, Frenchen, Hamburg 2012.

Theytaz-Bergmann, Laura: State Reporting and the Role of Non-Governmental Organizations, in: Anne F. Bayefsky (Hrsg.), The UN Human Rights Treaty System in the 21st Century, The Hague, London, Boston 2000, S. 45.

Tomuschat, Christian: Human Rights. Between Idealism and Realism, 2. Aufl. Oxford 2008.

–: Internationaler Menschenrechtsschutz. Anspruch und Wirklichkeit, VN 2008, S. 195.

–: Staatsrechtliche Entscheidung für die internationale Offenheit, in: Isensee, Josef / Kirchhof, Paul (Hrsg.), Handbuch des Staatsrechts der Bundesrepublik Deutschland, Band XI, Internationale Bezüge, 3. Aufl. Heidelberg 2013, S. 3.

–: Verwirrung über die Kinderrechte-Konvention der Vereinten Nationen. Zur innerstaatlichen Geltungskraft völkerrechtlicher Verträge, in: Ruland, Franz / Baron von Maydell, Bernd / Papier, Hans-Jürgen (Hrsg.), Verfassung, Theorie und Praxis des Sozialstaats. Festschrift für Hans F. Zacher zum 70. Geburtstag, Heidelberg 1998, S. 1143.

Triepel, Heinrich: Völkerrecht und Landesrecht, Leipzig 1899 (unveränderter Nachdruck Aalen 1958).

Trilsch, Mirja A.: Die Justiziabilität wirtschaftlicher, sozialer und kultureller Rechte im innerstaatlichen Recht, Heidelberg, Dordrecht, London 2012.

Uerpmann-Wittzack, Robert: Europäische Menschenrechtskonvention und die deutsche Rechtsprechung, Berlin 1993.

–: Rechtsfragen und Rechtsfolgen des Beitritts der Europäischen Union zur EMRK, EuR Beiheft 2012, S. 167.

Van Der Vyver, Johan D.: Sovereignty in: Shelton, Dinah (Hrsg.), The Oxford Handbook of International Human Rights Law, Oxford 2013, S. 379.

Vedder, Christoph: Die Außenbeziehungen der EU und die Mitgliedstaaten: Kompetenzen, gemischte Abkommen, völkerrechtliche Verantwortlichkeit und Wirkungen des Völkerrechts, EuR 2007, Beiheft 3, S. 57.

–: Die UN-Menschenrechtspakte und ihre Verfahren, in: Merten, Detlef / Papier, Hans-Jürgen (Hrsg.), Handbuch der Grundrechte. In Deutschland und Europa. Band VI/2. Europäische Grundrechte II. Universelle Menschenrechte, Heidelberg 2009, S. 237.

Verdross, Alfred: Die Einheit des rechtlichen Weltbildes auf Grundlage der Völkerrechtsverfassung, Tübingen 1923; [zitiert als: Einheit des rechtlichen Weltbildes].

–: Die Verfassung der Völkerrechtsgemeinschaft, Wien, Berlin 1926; [zitiert als: Verfassung der Völkerrechtsgemeinschaft].

–: Völkerrecht, 5. Aufl. Wien 1964; [zitiert als: Völkerrecht].

–: Zur Konstruktion des Völkerrechts, in: Klecatsky, Hans / Marcic, René / Schambeck, Herbert (Hrsg.), Die Wiener rechtstheoretische Schule. Band 2, Wien 2010, S. 1635.

Verdross, Alfred / Simma, Bruno: Universelles Völkerrecht. Theorie und Praxis, 3. Aufl. Berlin 1984.

Vogel, Klaus: Die Verfassungsentscheidung des Grundgesetzes für eine internationale Zusammenarbeit, RuS 1964, S. 3.

Weiß, Norman: Die Entwicklung der Menschenrechtsidee, heutige Ausformung der Menschenrechte und Fragen ihrer universellen Geltung, in: Hasse, Jana / Müller, Erwin / Schneider, Patricia (Hrsg.), Menschenrechte. Bilanz und Perspektiven, Baden-Baden 2002, S. 39.

–: Übereinkommen zum Schutz vor Verschwindenlassen, Baden-Baden 2012.

Welke, Antje (Hrsg.): UN-Behindertenrechtskonvention mit rechtlichen Erläuterungen, Berlin 2012.

Wenzel, Max: Juristische Grundprobleme, Berlin 1920.

Wildenthal, Lora: Rudolf Laun and the Human Rights of Germans in Occupied and Early West Germany, in: Hoffmann, Stefan-Ludwig (Hrsg.), Human Rights in the twentieth Century, Cambridge 2011, S. 125.

Williamson, Hugh: Kritik hat keine Stimme in Aserbaidschan, in: Zeit-Online (Hrsg.), Zeit-Online vom 30.08.2014, abrufbar unter: http://www.zeit.de/politik/ausland/2014-08/aserbaidschan-menschenrechtsverletzungen-erdoel.

Willoweit, Dietmar / Seif, Ulrike: Europäische Verfassungsgeschichte, München 2003.

Zeit-Online (Hrsg.): Amnesty prangert Folter durch Polizei und Militär an, Zeit-Online vom 18.09.2014, abrufbar unter: http://www.zeit.de/gesellschaft/2014-09/nigeria-folter-amnesty-international-polizei-militaer; [zitiert als: Amnesty prangert Folter durch Polizei und Militär an].

–: Maduro unter Folterverdacht, Zeit-Online vom 05.05.2015, abrufbar unter: http://www.zeit.de/politik/ausland/2014-05/maduro-folterverdacht; [zitiert als: Maduro unter Folterverdacht].

–: UN prangern Menschenrechtsverstöße in der Ostukraine an, Zeit-Online vom 16.05.2015, abrufbar unter: http://www.zeit.de/politik/2014-05/ukraine-un-menschenrechte; [zitiert als: UN prangern Menschenrechtsverstöße in der Ostukraine an].

Zuleeg, Manfred: Menschenrechte, Grundrechte und Menschenwürde im deutschen Hoheitsbereich, EuGRZ 2005, S. 681.

–: Zum Standort des Verfassungsstaats im Geflecht der internationalen Beziehungen, DÖV 1977, S. 462.

Entscheidungsverzeichnis

A. Internationale Gerichte

I. Ständiger Internationaler Gerichtshof und Internationaler Gerichtshof

PCIJ v. 25.05.1926, Case concerning certain German interests in Polish Upper Silesia, PCIJ Series A No. 7.

PCIJ v. 04.02.1932, Treatment of Polish Nationals and other Persons of Polish Origin or Speech in the Danzig Territory, PCIJ Series A/B No. 44.

IGH v. 24.05.1980, Case Concerning United States Diplomatic and Consular Staff in Tehran (United States of America / Iran), ICJ Rep. 1980, S. 3.

II. Europäischer Gerichtshof

EuGH v. 15.06.1964, Rs. 6/64 (Costa / ENEL), Slg. 1964, S. 1251.

EuGH v. 17.12.1970, Rs. 11/70 (Internationale Handelsgesellschaft), Slg. 1970, S. 1125.

EuGH v. 30.04.1974, Rs. 181/73 (Haegemann II), Slg. 1974, S. 449.

EuGH v. 09.03.1978, Rs. 106/77 (Simmenthal II), Slg. 1978, 629.

EuGH v. 26.10.1982, Rs. 104/81 (Kupferberg I), Slg. 1982, S. 3641.

EuGH v. 30.09.1987, Rs. 12/86 (Demirel), Slg. 1987, S. 3719.

EuGH v. 11.01.2000, Rs. C-285/98 (Tanja Kreil), Slg. 2000, S. I-69.

EuGH v. 08.03.2011, Rs. C 34/09 (Zambrano / ONEm), Slg. 2011, S. I-1177.

EuGH v. 06.12.2014, Rs. 2/13 (EMRK Beitritt), EuGRZ 2015, S. 56.

III. Europäischer Gerichtshof für Menschenrechte

EGMR v. 25.04.1978, Rs. 5856/72 (Tyrer ./. The United Kingdom), EuGRZ 1979, S. 164.

EGMR v. 06.02.1981, Rs. 6289/73 (Airey ./. Irland), EGMR-E 1, S. 414.

EGMR v. 26.02.2004, Rs. 74969/10 (Görgülü ./. Deutschland), NJW 2004, S. 3397.

EGMR v. 24.06.2004, Rs. 59320/00 (von Hannover ./. Deutschland), GRUR 2004, S. 1051.

EGMR v. 12.02.2008, (Gutachten), NJW 2009, S. 2109.

EGMR v. 08.07.2008, Rs. 10226/03 (Yumak u. Sadak ./. Türkei), NVwZ-RR 2010, S. 81.

EGMR v. 07.04.2009, Rs. 26652/02 (Žičkus ./. Litauen) (zitiert nach: HUDOC).

EGMR v. 17.12.2009, Rs. 19359/04 (M. ./. Deutschland), NJW 2010, S. 2495.

EGMR v. 22.02.2010, (Gutachten No. 2), (zitiert nach: HUDOC).

EGMR v. 13.01.2011, Rs. 6587/04 (Haidn ./. Deutschland), NJW 2011, S. 3423.

EGMR v. 20.06.2013, Rs. 63638/09 (Turluyeva ./. Russia), (zitiert nach: HUDOC).

B. Deutsche Gerichte

I. Bundesverfassungsgericht

BVerfG v. 29.07.1952, Rs. 2 BvE 3/51, BVerfGE 1, S. 372.

BVerfG v. 30.07.1952, Rs. 1 BvF 1/52, BVerfGE 1, S. 396.

BVerfG v. 04.05.1955, Rs. 1 BvF 1/55, BVerfGE 4, S. 157.

BVerfG v. 07.04.1965, Rs. 2 BvR 227/64, BVerfGE 18, S. 441.

BVerfG v. 04.05.1971, Rs. 1 BvR 636/68, BVerfGE 31, S. 58.

BVerfG v. 14.11.1973, Rs. 1 BvR 719/69, NJW 1974, S. 545.

BVerfG v. 21.05.1974, Rs. 1 BvL 22/71 u. 21/72, BVerfGE 37, S. 217.

BVerfG v. 07.07.1975, Rs. 1 BvR 274/72 u.a, BVerfGE 40, S. 141.

BVerfG v. 08.06.1977, Rs. 2 BvR 499/74 u. 1042/75, BVerfGE 45, S. 142.

BVerfG v. 13.12.1977, Rs. 2 BvM 1/76, BVerfGE 46, S. 342.

BVerfG v. 13.01.1981, Rs. 1 BvR 116/77, NJW 1981, S. 1431.

BVerfG v. 20.10.1981, Rs. 1 BvR 404/78, NJW 1982, S. 815.

BVerfG v. 18.12.1984, Rs. 2 BvE 13/83, BVerfGE 68, S. 1.

BVerfG v. 22.10.1986, Rs. 2 BvR 197/83, BVerfGE 73, S. 339.

BVerfG v. 26.03.1987, Rs. 2 BvR 589/79, u.a., BVerfGE 74, S. 358.

BVerfG v. 31.03.1987, Rs. 2 BvM 2/86, NJW 1987, S. 2155.

BVerfG v. 08.04.1987, Rs. 2 BvR 687/85, BVerfGE 75, S. 223.

BVerfG v. 12.05.1987, Rs. 2 BvR 1226/83, u.a., NJW 1988, S. 626.

BVerfG v. 21.05.1987, Rs. 2 BvR 1170/83, NJW 1988, S. 1462.

BVerfG v. 29.06.1990, Rs. 2 BvR 254, 1343/88, BVerfGE 82, S. 106.

BVerfG v. 14.11.1990, Rs. 2 BvR 1462/87, BVerfGE 83, S. 119.

BVerfG v. 21.02.1992, Rs. 2 BvR 1662/91, BVerfGE 77, S. 170.

BVerfG v. 12.07.1994, Rs. 2 BvE 3/92 u.a., BVerfGE 90, S. 286.
BVerfG v. 07.07.1995, Rs. 2 BvR 326/92, NStZ 1995, S. 555.
BVerfG v. 14.05.1996, Rs. 2 BvR 1507/93 u. 1508/93, NVwZ 1996, S. 691.
BVerfG v. 06.05.1997, Rs. 1 BvR 711/96, NJW 1997, S. 2811.
BVerfG v. 07.04.1998, Rs. 2 BvR 2560/95, NJW 1998, S. 2585.
BVerfG v. 12.05.1998, Rs. 2 BvR 61/96, NJW 1998, S. 2587.
BVerfG v. 01.07.1998, Rs. 2 BvR 441/90, BVerfGE 98, S. 169.
BVerfG v. 22.01.1999, Rs. 2 BvR 729/96, NVwZ-RR 1999, S. 403.
BVerfG v. 15.12.1999, Rs. 1 BvR 653/96, BVerfGE 101, S. 361.
BVerfG v. 22.11.2001, Rs. 2 BvE 6/99, BVerfGE 104, S. 151.
BVerfG v. 29.04.2003, Rs. 1 BvR 436/03, NVwZ 2003, S. 1113.
BVerfG v. 05.02.2004, Rs. 2 BvR 2029/01, BVerfGE 109, S. 133.
BVerfG v. 08.04.2004, Rs. 2 BvR 253/04, BeckRS 2004, 21967.
BVerfG v. 14.10.2004, Rs. 2 BvR 1481/04, BVerfGE 111, S. 307.
BVerfG v. 26.10.2004, Rs. 2 BvR 955/00 u.a., NVwZ 2005, S. 560.
BVerfG v. 28.12.2004, Rs. 1 BvR 2790/04, BeckRS 2005, 20303.
BVerfG v. 05.04.2005, Rs. 1 BvR 1664/04, NJW 2005, S. 1765.
BVerfG v. 10.06.2005, Rs. 1 BvR 2790/04, BeckRS 2005, 27456.
BVerfG v. 15.10.2007, Rs. 2 BvR 1680/07, NVwZ 2008, S. 71.
BVerfG v. 04.12.2007, Rs. 2 BvR 38/06, BeckRS 2007, 32414.
BVerfG v. 20.12.2007, Rs. 2 BvQ 51/07, BeckRS 2008, 30828.
BVerfG v. 20.12.2007, Rs. 2 BvR 1996/07, BeckRS 2008, 30833.
BVerfG v. 13.02.2008, Rs. 2 BvK 1/07, NVwZ 2008, S. 407.
BVerfG v. 26.02.2008, Rs. 1 BvR 1602/07 u.a., NJW 2008, S. 1793.
BVerfG v. 09.12.2008, Rs. 2 BvR 2368/08, BeckRS 2011, 48310.
BVerfG v. 26.02.2010, Rs. 1 BvR 1541/09 u.a., NJW 2010, S. 1943.
BVerfG v. 23.03.2011, Rs. 2 BvR 882/09, BeckRS 2011, 49744.
BVerfG v. 04.05.2011, Rs. 2 BvR 2365/09, u.a., BVerfGE 128, S. 326.
BVerfG v. 15.12.2011, Rs. 2 BvR 148/11, NJW 2012, S. 1202.
BVerfG v. 20.06.2012, Rs. 2 BvR 1046/11, BVerfGE 131, S. 268.
BVerfG v. 18.07.2012, Rs. 1 BvL 10/10 u. 1 BvL 2/11, NVwZ 2012, S. 1024.
BVerfG v. 23.10.2013, Rs. 1 BvR 1842/11 u. 1843/11, GRUR 2014, S. 169.
BVerfG v. 26.02.2014, Rs. 2 BvE 2/13 u.a, NVwZ 2014, S. 439.

II. Verfassungsgerichte der Länder

VerfGH Berlin v. 16.12.1993, Rs. 52/92, BeckRS 1993, 10287.
VerfGH Sachsen v. 06.11.1998, Rs. Vf. 16-IX-98, LKV 1999, S. 183.
VerfG Brandenburg v. 30.06.1999, Rs. VfGBbG 3/98, LKV 1999, S. 450.

VerfGH Sachsen v. 28.06.2007, Rs. Vf. 76, 77-IV/07, BeckRS 2007, 26919.
StGH Hessen v. 11.06.2008, Rs. P.St. 2133, 2158, NVwZ 2008, S. 883.
VerfGH Bayern v. 28.05.2009, Rs. Vf. 4–VII-07, BeckRS 2010, 48905.

VerfGH Sachsen v. 24.03.2011, Rs. Vf. 14-IV-11, BeckRS 2012, 45922.
VerfGH Thüringen v. 01.06.2011, Rs. VerfGH 43/08 u.a., BeckRS 2011, 51685.
VerfG Brandenburg v. 15.07.2011, Rs. VfGBbg 10/11, BeckRS 2011, 53424.
VerfG Brandenburg v. 15.07.2011, Rs. VfGBbg 22/11, NJW-RR 2011, S. 1514.
VerfGH Saarland v. 29.09.2011, Rs. Lv 4/11, NVwZ-RR 2012, S. 169.
VerfG Brandenburg v. 21.10.2011, Rs. VfGBbg 35/11, BeckRS 2012, 54664.
VerfG Brandenburg v. 16.12.2011, Rs. VfGBbg 16/11, BeckRS 2012, 54613.
VerfG Schleswig-Holstein v. 13.09.2013, Rs. LVerfG 7/12, BeckRS 2013, 55852.

III. Bundesverwaltungsgericht

BVerwG v. 08.04.1960, Rs. 1 C 29/71, BVerwGE 44, S. 156.

BVerwG v. 26.03.1975, Rs. II C 11/74, BeckRS 1975, 30433092.

BVerwG v. 26.03.1982, Rs. 1 C 29/81, NJW 1982, S. 1958.
BVerwG v. 28.06.1983, Rs. 9 C 15/83, DVBl. 1983, S. 1014.
BVerwG v. 18.09.1984, Rs. 1 A 4/83, NJW 1984, S. 2775.
BVerwG v. 18.09.1984, Rs. 1 A 60/83, BeckRS 1984, 31304343.
BVerwG v. 14.03.1985, Rs. 5 C 145/83, BVerwGE 71, S. 139.
BVerwG v. 27.09.1988, Rs. 1 C 41/87, BVerwGE 80, S. 249.
BVerwG v. 01.02.1989, Rs. 1 D 2/86, BVerwGE 86, S. 99.

BVerwG v. 16.10.1990, Rs. 1 C 15/88, BVerwGE 87, S. 11.
BVerwG v. 18.01.1994, Rs. 9 C 48/92, BVerwGE 95, S. 42.
BVerwG v. 22.02.1995, Rs. 1 C 11/94, NVwZ 1995, S. 1113.
BVerwG v. 17.10.1995, Rs. 9 C 15/95, BVerwGE 99, S. 331.
BVerwG v. 24.10.1995, Rs. 1 C 29/49, BVerwGE 99, S. 341.

BVerwG v. 19.03.1996, Rs. 1 C 34/93, NVwZ-RR 1997, S. 317.
BVerwG v. 29.03.1996, Rs. 1 C 28/94, BeckRS 1996, 31225989.
BVerwG v. 11.06.1996, Rs. 1 C 19/93, NVwZ 1997, S. 295.
BVerwG v. 18.06.1996, Rs. 1 C 17/95, NVwZ 1997, S. 192.
BVerwG v. 15.04.1997, Rs. 9 C 38/96, BVerwGE 104, S. 265.
BVerwG v. 03.06.1997, Rs. 1 C 18/96, NVwZ 1998, S. 189.
BVerwG v. 22.01.1998, Rs. 2 C 4/97, NVwZ 1999, S. 404.
BVerwG v. 10.11.1999, Rs. 6 C 30/98, NVwZ 2000, S. 1291.
BVerwG v. 02.02.2000, Rs. 2 C 1/99, NJW 2000, S. 2521.
BVerwG v. 18.05.2000, Rs. 5 C 19/98, BVerwGE 111, S. 200.
BVerwG v. 25.07.2001, Rs. 6 C 8/00, NVwZ 2002, S. 206.
BVerwG v. 23.01.2002, Rs. 6 C 16/01, BeckRS 2002, 21337.
BVerwG v. 04.06.2002, Rs. 7 B 58/02, BeckRS 2002, 22487.
BVerwG v. 27.11.2002, Rs. 6 A 4/02, NVwZ 2003, S. 986.
BVerwG v. 16.07.2003, Rs. 6 VR 10/02, BeckRS 2003, 24408.
BVerwG v. 03.12.2003, Rs. 6 C 13/03, BeckRS 2004, 21306.
BVerwG v. 03.12.2003, Rs. 6 C 14/03, BeckRS 2004, 21307.
BVerwG v. 05.10.2006, Rs. 6 B 33/06, BeckRS 2006, 26699.
BVerwG v. 20.04.2007, Rs. 5 B 129/07, BeckRS 2007, 23827.
BVerwG v. 29.04.2009, Rs. 6 C 16/08, NVwZ 2009, S. 1562.
BVerwG v. 02.09.2009, Rs. 1 C 2/09, ZAR 2010, S. 284.
BVerwG v. 18.01.2010, Rs. 6 B 52/09, BeckRS 2010, 47291.
BVerwG v. 30.03.2010, Rs. 1 C 8/09, ZAR 2011, S. 27.
BVerwG v. 15.12.2010, Rs. 6 C 8/09, BeckRS 2011, 46846.
BVerwG v. 15.12.2010, Rs. 6 C 9/09, BeckRS 2011, 46817.
BVerwG v. 15.12.2010, Rs. 6 C 10/09, BeckRS 2011, 46816.
BVerwG v. 15.12.2010, Rs. 6 C 11/09, BeckRS 2011, 46845.
BVerwG v. 29.11.2012, Rs. 10 C 4/12, u.a., BeckRS 2013, 45539.
BVerwG v. 30.01.2013, Rs. 5 C 6/12, BeckRS 2013, 47172.
BVerwG v. 21.02.2013, Rs. 5 C 9/12, BayVerwBl. 2013, S. 506.
BVerwG v. 13.06.2013, Rs. 10 C 16/12, NVwZ 2013, S. 1493.
BVerwG v. 19.08.2014, Rs. 1 C 3.14, BeckRS 2014, 56483.

IV. Oberverwaltungsgericht und Verwaltungsgerichtshof

OVG Berlin v. 28.10.1982, Rs. 6 S 101/82, BeckRS 1982, 31208466.

VGH Kassel v. 19.12.1985, Rs. 10 UE 1647/84, NVwZ 1986, S. 501.

VGH München v. 13.08.1986, Rs. 4 N 85 A/3495, NVwZ 1987, S. 154.

OVG Münster v. 21.12.1988, Rs. 17 A 2618/85, NJW 1989, S. 2209.

OVG Münster v. 15.06.1989, Rs. 6 B 1318/89, NJW 1989, S. 2560.

OVG Saarland v. 05.05.1993, Rs. 9 R 84/92, BeckRS 1993, 10144.

OVG Saarland v. 15.06.1994, Rs. 9 R 135/93, BeckRS 1994, 14210.

OVG Saarland v. 07.09.1994, Rs. 9 R 141/93, BeckRS 1994, 14211.

OVG Saarlouis v. 22.09.1994, Rs. 1 Z 1/86, LMRR 1994, S. 53.

OVG Berlin v. 06.12.1994, Rs. 4 B 22/93, BeckRS 1995, 22179.

OVG Hamburg v. 26.01.1995, Rs. Bs VII 126/94, BeckRS 1995, 12971.

OVG Saarland v. 14.06.1995, Rs. 9 R 1219/94, BeckRS 1995, 13122.

OVG Saarland v. 28.06.1995, Rs. 9 R 892/94, BeckRS 1995, 13126.

VGH Kassel v. 10.07.1995, Rs. 9 UE 3213/94, NVwZ-RR 1996, S. 543.

OVG Saarland v. 08.05.1996, Rs. 9 R 80/93, BeckRS 1996, 13880.

VGH Mannheim v. 15.10.1996, Rs. 10 S 176/96, NJW 1997, S. 754.

OVG Lüneburg v. 06.11.1996, Rs. 13 M 5368/96, NVwZ-RR 1997, S. 291.

OVG Weimar v. 05.12.1996, Rs. 3 KO 136/96, BeckRS 1996, 13941.

OVG Weimar v. 05.12.1996, Rs. 3 KO 847/96, BeckRS 1997, 20220.

OVG Saarland v. 30.07.1997, Rs. 9 R 951/94, BeckRS 1997, 16746.

OVG Münster v. 10.09.1997, Rs. 17 A 4727/95, BeckRS 1997, 16608.

OVG Saarland v. 21.01.1998, Rs. 9 R 1377/94, BeckRS 1998, 17030.

VGH Mannheim v. 20.03.1998, Rs. A 16 S 60/97, (zitiert nach juris).

OVG Berlin v. 14.07.1998, Rs. 8 B 186/96, BeckRS 1998, 16681.

OVG Thüringen v. 30.09.1998, Rs. 3 KO 864/98, NVwZ-Beil. 1999, S. 19.

OVG Münster v. 27.01.1999, Rs. 23 A 7287/95, BeckRS 1999, 17680.

OVG Schleswig-Holstein v. 23.02.1999, Rs. 4 L 195/98, BeckRS 2000, 21099.

OVG Lüneburg v. 25.02.1999, Rs. 12 L 3799/98, NVwZ-Beil. 1999, S. 54.

OVG Hamburg v. 30.03.1999, Rs. Bf VI 25/96, NVwZ-RR 2000, S. 116.

OVG Saarland v. 30.07.1999, Rs. 9 R 5/96, BeckRS 1999, 17765.

OVG Bautzen v. 25.01.2000, Rs. A 4 B 4114/97, BeckRS 2001, 20635.
VGH Baden-Württemberg v. 06.04.2000, Rs. 2 S 1860/99, DVBl. 2000, S. 1782.
OVG Weimar v. 13.04.2000, Rs. 3 KO 265/98, BeckRS 2000, 22268.
VGH Kassel v. 03.05.2000, Rs. 5 UE 4657/96 A, BeckRS 2005, 26986.
VGH München v. 17.08.2000, Rs. 5 ZB 98.1304, (zitiert nach Juris).
OVG Berlin v. 23.08.2000, Rs. 3 B 47/95, BeckRS 2000, 17180.
VGH Kassel v. 29.08.2000, Rs. 10 UE 3556/96 A, BeckRS 2005, 23049.
OVG Lüneburg v. 06.09.2000, Rs. 11 M 2715/00, BeckRS 2000, 17332.
VGH Kassel v. 11.12.2000, Rs. 9 UE 2200/98 A, BeckRS 2005, 23706.
VGH Kassel v. 29.10.2001, Rs. 9 UE 1702/98 A, BeckRS 2005, 23693
OVG Saarland v. 21.11.2001, Rs. 9 R 16/99, BeckRS 2001, 18158.

VGH Kassel v. 28.02.2002, Rs. 9 UE 1653/98 A, BeckRS 2005, 26747.
OVG Münster v. 27.06.2002, Rs. 8 A 4782/99.A, (zitiert nach juris).
VGH Kassel v. 23.01.2003, Rs. 9 UE 1735/98 A, BeckRS 2005, 23696.
OVG Bautzen v. 24.09.2003, Rs. 2 BS 273/03, LKV 2004, S. 129.

OVG Hamburg v. 17.06.2004, Rs. 1 Bf 198/00, BeckRS 2004, 24353.
OVG Hamburg v. 21.12.2004, Rs. 1 Bs 535/04, NVwZ-RR 2005, S. 258.
OVG Münster v. 19.04.2005, Rs. 8 A 273/04.A, (zitiert nach juris).
OVG Münster v. 12.07.2005, Rs. 8 A 780/04, BeckRS 2005, 28761.

VGH Mannheim v. 18.01.2006, Rs. 13 S 2220/05, ZAR 2006, S. 142.
VGH München v. 11.05.2006, Rs. 24 C 06.489, BeckRS 2009, 41028.
OVG Bremen v. 11.08.2006, Rs. 1 A 49/06, BeckRS 2006, 27143.
OVG Münster v. 22.08.2006, Rs. 18 B 1209/06, BeckRS 2006, 25180.
VGH München v. 30.01.2007, Rs. 7 ZB 06.781, BeckRS 2007, 25587.
VGH Mannheim v. 13.03.2007, Rs. 4 S 1805/06, NVwZ-RR 2008, S. 149.
OVG Münster v. 17.04.2007, Rs. 8 A 2771/06, BeckRS 2008, 38890.
OVG Bautzen v. 14.05.2007, Rs. 2 B 936/04, BeckRS 2007, 23894.
OVG Saarlouis v. 26.06.2007, Rs. 1 A 222/07, BeckRS 2007, 27502.
OVG Bremen v. 02.07.2007, Rs. 1 A 21/07, BeckRS 2008, 37992.
VGH München v. 02.08.2007, Rs. 7 ZB 07.987, NVwZ-RR 2007, S. 763.
OVG Lüneburg v. 19.08.2007, Rs. 8 LA 67/07, 7 LC 229/06, BeckRS 2007, 28160.
OVG Münster v. 09.10.2007, Rs. 15 A 1596/07, BeckRS 2007, 27349.

OVG Lüneburg v. 06.11.2007, Rs. 8 LA 67/07, BeckRS 2007, 28161.
VGH Kassel v. 15.11.2007, Rs. 8 UE 1109/07, BeckRS 2008, 33461.
VGH Kassel v. 15.11.2007, Rs. 8 UE 1584/05, BeckRS 2008, 33462.
VGH Mannheim v. 20.11.2007, Rs. A 10 S 70/06, BeckRS 2007, 28319.

VGH Kassel v. 26.03.2008, Rs. 8 TG 2493/07, BeckRS 2008, 34344.
VGH München v. 24.04.2008, Rs. 7 ZB 07.1068, BeckRS 2008, 38037.
VGH Mannheim v. 20.05.2008, Rs. 10 S 72/08, BeckRS 2008, 36226.
VGH Mannheim v. 20.05.2008, Rs. 10 S 3032/07, BeckRS 2008, 39226.
VGH München v. 21.05.2008, Rs. 7 ZB 08.612, NVwZ-RR 2009, S. 163.
OVG Hamburg v. 14.10.2008, Rs. 3 Bf 252/06, BeckRS 2009, 30438.
OVG Hamburg v. 28.10.2008, Rs. 3 Bf 260/07, BeckRS 2009, 30121.
VGH München v. 29.10.2008, Rs. 7 C 08.1838, BeckRS 2009, 32599.
OVG Bremen v. 03.02.2009, Rs. OVG 1 A 21/07, BeckRS 2009, 32579.
VGH Mannheim v. 16.02.2009, Rs. 2 S 1855/07, BeckRS 2009, 31491.
VGH Mannheim v. 16.02.2009, Rs. 2 S 2554/07, BeckRS 2009, 31980.
VGH Mannheim v. 16.02.2009, Rs. 2 S 2833/07, BeckRS 2009, 31979.
OVG Bremen v. 25.09.2009, Rs. S 3 A 272/07, BeckRS 2010, 46192.
OVG Magdeburg v. 21.10.2009, Rs. 3 L 282/07, BeckRS 2010, 48751.
VGH München v. 10.11.2009, Rs. 7 N 09.2428, BeckRS 2011, 46066.
VGH Kassel v. 12.11.2009, Rs. 7 B 2763/09, NVwZ-RR 2010, S. 602.
VGH Kassel v. 18.11.2009, Rs. 7 B 2763/09, BeckRS 2010, 45233.

OVG Münster v. 12.01.2010, Rs. 16 B 1413/09, BeckRS 2010, 45532.
VGH Kassel v. 05.02.2010, Rs. 7 A 2406/09, NVwZ-RR 2010, S. 767.
VGH München v. 09.02.2010, Rs. 7 N 09.2482, BeckRS 2010, 49111.
OVG Hamburg v. 23.02.2010, Rs. 3 Bf 4/09, BeckRS 2011, 48361.
OVG Hamburg v. 23.02.2010, Rs. 3 Bf 70/09, BeckRS 2010, 48264.
VGH Mannheim v. 23.02.2010, Rs. 13 S 2696/09, BeckRS 2010, 47245.
OVG Hamburg v. 30.03.2010, Rs. 3 Bf 280/09, BeckRS 2010, 48572.
OVG Lüneburg v. 12.05.2010, Rs. 2 ME 180/10, BeckRS 2010, 49299.
OVG Münster v. 16.06.2010, Rs. 13 B 653/10, BeckRS 2010, 49944.
OVG Bautzen v. 06.08.2010, Rs. 2 B 229/10, LKV 2010, S. 561.
OVG Lüneburg v. 16.09.2010, Rs. 2 ME 278/10, BeckRS 2010, 53110.
VGH Mannheim v. 27.09.2010, Rs. A 10 S 689/08, BeckRs 2010, 55345.

OVG Berlin-Brandenburg v. 29.09.2010, Rs. OVG 12 B 21/09, BeckRS 2010, 56669.
OVG Münster v. 03.11.2010, Rs. 19 E 533/10, BeckRS 2010, 55778.
OVG Münster v. 14.12.2010, Rs. 19 A 2999/0.A, BeckRS 2011, 46165.
OVG Hamburg v. 09.02.2011, Rs. 4 Bs 9/11, BeckRS 2011, 47536.
OVG Hamburg v. 14.02.2011, Rs. 3 Bf 102/09, NJOZ 2011, S. 2062.
OVG Berlin-Brandenburg v. 31.03.2011, Rs. OVG 3 B 8/08, BeckRs 2011, 51217.
VGH München v. 09.05.2011, Rs. 19 B 10.2384, BeckRS 2011, 5543.
VGH München v. 08.07.2011, Rs. 10 ZB 10.3028, NVwZ-RR 2012, S. 161.
OVG Berlin-Brandenburg v. 08.09.2011, Rs. OVG 3 B 24.09, BeckRS 2011, 54118.
OVG Bremen v. 28.09.2011, Rs. 2 A 56/09, BeckRS 2012, 45745.
OVG Koblenz v. 27.10.2011, Rs. 7 A 10405/11.OVG, BeckRS 2011, 55559.
VGH München v. 24.11.2011, Rs. 4 N 1412, BayVerwBl. 2012, S. 115.
OVG Schleswig v. 01.12.2011, Rs. 4 LB 8/11, BeckRs 2012, 51035.
VGH Mannheim v. 13.12.2011, Rs. A 10 S 69/11, BeckRS 2013, 49275.
OVG Berlin-Brandenburg v. 23.02.2012, Rs. OVG 2 B 6/11, BeckRS 2012, 49580.
VGH Mannheim v. 06.03.2012, Rs. A 11 S 3070/11, BeckRS 2012, 48611.
OVG Berlin-Brandenburg v. 19.03.2012, Rs. OVG 3 B 21/11, BeckRS 2012, 50754.
VGH Mannheim v. 27.04.2012, Rs. A 11 S 3079/11, BeckRS 2012, 50694.
VGH Mannheim v. 27.04.2012, Rs. A 11 S 3392/11, BeckRS 2012, 50695.
OVG Münster v. 22.05.2012, Rs. 5 A 609/11.A, BeckRS 2012, 51149.
OVG Magdeburg v. 18.07.2012, Rs. 3 L 147/12, BeckRS 2012, 59627.
OVG Bautzen v. 13.09.2012, Rs. 2 B 321/12, LKV 2012, S. 520.
OVG Lüneburg v. 02.10.2012, Rs. 8 LA 209/11, BeckRS 2012, 57834.
VGH Mannheim v. 21.11.2012, Rs. 9 S 1833/12, BeckRS 2012, 60565.
OVG Bremen v. 07.01.2013, Rs. 1 S 295/12, BeckRS 2013, 45417.
OVG Lüneburg v. 07.01.2013, Rs. 13 PA 243/12, BeckRS 2013, 45530.
OVG Berlin-Brandenburg v. 12.02.2013, Rs. OVG 11 N 18/10, BeckRS 2013, 47144.
VGH München v. 11.11.2013, Rs. 10 CS 13.2237 u. 10 C 13.2238, BeckRS 2013, 59023.
OVG Lüneburg v. 11.12.2013, Rs. 2 LC 222/13, BeckRS 2014,46850.
VGH München v. 24.02.2014, Rs. 10 ZB 11.2268, BeckRS 2014, 48596.
OVG Lüneburg v. 28.03.2014, Rs. 2 LC 14/14, BeckRS 2014, 56534.

OVG Berlin-Brandenburg v. 09.05.2014, Rs. OVG 11 M 36.14, BeckRS 2014, 51953.

OVG Bautzen v. 07.10.2014, Rs. 3 B 14/14, BeckRS 2015, 40092.

V. Verwaltungsgericht

VG Berlin v. 16.11.1982, Rs. 19 A 61181, BeckRS 1982, 31345551.

VG Bremen v. 26.11.1987, Rs. 3 A 392/86, NJW 1988, S. 3224.

VG Frankfurt v. 22.02.1993, Rs. 9 G 300/93, NJW 1993, S. 2067.

VG Frankfurt a.M. v. 24.11.1993, Rs. 5 E 11833/93, NVwZ 1994, S. 1137.

VG Regensburg v. 03.03.1994, Rs. 12 K 93/2170, NJW 1994, S. 2040.

VG Weimar v. 31.01.1995, Rs. 4 E 9/95, LKV 1995, S. 329.

VG Frankfurt a.M. v. 15.01.1996, Rs. 14 G 50002/96, NVwZ-Beil. 1996, S. 29.

VG Hannover v. 02.03.1998, Rs. 6 A 4317–97, NJW 1998, S. 1250.

VG Frankfurt a.M. v. 09.11.1998, Rs. 9 E 1570–98, NVwZ-RR 1999, S. 325.

VG Berlin v. 20.01.1999, Rs. 12 A 551/98, NVwZ-RR 1999, S. 748.

VG Aachen v. 23.08.1999, Rs. 6 L 789/99, NVwZ-Beil. 2000, S. 72.

VG München v. 02.03.2000, Rs. M 17 K 98 3623 u.a., NVwZ-Beil. 2000, S. 130.

VG Karlsruhe v. 18.10.2000, Rs. 10 K 2791/99, BeckRS 2005, 24158.

VG Ansbach v. 16.01.2001, Rs. AN 19 K 00.00929, BeckRS 2001, 18648.

VG Augsburg v. 31.10.2001, Rs. Au 1 S 01.1223, BeckRS 2001, 19127.

VG Sigmaringen v. 02.04.2003, Rs. 5 K 781/02, BeckRS 2004, 24541.

VG Hannover v. 02.05.2003, Rs. 5 B 1526/03, BeckRS 2003, 22113.

VG Frankfurt a.M. v. 22.10.2003, Rs. 1 G 3914/03, BeckRS 2004, 21112.

VG Freiburg v. 23.10.2003, Rs. 1 K 664/03, BeckRS 2003, 25495.

VG Augsburg v. 23.02.2004, Rs. Au 6 K 03.30510, BeckRS 2004, 28165.

VG Augsburg v. 23.02.2004, Rs. Au 6 K 03.30528, BeckRS 2004, 28166.

VG Augsburg v. 20.02.2004, Rs. Au 6 K 03.30553, BeckRS 2004, 28167.

VG Augsburg v. 20.02.2004, Rs. Au 6 K 03.30561, BeckRS 2004, 28168.

VG Braunschweig v. 17.03.2004, Rs. 6 B 177/04, BeckRS 2004, 22432.

VG Ansbach v. 31.03.2004, Rs. AN 15 K 02.32519, BeckRS 2004, 32216.

VG Augsburg v. 22.04.2004, Rs. Au 6 K 03.30619, BeckRS 2004, 28170.

VG Augsburg v. 14.06.2004, Rs. Au 6 K 03.30566, BeckRS 2004, 28169.

VG Aachen v. 04.08.2004, Rs. 6 K 1000/02.A, BeckRS 2004, 19341.

VG Augsburg v. 06.04.2005, Rs. Au 6 K 03.30519, (zitiert nach juris).
VG Augsburg v. 07.04.2005, Rs. Au 6 K 03.30509, (zitiert nach juris).
VG Augsburg v. 07.04.2005, Rs. Au 6 K 04.30185, (zitiert nach juris).
VG Gießen v. 14.04.2005, Rs. 7 E 398/02.A, (zitiert nach juris).
VG Mainz v. 27.04.2005, Rs. 7 K 755/04, BeckRS 2005, 29288.
VG Gießen v. 28.04.2005, Rs. 7 E 1504/02.A, BeckRS 2005, 35288.
VG Stuttgart v. 11.10.2005, Rs. 11 K 5363/03, BeckRS 2005, 30372.

VG Braunschweig v. 10.01.2006, Rs. 6 B 432/05, BeckRS 2006, 21114.
VG Gelsenkirchen v. 29.01.2006, Rs. 4 K 5216/04, BeckRS 2007, 20228.
VG München v. 21.02.2006, Rs. M 21 K 03.50460, BeckRS 2006, 31377.
VG Düsseldorf v. 15.03.2006, Rs. 20 K 5773/04, BeckRS 2006, 23367.
VG Gelsenkirchen v. 29.11.2006, Rs. 4 K 2911/06, NVwZ 2007, S. 612.
VG Gelsenkirchen v. 29.11.2006, Rs. 4 K 36/06, BeckRS 2007, 20227.
VG Gelsenkirchen v. 29.11.2006, Rs. 4 K 1462/06, BeckRS 2007, 20225.
VG Hannover v. 14.12.2006, Rs. 6 A 3640/06, NdsVBl. 2007, S. 138.

VG Frankfurt a.M. v. 13.02.2007, Rs. 7 E 3577/04, BeckRS 2007, 27232.
VG Saarlouis v. 07.03.2007, Rs. 10 K 4/07, BeckRS 2008, 30939.
VG Minden v. 26.03.2007, Rs. 9 K 3614/06, BeckRS 2007, 25001.
VG Hannover v. 08.06.2007, Rs. 6 B 8296/06, BeckRS 2007, 25388.
VG Saarlouis v. 19.06.2007, Rs. 10 K 5/07, BeckRS 2008, 30940.
VG Freiburg v. 20.06.2007, Rs. 1 K 121/07, BeckRS 2007, 25411.
VG Freiburg v. 20.06.2007, Rs. 1 K 2274/06, BeckRS 2007, 25412.
VG Freiburg v. 20.06.2007, Rs. 1 K 2324/06, BeckRS 2007, 25413.
VG Karlsruhe v. 11.07.2007, Rs. 7 K 2966/06, BeckRS 2007, 27409.
VG Karlsruhe v. 11.07.2007, Rs. 7 K 3075/06, BeckRS 2007, 27651.
VG Karlsruhe v. 11.07.2007, Rs. 7 K 444/07, BeckRS 2007, 27008.
VG Ansbach v. 31.08.2007, Rs. 4 K 07.590, BeckRS 2008, 35983.
VG Arnsberg v. 21.09.2007, Rs. 12 K 4001/06, BeckRS 2007, 27743.
VG Freiburg v. 01.10.2007, Rs. 1 K 893/06, BeckRS 2008, 40098.
VG Münster v. 19.10.2007, Rs. 1 K 2077/06, BeckRS 2008, 31305.

VG Düsseldorf v. 20.02.2008, Rs. 20 K 1715/07, BeckRS 2008, 33836.
VG Düsseldorf v. 20.02.2008, Rs. 20 K 1803/07, BeckRS 2008, 34173.
VG Düsseldorf v. 20.02.2008, Rs. 20 K 1978/07, BeckRS 2008, 34088.

VG Sigmaringen v. 27.03.2008, Rs. 8 K 1981/06, BeckRS 2008, 36662.
VG Düsseldorf v. 16.04.2008, Rs. 20 K 1323/07, BeckRS 2008, 36100.
VG München v. 06.05.2008, Rs. M 3 K 07 283, BeckRS 2008, 45432.
VG München v. 06.05.2008, Rs. M 3 K 07 1044, BeckRS 2008, 45434.
VG Oldenburg v. 30.05.2008, Rs. 11 B 1302/08, BeckRS 2008, 37557.
VG Würzburg v. 03.11.2008, Rs. W 7 K 07.30158, BeckRS 2008, 46556.
VG Würzburg v. 04.11.2008, Rs. W 7 K 07.30016, BeckRS 2008, 34668.
VG Würzburg v. 04.11.2008, Rs. W 7 K 07.30017, BeckRS 2008, 34670.
VG Hamburg v. 17.11.2008, Rs. 15 K 3128/07, BeckRS 2009, 30021.
VG Hamburg v. 22.12.2008, Rs. 15 K 656/07, BeckRS 2009, 30091.

VG Berlin v. 06.01.2009, Rs. 4 V 55/07, BeckRS 2009, 36994.
VG Düsseldorf v. 16.01.2009, Rs. 21 K 3263/07, BeckRS 2009, 31466.
VG Freiburg v. 25.03.2009, Rs. 2 K 1638/08, BeckRS 2009, 33362.
VG Düsseldorf v. 17.07 2009, Rs. 18 L 940/09, BeckRS 2010, 51675.
VG Köln v. 18.08.2009, Rs. 10 L 942/09, BeckRS 2011, 49398.
VG Minden v. 24.08.2009, Rs. 2 L 405/09, BeckRS 2010, 50067.
VG Düsseldorf v. 07.10.2009, Rs. 18 L 1144/09, BeckRS 2010, 51672.
VG Würzburg v. 12.10.2009, Rs. W 7 K 09.30014, BeckRS 2009, 45020.
VG Würzburg v. 12.10.2009, Rs. W 7 K 09.30142, BeckRS 2009, 45021.
VG Berlin v. 02.11.2009, Rs. 3 L 417/09, BeckRS 2010, 49344.
VG Berlin v. 20.11.2009, Rs. 3 L 1103/09, BeckRS 2011, 55035.
VG Minden v. 10.12.2009, Rs. 2 L 519/09, BeckRS 2010, 50036.
VG Regensburg v. 17.12.2009, Rs. RO 5 K 07.30093, BeckRS 2009, 44893.
VG Regensburg v. 17.12.2009, Rs. RO 5 K 07.30095, BeckRS 2009, 44894.
VG Regensburg v. 17.12.2009, Rs. RO 5 K 07.30098, BeckRS 2009, 44896.

VG Hamburg v. 04.03.2010, Rs. 13 K 2959/09, BeckRS 2010, 50491.
VG Gelsenkirchen v. 21.04.2010, Rs. 4 K 3823/08, BeckRS 2010, 51365.
VG Arnsberg v. 17.08.2010, Rs. 10 l 397/10, BeckRS 2010, 52796.
VG Düsseldorf v. 26.08.2010, Rs. 18 K 4404/10, BeckRS 2011, 45847.
VG Aachen v. 31.08.2010, Rs. 9 L 297/10, BeckRS 2010, 53179.
VG Düsseldorf v. 24.09.2010, Rs. 21 K 4217/09.A, BeckRS 2010, 55582.
VG Köln v. 25.11.2010, Rs. 6 K 2405/07, BeckRS 2011, 48629.
VG Oldenburg v. 13.12.2010, Rs. 11 A 249/10, BeckRS 2011, 45371.

VG Düsseldorf v. 16.12.2010, Rs. 18 K 5702/10, BeckRS 2011, 45848.

VG Münster v. 12.01.2011, Rs. 9 Nc 219/10, BeckRS 2011, 46015.
VG Saarlouis v. 13.01.2011, Rs. 3 K 376/10, BeckRS 2011, 48375.
VG Arnsberg v. 31.01.2011, Rs. 9 K 242/09.A, BeckRS 2011, 51657.
VG Gelsenkirchen v. 02.02.2011, Rs. 14a L 1430/10.A, BeckRS 2011, 48559.
VG Arnsberg v. 21.02.2011, Rs. 9 K 4078/08.A, BeckRS 2011, 50474.
VG Ansbach v. 03.03.2011, Rs. AN 11 K 10.30490, BeckRS 2011, 54625.
VG Ansbach v. 03.03.2011, Rs. AN 11 K 10.30511, BeckRS 2011, 54628.
VG Ansbach v. 03.03.2011, Rs. AN 11 K 10.30512, BeckRS 2011, 54630.
VG Ansbach v. 17.03.2011, Rs. AN 11 K 10.30501, BeckRS 2011, 14294.
VG Ansbach v. 17.03.2011, Rs. AN 11 K 10.30518, BeckRS 2011, 14297.
VG Hannover v. 05.05.2011, Rs. 2 A 5743/08, BeckRS 2011, 56436.
VG Aachen v. 30.05.2011, Rs. 6 K 364/08.A, BeckRS 2011, 51552.
VG München v. 27.06.2011, Rs. M 4 K 11.30316, BeckRS 2011, 31292.
VG Düsseldorf v. 21.07.2011, Rs. 21 K 8505/10.A, BeckRS 2011, 53332.
VG Düsseldorf v. 11.11.2011, Rs. 18 K 3661/11, BeckRS 2011, 56068.
VG Köln v. 25.11.2010, Rs. 6 K 2405/07, BeckRS 2011,48629.
VG Berlin v. 15.12.2011, Rs. VG 35 A 313.08, BeckRS 2012, 46993.

VG München v. 29.02.2012, Rs. M 18 K 11.633, BeckRS 2012, 54912.
VG Augsburg v. 13.03.2012, Rs. Au 3 K 11.1280, BeckRS 2012, 52090.
VG Düsseldorf v. 03.07.2012, Rs. 14 K 457/12.A, BeckRS 2012, 54008.
VG München v. 05.07.2012, Rs. M 15 K 12.30117 u.a., BeckRS 2012, 59733.
VG Arnsberg v. 17.08.2012, Rs. 10 L 397/10, BeckRS 2010, 52796.
VG Oldenburg v. 10.09.2012, Rs. 5 A 1482/11, BeckRS 2012, 57463.
VG Ansbach v. 27.09.2012, Rs. AN 11 K 12.30292, BeckRS 2012, 57927.
VG Berlin v. 20.11.2012, Rs. VG 3 L 899.12, BeckRS 2013, 46000.
VG Köln v. 05.12.2012, Rs. 25 K 4738/11.A, BeckRS 2013, 55535.
VG Minden v. 07.12.2012 Rs. 8 K 1792/12, BeckRS 2013, 47216.

VG Düsseldorf v. 04.01.2013, Rs. 7 K 1938/12, BeckRS 2013, 45278.
VG Köln v. 28.01.2013, Rs. 25 K 5124/11.A, BeckRS 2013, 55536.
VG München v. 15.02.2013, Rs. M 23 K 12.30471, BeckRS 2013, 50027.
VG Düsseldorf v. 21.03.2013, Rs. 14 K 6699/12.A, BeckRS 2013, 51035.

VG München v. 27.03.2013, Rs. M 23 K 12.30565, BeckRS 2013, 55443.
VG Düsseldorf v. 18.04.2013, Rs. 14 K 5850/12.A, BeckRS 2013, 51714.
VG Stuttgart v. 11.04.2013, Rs. A 12 K 2435/12, BeckRS 2013, 50183.
VG München v. 24.04.2013, Rs. M 23 K 11.30148, BeckRS 2013, 55587.
VG Hannover v. 08.05.2013, Rs. 1 A 5409/12, BeckRS 2013, 51351.
VG München v. 08.05.2013, Rs. M 15 K 12.30877, BeckRS 2013, 53126.
VG München v. 21.05.2013, Rs. M 23 K 11.30292, BeckRS 2013, 55590.
VG München v. 06.06.2013, Rs. M 23 K 12.30665, BeckRS 2014, 48876.
VG Berlin v. 18.06.2013, Rs. VG 3 K 249.13, BeckRS 2013, 53847.
VG Frankfurt (Oder) v. 28.06.2013, Rs. VG 3 K 452/13.A, BeckRS 2013, 59088.
VG München v. 01.07.2013, Rs. M 1 K 13.30257, BeckRS 2013, 56299.
VG München v. 04.07.2013 Rs. M 23 K 11.30329, BeckRS 2013, 55592.
VG Berlin v. 22.08.2013, Rs. VG 3 L 530.13, BeckRS 2013, 56949.
VG Saarlouis v. 22.08.2013, Rs. 3 K 16/13, BeckRS 2013, 55559.
VG Düsseldorf v. 30.08.2013, Rs. 8 L 1466/13, BeckRS 2013, 55373.
VG Bremen v. 09.09.2013, Rs. 4 K 185/13, BeckRS 2013, 55672.
VG Göttingen v. 10.09.2013, Rs. 2 A 192/11, BeckRS 2013, 58826.
VG München v. 10.10.2013, Rs. M 23 K 11.30474, BeckRS 2014, 47525.
VG Düsseldorf v. 14.10.2013, Rs. 14 K 5679/12.A, BeckRS 2013, 59125.
VG München v. 15.11.2013, Rs. M 23 K 11.30243, BeckRS 2014, 47285.
VG Magdeburg v. 26.11.2013, Rs. 5 A 97/13, BeckRS 2014, 45895.

VG Stade v. 07.01.2014, Rs. 6 A 970/13, BeckRS 2014, 56535.
VG Frankfurt a.M. v. 07.02.2014, Rs. 7 K 213/14.F.A, BeckRS 2014, 49943.
VG München v. 08.04.2014, Rs. M 23 K 11.30431, BeckRS 2014, 52432.
VG München v. 09.04.2014, Rs. M 23 K 11.30325, BeckRS 2014, 55631.
VG München v. 15.04.2014, Rs. M 23 K 11.30455, BeckRS 2014, 52456.
VG München v. 06.05.2014, Rs. M 23 K 11.30517, BeckRS 2014, 55593.
VG Göttingen v. 17.07.2014, Rs. 2 B 195/14, BeckRS 2014, 57031.
VG Frankfurt (Oder) v. 26.09.2014, Rs. VG 3 K 1489/13.A, BeckRS 2014, 57939.
VG Franklfurt a.M. v. 23.10.2014, Rs. 9 L 2389, BeckRS 2015, 40987.
VG Würzburg v. 26.11.2014, Rs. W 2 K 14.1, BeckRS 2015, 40202.

VI. Bundesgerichtshof

BGH v. 30.10.1980, Rs. III ZR 174/79, NJW 1981, S. 518.

BGH v. 15.03.1984, Rs. 4 ARs 23/83, NJW 1984, S. 2046.

BGH v. 27.02.1992, Rs. 5 StR 190/91, NZV 1992, S. 242.

BGH v. 01.04.1992, Rs. 5 StR 457/91, NJW 1992, S. 1637.

BGH v. 03.11.1992, Rs. 5 StR 370/92, NJW 1993, S. 141.

BGH v. 25.03.1993, Rs. 5 StR 418/92, NJW 1993, S. 1932.

BGH v. 13.12.1993, Rs. 5 StR 76/93, NJW 1994, S. 529.

BGH v. 26.07.1994, Rs. 5 StR 167/94, NJW 1994, S. 2708.

BGH v. 11.10.1994, Rs. VI ZR 234/93, NJW 1995, S. 256.

BGH v. 21.11.1994, Rs. AnwZ(B) 54/94, DtZ 1995, S. 294.

BGH v. 20.03.1995, Rs. 5 StR 111/94, NJW 1995, S. 2728.

BGH v. 16.11.1995, Rs. 5 StR 747/94, NJW 1996, S. 857.

BGH v. 19.12.1995, Rs. VI ZR 15/95, NJW 1996, S. 1128.

BGH v. 05.02.1996, Rs. NotZ 42/94, DtZ 1996, S. 272.

BGH v. 13.05.1996, Rs. GSSt 1/96, NStZ 1996, S. 502.

BGH v. 18.11.1996, Rs. AnwZ(B) 19/96, BeckRS 1996, 31171392.

BGH v. 04.02.1997, Rs. Anw(Z) 18/96, BeckRS 1997, 31168569.

BGH v. 13.05.1997, Rs. 5 StR 596/96, NStZ 1998, S. 149.

BGH v. 16.03.1998, Rs. NotZ 18–17, VIZ 1999, S. 54.

BGH v. 22.04.1998, Rs. 3 StR 644–97, NStZ-RR 1999, S. 43.

BGH v. 15.09.1999, Rs. 1 StR 286–99, NJW 1999, S. 3788.

BGH v. 21.02.2001, Rs. 3 StR 372/00, BeckRS 2001, 30163207.

BGH v. 04.04.2001, Rs. X II ZB 3/00, NJW 2001, S. 2472.

BGH v. 06.11.2002, Rs. 5 StR 281/01, NJW 2003, S. 522.

BGH v. 06.03.2007, Rs. VI ZR 51/06, NJW 2007, S. 1977.

BGH v. 26.07.2007, Rs. 3 StR 104/07, NJW 2007, S. 3138.

BGH v. 14.05.2008, Rs. XII ZB 225/06, BGHZ 176, S. 337.

BGH v. 29.05.2013, Rs. XII ZB 530/11, BeckRS 2013, 10582.

VII. Oberlandesgericht, Bayerisches Oberstes Landesgericht und Kammergericht

BayObLG v. 14.10.1976, Rs. 3 Z 99/76, NJW 1977, S. 1596.

BayObLG v. 04.02.1977, Rs. Breg. 3 Z 12/77, NJW 1977, S. 2266.

OLG Düsseldorf v. 21.08.1978, Rs. 5 Ws 76/78, NJW 1979, S. 59.

OLG Braunschweig v. 29.09.1980, Rs. 1 W 44/80, BeckRS 1980, 31331667.

OLG Stuttgart v. 07.05.1982, Rs. 3 Ss 41/82, NStZ 1982, S. 385.

OLG Düsseldorf v. 03.11.1982, Rs. V 15/82, NJW 1983, S. 1277.

OLG Stuttgart v. 27.11.1985, Rs. 3Ss 383/85, NVwZ 1986, S. 246.

KG v. 21.05.1993, Rs. 5 Ws 137/93 REHA, VIZ 1993, S. 464.

OLG Dresden v. 13.07.1993, Rs. 7 U 172/93, DtZ 1993, S. 345.

BayOblG v. 25.10.1994, Rs. 1 ObOWi 446/94, BayObLGSt 1994, S. 208.

OLG Hamm v. 10.06.1997, Rs. 1 Ws 173/97, NStZ 1997, S. 566.

OLG Frankfurt a.M. v. 30.01.1998, Rs. 2 W 281/97, NJW-RR 1998, S. 937.

OLG Köln v. 21.04.1998, Rs. 22 U 190/97, NJW 1998, S. 3721.

OLG Hamm v. 10.01.2000, Rs. 2 Ws 351/99, NStZ-RR 2000, S. 160.

OLG Celle v. 07.02.2001, Rs. 32 Ss 101/00, NStZ 2002, S. 386.

OLG Schleswig v. 26.11.2001, Rs. 11 W 23/01, BeckRS 2001, 30222506.

OLG Naumburg v. 16.01.2003, Rs. 3 WF 3/03, BeckRS 2003, 30301774.

OLG Naumburg v. 30.06.2004, Rs. 14 WF 64/04, BeckRS 2004, 9019.

OLG Naumburg v. 09.07.2004, Rs. 14 UF 60/04, BeckRS 2004, 9018

OLG Hamm v. 12.07.2004, Rs. (2) 4 Ausl. A 29/03, BeckRS 2007, 17072.

OLG Düsseldorf v. 28.07.2004, Rs. 18 W 14/04, BeckRS 2009, 05215.

OLG Hamburg v. 14.06.2005, Rs. 2 StE 4/02-5, NStZ-RR 2005, S.380.

KG v. 16.07.2007, Rs. 1 AR 105/06-2/5 Ws 53/06, NJW 2008, S. 673.

OLG Dresden v. 17.04.2008, Rs. 12 Ausl. 33/08, BeckRS 2008, 08111.

OLG Dresden v. 25.08.2008, Rs. Ausl 108/07, NStZ 2009, S. 462.

OLG Dresden v. 29.09.2008, Rs. Ausl 33/08, BeckRS 2008, 23955.

OLG Koblenz v. 30.11.2010, Rs. 1 Ws 541/10, BeckRS 2010, 30476.

OLG Karlsruhe v. 02.12.2010, Rs. 2 UF 172/10, NJW-RR 2011, S. 733.

OLG Hamm v. 14.12.2010, Rs. III-2 Ausl 50/10, BeckRS 2011, 25880.

OLG Köln v. 10.06.2011, Rs. 2 Ws 313, 315/11, NStZ 2012, S. 174.

OLG Rostock v. 30.08.2011, Rs. 1 Ausl 28/11 I 21/11, BeckRS 2011, 22279.
OLG Karlsruhe v. 05.03.2012, Rs. 18 UF 274/11, NJW-RR 2012, S. 705.
OLG München v. 28.01.2016, Rs. 4Ws 202/12, BeckRS 2013, 02421.
OLG Dresden v. 10.07.2014, Rs. OLGAusl 53/14, NStZ-RR 2015, S. 26.

VIII. Landgericht

LG Berlin v. 24.10.1991, Rs. (551 Rh) 3 Js 676/90 (1150/91), VIZ 1992, S. 245.
LG Göttingen v. 11.12.2007, Rs. 8 KLs 1/07, BeckRS 2008, 03494.
LG Bochum v. 19.01.2010, Rs. 7 T 558/09, BeckRS 2010, 05507.

IX. Amtsgericht

AG Kamen v. 04.08.1995, Rs. 10 X I 451, NJW-RR 1996, S. 199.

AG Hamm v. 19.03.2007, Rs. XVI 23/06, BeckRS 2007, 31437.
AG Nürnberg v. 01.04.2009, Rs. XVI 61/08, BeckRS 2010, 22275.
AG Düsseldorf v. 02.10.2009, Rs. 98 XVI 16/08, BeckRS 2009, 44386.

AG Bremerhaven v. 15.12.2011, Rs. 6 XVII C 159/09, BeckRS 2012, 06831.
AG Offenbach v. 26.06.2012, Rs. 14 XVII 990/08, BeckRS 2012, 15345.
AG Offenbach v. 26.10.2012, Rs. 14 XVII 1250/12, BeckRS 2012, 22314.

X. Bundessozialgericht

BSG v. 01.09.1993, Rs. 13 BJ 5/93, BeckRS 1993, 31032247.
BSG v. 24.03.1998, Rs. B 4 RA 78/96 R, BeckRS 1998, 30010519.

BSG v. 13.12.2005, Rs. B 4 RA 220/04 B, BeckRS 2006, 40416.
BSG v. 12.08.2009, Rs. B 3 KR 11/08 R, BeckRS 2009, 74013.

BSG v. 27.04.2010, Rs. B 2 U 13/09 R, BeckRS 2010, 71796.
BSG v. 29.04.2010, Rs. B 9 SB 2/09 R, BSGE 106, S. 101.
BSG v. 05.05.2010, Rs. B 12 KR 14/09 R, NZS 2011, S. 263.
BSG v. 10.03.2011, Rs. B 3 KR 9/10 R, BeckRS 2011, 71122.
BSG v. 18.05.2011, Rs. B 3 KR 10/10 R, BeckRS 2011, 74603.
BSG v. 31.01.2012, Rs. B 2 U 1 /11 R, BeckRS 2012, 70124.
BSG v. 16.02.2012, Rs. B 9 SB 2/11 R, NJOZ 2012, S. 1476.
BSG v. 06.03.2012, Rs. B 1 KR 10/11 R, BeckRS 2012, 69634.

BSG v. 10.05.2012, Rs. B 1 KR 78/11 B, BeckRS 2012, 73491.
BSG v. 17.01.2013, Rs. B 5 RS 27/12 B, BeckRS 2013, 66089.
BSG v. 30.04.2013, Rs. B 5 RS 48/12 B, BeckRS 2013, 69026.
BSG v. 27.06.2013, Rs. B 5 R 124/13 B, BeckRS 2013, 70681.
BSG v. 03.07.2013, Rs. B 5 RS 18/13 B, BeckRS 2013, 70775.
BSG v. 26.11.2013, Rs. B 5 RS 21/13 B, BeckRS 2013, 75031.
BSG v. 08.01.2014, Rs. B 5 RS 35/13 B, BeckRS 2014, 66188.
BSG v. 27.01.2014, Rs. B 5 R 346/13 B, BeckRS 2014, 66322.
BSG v. 15.04.2014, Rs. B 5 RS 31/13 B, BeckRS 2014, 69241.
BSG v. 30.04.2014, Rs. B 5 RS 47/13 B, BeckRS 2014, 69447.
BSG v. 29.10.2014, Rs. B 5 R 238/14 B, BeckRS 2014, 73769.
BSG v. 10.11.2014, Rs. B 5 RS 4/14 B, BeckRS 2014, 73945.

XI. Landessozialgericht

LSG Bayern v. 29.03.2001, Rs. L 9 EG 18/97, BeckRS 9999, 03946.
LSG Niedersachsen v. 24.10.2002, Rs. L 10 RJ 175/01, NZS 2003, S. 324.
LSG Bayern v. 20.09.2007, Rs. L 14 R 512/06, BeckRS 2009, 51955.
LSG Nordrhein-Westfalen v. 10.03.2008, Rs. L 20 AY 9/07, BeckRS 2008, 53648.
LSG Hessen v. 15.04.2008, Rs. L 6 AS 168/08, BeckRS 2011, 71119.
LSG Nordrhein-Westfalen v. 05.05.2008, Rs. L 20 AY 5/07, BeckRS 2008, 53647.
LSG Nordrhein-Westfalen v. 28.07.2008, Rs. L 20 AY 20/08, BeckRS 2008, 57675.
LSG Bayern v. 29.10.2009, Rs. L 18 B 712/08 U ER, BeckRS 2010, 6046.
LSG Berlin-Brandenburg v. 03.12.2009, Rs. L 13 235/07, BeckRS 2010, 68052.
LSG Sachsen-Anhalt v. 03.12.2009, Rs. L 5 AS 103/07, BeckRS 2011, 65345.

LSG Rheinland-Pfalz v. 21.01.2010, Rs. L 5 KR 165/09, BeckRS 2010, 67350.
LSG Niedersachsen v. 23.09.2010, Rs. L 12 SB 34/09, BeckRS 2011, 68929.
LSG Schleswig-Holstein v. 11.11.2010, Rs. L 5 KR 64/10, BeckRS 2012, 69635.
LSG Hessen v. 24.11.2010, Rs. L 6 AS 168/08, BeckRS 2011, 72452.
LSG Baden-Württemberg v. 09.12.2010, Rs. L 13 AL 4629/10, BeckRS 2011, 65237.
LSG Sachsen-Anhalt v. 03.03.2011, Rs. L 8 SO 24/09 B ER, BeckRS 2011, 70741.
LSG Bayern v. 07.09.2011, Rs. L 8 SO 164/11 B ER, BeckRS 2011, 77639.
LSG Baden-Württemberg v. 27.10.2011, Rs. L 7 AY 3998/11, BeckRS 2011, 77637.
LSG Bayern v. 02.11.2011, Rs. L 8 SO 165/11 B ER, BeckRS 2011, 77641.

LSG Nordrhein-Westfalen v. 28.11.2011, Rs. L 20 AS 1663/10, BeckRS 2012, 65590.
LSG Bayern v. 23.05.2012, Rs. L 10 AL 207/10, BeckRS 2012, 73684.
LSG Hessen v. 28.06.2012, Rs. L 1 KR 100/10, BeckRS 2012, 70761.
LSG Sachsen-Anhalt v. 25.09.2012, Rs. L 7 SB 29/10, BeckRS 2013, 68080.
LSG Baden-Württemberg v. 26.09.2012, Rs. L 2 SO 1378/11, BeckRS 2012, 75252.
LSG Berlin-Brandenburg v. 17.12.2012, Rs. L 29 AL 337/09, BeckRS 2013, 66316.
LSG Berlin-Brandeburg v. 31.01.2013, Rs. L 22 R 57/11, BeckRS 2013, 67248.
LSG Sachsen-Anhalt v. 25.04.2013, Rs. L 1 RS 43/12, BeckRS 2014, 66775.
LSG Sachsen-Anhalt v. 30.05.2013, Rs. L 1 RS 44/12, BeckRS 2013, 73916.
LSG Berlin-Brandeburg v. 08.08.2013, Rs. L 8 R 1064/11, BeckRS 2013, 72440.
LSG Berlin-Brandeburg v. 14.11.2013, Rs. L 22 R 645/11, BeckRS 2014, 65404.
LSG Nordrhein-Westfalen v. 11.03.2014, Rs. L 18 KN 9/12, BeckRS 2014, 70789.
LSG Niedersachsen v. 23.09.2014, Rs. L 7 AL 56/12, BeckRS 2014, 72875.

XII. Sozialgericht

SG Düsseldorf v. 20.04.2010, Rs. S 17 SO 138/10 ER, BeckRS 2010, 68756.
SG Düsseldorf v. 28.07.2011, Rs. S 17 SO 123/10 ER, BeckRS 2011, 75070.
SG Augsburg v. 23.09.2011, Rs. S 15 SO 111/11 ER, BeckRS 2011, 77647.
SG Augsburg v. 27.09.2011, Rs. S 15 SO 110/11 ER, BeckRS 2011, 77646.
SG Dortmund v. 26.03.2012, Rs. S 52 SO 5/10, BeckRS 2012, 68880.
SG Hildesheim v. 30.08.2012, Rs. S 42 AY 140/12 ER, BeckRS 2012, 74127.
SG Stralsund v. 17.11.2012, Rs. S KR 12/10, BeckRS 2013, 66382.
SG Karlsruhe v. 21.03.2013, Rs. S 4 SO 937/13 ER, BeckRS 2013, 67552.
SG Düsseldorf v. 07.10.2013, Rs. S 22 SO 319/13 ER, BeckRS 2013, 74949.

XIII. Bundesarbeitsgericht

BAG v. 17.02.1994, Rs. 8 AZR 68/93, BeckRS 1994, 30916113.
BAG v. 15.05.1997, Rs. 6 AZR 26/96, NJW 1998, S. 1012.
BAG v. 26.10.2006, Rs. 6 AZR 307/06, BAGE 120, S. 55.
BAG v. 27.01.2011, Rs. 6 AZR 526/09, BAGE 137, S. 80.
BAG v. 21.06.2012, Rs. 8 AZR 364/11, BeckRS 2012, 73047.

XIV. Landesarbeitsgericht

LAG Berlin-Brandenburg v. 13.06.2014, Rs. 15 Ta 1108/14, BeckRS 2014, 70496.

XV. Arbeitsgericht

ArbG Stuttgart v. 12.09.2003, Rs. 15 BV 250/96, NZA-RR 2004, S. 540.

Dokumentenverzeichnis

A. Völkerrechtliche Übereinkommen

I. Übereinkommen unter der Ägide der UN

- Charter of the United Nations v. 26.06.1945, BGBl. 1973 II, S. 430.
- Statute of the International Court of Justice v. 26.06.1945, BGBl. 1973 II, S. 505.
- Convention on the Prevention and Punishment of the Crime of Genocide v. 09.12.1948, BGBl. 1945 II, S. 729.
- International Convention on the Elimination of All Forms of Racial Discrimination v. 07.03.1966, BGBl. 1969 II, S. 2211.
- Wiener Konvention über das Recht der Verträge v. 23.05.1969, BGBl. 1985 II, S. 926.
- International Covenant on Civil and Political Rights v. 19.12.1966, BGBl. 1973 II, S. 1533.
  - Optional Protocol to the International Covenant on Civil and Political Rights v. 19.12.1966, BGBl. 1992 II, S. 1247.
  - Second Optional Protocol to the International Covenant on Civil and Political Rights aiming at the abolition of the death penalty v. 15.12.1989, BGBl. 1992 II, S. 390.
- International Covenant on Economic, Social and Cultural Rights v. 19.12.1966, BGBl. 1973 II, S. 1569.
  - Optional Protocol to the International Covenant on Economic, Social and Cultural Rights v. 10.12.2008, UN Doc. A/63/435.
- Wiener Konvention über das Recht der Verträge zwischen Staaten und Internationalen Organisationen oder zwischen Internationalen Organisationen v. 21.03.1986, BGBl. 1990 II, S. 1415.
- International Convention on the Elimination of All Forms of Discrimination against Women v. 18.12.1979, BGBl. 1985 II, S. 648.
  - Optional Protocol to the Convention on the Elimination of All Forms of Discrimination against Women v. 06.10.1999, BGBl. 2001 II, S. 1238.
- Convention against Torture and Other Cruel, Inhuman or Degrading Treatment or Punishment v. 10.12.1984, BGBl. 1990 II, S. 246.
- Convention on the Rights of the Child v. 20.11.1989, BGBl. 1992 II, S. 122.

- Optional Protocol to the Convention on the Rights of the Child on the involvement of children in armed conflict v. 25.05.2000, BGBl. 2004 II, S. 1354.
- Optional Protocol to the Convention on the Rights of the Child on the sale of children, child prostitution and child pornography v. 25.05.2000, BGBl. 2008 II, S. 1222.
- Optional Protocol to the Convention on the Rights of the Child on a communications procedure v. 19.12.2011, BT Drs. 17/10916.

- International Convention on the Protection of the Rights of All Migrant Workers and Members of their Families v. 18.12.1990, 2220 UNTS 3.
- Convention on the Rights of Persons with Disabilities v. 13.12.2006, BGBl. 2008 II, S. 1420.
  - Optional Protocol to the Convention on the Rights of Persons with Disabilities v. 13.12.2006, BGBl. 2008 II 1453.
- International Convention for the Protection of All Persons from Enforced Disappearance v. 20.12.2006, BGBl. 2009 II, S. 933.

II. Übereinkommen unter der Ägide des Europarates

- Europäische Konvention zum Schutz der Menschenrechte und Grundfreiheiten, v. 04.11.1950, Fassung v. 22.10.2010, BGBl. II 2010, 1198.
  - Zusatzprotokoll zur Konvention zum Schutze der Menschenrechte und Grundfreiheiten v. 20.03.1952, BGBl. 1956 II, S. 1880.
  - Protokoll Nr. 2 zur Konvention zum Schutze der Menschenrechte und Grundfreiheiten, durch das dem Europäischen Gerichtshof für Menschenrechte die Zuständigkeit zur Erstattung von Gutachten übertragen wird v. 06.05.1963, BGBl. 1968 II, S. 1112.
  - Protokoll Nr. 3 zur Konvention zum Schutze der Menschenrechte und Grundfreiheiten, durch das die Artikel 29, 30 und 34 der Konvention geändert werden v. 06.05.1963, BGBl. 1968 II, S. 1116.
  - Protokoll Nr. 4 zur Konvention zum Schutze der Menschenrechte und Grundfreiheiten, durch das gewisse Rechte und Freiheiten gewährleistet werden, die nicht bereits in der Konvention oder im ersten Zusatzprotokoll enthalten sind v. 16.09.1963, BGBl. 1968 II, S. 423.
  - Protokoll Nr. 5 zur Konvention zum Schutze der Menschenrechte und Grundfreiheiten, durch das die Artikel 22 und 40 der Konvention geändert werden v. 20.01.1966, BGBl. 1968 II, S. 1120.

  - Protokoll Nr. 6 zur Konvention zum Schutze der Menschenrechte und Grundfreiheiten über die Abschaffung der Todesstrafe v. 28.04.1983, BGBl. 1988 II, S. 623.
  - Protokoll Nr. 7 zur Konvention zum Schutze der Menschenrechte und Grundfreiheiten v. 22.11.1984, SEV-Nr. 117.
  - Protokoll Nr. 8 zur Änderung der Konvention zum Schutze der Menschenrechte und Grundfreiheiten v. 19.03.1985, BGBl. 1989 II, S. 547.
  - Protokoll Nr. 9 zur Konvention zum Schutz der Menschenrechte und Grundfreiheiten v. 06.11.1990, BGBl. 1994 II, S. 491.
  - Protokoll Nr. 10 zur Konvention zum Schutz der Menschenrechte und Grundfreiheiten v. 25.03.1992, BGBl. 1994 II, S. 491.
  - Protokoll Nr. 11 zur Konvention zum Schutz der Menschenrechte und Grundfreiheiten über die Umgestaltung des durch die Konvention eingeführten Kontrollmechanismus v. 11.05.1994, BGBl. 1995 II, S. 579.
  - Protokoll Nr. 12 zur Konvention zum Schutze der Menschenrechte und Grundfreiheiten v. 04.11.2000, SEV-Nr. 177.
  - Protokoll Nr. 13 zur Konvention zum Schutze der Menschenrechte und Grundfreiheiten über die vollständige Abschaffung der Todesstrafe v. 03.05.2002, BGBl. 2004 II, S. 983.
  - Protokoll Nr. 14 zur Konvention zum Schutz der Menschenrechte und Grundfreiheiten über die Änderung des Kontrollsystems der Konvention v. 13.05.2004, BGBl. 2006 II, S. 138.
  - Protokoll Nr. 15 zur Änderung der Konvention zum Schutz der Menschenrechte und Grundfreiheiten v. 24.06.2013, SEV-Nr. 213.
  - Protokoll Nr. 16 zur Konvention zum Schutz der Menschenrechte und Grundfreiheiten v. 02.10.2013, SEV-Nr. 214.
- Europäische Sozialcharta, v. 18.10.1961, BGBl. 1964 II, S. 1262.
- Europäisches Übereinkommen über die internationale Geltung von Strafurteilen v. 28.07.1970, SEV-Nr. 070.

III. Sonstige Übereinkommen

- Erklärung der Mächte über die Abschaffung des Sklavenhandels v. 08.02.1815, abgedruckt in: von Martens, Band II, S. 432.
- Berliner Kongoakte v. 26.02.1885, abgedruckt in: von Martens, Band X, S. 417.
- Friedensvertrag von Versailles v. 18.06.1919, RGBl. 1919 II, S. 687.
- Staatsvertrag von Saint-Germain-en-Laye vom 10.09.1919, StGBl. Rep. Österreich Nr. 303/1920.

- Haager Übereinkommen über den Schutz von Kindern und die Zusammenarbeit auf dem Gebiet der internationalen Adoption v. 29.05.1993, BGBl. 2001 II, S. 1034.
- Europa-Abkommen zur Gründung einer Assoziation zwischen der Europäischen Gemeinschaften sowie ihren Mitgliedstaaten und der Republik Polen v. 16.12.1991, BGBl. 1993 II, S. 1316.
- Übereinkommen zur Durchführung des Übereinkommens von Schengen v. 14.06.1985 zwischen den Regierungen der Staaten der BENELUX-Wirtschaftsunion, der Bundesrepublik Deutschland und der Französischen Republik betreffend den schrittweisen Abbau der Kontrollen an den gemeinsamen Grenzen v. 19.06.1990, BGBl. 1993 II, S. 1013.
- Vertrag zwischen der Bundesrepublik Deutschland und der Deutschen Demokratischen Republik über die Herstellung der Einheit Deutschlands v. 31.08.1990, BGBl. 1990 II, S. 889.

B. Europäische Rechtsakte

- Richtlinie 2004/83/EG des Rates v. 29.04.2004 über Mindestnormen für die Anerkennung und den Status von Drittstaatsangehörigen oder Staatenlosen als Flüchtlinge oder als Personen, die anderweitig internationalen Schutz benötigen, und über den Inhalt des zu gewährenden Schutzes, ABl. 2004 L 304/12.
- Charta der Grundrechte der Europäischen Union v. 30.03.2010, ABl. 2010 C 83/389.

C. Deutsche Gesetze und Rechtsakte

I. Gesetze

1. Verfassungen

- Verfassung des Deutschen Reichs v. 28.03.1849, abgedruckt in: Willoweit/Seif, S. 562.
- Verfassung des Deutschen Reichs, Weimarer Verfassung v. 11.08.1919, RGBl. 1919 I, S. 1383.
- Verfassung der Deutschen Demokratischen Republik v. 06.04.1968, GBl. DDR 1968 I S. 199.

2. *Bundesgesetze*

- Gesetz über die Angelegenheiten der freiwilligen Gerichtsbarkeit v. 20.05.1898, RGBl. 1998, S. 771, i.d.F. der Änderung v. 19.02.2007, aufgehoben m.W.v. 01.09.2009 durch das Gesetz zur Reform des Verfahrens in Familiensachen und in den Angelegenheiten der freiwilligen Gerichtsbarkeit v. 17.12.2008, BGBl. 2008 I S. 2586.
- Staatsangehörigkeitsgesetz, v. 22.07.1913, RGBl. 1913 I, S. 583, i.d.F. der Änderung v. 22.11.2011 und i.d.F der Änderung v. 01.06.2012.
- Ehegesetz v. 20.02.1946, BGBl. 1946 III, S. 404–1, aufgehoben durch Art. 14 des Gesetzes zur Neuordnung des Eheschließungsrechts vom 4.05.1998, BGBl. 1998 I, S. 833.
- Bundesrechtsanwaltsordnung v. 01.08.1959, BGBl. 1959 I, S. 565.
- Gesetz über Urheberrecht und verwandte Schutzrechte v. 09.09.1965, BGBl. 1965 I, S. 1273, i.d.F. der Änderung v. 23.07.2013.
- Gesetz zur Änderung des Reichs- und Staatsangehörigkeitsgesetzes v. 20.12.1974, BGBl. 1974 I, S. 3714, aufgehoben m.W.v. 01.08.2006 durch Gesetz v. 19.02.2006, BGBl. 2006 I, S. 334.
- Gesetz zum Erziehungsgeld und zur Elternzeit v. 06.12.1985, BGBl. 1985 I, S. 2154, i.d.F. der Änderung v. 28.06.1993, aufgehoben m.W.v. 31.12.2008 durch Art. 3 Abs. 2 Satz 2 Gesetz v. 05.12.2006, BGBl. 2006 I, S. 2748.
- Sozialgesetzbuch Fünftes Buch – Gesetzliche Krankenversicherung v. 20.12.1988, BGBl. 1988 I, S. 2477, i.d.F. der Änderung v. 22.12.2011.
- Gesetz über Entschädigungen für Opfer des Nationalsozialismus im Beitrittsgebiet v. 22.04.1992, BGBl. 1992 I, S. 906.
- Gesetz über die Wirkungen der Annahme als Kind nach ausländischem Recht v. 05.11.2001, BGBl. 2001 I, S. 2950.
- Sozialgesetzbuch Siebtes Buch – Gesetzliche Unfallversicherung v. 07.08.1996, BGBl. 1996 I, S. 1254, i.d.F. der Änderung v. 17.07.2009.
- Sozialgesetzbuch Drittes Buch – Arbeitsförderung, v. 24.03.1997, BGBl. 1997 I, S. 594, i.d.F. der Änderung v. 22.12.2011.
- Asylbewerberleistungsgesetz v. 05.08.1997, BGBl. 1997 I, S. 2022, i.d.F. der Änderung v. 22.12.2011.
- Gesetz zur Änderung des Grundgesetzes (Art. 12a GG) v. 19.12.2000, BGBl. 2000 I, S. 1755.
- Sozialgesetzbuch Neuntes Buch – Rehabilitation und Teilhabe behinderter Menschen v. 19.06.2001, BGBl. 2001 I, S. 1046, i.d.F. der Änderung v. 14.12.2012.
- Völkerstrafgesetzbuch v. 26.06.2002, BGBl. I, S. 2254.

- Sozialgesetzbuch Zwölftes Buch – Sozialhilfe v. 27.12.2003, BGBl. 2003 I, S. 3022, i.d.F. der Änderung v. 29.08.2013.
- Gesetz über den Aufenthalt, die Erwerbstätigkeit und die Integration von Ausländern im Bundesgebiet, v. 30.07.2004, BGBl. 2004 I, S. 1950, i.d.F. der Änderung v. 22.12.2011.
- Allgemeines Gleichbehandlungsgesetz v. 14.08.2006, BGBl. 2006 I, S. 1897, i.d.F. der Änderung v. 05.02.2009.

3. *Landesgesetze*

- Hessisches Beamtengesetz v. 11.01.1989, GVBl. Hessen 1989 I, S. 26, aufgehoben m.W.v. 01.03.2014 durch § 121 Nr. 1 Hessisches Beamtengesetz v. 27.05.2013, GVBl. Hessen 2013 I, S. 218.

4. *Gesetze der DDR*

- Gesetz über die Staatsgrenze der Deutschen Demokratischen Republik v. 25.03.1982, GBl.DDR 1982 I, S. 197.

II. Erklärungen zu völkerrechtlichen Übereinkommen

- Erklärung Deutschlands zur Europäischen Konvention zum Schutze der Menschenrechte und Grundfreiheiten, BGBl. 1954 II S. 14.
- Erklärung Deutschlands zum Internationalen Pakt über bürgerliche und politische Rechte, BGBl. 1976 II, S. 1068.
- Erklärung Deutschlands zum Internationalen Übereinkommen zur Beseitigung jeder Form der Diskriminierung der Frau, BGBl. 1985 II, S. 1234.
- Erklärungen Deutschlands zu dem Übereinkommen über die Rechte des Kindes, BGBl. 1992 II, S. 990.
- Erklärung Deutschlands zum Internationalen Übereinkommen gegen Verschwindenlassen, BGBl. 2011 II, S. 639.

III. Weitere innerstaatliche Rechtsakte

- Denkschrift des Bundestages zum Internationalen Pakt über wirtschaftliche, soziale und kulturelle Rechte v. 19.12.1966, BT-Drs. 7–658, S. 18.
- Lindauer Abkommen v. 14.11.1975, BT-Drs. 7/5924, S. 236.
- Zustimmung des Bundesrates zu dem Gesetz zu dem Übereinkommen der Vereinten Nationen vom 13. Dezember 2006 über die Rechte von Menschen mit Behinderungen sowie zu dem Fakultativprotokoll vom 13. Dezember

2006 zum Übereinkommen der Vereinten Nationen über die Rechte von Menschen mit Behinderungen, BRat-Drs. 945/08 v. 19.12.2008.

D. Ausländische Gesetze

- Magna Carta Libertatum v. 19.06.1215, abgedruckt in: Willoweit/Seif, S. 3.
- Petition of Rights v. 07.06.1628, abgedruckt in: Willoweit/Seif, S. 40.
- Habeas Corpus Act v. 27.05.1679, abgedruckt in: Willoweit/Seif, S. 215.
- Bill of Rights v. 23.10.1689, abgedruckt in: Willoweit/Seif, S. 235.
- Virginia Bill of Rights v. 12.06.1776, abrufbar unter: http://www.gunstonhall.org/georgemason/human_rights/vdr_final.html.
- Déclaration des Droits de l'homme et du citoyen v. 26.08.1789, abgedruckt in: Willoweit/Seif, S. 250.
- Constitution de la Belgique v. 07.02.1831, abgedruckt in: Willoweit/Seif, S. 509.

E. Dokumente von UN Organen

I. Generalversammlung

- GA Res. 43 (I), Draft Declaration of Fundamental Human Rights and Freedoms, UN Doc. A/234 (I) v. 11.12.1946.
- GA Res. 217 (III), Universal Declaration of Human Rights, UN Doc. A/217 (III) v. 10.12.1948.
- GA Res. 421 (V), Draft International Covenant on Humans Rights and measures of implementation: future work of the Commission on Human Rights, UN Doc. A/421 (V) v. 04.12.1950.
- GA Res. 543 (VI), Preparation of two Drafts International Covenants on Human Rights, UN Doc. A/543 (VI) v. 05.02.1952.
- GA Res. 39/46, Convention against Torture and Other Cruel, Inhuman or Degrading Treatment and Punishment, UN Doc. A/39/46 v. 10.12.1984.
- GA Res. 1386 (XIV), Declaration of the Rights of the Child, UN Doc. A/1386 (XIV) v. 20.11.1989.
- GA Res. 56/168, Comprehensive and integral international convention to promote and protect the rights and dignity of persons with disabilities, UN Doc. A/56/168 v. 19.12.2001.
- GA Res. 61/106, Convention on the Rights of Persons with Disabilities, UN Doc. A 61/106 v. 13.12.2006.
- General Assembly, Report of the International Law Commission. Sixty-second Session, UN Doc. A/65/10 Supp. 10 v. 2010.

- GA Res. 67/19, Status of Palestine, UN Doc. A/67/19 v. 04.12.2012.

II. Menschenrechtskommission

- Commission on Human Rights, Report of the sixth session, UN Doc. E/CN.4/507 v. 29.05.1950.
- Commission on Human Rights, Report of the seventh session, UN Doc. E/CN.4/640 v. 24.05.1951.
- Commission on Human Rights, Report of the tenth Session, UN Doc. E/CN.4/705 v. April 1954.

III. Menschenrechtskomitees

- Committee on Economic, Social and Cultural Rights, General Comment No. 3. The nature of States parties' obligations (art. 2, para. 1, of the Covenant), UN Doc. E/1991/23 v. 01.01.1991.
- Human Rights Committee, General Comment No. 9. The domestic application of the Covenant, UN-Doc. E/C.12/1998/24 v. 03.12.1998.
- Human Rights Committee, General Comment No. 24. Issues Relating to Reservations Made upon Ratification or Accession to the Covenant or the Optional Protocols thereto, or in Relation to Declarations under Article 41 of the Covenant, UN Doc. CCPR/C/21/Rev.1/Add.6 v. 04.11.1994.
- Human Rights Committee, General Comment No. 17. The Right of Everyone to Benefit from the Protection of the Moral and Material Interests Resulting from any Scientific, Literary or Artistic Production of Which He or She is the Author (Art. 15, Para. 1 (c) of the Covenant), UN-Doc. E/C.12/GC/17 v. 12.01.2006.
- Committee on Enforced Disappearances, Concluding observations on the report submitted by Germany under article 29, paragraph 1, of the Convention, UN Doc. CED/C/DEU/I v. 25.03.2012.

IV. Weitere UN-Dokumente

- League of Nations, Geneva Declaration of the Rights of the Child v. 26.09.1924, League of Nations Official Journal 1924, Spec. Supp. No. 23.
- International Law Commission, Draft Articles on the Law of Treaties and Commentaries, Yearbook of the International Law Commission 1966 Vol. II, S. 187.

F. Weitere Dokumente

- Wiener Erklärung und Aktionsplan, Weltkonferenz für Menschenrechte v. 12.06.1993, in: Deutsche Gesellschaft für die Vereinten Nationen e.V. (DGVN) (Hrsg.), S. 13.
- 17. Erklärung zum Vorrang, Schlussakte der Regierungskonferenz, die den Vertrag von Lissabon am 13.12.2007 angenommen hat, ABl. 2007 C 306, S. 231.

Augsburger Studien zum Internationalen Recht

Herausgegeben von Volker Behr, Luis Greco und Christoph Vedder

www.peterlang.com

www.ingramcontent.com/pod-product-compliance
Ingram Content Group UK Ltd.
Pitfield, Milton Keynes, MK11 3LW, UK
UKHW022104051026
15623UKWH00003B/667

9 783631 724316